Z H E N G M I A N Z H A N C H A N

YUANGUOMINDANGJIANGLINGKANGRIZHANZHENGQINLI

正面战场

晋绥抗战

原国民党将领抗日战争亲历记

陈长捷　韩伯琴等著

中国文史出版社

图书在版编目(CIP)数据

晋绥抗战/陈长捷，韩伯琴等著.—北京:中国文史出版社,2013.1

(正面战场：原国民党将领抗日战争亲历记)

ISBN 978-7-5034-3705-2

Ⅰ.①晋… Ⅱ.①陈… ②韩… Ⅲ.①国民党军—抗日战争时期战役战斗-史料-山西省 Ⅳ.①K265.210.6

中国版本图书馆CIP数据核字(2012)第286387号

责任编辑：马合省　卢祥秋

出版发行：**中国文史出版社**

社　　址：北京市海淀区西八里庄69号院　邮编：100142

电　　话：010-81136606　81136602　81136603（发行部）

传　　真：010-81136655

印　　装：北京新华印刷有限公司

经　　销：全国新华书店

开　　本：720×1020　1/16

印　　张：25.5　　　字数：400千字

版　　次：2013年1月第1版

印　　次：2020年9月第4次印刷

定　　价：83.00元

目　　录

前　言

抗日战争是中国人民一百年来第一次彻底打败帝国主义侵略的民族解放战争，是反法西斯第二次世界大战的重要组成部分，在中国和世界的历史进程中都占有重要地位。为取得抗日战争的胜利，全国军民浴血战斗，英勇牺牲，为国家、为民族立下了不朽的功勋。为了全面反映抗日战争的概貌，为史学工作者提供研究资料，特将全国政协和各地政协征集的原国民党将领回忆抗日战争的文章，经过审慎的选择和核实，汇编成《正面战场·原国民党将领抗日战争亲历记》丛书。本书是丛书中之一部。

晋绥指抗日战争时期的山西省与绥远省（今内蒙古西南部），两省地处华北西部高原地带，东为华北平原，西为西北广大地区的屏障。在八年抗日战争中，这里自始至终进行着规模大小不等的战斗。

抗日战争时期，在晋绥两省进行较大的战役有：一九三七年九月至十一月的太原会战，这个会战包括有：天镇战役、平型关战役、忻口战役、娘子关战役、太原保卫战；一九四一年五月上旬至六月上旬的晋南会战（中条山战役）；一九三九年十二月至一九四〇年三月在绥远进行的包头、绥西、五原三个战役。

一九三七年七七事变后不久，平津沦陷，日本中国驻屯军（后为华北方面军）和关东军察哈尔派遣兵团（后为蒙疆兵团），分南北两路对平绥路东段的南口、张家口进行夹击。南口中国守军第十三军、第十七军，进行了英勇阻击，坚守十九天，杀伤日军近万名，守军伤亡也达二万九千人。保卫张家口的中国军队英勇抵抗，旅长马玉田、李金田先后殉国。

八月二十七日张家口失陷，南口守军腹背受敌，被迫撤退。

张家口、南口失陷后，日军蒙疆兵团于九月五日向西进攻。由于中国守军抵抗不利，日军仅用二十天时间占领了天镇、阳高、大同、集宁等地。第五师团亦经广灵进占蔚县。

天镇战役失利，第二战区将其主力南撤恒山内长城一线进行防守，先后以第六集团军总司令杨爱源、第七集团军总司令傅作义为总指挥，指挥平型关战役。第十八集团军第一一五师截击从灵丘向平型关行进中的板垣第五师团第二十一旅团辎重队、步兵大队成功，一举消灭日军一千余人。后日军不断增援，对平型关发动再进攻，九月二十九日陷繁峙，威胁平型关后方，守军撤向五台山、代县。

日军向太原进攻。忻口是北面重要通道，卫立煌率第十四集团军到达太原以北，与原有第二战区部队在忻口一带，以重兵分成中央、左翼、右翼三个兵团，依托山地列阵进行防御，从十月三日起激战一个月，至娘子关失陷，日本侵略军直指忻口后方太原，中国军队主动撤离忻口阵地，而转守太原。

忻口方面中日双方酣战之时，另一路日军沿正太路向娘子关进攻，第二战区副司令长官黄绍竑指挥第一军团、第十四军团、第三军、第四十一军等部，在娘子关一带进行堵击。日军从正面进攻未能奏效，便从西南面迂回到达娘子关后方，守军因侧背受敌，乃开始撤退。十一月二日日军占领寿阳，逼近太原。

傅作义将军奉命防守太原。经由忻口、娘子关撤向太原各部队，尚未进入指定阵地即与日军遭遇，纷纷西渡汾河，沿同蒲路撤退。傅作义仅有四旅之众、共两千人的疲惫之师，激战三日，牺牲殆尽，乃率残余部队突围。

太原失陷后，第二战区所属的晋绥军转入晋西地区与日军继续战斗，直至日本投降为止。其他中国军队先后转入晋南中条山地区，在一九四一年五月以前，中日双方在晋南中条山一带地区进行反复的拉锯战，中条山阵地一直牢牢地掌握在中国军队手中。到一九四一年五月上旬，日本侵略军调集大量部队向晋南中条山地区进攻，在双方力量过于悬殊的情况下，中国军队损失惨重，中条山阵地尽失，黄河天堑亦无屏障。

傅作义将军于一九三八年三月率所部第三十五军，由山西返回绥远，在一九三九年十二月至一九四〇年三月先后组织了包头、绥西、五原三个战役，大胜日本侵略军，牢固占据着河套地区，作为大西北的屏障。

本书所收入资料，都是参加上述各次战役的国民党将领的亲历。反映了在大敌当前、民族危难之际，中国军队奋不顾身、前赴后继的英勇牺牲精神与其永存的业绩；众多的中华民族优秀儿女壮烈殉国，其可歌可泣的事例，数不胜数；战地广大群众不顾一切地探敌情、送情报、运粮秣、救伤员，出生入死配合作战；这些向全世界宣示，中华民族是不可侮的！

从这些战役中也应看到，由于双方力量悬殊，中国方面对作战的准备不足、兵员质量低、武器装备差等原因，更重要的是指挥不当，判断错误，造成大量伤亡，或战略要地过早丢失。但这些都无损于战地军民战斗到底的决心，无损于中华民族优秀儿女的光辉形象。

由于时间仓促，水平有限，不妥之处，在所难免，恳请读者不吝指正。

编　者

第一章

太原会战

综　述

一九三七年九月至十一月

山西表里山河，地势雄固，为华北天然堡垒，又是拱卫陕甘西北之屏障。山西东部从一九三五年起，即开始构筑国防工事，主要是从正太路的娘子关及以北的龙泉关、平型关等各主要由东向西的通道地区，构筑成有纵深配置之防御工事，为日后防御日本侵略军进攻起到了相当的作用。

太原会战包括有天镇战役、平型关战役、忻口战役、娘子关战役、太原保卫战。

一九三七年夏末，在日本关东军参谋长东条英机指挥下的关东军察哈尔兵团（后称蒙疆兵团）在多伦设立指挥部，以四个旅团附有伪蒙军九个骑兵师由察哈尔（今内蒙古东南部）沿平绥路进犯蒙疆。平汉路之日本侵略军第五师团在师团长板垣征四郎指挥下，由怀来经蔚县、涞源向保定策应作战。

中国方面第二战区以各一部在蔚县、平型关间及天镇、阳高进行抵抗，以主力在大同附近集结，准备在聚乐堡与日本侵略军决战。日军自九月五日向西进攻至二十四日，仅二十天，便占领了天镇、阳高、大同、集宁各城市和大片地区。天镇作战失利，追查责任，第六十一军军长李服膺伏法。

大同失守后，第二战区接着组织平型关战役，其主力撤至恒山内长城一带防守，第六十一军防守茹越口，第三十五军撤至雁门关阵地，第十七军、第七十三师及第十五军退守平型关、团城口既设阵地，第十八集团军第一一五师进出平型关外，截断日军后方供应联络线。

日军蒙疆兵团之一部于九月二十一日陷商都、丰镇，续向集宁进攻，其主力攻陷应县、山阴、左云、右玉、平鲁、凉城等地，再向内长城线进攻，以策应第五师团作战。二十八日突破茹越口，中国守军第二〇三旅旅长梁鉴堂殉国。日军进陷繁峙，威胁平型关守军后方，第二战区各部遂于三十日夜撤向五台山、代县之线，平型关战役结束。

应第二战区司令长官阎锡山请求，第十四集团军总司令卫立煌率蒋介石嫡系部队第十四军、第九军、第八十五师、独立第五旅等部，由石家庄赶来太原以北增援。十月十日卫部集中于忻口附近，会合原第二战区各部，区分为三个兵团。刘茂恩所指挥的第十五军、第十七军、第九十四师为右翼兵团。以王靖国为总指挥、郝梦龄为前敌总指挥、陈长捷为前敌副总指挥所指挥的第九军、第十九军、第三十五军、第六十一军为中央兵团。李默庵所指挥的第十四军所属第十师、第八十三师、第八十五师及晋绥军第六十八师、第七十一师为左翼兵团，归第二战区前敌总指挥卫立煌统一指挥。于十月十二日在忻口以北龙王堂、界河铺、大白水、南峪之线占领阵地，进行忻口战役。

日军主力于十月八日后相继攻陷崞县、原平，十三日开始向忻口阵地攻击。中国军队坚守阵地，进行反击，激战至十四日，第二十一师师长李仙洲负伤，独立第五旅旅长郑廷珍及继任李继程接连阵亡，至十六日，前总指挥兼第九军军长郝梦龄、第五十四师师长刘家麒壮烈殉国，官兵伤亡极重，战势呈胶着状态。

十月上旬，日军第一、第二军主力向正定钳击，形势严峻。第一战区抽出第一军团、第十四军团、第三军、第三十八军等部，转用于娘子关占领既设阵地，归第二战区副司令长官黄绍竑统一指挥。

日军陷石家庄后，长驱南进。仅以其第二十师团之一部向娘子关进攻，策应其第五师团之攻势。十一日后进攻井陉、乏驴岭，中国守军第三十八军第十七师迎击。十四日突进苇泽关、旧关，被第一军团、第三军包围，消灭甚多，困守数据点，赖空投补给。惜中国军队火力不足，未能将其全歼，围攻至二十二日，日军仍负隅顽抗。

十月二十一日，日军被迫抽调第二十师团全部及第一〇九师团一部由冀南回援，第二十师团对娘子关再兴攻击，第一〇九师团由横口车站向测鱼镇、南漳城前进。中国军队第三军及增援之第四十一军调集未毕，迎击失利。娘子关侧背暴露，退守平定。第二十师团于二十六日陷娘子关，三十日进平定，第一〇九师团进至昔阳，平定、阳泉相继失守，日军进逼太原。

第二战区司令长官阎锡山命傅作义守卫太原。忻口各部队为免于被围，于十一月二日夜开始撤退，转移太原北郊，终以东山失陷，乃渡汾河西撤。娘子关方面撤下部队到达太原，日军已对太原形成包围，只好分路南移或西渡汾河。

十一月六日，日军第五师团和蒙疆兵团向太原阵地进攻，八日由北城突入，守军向西山突围，太原陷落。日军九日陷交城，接连陷祁县、平遥后停止。中国军队退守子洪镇、韩侯镇、兑九峪。太原会战结束。

参加太原会战的中国军队，于会战结束后，其第十五军、第十七军等部转进于晋东南高平、阳城等地；其第十四军、第十四军团等部转进于翼城、沁水一带。晋绥军各部转进于晋西山岳地带，与日军继续进行不间断的战斗，直至一九四五年日本投降为止。

天镇抗战和李服膺被杀经过

杨维垣※

战斗部署

抗日战争前，晋绥军第六十一军（战前称第六十八师）驻防于平绥铁路沿线天镇、阳高、大同、丰镇与兴和等地，积极修筑国防工事，实际上已处于战备状态。抗日战争爆发后不久，奉令隶属于傅作义的第七集团军。当时，傅作义正率其第三十五军主力（马延守独七旅、孙兰峰第二一一旅），循平绥铁路乘火车东经大同、张家口向南口驰援中央军汤恩伯第十三军与晋绥军陈长捷第七十二师作战；同时，第三十五军之董其武第二一八旅，由驻集宁的第三十五军副军长曾延毅、参谋长郗莘田指挥，向察北商都伪蒙军李守信部进攻；傅命令第六十一军沿平绥铁路随后向东续进。正当第三十五军主力部队两个旅先头已过张家口、下花园东进，第六十一军先头部队独立第二〇〇旅进抵孔家庄车站附近之际，由于日本侵略军与伪蒙军突由张北向万全、张家口挺进，企图截断平绥铁路南口守军与第三十五军后方联络线与退路，察哈尔省政府主席刘汝明率其第二十九军（宋哲元）的第一四三师（已扩充为一个军的实力），自动经察南向南撤退。南口守军也向蔚县、广灵转进。此时，傅作义奉阎锡山电令率其第三十五军主力又经张家口西返晋北大同，令该军之第二一一旅第四二一团（刘景新）在孔家庄车站下车，配合第六十一军之独立第二〇〇旅（刘覃馥）向万全城南山地对敌进行阻击，掩护军主力安全西撤。李服膺奉傅、阎电令率第六十一军由柴沟堡等处后撤，于天

※　作者当时系第六十一军第一〇一师第二一三旅旅长。

镇、盘山、阳高占领既设阵地，拒止日军西犯，掩护第二战区主力军傅作义第三十五军、王靖国第十九军、赵承绶骑兵第一军等部在大同等地集结，准备与日军进行会战。绥东仅留中央军门炳岳骑兵第七师与石玉山等部，第三十五军第二一八旅撤回大同归建。

我当时任晋绥军第六十一军第一〇一师第二一三旅旅长，下辖第四二五团（李在溪）和第四二六团（高朝栋）。抗战初，曾在天镇以东的盘山、罗家山、李家山、铁路两侧迄北山瓦窑口之线抗击日军西犯，浴血战斗，迟滞日军西进近十日。现就回忆所及，略述第六十一军在天镇盘山一带抗击日军进犯的战斗与李服膺被杀经过于下。

军长李服膺先是奉到固守天镇盘山迄北山之线和天镇城防三天以上的任务，由于与军参谋长刘金声和独立第二〇〇旅旅长刘譚馥（原系李服膺的老参谋长，关系密切）三人对敌情、任务估计不够充分周详，在匆忙撤退中，作出如下的一线式消极防御的兵力配备：以独立第二〇〇旅的第四〇〇团（李生润）占据盘山制高点，固守尚未竣工的国防工事阵地；以第一〇一师占领盘山以北罗家山、李家山、铁路两侧迄北山瓦窑口之线阵地（临时构筑的野战工事）；由李俊功师长负统一指挥天镇第一线作战之责。李师长率其第二〇一旅旅长王丕荣及第四〇二团驻于天镇城内，第一线之兵力计有我第二一三旅和第四〇一团、第四〇〇团共四个团，独立第二〇〇旅之第三九九团驻守天镇城防工事，军司令部与独立第二〇〇旅旅长及其第四一四团（白汝庸，浑源人）驻于阳高县城内。李服膺军长此时曾发出《告全军官兵书》，大意记得是：值此国家民族存亡关头，我辈军人，御侮守土，责无旁贷，希望全军官兵精诚团结，同仇敌忾，英勇抗战，不怕牺牲，完成抗日战斗任务……

战斗经过

第二一三旅和第二〇一旅第四〇二团（刘墉之）进入自盘山北侧经罗家山、李家山、铁路两侧至北山瓦窑口之第一线阵地，赶筑野战工事。未过两天，大约在九月初，即发现日军与伪蒙军先头部队，开始逐次展开，自北而南，向我北山瓦窑口迄盘山主阵地攻击前进。其攻击重点显然是指向盘山，志在先得。敌对我第一〇一师自盘山以北迄北山之线的进攻，显为助攻，目的在于牵制我师兵力，不得抽出增援盘山。战斗发生后，我第一线官兵，由于日前受到军长李服膺亲莅部队讲话和印发《告全军官兵书》的激励，士气旺盛，斗志昂扬，对于敌人频繁多次的步炮（空）及战车进攻，均予迎头击退。此时，军长李服膺在阳高城内坐卧不安，曾率幕僚人员与直属骑兵连进驻天镇城西村庄，指挥作战。敌人连续进攻达七天之久，天黑后则彻夜炮击。敌我双方伤亡日甚一日，我守盘山的第四〇〇团伤亡较重，计阵亡营长高保庸和伤亡连长以下五百多人，其次是我旅的第四二五团，再次是第二〇一旅的第四〇一团和我旅的第四二六团。综计第一〇一师伤亡官兵共达千余名。遗憾的是，我旅第四二五团程琮营被敌人突破一口，全团退了下来。我严令该团立即反攻，虽未完全恢复原战地，总算稳住阵脚，全线未受严重影响。不幸的是，盘山之第四〇〇团伤亡损失綦重又极度困惫，不仅始终得不到后援，而且弹尽粮绝。团长李生润（曾任过李在溪的团附）在敌人连续猛烈压迫攻击下，掌握不住部队，士兵纷纷向后撤退，自己也跟着下来，盘山就这样失守了。我师全线阵地战况较前愈趋激烈，又坚持苦战了一天，始奉到师长李俊功电话命令，撤离原阵地，分两路绕经天镇城南城北向天镇以西方向转进。

第一〇一师继独立第二〇〇旅第四〇〇团弃守盘山之后，向天镇以西撤退。当我率本旅第四二五团转进至阳高以西南山区白登村附近时，闻知军长李服膺尚在村内，当即前往，报告前线概况。军长告我，已指示第一〇一师和独立第二〇〇旅向广灵以西集结，令我率第四二五团继续向广灵以西转进，将损失伤亡綦重的各营各缩编为一个连，营长赴后方接领新兵，注意掌握好部队，准备继续抗战。又说第四〇〇团团长李生润与其旅长刘驔馥及军参谋长刘金声，已到后方军部副军长贾学明那里，听候我回去做战后检讨。当时我看见军长面带戚容，顺便谈到盘山、天镇之战，虽超时限（追加三天共六天）完成作战任务，但对而后战局影响甚为不利。军长流露出沉痛语气，我亦深有同感。谁知这竟是我与军长李服膺的最后诀别，思之至为伤感。

李服膺被冤杀的内幕与经过

当军长李服膺与军主力转进至广灵以西地区，经应县向雁门关撤退途中，忽然奉到阎锡山召开军长会议的电令。李服膺原拟开作战检讨会，这时只好提前应召去见阎报到，谁知竟遭到阎扣捕关押，不久就未经正式军法审判，只由阎本人亲自对李服膺面训了几句话，便以“莫须有”的罪名予以杀害了。嗣后，傅作义有一次曾向我说：“原计划在大同地区集结各主力军，准备与日军进行会战。先是令第六十一军在天镇、盘山固守三天，迟滞日军的西犯，掩护主力军在大同地区之会战部署，旋又追加固守天镇、盘山任务三天，共计六天。结果，因为敌板垣师团过南口后，竟从察南向平型关进犯，直抄雁门后方，以致不得不放弃大同会战的计划，分令各军进关，重新部署作战，显得很为忙乱。你们军虽然守天镇、盘山，已超过时限完成作战任务，但阎长官认为还不够持久，对而后战局影响不利，特别是放弃绥东与雁北广大国土，使国内舆论哗然。我曾告诉李军长不要离开部队急于应召见阎，而他为人忠厚有余，对上级一向绝对服从。他不听我的话，到达太和岭口长官部行营，就遭到逮捕关押。”后来，傅作义又一次向我说：“当你们军长被扣押起来后，我不止一次地向阎长官进言。盘山国防永久工事阵地的失守，影响天镇城防守和而后战局，罪在团长李生润与其旅长刘譚馥身上。为了严明军纪、以励军心和应付国内舆论，可以杀团长，处分旅长。阎当时同意了我的建议。我当即指示你们副军长贾学明，马上先将李生润逮捕解送第二战区军法总监部。谁知你们副军长太糊涂，太浑蛋，也太窝囊，竟让李生润化装潜逃西安。即使如此，也应当一面派宪兵追捕李生润，一面将贾学明与刘譚馥逮捕问罪，怎么竟把罪责全落在李军长一人身上！结果是保全了一卒、一车、一相，而丢了将，真是可恨、可惜又可叹！”

此事过后，有一部分将领在一起议论，认为李服膺之死，并非作战不当，完不成任务。最主要的原因是：抗战开始，盘山、天镇、大同、丰镇、兴和、集宁等地的国防永久工事，尚未竣工，南京参谋本部城塞组拨发给太原绥靖公署的国防工事费，真正发下去的不多，这对第二战区战局影响颇为不利。为了应付南京大本营（军委会）和国内社会舆论，阎锡山非杀个把军师旅长，不足以解脱自己的罪责。结果一个团长李生润让贾学明放了，军长李服膺却成了替罪羊。

第六十一军主力继续抗战

第六十一军主力部队向雁门关转进途中，经过在应县大、小石口和茹越口等处与日军先头部队战斗后，即奉令向雁门关内繁峙、大营镇、平型关一带转进。在日军飞机侦炸下，又奉令向五台山转移，归第十八集团军朱彭总副司令统一指挥。朱德总司令在五台山台怀镇东玉皇阁大寺院召集我师旅团级以上指挥员讲话，指示作战方针和任务。他说，抗日战争是民族战争，是保卫国土、保卫中华、保卫人民的战争。我们要以不怕牺牲的精神勇敢战斗，战死疆场是光荣的。抗日战争是长期的战争，最后胜利是属于我们的。受一两次挫折不要气馁，我们要鼓足勇气，继续战斗下去。战争是流血的政治，敌我双方进行生死搏斗，每一个指战员都要临危不惧，前仆后继，保持有我无敌的崇高的军人气节。接着分配了战斗任务，第二一三旅奉令占领北台顶至华岩峰阵地，我曾派第四二五团程琮营乘机袭击繁峙、大营一带敌人。后因傅作义（时任第二战区第七集团军总司令）在忻口一带负责部署大会战，第一〇一师师长李俊功奉令先率第二〇一旅开往忻口参加会战。后因受晋东娘子关方面作战的不利影响，忻口会战提前结束，大军向南撤退。阎锡山指定傅作义指挥所部第三十五军包括其他等部队守太原城，自己就撤往晋南临汾去了。此时，傅作义电朱总司令调我第二一三旅开回太原，参加守城战役。

天镇战役中的第二〇一旅

贾宣宗※

天镇之役的概况

一九三七年八月下旬，汤恩伯的第十三军退出南口，日本侵略军板垣师团和由热河西进的铃木旅团，及自察北南下的德王、李守信等伪蒙军，三面进攻张家口。张家口守军刘汝明等部作战不利，晋察绥三角地区——平绥中段，形势骤紧。阎锡山派傅作义统辖第三十五军和第六十一军（军长李服膺）所属的第一〇一师（师长李俊功，辖第二〇一、第二一三两个旅，共四个团），还有军直辖的刘覃馥独立第二〇〇旅主力（李服膺留两个团，一面整补，一面担任大同、阳高间的警备）等各部，于应援南口的中途，在宣化、张北一带与敌接触。察南万全附近一战，独立第二〇〇旅临时指挥的第四〇一团损失很重。当时我奉派去前线慰问官兵，听到他们叫嚷说："上边决心和企图不明，影响到下边行动迟疑，以致处处吃亏。"

九月初，第一〇一师到达阳高县与雁北天镇一带时，突然接到阎锡山的直接命令："在原线坚守三日，拒敌西进。"当时部队仅凭单人散兵坑抗击敌人的飞机、坦克和榴弹炮，每日官兵伤亡甚众。工事一天被敌摧毁几次，前后联系被敌火力遮断。第一线的补给和通信，只能利用夜间抢送抢修。到第四天清早，又接阎锡山电令："续守三天，掩护大同会战。"这时日军轮番冲击，日夜猛扑，我军工事全被毁平，官兵们只能利用弹坑、禾束蔽体，以手榴弹拼杀。大部伤员两三天才能运下来。支持

※ 作者当时系第六十一军第一〇一师第二〇一旅少校参谋。

到第二个三天，限令又过。各团伤亡逾半，阎锡山既无指示，又不增援，战况危急万分。我趁夜间去前线各团联系，天亮后亲眼看到，右翼第四〇〇团在盘山（天镇城南约八里）脚下的前进部队杨诚那个连，不到两小时即被敌集中炮空火力把人和工事毁灭殆尽。接着敌人又开始轰击盘山主阵地，到中午，我清楚地看到第四〇〇团高保庸营和一个山炮连，全部被压死在石洞内。团长李生润（后改名李德庵）在盘山庙附近，一面收集部队准备恢复主阵地，一面派人请求增援。但驻在天镇的师旅部，原来就没有可能控制的预备队，对此情况束手无策。他们只好就近请求军长李服膺，李转向总指挥傅作义告急求援。当时上边还是犹豫不决，好像有什么为难的事情，最后才下令向雁门大小石口转进。

某日拂晓，部队路经大同县的大白登村时，李服膺召集师旅长和幕僚们，听取部队收容的情况，研究而后的行动。当时不少人气愤地说："大同形如空城，丝毫没有准备会战的迹象。我军这次无谓牺牲，损失过重，撤回雁门，战守无力。最好利用我们在这一带十数年人地熟悉的条件，采取分头游击的方式，先行就地整补后，再定而后行动。这样，对全局战况也有好处。"李服膺说："这样做，怕引人误会。咱不做阎先生不放心的事，不做对不起他的事。"会后有的人说："咱们孤零零地搁在那里，既无坚强工事，又无接应的援军，仅第四〇二团一个团，因无办法，就扔掉三百多伤员。两次盲目限令，最后置之不理。这样指挥抗战，牺牲部队，真不明道理，等于儿戏。"也有骂阎锡山的，说："做国防工事，不给材料工具，一味克扣工资津贴。这明明是拿上肉弹顶铁弹。"这类怨言，沿途成了普遍的论调。

李服膺被杀经过

李被处死的主要原因是：一九三七年九月下旬，平型关茹越口战况危急，阎锡山自知抵挡不住，而全省防御工事又等于未做，更无积极的战守准备，为了躲闪自己的罪责，不得不在李服膺身上打主意。李被扣后，第二〇〇旅旅长刘醰馥把李生润盘山的战报、阵中日记整理好，说要到中央打官司去，为牺牲受屈官兵申诉。后来李生润投奔胡宗南，历任要职。

李服膺到达岭口行营后立即被捕，在太原被交付军法审判。阎说了几句话，李即被拉去处决。

车到小东门大教场，李下车距预铺红毡还有两三丈远，就被一枪打倒。据执行人、阎锡山的警卫营连长康增谈，因为前几年枪毙十旅旅长蔡荣寿时，一枪打倒抬回家去，还活了多半天才气绝，所以这次阎锡山特别指示，当场击毙后，执行人须守尸一小时才许家人收尸。

李服膺死讯传到第六十一军时，官兵人人心怀不平，认为天镇、阳高一带战斗那样激烈，敌我伤亡均重，一直坚持了两次限令，得不到明确指示，得不到后方支援，而结果不明不白地把军长枪毙了，是不公正的。至于国防工事，第六十一军在一年来的施工中，从太原只领到很少一些试制材料，钢筋、洋灰不足计划请准数的百分之一，土石工具更是寥寥无几，民工工资、兵工津贴被百般克扣，用来在全国各商埠大做买卖。

事后还了解到，李服膺事先听见风声不好，曾给当时任军法总监的唐生智去电，要求南京派人了解雁北战役实况。唐遂电阎锡山，要李服膺亲去南京报告雁北战斗经过。这一来，就更促成阎锡山立即就地处决李服膺了。

后来阎锡山退到临汾时，有个宣传队在陈长捷部演“枪毙李服膺”的话剧时，当场有人挺身登台，剥去衣服说：“我就是李服膺部的排长倪保田。你们看，老子们不抗战，这上下四处刀枪伤是怎么来的？是狗咬的吗？仅我们第四〇〇团伤亡就是八九百，那是谁打的？”在场官兵大哗，剧团当众道歉，以后阎就再不让演这个戏了。

第三九九团天镇守城记

边普禾※

我是河北省任丘县人，山西学兵团毕业。抗日战争开始时，任晋绥军第六十一军第二〇〇旅第三九九团中校团附。第三九九团团长张敬俊，山东峄县人，也是山西学兵团毕业。团辖十二个步兵连，还有机枪和迫击炮连，共有一千四百多人。下级军官和士兵大多是直、鲁、豫人，勇敢强悍，加上团长有股不怕死的虎劲，所以是一个敢打敢拼的团。

抗日战争开始后，第三九九团奉命在察哈尔省万全县阻击敌人。之后，第二〇〇旅旅长刘韈馥命令第三九九团驻守天镇。由于盘山的第四〇〇团被敌冲垮，遂使全线撤退。在这紧急情况下，刘旅长给我团配备了平射炮两门，口头命令第三九九团固守天镇城。团长接受任务后，官兵士气高昂，大家都挺起胸脯发誓：就是和敌人拼到最后一人，也要保证固守七天！大家积极修筑工事，准备死战。战斗开始的第一天，有十几个敌人打着太阳旗，列队傲然向天镇县城东门走来。我团派到城外的活动小组等到敌人快到城跟前无路可走时，便以迅雷不及掩耳的速度，排枪齐发。敌人还来不及抵抗，就被消灭了。我无一伤亡，还缴获了一些枪支弹药。这一来，全团官兵士气更高了。敌人经此一战，就改变了打法：在步兵来攻城前，先用大炮轰击城墙，用重机枪扫射主攻点，然后用装甲车掩护步兵接近城墙。由于天镇城外没有关厢，敌人一来，就被我发现，官兵从容地做好战斗准备，隐蔽在坚固的暗工事里。人人遵守命令，不到近距离不打枪。加上侧射枪眼很多，敌人攻城几次，除了消耗弹药，死伤些人以外，均未成功。敌人于是又开来坦克在近距离内

※ 作者当时系第六十一军独立第二〇〇旅第三九九团团附。

用炮猛轰城墙东北角，把城墙轰得乱七八糟。继之发起冲锋，但每次还没有冲到城墙跟前，就被我们打得死的死、伤的伤。同时，我派到城外活动的小部队，出敌不意地袭击坦克后的敌人，有一次一下就消灭了三四十个敌人。敌人又派飞机轰炸和扫射城墙。有一次飞机扔石头，当人们出来看时，飞机突然开枪扫射，这更加激起军民对敌人的仇恨。第三天，我们从观察镜里发现离城八华里的车站，开来一列车敌人。我炮兵抓住敌人下车整队的有利时机，两门平射炮高速度连续发射，把敌人打得晕头转向，顷刻死伤不少。敌人恼羞成怒，第四天飞来重轰炸机向城墙和城内投了很多炸弹，还有烧夷弹和毒瓦斯弹。

在此之后，天镇县长和公安局长，带着物品到团部慰劳，暗地里劝说张团长：为了老百姓不遭苦难，不要再守了！团长召集营长们开会，他说："为了老百姓免遭苦难，团附可以把部队带走，我留下与城共存亡，以尽军人之天职。"我们都表示："要死死在一块，不管敌人怎样疯狂，我们要执行命令。"此后敌人运来云梯，强行爬城两三次，都被我团打退。

九月十一日夜间，第三九九团有秩序地撤出天镇城。在先头带路的第七连，行进到离城二十多里的大道上，碰上一辆日本军车，尖兵排一拥而上，手榴弹开花，把车上二三十个敌人全部消灭。这是一九三七年九月上旬至中旬初的战斗经过。我团共伤亡三十余人，有两名排长受了轻伤。

防守阳高的第四一四团

白汝庸※

一九三七年九月上旬，第六十一军由盘山、天镇之线撤退后，我第四一四团即奉命守阳高城。阳高城墙原来破烂不堪，有几处高不过一两丈，城下砖土堆积得与城墙成了斜坡，行人平时可以通过斜坡进入城内。抗战开始后做防御工事，把城墙挖了很多既大又深的坑，这些坑把城墙搞得最薄处只有一二尺厚。原计划在这些薄处构筑射击掩体，但实际一个掩体也没做。如此破烂的城墙，纵有雄厚的兵力，亦难完成坚守的任务。

我团经过察哈尔万全县水关战斗的重大损失，官兵只有六百余人，奉命守城后，就下定死守的决心。我集合全团官兵讲话，鼓舞大家抱必胜的信念，同心同德，奋勇杀敌。又召集营、连长开会，部署如下：第一营守东城和城关及北城的一半；第二营接第一营右翼，守南城及南关；第三营接第二营右翼，守西城及北城的一半，右翼连接第一营；机炮连随时准备支援各营。

九月七日，日本侵略军不断以飞机低空侦察、轰炸和扫射，同时对我城关外的警戒部队猛烈攻击。八日，敌即集中炮火猛轰城墙薄弱部，掩护战车及步兵对城关猛攻，对城西北角炮轰尤其密集。敌曾迭次猛冲，官兵在我亲临监战下，士气大振，沉着应战。战斗激烈，烟尘弥漫，枪炮声不绝于耳。敌死伤很多，终未得逞。九日，敌对城东关以步、炮、空、战车联合猛攻，激战半日，我官兵伤亡甚重，第一营官兵死伤尤多。敌一部由城外土坡爬上城墙。我抽调三百余人，并亲自监战向爬城之敌

※ 作者现名白兆瑞，当时系第六十一军独立第二〇〇旅第四一四团团长。

猛冲，虽付出重大代价，终未挽回颓势。随我监战的中校团附曹静山和我的卫士刘效儒均阵亡。继之，西城第三营方面亦受敌猛攻侵入，营长都来宝在激战中阵亡。下午，城内发生巷战。在三天的战斗中，我团共伤亡官兵三百余人，其中连、排长六七人。如再坚持城内巷战，将会带来更大牺牲，加上守城命令无限期，电话断绝无法请示，遂决定夜晚突围。是时攻击南关之敌部队薄弱，我遂收集全团余部三百余人，由南关突围而出。事后根据各营、连目击估计敌之伤亡，约有数百人。攻城之敌为日本关东军和伪蒙军。

由阳高城突围后，我率队向阳高城西南行进，路过某一村时，军长李服膺正驻在该村，我当面将守城战斗经过做了详细报告。他说："你团战斗情况，我已有所闻，此次作战我全军官兵牺牲很大，你团是我军奋勇苦战之一部。今后我们仍本军人的天职，立定坚强的决心，好好整顿部队，继续抗敌，报效国家吧。"这段话留给的我印象极深，使我铭刻肺腑，深为感激和安慰，不禁潸然泪下。可是没想到这次与李军长见面，竟成永诀。

太和岭口见闻与李服膺之死

庞小侠※

代县的太和岭口，位于雁门山南麓一条干河槽的两侧，距山顶的雁门关约十华里左右。

一九三七年抗日战争开始后，晋北的军事形势日益紧张。不久，日本侵略军便侵入山西境内。阎锡山为了便于指挥作战，将第二战区长官部行营，由太原移驻太和岭口。大约是九月初，阎锡山坐着用汽车改装的铁甲车（车下面安装了火车的铁轮），循铁路行驶至原平，然后改乘汽车到达岭口。我当时任第二战区长官部上尉副官，是和其他人乘坐汽车经忻县、原平、崞县、阳明堡等地到达岭口的。

太和岭口这个村子，一半在河槽的东面，一半在河槽的西面。阎锡山住在河东，参谋等随行人员住在河西。当时在岭口的高级人员有：太原绥靖公署参谋长朱绶光、参谋处长李涛、副官长冯鹏翥，第二战区执法总监张培梅，还有续范亭和王靖国。工作人员有：参谋处科长梁振邦、少校参谋杨彬，他们二人是管作战电报的，我是负责行营人员的给养和伙食的。此外，行营有一个有线电大队，队长王玉林，警卫营一个连约有一百人，还有一个宪兵分队，约有三十人，队长姓高，人们叫他高胡子。运输工具有七八辆汽车。

有一天，汤恩伯来了。他见了阎锡山便坐在那里抱头大哭，说："我对不起我的官兵！"接着他叙述了他的部队于南口撤退下来以后，由于天镇一带的国防工事无人防守，在日军追击下损失惨重的情况。阎对他进行了安慰，并说："我办吧！"

※ 作者当时系第二战区司令长官部上尉副官，不久升任少校副官。

汤恩伯住了一天就走了。

汤走了一两天以后，阎锡山叫王玉林给他接蒋介石的电话。电话就在阎的住房里间，王叫通南京电话后，命令各处说："阎司令长官现在和蒋委员长说话，其他电话一律停止。"说完后，王就退了出来。我们也都退在房外。我在房外，对阎说的话听不清，只清晰地听到电话里传来"军法从事"四字。

三四天以后，就把第六十一军军长李服膺扣了回来，押在宪兵队。李和我父亲是朋友，我就过去问他："老伯来了，想吃点啥，你说话吧!"他叫我借几本闲书给他看，我也没处去借。

那时，不断有退下来的零散部队。副官处叫老乡蒸馍，过来的士兵每人发给五个馒头，伤兵多给几个，没有准备菜。有天，一个伤兵在五道庙拉手掷弹炸死了自己。张培梅知道此事后，把我叫去问道："你怎么准备吃的东西?"我说："没有准备菜是刘绍庭决定的。"张说："光吃馒头不行，小心你的脑袋!"我说："回去再准备些菜。"张说："就那么办吧!"

前方一天比一天吃紧。有一天，阎锡山清早起来，在院里转来转去。张培梅、续范亭、王靖国，还有侍从长和我都在院里。张培梅对阎说："你不要犹豫，可以到前方走走，就是哭哭啼啼叫士兵们看看，他们也好打仗。"续范亭说："长官可以去，去了好一点。"王靖国没说活，阎只哼了一声。停了一会儿，张培梅又说："你走吧，还犹豫什么！飞机用不着怕。"阎于是准备起身，他带了个修路队，有十几个人，还有侍从长、内勤副官和警卫等，一共二十来个人，前往繁峙县砂河镇，阎在砂河附近的一个村内召开军事会议，下令部队撤退。

雁门关吃紧了，前方要人。王靖国手里的一营人，补充了上去。接着，张培梅、续范亭、朱绥光等人也都撤退了。

我经忻县回到太原。那时原平还没有沦陷，忻口战役也未开始。日军飞机不断到太原轰炸，有一天炸死少校副官席向南，阎锡山还出来看了看。席死以后，我便由上尉副官升为少校副官。

忻口战役开始前，十月三日晚上十一点左右，阎锡山在省府大堂审讯李服膺。他坐在中间，谢濂、张建（字达三，宪兵司令）、李德懋（原绥署副官长）坐在两边。我那天是值日官。宪兵用汽车把李服膺押来后，阎锡山对李说："从你当排长起，一直升到连长、营长、师长、军长，我没有对不起你的地方，但是你却对不起我。第一，你做的国防工事不好；第二，叫你死守天镇、阳高，你却退了下来。"说到这里，李服膺插嘴说："我有电报。"阎说："你胡说!"接着又说，"你的家，你的孩子，有我接济，你不要顾虑!”李服膺这时掉下了眼泪，没有再说什么。阎锡山向周围点了一下头，就走了。

阎锡山走后，警卫营的人就带着绳子去捆李。谢濂说：“那只是个样子!”于是没有捆，只把绳子搭在脖子上。记不清是张建还是李德懋问李服膺：“有对家里说的话没有?”李服膺摇了摇头，没说话。之后，就把李押上汽车，李走得很钢骨。张达三说：“慕颜（李字），你不要着急。”汽车开向大校场去了。

我是值日官，没有去。枪毙李服膺的人是警卫营的连长康增。他回来说：下汽车以后，张达三和李服膺相跟着往前走，没走到放棺材的地方，张达三往旁边让了让，我就用山西造的大眼盒子，一枪收拾了他。时间是阎从太和岭口回来以后没有几天。

平型关战役经过

陈长捷※

华北抗日战争在第二战区范围的重要战役，最初是南口战役，随着南口战役后的形势推演，应以平型关战役为主。由于中国共产党领导的八路军参与了本战役，以运动战给敌以重创，首开全国抗战斩获的光荣纪录。

当平型关会战进入高潮时，我从晋北代县率第六十一军投入平型关北翼团城口战场，正在配合八路军，攻夺鹞子涧、东西泡池要点中，战地后方的雁门山线支战场，被雁北之敌突破茹越口，繁峙县城失守，平型关后方主要交通线阻断，形势陡变。主战场胜利在望，竟付流水。于今回首，犹怀余痛！

兹回忆亲身经历与全盘见闻，记述如次。

南口抗战后的形势推演

南口弃守后各作战军的转进

一九三七年八月下旬，南口正面作战我军抗拒着日本侵略军板垣师团的强烈攻击，在等待从河北涿州北来的卫立煌第十四军准备反攻中，后方张家口被敌东条英机的关东军察哈尔派遣兵团所袭击，第二十九军刘汝明部作战不利放弃了省会张家口。晋绥军李服膺第六十一军反攻不力，南口守军陷于腹背受攻的窘境。第七集团军总司令傅作义在大同负责平绥线的作战指挥，遂令在怀来的前敌总指挥汤恩伯指挥南口前线各

※ 作者当时系第六十一军军长。

部放弃阵地，向山西雁北地区转进。而蒋则径令汤率部随着到达白洋河（永定河上游）的卫立煌军，退回平汉线。阎锡山要留南口前线各部队仍在第二战区，向蒋力争。其时，汤恩伯已照蒋令率第十三军的王万龄第四师、王仲廉第八十九师和朱怀冰第九十四师，经小龙门向平汉线而去。只留下“准中央军”高桂滋第八十四师、李仙洲第二十一师和晋绥军陈长捷第七十二师、马延守独立第七旅等部。于是，阎命马延守旅向大同转进，归第三十五军序列；高桂滋、李仙洲两师向晋东北的灵丘转进。高、李两师名义上合编为第十七军，以高桂滋为军长，归入在浑源、灵丘地区集结的杨爱源第六集团军序列；陈长捷第七十二师向晋北应县转进，准备扩编为第一预备军，置于战区长官的直辖之下。

策定晋北作战

阎锡山判断侵犯华北西线的日军，攻占南口、张家口后，将循平绥线进犯大同，战场可能局限于雁门山以北的雁北地区。他没估计到日军从察南径犯平型关，而直抄雁门山后方。

阎根据错误的敌情判断，做了“大同会战”的准备。

会战方针：诱敌进于大同以东聚乐堡地区已设国防工事地带，集结强大兵团于南翼的浑源、东井集一线和北翼绥东的丰镇、兴和间，发动钳击；并以骑兵集团向张家口挺进。这个主观臆想计划，得到蒋介石的欣赏。蒋又从皖北增援刘茂恩第十五军两个师（武庭麟的第六十四师和刘自兼的第六十五师）入晋，作为拉走汤恩伯三个师的补偿。

基于上述计划，命从张家口退下来的李服膺第六十一军及其所辖李俊功第一〇一师和刘譚馥独立第二〇〇旅，共七个团，附属一个山炮营，于山西东北边界的西弯堡、天镇、阳高地区占领既设阵地，拒止西进之敌，以掩护聚乐堡主阵地和南北翼主力军的集结。

以赵承绶、门炳岳两骑兵军为集团骑兵，位置于兴和东北地区；刘奉滨第七十三师位置于广灵、灵丘东边境，警戒南北两翼军的活动；待机向察省张家口南北挺进。

以王靖国第十九军及其所辖田树梅、杜堃、段树华三个旅，共九个团，附属山炮团、野炮营又一个重炮连，于大同以东三十里的聚乐堡南北线上，占领主抵抗阵地，吸引敌军于熊耳山和外长城间的南洋河盆地。

杨澄源第三十四军于东井集、浑源间集结。军辖梁鉴堂第二〇三旅和姜玉贞第一九六旅，附属一个山炮营。但姜旅在晋南，尚未赶到。第三十四军与刘茂恩的第十五军（正从太原北上）为南兵团，以第六集团军总司令杨爱源为雁门关指挥。

于绥东的丰镇和大同以北得胜堡地区，集结傅作义第三十五军孙兰峰第二一一旅、董其武第二一八旅和马延守独立第七旅，共计九个团，和两个绥远骑兵旅（石玉山等伪军反正的四个骑兵团），又一个山炮团，一个野炮营，为北兵团。并预拟李服膺第六十一军于天镇、阳高间予敌以层层打击后，北移于长城线镇川堡附近，归入北兵团序列，以第七集团军总司令傅作义为指挥，在大同指挥北兵团和聚乐堡正面主抵抗阵地作战。

南北兵团乘敌胶着于聚乐堡既设阵地前时，立即包围钳击。

从南口突围撤回的陈长捷第七十二师集结于雁北应县，增加于镇河新编独立第四旅，编成预备第一军，为大同会战的预备兵团，直辖于战区长官部。

雁门山以南仅以孙楚的第三十三军所辖孟宪吉独立第八旅位置于雁门关，章拯宇独立第三旅位置于龙泉关、平型关间。

中途停止的大同会战

从察哈尔犯晋的日军，于九月上旬发动进攻。先以东条英机增挥关东军察哈尔派遣兵团一个旅团为基干和伪蒙军两个骑兵师，沿平绥路西进，即冲破为李服膺久在雁北所预筑并为其所部据守的从永嘉堡到天镇间的国防阵地。日军直冲到阳高城下，第六十一军独立第二〇〇旅第四一四团在阳高城，依据阳高预设的依托城寨坚守三日，伤亡重大，由南关突围。

天镇、阳高失守，敌东条英机察哈尔派遣兵团向大同西进。配属第十九军的段树华旅于聚乐堡前方，和敌接战两日夜，损失约两营，受敌压迫日紧，犹在强毅抵抗中。第十九军主力尚未接战，王靖国军长鉴于段旅受日军飞机、重炮的严重损伤，屡向阎预作告急，请早推进在应县的预备军，并电陈长捷准备应援；又不断要求傅作义把集结在丰镇的第三十五军权行南移大同，给他以直接支持。当时“大同会战”的基础，已被天镇、阳高失守和王靖国不断要求增援搞得动摇了。

聚乐堡阵地未受到敌人强攻前，傅总司令还镇定地掌握着第三十五军，要等待刘茂恩军度越雁门关于浑源集结好后，增强了南兵团，再行同时发动，作有力的钳击。

日军主力板垣师团从察南蔚县进攻山西广灵，把在边境洗马店附近警戒的第七十三师打垮，师长刘奉滨力战负伤。这时始发现敌主力所趋向的方面。第七十三师受敌主力猛攻，转移于平型关方面。此时刘茂恩第十五军的先头尚未到达浑源县，在浑源北东井集地区集结的第三十四军，只有梁鉴堂一个旅。该旅既受天镇、阳高失陷的影响，侧背又受广灵方面的威胁。阎锡山在雁门关内岭口行营，对当时情况惶惑不安，但仍着眼在雁北，拟转移主作战方面于浑源，以为应付。

出乎意料，敌板垣师团进攻广灵，把杨澄源第三十四军、刘茂恩第十五军牵制在浑源、东井集间后，即紧追第七十三师，直捣灵丘。在此阎锡山才恍然警悟到：板垣师团主力将循着板垣在一年前强横地假借游历五台山而亲事勘查的路线，进攻平型关，以抄击雁门山后方。阎锡山感到正在进行的“大同会战”计划已经全盘皆非。为了应急，即着在雁门关他跟前的孟宪吉独立第八旅驰向平型关，增援转移到那里的第七十三师；又令第六集团军总部到大营镇（平型关后方）统一指挥第十七军高桂滋的第二十一师、第八十四师和从广灵退下来的第七十三师（王思田代理师长），以及孙楚第三十三军的孟、章两个独立旅，就平型关、团城口线上布防，拒止敌人的进犯。

阎锡山决定放弃“大同会战”，立即尽撤雁北各作战军于雁门山以南，依靠恒山、雁门山为侧背屏障，东向平型关方面，对侵入灵丘的敌板垣军主力进行会战。但仍以过多的兵力部署于恒山、雁门山线上，大都置于无用之地，再次陷于失算。

策划平型关会战

雁北撤兵

初到浑源的刘茂恩第十五军南向恒山口撤退，于恒山口左右和砂河间集结，保持主力于恒山南，准备机动。

在东井集的杨澄源第三十四军经应县的下社退入茹越口，守备雁门山、恒山间的茹越口两侧，以联系恒山中的刘茂恩军。属该军建制的郭宗汾第七十一师和新编独立第一旅陈庆华部，合编为预备第二军，以郭宗汾任军长，控制于繁峙。

守大同聚乐堡线上的第十九军，向雁门关撤退，增加方克猷独立第二旅和姜玉贞第一九六旅，以守备雁门山线，保持重点于雁门关方面。

集结在绥东丰镇的第三十五军，向宁武阳方口转进。

赵承绶骑兵军南退于朔县地区，警戒雁门、宁武西翼。

门炳岳骑兵军和马占山的东北挺进军（系伪军反正的两个骑兵旅）向丰镇、平地泉西撤，共同警戒绥东。

绥远是空虚的，为傅作义代理省主席的民政厅长袁庆增，还兼任第三十五军副军长，但未曾组织民众进行抗敌，却率省、厅各机关和第三十五军后方在绥宪兵和所征训的国民兵，离开绥远省会，经绥南清水河，循黄河转到山西西北的保德县，实际已把绥远放弃了。

第六十一军随着东井集的第三十四军南撤，到达雁门山南的砂河附近，才收容整理起来。第一〇一师李俊功部尚够四个团，刘晋馥独立第二〇〇旅仅仅撑起三个团的架子。李服膺军长撤职，李部的旧第六十一军番号撤销，原辖的第一〇一师和独立第二〇〇旅归入杨澄源第三十四军序列。

在应县新编组的预备第一军（我任军长），分从雁门关、狐峪口转移于代县，予以新的第六十一军番号。

对侵入灵丘敌军的作战策划

阎锡山犹忆他一九二七年和奉军混战于灵丘、五台、繁峙地区时让奉军进入平型关内予以打击的"成功"经验，仍拟放纵日军逾越平型关，诱其深入到砂河以西地区，而后从五台山、恒山南北发动钳击，同时截断平型关险隘，把敌板垣主力围歼于滹沱河上游的盆地里。阎自诩为："把敌人放进口袋里，给以狠狠的打击!"遂做了如下的部署：

一、平型关正面

第六集团军副总司令兼第三十三军军长孙楚，指挥第三十三军（章拯宇独立第三旅和孟宪吉独立第八旅）以及高桂滋第十七军第二十一师和第八十四师，以及从广灵退下来的第七十三师各部，于灵丘、繁峙间，沿内长城线已设省防阵地，阻止从灵丘西犯之敌，掩护大军从雁北撤入雁门山南集结。第三十三军在南，主力保持于平型关；第十七军在北，主力保持于团城口。

平型关、团城口两军，对敌人的进攻先依险挫敌锐进，须支持较长时间，而后适机作离心的撤退，转移于五台山内，集结为机动的南兵团，待机北击接近繁峙城之敌。

二、雁门山北侧

主作战军东向平型关方面，左侧背依靠恒山、雁门山的险阻以为屏障，监视雁北敌人的动静，机动戒备。

第十九军军长王靖国负责守茹越口（繁峙城北）以西亘雁门关既设阵地，以新归入第十九军序列的方克猷独立第二旅守五斗山、马兰口、狐峪口间，警戒五十余里山隘，把第十九军主力三个旅排列于水峪沟亘雁门关两侧，保持重点于雁门关方面。

第三十四军军长杨澄源负责守备北楼口（砂河北）以西亘茹越口间，

以第一〇一师李俊功守北楼口及大小石口，控制整理起来的刘**馥独立第二〇〇旅为之支援，兼与恒山中的刘茂恩机动军取得联系，对平型关方面警戒。以军主力梁鉴堂第二〇三旅专守茹越口，巩固雁门山东远翼，正在北调的姜玉贞第一九六旅准备控制于繁峙城附近，保持军守备重点于茹越口。但在第三十五军未到达宁武时，姜旅暂停止于阳明堡，作为对雁门关以西的策应，盖忧虑平绥线上有敌后续主力到达，将南冲雁门关。

三、决战地带

阎锡山称为捕捉敌主力军的“口袋底”阵线，选定砂河以西和繁峙间地区为主决战地带。以收容整理起来的刘**馥旅附以山炮两连于砂河以东，南连五台山、北连恒山的两机动兵团，占领正面，对平型关西犯之敌，遮蔽繁峙主决战阵地。在砂河、繁峙一百三十华里间，作逐次抵抗，诱敌于繁峙的坚阵下，然后撤入主决战阵地后方。

我的预备第一军是在南口和日军较量过的，是能耐苦战恶斗，经得起震荡的部队，郭宗汾的预备第二军是有作战经验的生力军。两军共十二个团，并各附属一个山炮营，在繁峙县东，以五台山的北台顶、繁峙城垣、恒山顶构成三个支撑点，于其间占领主决战的抵抗阵地。预筑纵深强固工事，吸引敌强攻，消耗敌战力，使陷于顿挫胶着，从而发动五台山、恒山集结隐存的南北机动兵团，加以钳击，对敌进行决战。陈军在南，保持重点于五台山北麓；郭军在北，保持重点于繁峙城。

另准备集结野炮团、重炮营于繁峙城西，并招致第十九军、第三十四军所属工兵营，加强主决战阵地的主要设备，且拟到决战时期，以第三十四军军长在繁峙城任主决战阵地带的总指挥；集结第三十四军的第一〇一师、独立第二〇〇旅、第一九六旅各部，加入主决战线的关键点，进出反攻。

四、机动兵团

从平型关、团城口南移，隐蔽在五台山中的孙楚、高桂滋两军，为南机动兵团。警戒五台山的东台、北台各口，以高桂滋的第十七军为主力。等待部署在砂河的诱敌部队逐步诱敌深入到繁峙城东地区我主决战阵地前，展开决战，受到我集团炮兵的压制时，分从茶坊、碱口北出，先牵制敌军于五台山北麓，于北机动兵团从恒山发动南击时，同时呼应夹击。另以第三十三军孟旅和王思田第七十三师支援即将到达五台山东侧的八路军林彪师，共同抄击平型关、团城口，以强力截断敌后方。

刘茂恩第十五军先隐蔽于恒山中，警戒浑源、大营南北两方，和团城口第十七军、北楼口第三十四军东西联系，等待第三十五军到来，合为强有力的北机动兵团。

傅作义第三十五军进入阳方口，于宁武集结后，侦明敌未在大同集结强大兵团，即再向代县、繁峙东进，适机潜出于繁峙东北的北岳恒山地区和第十五军联合，以傅作义指挥北机动兵团的共两个师、三个独立旅、一个山炮团，乘繁峙正面鏖战之时，进出恒山南侧，向敌右侧背发动包围痛击。

阎锡山对上述策划，自赞为："布好口袋阵，让敌进得来，出不去。"为了选定能坚强抵抗的主决战阵线，特招负责守备主抵抗线的陈长捷、郭宗汾两个新任军长到雁门关岭口行营，面示方略，并着同到繁峙、砂河间做详细的实地侦察，要求选定极扼要的"口袋底"阵线，构成强固并且韧性、绝对不可贯穿的纵深阵地网，借以胶着有强大攻击力的敌军，给以大量的消耗。

拟定上述方略，即时分派高级参谋前往砂河、平型关、团城口向刘茂恩、高桂滋、孙楚各军长预作腹案指示；又把李服膺军长从砂河招到岭口行营拘押起来，以严肃号令，表示抗战决心。

五、八路军参加作战

一九三五年经过长征到达陕北、号召全面抗日的红军于抗日战争爆发后，改编为八路军，九月，又组编为第十八集团军，进入第二战区序列。全军渡黄河到晋，以扩大正面分进：第一二〇师贺龙部到达五寨、神池；第一一五师林彪部，同朱德总司令到达五台；周恩来到雁门关岭口和阎锡山商议第二战区作战方略。当时我正到雁门关行营，初次见到周恩来。一次，周恩来讲授游击战、运动战要旨与抗战前途，特谆嘱必须发动民众抗日，搞民众运动，以壮大抗战势力，争取最后胜利。后来，林师东越五台山向灵丘、涞源；贺师越长城出朔县，向山阴，各行潜出，以运动战分别抄击后方，负起艰巨任务。

平型关战役经过

一、初战便动摇预拟方针

孙楚在平型关直后方的大营镇东山底村主持第六集团军总司令部，代杨爱源总司令负实际指挥之责，因他早已是杨爱源的"灵魂"。孙楚对当时全面敌情的判断，迄在迷惘，他认为从察南蔚县攻广灵的日军，不直趋空虚的浑源以抄击大同后方，捕捉集结于雁北的第二战区主力军，而间关轻进，指向灵丘，这只能是一支较有力的游动奇兵。他肯定会有强大的敌主力，准备利用铁道输送的便利，突然向大同集结，以南攻雁门关，雁门山线才是主决战方面，平型关只能是支战场。如果把平型关外之敌放进关里来，就正合敌的分进合击的要求，而非掌握内线作战要领。他估计以其当前所指挥的在平型关、团城口间的三个师、两个独立旅，不下十六七个团实力，守住险要，御敌侵入，尚有“把握”；再配合八路军林师抄到敌后时，很可能打个局部胜仗，而为雁门方面的主决战创造良好形势。本着如此信念，打动杨爱源总司令回岭口行营，向阎锡山陈说。其时第十九军军长王靖国正日夜纠缠在阎锡山左右，妄参“大计”。他唯恐其所负责的雁门山守区兵力单薄，亦从而强调雁门山线是敌进攻晋北的主要目标，亟请留傅军和一个预备军在代县、阳明堡地区，为雁门山的决战准备充分实力。他加劲地赞同孙楚的见地，虽近同趣而实则私图。由是，阎锡山原来的意志被夺，对其所自赏的“狠的计划”起了怀疑，遂以傅军未即集中到来，和繁峙东地区的主抵抗线的设阵尚费时间为词，批准了孙楚“坚守平型关”的建议，让孙楚指示高军展延团城口北翼和恒山的刘茂恩军连接起来。原来隐蔽在恒山北岳中的刘军是作为机动运用的，亦因而转变为对雁北方面守备军之一部。这样被黏着在侧背守线的兵力就更多了。

八路军林师到达五台山，派高参袁晓轩到大营和孙楚联络，通报林师正向灵丘南的太白山潜进，将在平型关东的东河南地区伏击敌军，希望平型关、团城口守军适机响应林师的抄击，起而夹击平型关前之敌。

孙楚虽以新的打算向两军发布了坚守平型关、团城口，阻敌西进的指示，但是高军仍固执其先接受的“放进平型关内打”预示，且为了向五台山变换方面的便利，早将两师的后方预移五台县。其前线部队长均怀待机即行转进的思想，在既设阵地上亦疏于配备。高等对孙的延翼固守新指示，置之不理。原来孙楚在晋军将领里，资望较高，亦比较具有战术思想，但在指挥上常以花样时翻，举措恍惚，而有“孙神经”的诨号。高桂滋在过去陕北进行反共作战时，受孙指挥过，早有不相信的成见，孙亦以“客军”对待高部。彼此间都在虚伪敷衍，等待形势的变化而各行其是。

二、再改计划于平型关外决战

九月中旬，日军板垣师团主力从广灵、蔚县分路向灵丘疾进，第七十三师被敌紧追，撤退到平型关以南，不及据守关的正面。阎急调在雁门关跟前的孟宪吉独立第八旅前往应援，责成该旅抢守平型关，以掩护雁北大军退入雁门山内进行集中部署。孟旅十九日从雁门关工地仓促出发，两日疾进，于二十一日抢占了平型关前方既设阵地，沿着内长城线，右起塞沟西南高地，联系第七十三师左翼东长城村，左至东泡池以东高地，和高桂滋师的东泡池右翼相邻，并在阵地前的白崖台、寨沟、关沟各要点，赶筑据点，增加纵深。部署甫定，即遭敌猛攻，剧战两昼夜。日军碰上坚壁，为图疾进，避开平型关正面，循着阎所新辟的浑源、灵丘间的临时公路线，北绕蔡家峪，转攻团城口，正打上第十七军高桂滋、李仙洲两部的守区。高部初受敌的压制炮击，即向孙告急。孙楚手里再无控制部队，只做了空口鼓励。高生怕为孙楚所牺牲，转向在雁门的阎长官直接告急，旨在仍旧执行所谓“放进关内打”的老计划，早让他和敌脱离。

八路军林师于九月二十日迅速越过五台山，二十二日潜出平型关东南，插入灵丘南的太白山南边的上寨地区，依托人民的掩护，未为敌所察觉。二十四日于平型关东南的东河南镇西的公路两侧秘密部署，伺机抄击。八路军高参袁晓轩传达林师进展的有利情报，正盼平型关、团城口间守军发动攻势，抓住辗转在隘区难于展开的敌人，加以痛击，争取共同将敌人围歼于蔡家峪、东河南间。

阎锡山和孙楚未能明了团城口高军告急的真相，他们多少是不尽相信八路军林师已插进敌后，造成了特别有利的形势。在对全局情况的迷惘下，自认出于慎重处理，对高桂滋说即派郭宗汾预备军增援；对八路军说待预备军到达平型关，即从北翼团城口出击。实际只命郭宗汾的预备第二军到大营，听孙楚相机使用，仍留陈长捷的预备第一军在代县，而不以全力坚决出击。举措失着，致误战机。

三、高桂滋军放弃团城口阵地

郭军有三个两团制的旅，即陈光斗第二〇二旅、赵晋第二一四旅、陈新华新编独立第一旅，另附一个山炮营。他们奉命从太原北上。该部初次上抗日战场，士气尤锐。郭部到大营受孙楚指挥时，孙据平型关外人民报告，八路军确已到达太白山区，始转变决心，出关决战，指示郭军向齐城联系高军进出团城口，以拊敌侧背。

在郭军到达前，高部的团城口、鹞子涧、西泡池间阵线，虽不断受敌炮击，守军依托强固阵地，配备稍疏，尚无重大伤亡。由于攻平型关之敌源源北展，高部发生了恐慌。一闻郭军到达大营，更加紧向孙楚呼告不克支持，且直接要求郭军即刻增加前线守御。郭以奉令出击为辞。孙对双方争执，未加明确节制，固知高部意存避敌，以为郭军集结好，一展开出击，便得立解纠纷。二十四日晚，敌对高部阵地右翼西泡池和团城口两处，发动夜攻，高益觉形势严峻，要求开到齐城的郭军一部就近增加于西泡池，郭又未允。当夜孙楚适得八路军高参通报：林师已阻截平型关、东河南敌后的公路，即对敌发动抄击，并以一部向大小含水岭挺进，接应团城口、平型关大军进击。形势大好，敌已陷我掌握之中。

孙楚认为高部纵感紧急是暂时的，可以坚持的；郭军须集结全力作大规模出击，万不可分割应付，陷于胶着。遂要求高桂滋、李仙洲须镇定固守，不得动摇。高桂滋根本藐视孙楚的指挥才能，认为孙楚是有意识地要牺牲他们，来让晋绥军独占风头。由于错觉而怨愤，擅自放弃团城口，鹞子涧、东西泡池各部亦均退迷回村，再缩避于恒山方面，依刘茂恩军，共同保存实力，要着杂牌军的故态。他们根本否认八路军已到敌后，以为向蔡家峪、东河南间合力歼敌，为虚构的愿望。为了对孙、郭泄愤，故意闪开团城口、鹞子涧险隘，让贸然出击的郭军碰钉子去。他向阎报告，则以执行所预示的“砂河会战计划”为辞。阎锡山作为战区司令长官，在当时的紧急状态下，苦在心头，对杂牌客军的故态复萌无可奈何。以后阎在吕梁山集训中，偶尔同晋军将领回忆起平型关之败，犹愤慨地说：“高桂滋放弃团城口，比刘汝明放弃张家口，更为可杀!”

四、郭军出击被围

郭军向团城口外出击，以陈光斗旅向六郎城以北，带动高军左翼第二十一师，向敌侧背压迫，相机迂回于蔡家峪，东河南方面和八路军取得联系；军主力经迷回村，越第八十四师阵地，直出团城口攻击敌人。部队于半夜出发，在静谧行动中，绝不虞高部早已稍稍地放弃了阵地。时值八路军于前一日抄击敌后，于东河南以西地区，歼敌近一个联队。敌从前线抽部回顾后方，当夜对团城口、平型关停止进攻，遂形成对峙的沉寂状况。孙楚尚能正确判断，认为平型关敌后方受到八路军的袭击，便催着郭军大胆出击。郭军两纵队经涧头、迷回分进活动中，突然受到来自团城口、鹞子涧原来高军防线上机关枪和迫击炮火的猛击，引起一阵慌乱。初尚以为和守军发生误会，但是立即证明前方高部竟不存在，敌人已经占领鹞子涧、团城口并东、西泡池一带的我军原来阵地。二十六日拂晓后，敌全线凌高下迫，既占有利地形，又出郭军不意，其北翼从鹞子涧突进，隔断郭军左纵队陈光斗旅，南翼从东泡池也击溃郭军陈旅上山之一部，把郭军主力纵队压迫于迷回、涧头地区。郭宗汾军长同赵晋旅长处于严重危机下，紧急收集所部，于涧头、迷回及北山间就地进行坚定的抵抗。所幸的是，八路军林师于敌后东河南以西大捷后，复向大、小含水岭上挺进了有力之团，使得被隔离于六郎城北的陈旅借为犄角，也立下脚来，尚牵制住从鹞子涧突进之敌，不及直逼迷回北山。郭军主力虽局促于涧头、迷回一侧，但已站稳阵地，且监视着西泡池，使东泡池之敌不得直摸大营。守平型关正面的第三十三军孟旅幸而一时未受影响。

五、第六十一军急援平型关

阎锡山据灵丘秘密电台情报，证实八路军林师伏击平型关东方获得辉煌胜利，同时雁门以北迄未发现敌之活动，虽有孙楚团城口失守，大营后方濒于危急的报告，但尚觉平型关外的局势大有可为，始坚决放弃砂河会战计划，要郭军坚守迷回地区，贯彻以大力进击平型关外，歼击敌板垣师团主力的企图。

阎令在代县的陈长捷第六十一军立即从代县向平型关进发。第六十一军即原来的第七十二师同新编独立第四旅编成的预备第一军。阎押起李服膺军长，遂改预备第一军为新的第六十一军，我任军长兼第七十二师师长。第七十二师经过南口战役的剧战消耗，整编为三个团，又一个干部营。第二一七旅旅长梁春溥率第四三三、第四三四两团；第二〇八旅旅长吕瑞英率第四一五团和干部营（第四一六团）；新编独立第四旅旅长于镇河率新编的第二、第十二两团。新的第六十一军实际只有五个步兵团和一个干部营，配属一个山炮营。以第七十二师为骨干，经过南口同日军久战，素质尚强。

高桂滋第十七军放弃团城口阵地，谎言受敌“猛攻”、“伤亡惨重”，郭军到达未作应援，以致被敌“突破”阵线，未能立脚；且在太原各报对郭军特加诬枉。反阎派的续范亭正搞“动员委员会”，于太原城海子边公园召开群众大会，声讨晋北抗战不力将领，亦摭拾高军谰言，把郭宗汾同李服膺并提，加以攻击。

阎锡山鉴于杨爱源、孙楚对“客军”没有笼络统御能力，特命傅作义前往大营，把高桂滋和刘茂恩两军置于傅的第七集团军序列下，并给傅以指挥平型关方面的全责。期于陈军到达时，仍调度高、刘两军，协同反攻团城口，争取于平型关、东河南间，联合八路军歼灭天敌板垣师团。

傅作义奉命急驰大营杨爱源总司令部时，正值日军攻逼迷回郭军，军和大营联络被阻断，前方情况不明。傅设法与高军取得联系，尚假借阎长官名义代作慰劳，告以陈长捷第六十一军正从代县兼程前来和八路军于平型关、东河南间歼敌的胜利消息，传达了阎长官决定配合八路军争取于平型关外歼敌的新的计划。为目前保持涧头、迷回要点，便利陈军从北翼进击，盼高军勉力回援团城口。高亲到大营，辞以所部残破散逸，尚未收集整理。傅转商于李仙洲，亦同样未得急切的效用。傅虽到前方，也无能为力。这时下起大雨，陈军奔驰在途。傅、杨切盼陈军赶到以为应急，犹虑为雨所阻，以急电致繁峙军电局迎送陈军长，要求冒雨飞速驰援。

我第六十一军经繁峙向大营前进，梁春溥旅在前，军部和骑兵连、通信连随着先头梯队行动；吕瑞英旅、于镇河旅并炮兵营由吕旅区处继进。入夜雨更大，梁旅已过繁峙，部队即于行进中且行且用干粮充饥。听前方炮声紧续不断，偏在平型关北方，判断团城口方面情况当较严重。同时繁峙军电局追送来杨、傅催援急电，却未详前方具体形势，乃以兼顾平型关而急援团城口的要领，部署所部，连夜冒雨以战备姿态急行东进。梁旅附山炮一连为右纵队，经砂河以南取平型关目标前进，过大营时向傅总部联系，听取指示；军主力为左纵队，骑兵连直趋大营北的齐城，向团城口方向搜索；吕旅附山炮营（欠一连）在前，经砂河、代堡和大营以北地区向齐城疾进，于旅因未领到干粮，于途中炊火饮食后，赶上吕旅。一夜冒雨续驰八十里，梁旅先达大营，平型关方面尚平静无激战，傅令该旅即北向驰援迷回，暂受郭军长指挥。军主力过砂河后，我先乘马驰向大营，于微明到达。总部幕僚熟睡安然，询知只团城口方面由于高军引避，郭军三旅贸然出击，被敌分隔，尚据守西泡池的一小据点和迷回、涧头与六郎城各处，但不相联系。夜里收到郭军的无线电报告，各部虽有较重损失，犹能据守待援，敌亦未向涧头以西深入。待晓见傅，傅甚叹息前线将领不相协作，败坏良好战局，且喜第六十一军来得快，已先令梁旅驰往涧头、迷回方面，暂归郭军长指挥，为应付敌可能于拂晓发动进攻的准备。他希望第六十一军主力于齐城村集结后，即进击解脱郭军各点的围困，再乘势攻夺鹞子涧、团城口，进而联系挺进在大、小含水岭的八路军，以攻敌之侧背。

二十七日晨，第六十一军参谋长李铭鼎从齐城接上通大营已断电话，报告第六十一军主力的先头到达齐城。军独立骑兵连报称我梁旅已将围逼涧头之敌驱逐，续向迷回村方面前进中，我骑兵占领涧头，警戒北翼，吕旅即在齐城东展开戒备；但部队连续两日夜冒雨急行，十分疲乏，请我注意非不得已不可即令投入战斗。经指示就地整饬战备，并速集结于旅，使充分用餐休息，待明了梁旅战况和迷回当面敌情后，再推进吕旅，注意东、西泡池方面，协同梁旅进攻。

别傅，赴齐城时，傅嘱：对从团城口方面退下来的零乱于途的部队，无论何部，均就齐城线上加以遏止，强制收容，勿任流窜大营、砂河，摇动后方。在途中所遇除郭军新编独立一旅的部分外，尚鲜见高军的流散官兵，却在齐城、砂河道上，遇到整队而来的炮兵，查是配属高军在迷回作战的晋军山炮营的两个整连，炮件驮马都齐备，责其为何擅撤后窜。领队李营长答称是奉高军长命令，于前夜撤到迷回，又奉令向大营归还团建制，并举出高的命令为证。询以高军去向，则不明白，但云二十四日夜团城口、鹞子涧、西泡池各前方尚无激战，比前两日安静好多。依此证实团城口、鹞子涧“被敌攻垮”，确是谎言。我遂依傅总司令指示，转谕李营长，开赴齐城，暂属第六十一军作战。

六、第六十一军反攻团城口

第六十一军梁旅长传令从大营北进到齐城东北遇敌，即展开战斗。先头程继贤第四三四团向涧头进攻，把困守的郭军新编独立第一旅一部救出，并继续向迷回村前进。军骑兵报告：迷回东南之敌向涧头西进，和我梁旅在激战中；西泡池山上郭军一部受敌压迫撤下山来，敌续有增加，向梁旅右侧接近。我遂命炮兵两营就公路两侧分别占领阵地，由军李参谋长统一指挥，对迷回南地区准备火力，并封锁鹞子涧、西泡池间隘路；命令吕旅进出于梁旅右侧，迎击从西泡池下山之敌。

攻击发动后，几阵炮击，掩护梁旅前进，第一线程继贤团扑向迷回。包围迷回东南侧之敌两度反攻，均被我增加的曹炳第四三三团击退，守迷回南的郭军赵旅一部同时出击，梁旅程团乘势从迷回西冲上北山。时近黄昏，在夜色苍茫中，敌狼狈分向鹞子涧和东、西泡池退去。郭军新编独立第一旅一部尚被围在西泡池的一个据点里，吕旅向西泡池山上逆击，进展受阻，加上于旅的一个团于吕旅右侧，压迫敌后退，遂向西泡池追击，把困守西泡池的陈旅一部救出。敌向东泡池退去，吕旅继续向东泡池进攻。鹞子涧之敌冲过我炮火封锁地带，陆续南援东泡池。深夜，我吕旅遂与敌相持于东泡池的南山头线上。军推进于旅（欠第十二团）和炮兵营于涧头及其东南地区，和吕旅并迷回的郭军相联系，于涧头设了指挥所。

郭军收容陈旅于迷回，守军经两日苦战，伤亡颇重。我命令梁春溥旅乘夜于迷回北山向北进展，以应援尚阻隔在六郎城方面的陈光斗旅。梁旅左翼程继贤团冲上迷回北山，气势甚锐，立即尾踵敌后，夜攻鹞子涧。

第六十一军之进攻，按预定计划解了迷回之围后，梁春溥旅即可归还第七十二师建制，以转用于吕旅右方，使一气攻下东泡池，越过1386.6高地，直趋上、下铺西。以团城口公路线和郭军划分作战地境，进而协力发动平型关外的对敌决战。两军参谋长进行协商，鉴于郭军当时的实际情况，六郎城陈旅尚未靠近，迷回、鹞子涧之敌仍威胁着迷回北山，如果抽下梁旅，可能让敌占据了六郎城西南的1635.9高地，则迷回郭军复处于敌的隔离和瞰制下，仅凭一个赵晋旅，难以攻击团城口。据梁旅长报告，程团已向六郎城方面北展，在未和郭军陈旅相接应时，遽令撤移，亦复影响士气。遂从权指示梁旅长，循当时态势，于攻下六郎城，联系上郭军陈旅后，即和陈旅协力，一气攻下鹞子涧、团城口，并与进击和挺进在大、小含水岭上的八路军联系，相机绕攻敌后方，与孙楚军从东泡池的出击，会合于蔡家峪、东河南间。

七、东泡池、鹞子涧的激战

梁春溥旅进攻迷回时，正值鹞子涧之敌向迷回北山郭军压迫，梁旅左翼队程继贤第四三四团气势最锐，一直插上迷回北山，将敌击退，即踵敌后向鹞子涧尾追。该团出乎寻常的表现，是由于第七十二师于八月间从雁北进军南口抗战时，该团被阎指定留在雁北看守国防工事，未得参与。大同会战初期，又被调到阳高，临时置于李服膺指挥下，辗转避战，深以为耻。逮第七十二师从南口横岭城突围回到雁北，该团始在应县归复原师建制。在准备此一会战时，团长程继贤基于全团官兵的忠愤情绪，屡次申陈要争取攻打前锋，其临敌奋勇轻锐盖基于是。当夜程团乘敌南援东泡池，便顺利攻占鹞子涧，多所斩获，遏阻山隘，将团城口和东、西泡池之敌隔开，立刻以一连占领1386.6高地，威胁东、西泡池敌后方；并派军官斥候向大、小含水岭进出和八路军取得联系；又派团附郭唐贤率张景舜营西向六郎城和被敌隔离的郭军陈旅打通联系后，等待他的旅主力推进到来，协同六郎城的郭军向团城口攻击。郭团附置通信班于鹞子涧西山上，向迷回延伸通信，报告团的进占鹞子涧和发展形势，亟请旅主力推进。张景舜营于半夜打通六郎城。由于程继贤团长的勇锐努力和官兵的果毅接续战斗，一夜间已造成出击的大好形势。可惜的是，迷回守军狃于两日夜受攻的困厄，幸得解围，急于整理恢复，未敢抓紧战机派部东击，以加强程团所勉力占领的1386.6高地的阵线前主要制高点，加以扩大战果；相反，对从鹞子涧被我程团击溃南窜于东、西泡池之敌，侧行在迷回东北和1386.6高地下时，不但未行侧击，又错以为敌增兵南来，反扑迷回。初就迷回东阵地的陈旅特别恐慌，于是将向鹞子涧西山推进的梁旅主力强留于迷回北侧以为应急，遂致程团活动于鹞子涧，既分散孤立又无后继。梁旅长尚以为打通了六郎城，可得郭军陈旅相为掎角的援应，对于程团的过分突出和分散部署，未及予以节制。更可憾的是，程团张营顺利地打通六郎城，而隔离在那里的陈旅，未和鹞子涧的程团联系，积极呼应为进攻团城口做准备，反趁机急速南移，以靠近迷回北山，同样被所谓敌将夜攻迷回的错觉所诱致，搞得程团更孤立突出。

第六十一军吕瑞英旅附新编独立第四旅的第二团和山炮两连，进攻东、西泡池，把被围在西泡池仅余一小块山头阵地的陈旅一部救出，夺回西泡池全部阵地，接续向东泡池进攻中。敌人从鹞子涧南援西泡池，一再反击吕旅左翼，新编独立第四旅第二团于夺占了既设阵地后，对敌的强烈炮火尚能抵御，几次击退敌的反扑。占据东泡池之敌最为顽强，经吕旅右翼刘崇一第四一五团（团长高金波于南口战役负伤，由团附刘崇一代理）反复强攻，始于二十五日黄昏占领。被击溃于山沟下的敌人，立刻得到从灵丘大道增加而来的应援，连夜攻扑鹞子涧程团一个连占领的1386.6高地制高点，以瞰制东泡池，并在辛庄路旁展开重炮，轰击东、西泡池和鹞子涧。

二十八日拂晓，敌在其强大炮火支援下，再向东泡池扑上，我阵地大部被敌炮毁。刘团长鉴于坚守前沿，伤亡惨重，遂令守兵退凭第二线反斜面抵抗，敌每冲上棱线即立起反突击。敌不断地发起冲击，在几度反复鏖战中，团长刘崇一胸部和腿部各中两弹，犹坐地指挥所部坚决反攻。最后紧急时，吕旅长以仅余的第四一六团干部营（尽是晋绥军军官教导团新拨的三百多学生）令团长宋恒宾亲率增援，一直以冲锋枪、手榴弹进逼决斗，一场血战，直到近午，终把再次占领我东泡池阵地之敌击垮于东泡池山下。刘团在被敌炮击和反复格斗中，伤亡团长刘崇一、营长宋幹卿、李凌汉等官兵三百余；宋团干部营营长范占元、马宗俊均负重伤，学生预备干部亦牺牲八十二人。阵地前后杀敌累累，获步枪、机枪和掷弹筒等二百余件。当反复冲杀、决斗吃紧时，东泡池右方的第三十三军孟旅，鉴于敌占东泡池即将压迫平型关的左侧，孟宪吉旅长基于傅总司令的指示，从平型关正面抽出两个营亲自率领赴援吕旅，终于夺回东泡池阵地。

灵丘之敌，被阻于东泡池不得进，一面收容溃部，一面续有增加，遂坚据1386.6高地以为掩护，而转向鹞子涧进攻。

日军后方东河南地区于二十五日受到八路军的伏击，急从平型关、团城口抽部回援，正是郭军出击的绝好机会，而高桂滋军却先期放弃了团城口，让敌出乎意外地垂手袭占了阵地，给分离出击的郭军以不意的打击，陷于不利的窘境，但敌以后方的顾虑，亦未敢前进。八路军在敌后的大捷，未得到平型关、团城口正面大军的响应进击，再转移于伏击准备位置。敌遂于二十六日举其全力西进。从灵丘大道南来之敌，被我孟旅、吕旅协力阻止于关沟和东、西泡池线上。但攻占了1386.6高地之敌，借以掩护并瞰制鹞子涧而转移北向，和从团城口循公路南攻之敌相呼应，以夹击突出于鹞子涧的程团。二十八日孤立在鹞子涧的程团实际不过两营，承担的却是不下一个旅团之敌的南北两路夹击。当警戒在1386.6高地上之连被敌强袭时，程团长命傅冠英营长率部上山反攻。在高地前沿对峙中，北方团城口之敌拥出隘口，直冲鹞子涧，程团团部和另一个梁世荣营被包围于村中。傅冠英营从东山后援，占领1386.6高地之敌随之下冲，团长和两营长分途应战，均亲挥手掷弹同士兵一起和敌拼杀到最后，团、营长以下官兵全部壮烈地为国力战牺牲。

团城口之敌冲击鹞子涧时，团附郭唐贤和营长张景舜率初从通六郎城后回鹞子涧西山上之营，侧击围攻鹞子涧之敌，与敌激战于涧西，又被优势之敌包围攻击，郭团附、张营长均负重伤。梁春溥旅长在迷回北山上，闻报急率曹炳团赴援，已鞭长莫及。鹞子涧恶斗结果，程团全部殉国。敌复以其大力阻止梁旅曹团于鹞子涧西南，我仅收容得负伤的程团郭团附、张营长和通信排一部与不及一连的伤兵。梁旅主力遂退守迷回北山，和从六郎城退回的郭军陈旅于1635.9高地迄迷回北山间，站稳阵地，以拒止敌之南扑。

第七十二师程继贤第四三四团在鹞子涧孤立失救，九月二十八日午被敌围歼，为第七十二师继南口战役后，又一个团的壮烈牺牲，其经过是经仅存的团附郭唐贤、营长张景舜和通信排排长所详报。程继贤团长富勇略，他夺取鹞子涧所造成的极有利的战势，乃竟无后继而孤危陷没，有责以冒进者，是为其疑怯坐误掩盖。该如何内省愧煞！旅长梁春溥不能辞失机之咎，我予以戴罪图功的处分，到以后忻口战役中始予撤销。

敌占鹞子涧后，两路分进，会合于迷回以北。该方成为决战的重点，不得不仍将梁旅主力留在郭军的作战地区内，两军各部尚相参插，未及调整。

敌从鹞子涧进攻迷回北山，为陈光斗、梁春溥两部协力所阻。二十七日以后，敌逐渐向六郎城西北的盖房沟、黄圪塔进展，包围1635.9高地。郭军陈旅仍专意迷回北山的守御，于其左翼1635.9高地上仅置小部警戒，被敌猛攻失掉，而且秘而不宣。敌据该高地后，将直下涧头。在涧头的第六十一军军部受到从1635.9高地而来的敌炮击，第六十一军参谋长李铭鼎在炮兵指挥所发觉，向迷回梁旅长查询，经证实后，觉得情况严重，两军后方有被截断包抄的危机，立命在涧头东的炮兵营转移射向，以强大火力集中轰击1635.9高地，对敌制压，于镇河旅长急从西泡池抽出两营，从涧头村北仰攻1635.9高地。敌凌高下瞰，仰攻多受损失，约同附近高地东麓的陈旅左翼团协力反攻，该部士气不扬，迄无进展；于旅第二团进逼再三，蒙受重大损失，勉力与敌相持于山麓，掩护了涧头后方。

八、调第三十五军参加团城口决战

敌人延翼包围，夺占1635.9高地，威逼迷回、涧头后方。傅总部估计敌我形势，认为敌板垣师团已无后续之部，其后方正经我八路军袭击，尚感受潜在的威胁，倾其全力延翼已到极限，第六十一军已加以制阻，敌今后只可能于调整部署下抽些部队，勉强再兴决斗。我方同样可以乘时调整部署，掌握余力，以为对抗。在平型关正面的寨沟、关沟迄东、西泡池之间，我军较占优势；迷回、涧头地区虽感压迫，而郭、陈两军指挥所正顶住要冲，镇定军心，并运用两军全部炮兵，集中优势炮火，倾击于1635.9高地，亦可以保证阵线不至动摇。若使第六十一军调整东翼，抽下于旅全部到涧头方面，使郭军调整西翼，腾出梁旅，归我节制，运用士气尚强的第六十一军为主力，发动进攻，则不难夺回1635.9高地，趁锐进出六郎城，攻夺鹞子涧、团城口。傅作义总司令同意上述意见，以电话命令我："大胆调整部署，抽调有力部队，掌握起来，攻夺1635.9高地，只要能攻占团城口半面，坚守几日，待第三十五军到来，就可大有作为。"

傅定了在团城口决战的决心后，亲到雁门关岭口和阎锡山商议，得到同意后，即令从绥东长途跋涉初到雁门以西的第三十五军全部续向平型关方面疾进。阎亦一时心血来潮，鼓勇偕傅同到大营，召集前敌将领会议。会议决定：

1. 以第三十五军董其武、孙兰峰两旅用于团城口方面，从涧头向团城口出击，归第六十一军陈军长统一指挥，于夺回1635.9高地后，进出于六郎城、鹞子涧线上。同时使东、西泡池的第六十一军吕瑞英旅夺取1386.6高地，然后以第三十五军和第六十一军全力协同冲出团城口外，向蔡家峪、东河南旋回席卷，再配合八路军林师的伏击，以围歼敌人于灵丘以西地区。

2. 以马延守独立第七旅分置于平型关，归孙楚第三十三军序列，于第六十一军夺取鹞子涧的同时，增加马旅于平型关正面孟宪吉旅右翼的东长城村和寨沟间，使孟、马两独立旅沿着平型关、灵丘大道两侧，压迫当面之敌，直取东河南，和从浑源、灵丘公路向东旋回的第六十一军会合，共歼敌人。

3. 郭军和第七十三师先就原阵地支援第六十一军、第三十五军、第三十三军发动攻势，随着平型关、团城口攻击的发展，相机推进，作为第二线兵团。

4. 保持重点于团城口方面。

决战部署议定后，二十九日晨，傅以汽车迎召将达繁峙的第三十五军先头旅董其武旅长先来大营，面授要旨。董又先其部队来到涧头第六十一军指挥所，了解到第六十一军于旅正向1635.9高地进攻，董旅长再进到于旅前线，详察激战中的涧头北山形势，觉得占领1635.9山头之敌，火力特强，但兵力犹稀，于旅长正督部利用山地死角进逼，将行夜攻夺取。他和第六十一军参谋长李铭鼎预计第三十五军隔日赶到时，如于旅已占领了 1635.9 高地，则在于旅的支援下，第三十五军先到达的董旅立即投入前线，进击六郎城，以抄击鹞子涧，先歼敌一部，待孙兰峰到来，即举两军全部直出团城口。董回大营报傅，拟招致其所部于齐城集结。

郭军方面的迷回前线仍不断告警。梁旅主力适当迷回北山对鹞子涧的要冲，终于不敢断然抽出，以致于、梁两部协力夜攻涧头北 1635.9 高地计划，以梁旅不克前来，又顾虑到于旅未习夜战的新兵弗可胜任，势须延待第三十五军董旅的到来，遂未能发动。

九、雁北之敌攻入茹越口

当发现敌板垣师团主力从广灵趋灵丘将进犯平型关时，第二战区作战军悉从雁北退入雁门山南，转变东向，准备从事平型关内或外的会战，但尚顾虑雁北方面有平绥铁道交通之便，被敌用于增兵，突然进攻。本来着眼倚恃雁门山和恒山为战地北面的屏障，可以节约守备兵力，却竟部署刘茂恩第十五军于恒山，杨澄源第三十四军于雁门山右，王靖国第十九军于雁门关东西，并拟控制第三十五军于雁门关后以为策应。这种双方兼顾的平衡布局，把四个军闲置于主战场平型关的侧方的过多警戒，畏葸多虑，正被占领大同仅仅一部的敌人所牵制。而所拟决战地带，究在平型关内或推进关外，又是逡巡观望，进退失据。用在主战场上的仅是不完整的孙楚第三十三军、高桂滋第十七军和郭、陈两预备军，且又是陆续应急投入，被动失机，莫此为甚！平型关、团城口鏖战经旬，已经明确在大同和平绥线上之敌只是一部日军和若干伪蒙军，尚遥隔三百余里，无有动静。因此闲置在恒山、雁门山上的各部均麻痹起来，既对平型关主战场坐而观战，又对广漠的雁北地区，疏于机动监视，形同排列着等待挨打。

侵占大同的敌东条纵队，仍旧只是关东军三个旅团并配属两师伪蒙骑。其初徐徐南展到怀仁县，装出指向雁门的姿态而故意宣传，把守雁门关的王靖国被吓住。迨板垣师团主力进攻团城口，敌后方东河南地区被八路军林彪第一一五师所截击，陷于进退维谷时，敌东条纵队为策应板垣师团，解其危难，突起活动，从大同、怀仁转向东南方应县方面疾进，寻找雁门山和恒山接合部的茹越口进攻。一日夜的骑兵和装甲汽车的突奔，出乎第三十四军的意料，先头伪蒙骑一部的扑击，就夺占了茹越口，而直上铁角岭。

原来雁门山阵线的防御设计，主阵地是决定在茹越口内尚有二十五里的铁角岭和五斗山相掎角极为峻险的分水岭上。根据一九二七年晋军和奉军混战于该地区的经验，奉军张作相以强大的吉黑军五万多，从雁北浑源、应县进攻茹越口，逼上铁角岭、五斗山，张作相亲驻茹越口，督战甚厉，终受阻于铁角岭、五斗山晋军依险构筑的强固主阵地。坚持恶斗月余，优势的奉军，伤亡惨重，结果被反击溃下山去。过去的实地战迹，原可借鉴，而第三十四军未加考虑，它原属的第七十一师（即郭宗汾预备第二军前身）被抽出，新添入序列的姜玉贞旅尚未到来，竟使仅有的梁鉴堂一个旅背险布防于隘口前方，后方二十五里险要的铁角岭、五斗山，虽有既设阵地，竟未布置守兵，犹待姜旅到来再为填守。前方渺无敌情，第三十四军军部接近梁旅，同处于茹越口的长沟谷地里。

阎锡山鼓着勇气去平型关时，尚未发觉雁北敌人南进，予第十九军军长王靖国以指挥雁门山全线之责。王靖国发现大同、怀仁间敌人悉数转向应县，并知茹越口前方正相接触，繁峙北方面临严重形势。所谓第三十四军，实际在杨澄源军长指挥下的仅有梁鉴堂一个旅和砂河的李服膺原第六十一军残部，在繁峙没有应急策应部队。王靖国明知如此，仍不肯把到达雁门的姜玉贞旅归还第三十四军序列。

九月二十八日，敌骑兵两师冲垮茹越口前方守部，日军一个联队以汽车输入战场，继之逼入茹越沟。梁鉴堂旅长仓皇掌握只余一个营的预备队，尚勇敢地亲自指挥，沿着山沟拼死堵击。在敌炮火的集中轰击下，梁鉴堂旅长前线阵亡，所部大溃，敌骑长驱直冲。沟顶的铁角岭险要，已无兵扼守，竟为敌唾手抢占，反凭我已设阵地侧击五斗山。守雁门关右远翼的方克猷独立第二旅和梁旅相邻，临急抽部从五斗山侧攻茹越口，敌已抢占铁角岭反受到侧击而惊乱。步骑联合之敌，在强烈炮火掩护下，源源冲进茹越沟，连五斗山亦被攻占。敌骑于二十九日夕插到雁门山后方占领了繁峙城。第三十四军剩了孤单的军部，退到繁峙城再不能立脚，遂向碱口逃避。

当茹越口受冲紧急时，在茹越沟内的杨澄源军长曾令守备右翼北楼口、大小石口一带的李俊功第一〇一师断然向应县南的北河种出击，抄袭敌侧后以为牵制；并调在砂河的刘譚馥第二〇〇旅余部向繁峙以北，赶占铁角岭已设阵地。均以集结稽时，未及适当策应，让敌长驱突入繁峙城。

先一日，第三十五军三个旅，奉令参与平型关、团城口的决战，以董旅、孙旅、马旅的梯次，经代县兼程东进。二十八日，先头董其武旅已过繁峙，到达砂河镇。孙兰峰旅于二十九日夜次于繁峙县南的碱口以东地区，受到侵入繁峙城敌骑的袭击。马延守旅则被阻于代县方面。

十、平型关弃守

敌板垣师团从灵丘进攻平型关、团城口，在前方被阻、后方被抄的旬日间，接济几于断绝的极端困难情况下，势已穷蹙。敌东条纵队的插入茹越口，占据繁峙城，虽在威胁我平型关前线的侧背，但其实力有限，对其板垣主力师团的被困在百余里外，仅起声援的作用。当时我战区作战军闲置在雁门关和恒山双方，尚是雄厚。对此做正确的判断处理，仍可藐视占领繁峙之敌为冒险的偶尔成就，如果将帅果毅协衷，出以断然的积极行动，悉移雁门、恒山坐若无事的大军，以围击孤军侵入茹越口和繁峙的有限之敌，正可先与歼灭，岂仅打破危局，并可进而争取平型关前的辉煌全胜。无奈作为主帅的阎锡山稍临前敌，猝然受阻中途，即已心怯胆寒，充满失败意识。九月三十日深夜在砂河南山麓一个小村里，召集将领会议，傅总部幕僚预立两个方案：

其一，认为进据繁峙之敌仅是伪蒙骑，速以次于代县的马延守和姜玉贞两旅，协助从五斗山进攻铁角岭的方旅，驱敌于茹越口以外。已过繁峙以东的第三十五军主力的董、孙两旅仍使用于团城口方面，以增强第六十一军的进攻，努力进击，再配合八路军的抄击，歼敌板垣主力军于平型关外东河南地区。

其二，平型关、团城口线上，对无后继的敌板垣师团，坚持抵抗。先以次于繁峙东西的第三十五军为主力，夹击进入繁峙之敌，驱敌于茹越口以北；然后带动在恒山的刘茂恩、高桂滋两军，转向团城口以北，发动更大规模的出击，以消灭敌板垣师团。

阎先以第一案问各将领，均顾虑分力兼顾双方，各难速决，万一侵入繁峙的敌骑四出窜扰，势将动摇平型关主决战方面的后方。尚有人不相信八路军林师已在敌后方起着巨大作用，而提出疑问说：“进出平型关、团城口前，如果不能即时解决战局，再对峙起来，后方对大军的补给被阻，又将如何?”

提出第二案时，平型关、团城口前线负责部队长说：“1635.9 高地和六郎城、鹞子涧、1386.6 高地虽然一时未即夺回，而东、西泡池和迷回、涧头北山间阵线，相信尚可坚持对抗，不至动摇，且让第三十五军先以全力从速解决侵入繁峙之敌。”并均认为消灭了从大同入侵之敌，巩固了我后方，使平型关当前之敌气夺，即不出击而依险和敌为持久对阵，亦是胜利。傅作义着意支持此案，且拟亲去砥口指挥第三十五军攻夺繁峙城，恢复茹越口，以打开危局。

尚在讨论中，平型关前线传报，敌渐向平型关以南移动，似在转变主攻方面于平型关南翼。孙楚负责平型关方面，感觉到南翼的第七十三师和独立第三旅，既是残破之部，所占正面又宽，对此新情况，有待生力军支持的必要。由是动摇了他原来支持先让第三十五军去进攻侵入繁峙敌人的意见。阎锡山犹在迟疑中，又传来代县王靖国的报告（敌虽占繁峙城，而东逼砂河，但大营的军用电话路线尚未被破坏，因为繁峙电局工人的英勇负责，避到城外犹在接线保持通话）：“从五斗山反攻铁角岭的方旅撤回代县，他留第三十五军的马旅在代县东地区警戒，另调远在雁门关西的段树华旅开代县以为应付。”在代县和平型关双方均有顾虑的情况下，傅作义依然坚定地主张先行急攻繁峙。杨爱源却以其五台人的微妙意识提醒阎锡山说：“热察蒙古人年年朝拜五台山，走熟从繁峙砚口上五台山的大小路径，伪蒙军既占繁峙城，可能再冲击砚口，直窜五台山。”被隔在繁峙以东的阎锡山，视其所初辟的从砚口上五台山的土公路，为他当前唯一可以坐车逃生的道路（阎锡山向来不敢乘马，只能勉强骑驴，还得有人前后扶持缓行，加以照料）。经杨爱源一提示，认为他想逃走的路，明早可能即为敌骑所截。于是意识一震，击案起立，喊道：“我看如此战局，无法补救了，迟退且陷全灭！星如（杨字）、宜生（傅字），就下令全线撤退吧！”

平型关、团城口间，孙、郭、陈三军，先后投入战场，对敌板垣师团主力苦战半月，牺牲兵员逾万。由于八路军林师抄到灵丘敌后方，创造了大军出关围歼敌人的大好形势。仅仅为了侧后方雁门山支战场上，一部敌人的侵入茹越口，袭占繁峙城，而守军一再退避，方面主帅复疑惧丛生，无有斗志，坐使平型关外八路军截击东河南的大捷战果，没有得到主力军的适时进击，共收歼灭敌板垣师团的大效，辜负多矣。

十一、平型关、雁门山大军向忻口转移

阎锡山既决心弃守平型关，且连雁门山全线均予放弃。会议后，即以电话指示代县的王靖国，而电话已不通，阎更感仓皇不安，急和杨、傅、孙等拟议，举晋北大军转向五台山、云中山、芦牙山之线移动，集中主力于石岭关（太原北百余里）以北的忻口地区，以保卫太原，照顾其二十多年所积累的家当。

阎当夜乘傅军孙旅尚在砚口，即借以掩护，坐汽车绕上五台上，到了台怀镇，由那里电令雁门关上的行营参谋长朱绶光和代县王靖国，同时撤军。失守茹越口、繁峙城的第三十四军军长杨澄源，未受到应得的处分。阎过砚口时，还命他先带所收容的梁鉴堂旅和在砂河的刘譚馥旅残部到太原以北的石岭关，筹划构筑对忻口之准备阵地，为忻口再作弃守的打算。

平型关外敌人受了八路军林师截击后，不断从前线抽部警戒后方，并非如孙军前线所报的将转移进攻南翼；侵入繁峙的伪蒙军，亦为第三十五军董、孙两部在砂河、砚口的监视下，只据城暂守，不敢有所活动。为此，我军的撤退虽出于仓促，但尚未受扰害。

九月三十日夜，发布撤退命令。十月一日，先让在恒山方面的所谓“客军”刘茂恩、高桂滋、李仙洲等部和在北楼口外的李俊功师，依第三十五军在砂河、碱口之间的掩护，撤过砂河，转向五台山西麓的定襄、五台两县以北地区集结。李俊功的第一〇一师暂停止于五台山，转归第六十一军序列。

团城口方面的撤退，于十月二日夜间才行开始。陈、郭两军互相掩护，撤下阵线，退往砂河，南入五台山。郭军又经五台县向忻县集结，陈军增添第一〇一师，接受了守备五台山的新任务。

平型关方面的孙军最后撤退，待涧头陈军和敌脱离走向砂河转变正面后，孙军孟旅在平型关外对敌犹作一度反攻威胁，才行撤退，由章旅的一部掩护退入平型关，经五台山，同郭军均移忻县集结，留下章旅于五台山东的龙泉关归入五台山守备军序列。第七十三师撤到五台县整理。

第三十五军除马旅外，在砂河、碱口间护卫阎锡山爬上五台和刘、高两军安全通过五台山后，随之经五台、定襄到忻县集结。当董、孙两部在砂河以西和碱口地区停止掩护时，同繁峙城之敌，整整对峙了一日夜，迨南撤进入五台山，敌终不敢追逼，敌我对峙中，亦未曾以火力交加。足证侵入茹越口、占据繁峙城之敌，是很有限的，其行动亦非积极，平型关外的敌板垣主力亦极疲惫。因为我大军历经两日退入行动艰难的隘区，敌机可能明白察觉，但除了以轰炸阻挠外，未曾以部队急起直追。此非坐而失机，殆亦力所无及，犹惊悸我八路军的窥伺在后也。

雁门关、代县方面，以毫无敌情顾虑，更得安然地撤退。阎在雁门岭口的行营由参谋长朱绶光代阎颁发命令：以马延守独立旅于代县东地区，对繁峙之敌警戒，掩护雁门关战区行营和第十九军各部退过代县后，经阳明堡，到宁武、轩岗镇地区，归入赵承绶骑兵军序列，为骑兵军的支援部队。

段树华旅于阳明堡地区，掩护雁门山线的大军向崞县南撤，以后仍归第十九军序列，和宁武、轩岗镇间的骑兵军取得联系，拒止从雁门关和代县方面南进的敌人。

第十九军从雁门关向崞县、原平地区转进，段树华、姜玉贞两旅归入序列。王靖国军长任崞县地区守备总指挥，于崞县集中主力，拒止敌人南进，掩护大军于五台、忻县间集结，准备忻口地区的会战。

姜玉贞、方克猷两旅，从五斗山退到代县收容后，姜旅即到原平镇整理，归入第十九军序列；方旅到忻县整理，归入第三十五军序列。

赵承绶骑兵军移于神池、宁武地区，仍旧警戒朔县及阳方口。马延守独立旅到轩岗镇归入骑兵军序列，和阳明堡、崞县、原平镇间的第十九军各部保持联系，警戒军之西翼。

雁门关上的第二战区行营，经参谋长朱绶光率领，连同在押的李服膺军长，均回太原。行营撤销。

傅作义的第七集团军总司令部先退到忻县，指挥转进到达的各部队，就忻县、忻口地区集中部署。杨、孙的第六集团军总司令部则退到太原去了。

在大军转移的同时，部署了：

八路军林师以五台山为根据地，向平型关外的灵丘、涞源地区活动。章拯宇独立第三旅警戒龙泉关，与河北第一战区相联系，为东翼。

陈长捷第六十一军，附属李俊功第一〇一师守备五台山，王靖国第十九军附以姜玉贞第一九六旅，守备崞县、平原间，为正面。

赵承绶骑兵军附以马延守独立第七旅，警戒宁武、轩岗间；和八路军贺龙一二〇师以五寨、神池为根据地，向雁门关外朔县、神头一带活动，为西翼。

以上部署，形成五台山、云中山、芦牙山和其间的盆地相呼应的一道前进地带，并借为次一战役——忻口会战的展开决战线。

第六集团军总部见闻

卢宣朗※

平型关战役，国民党方面军队开始是由第六集团军总司令杨爱源、副总司令孙楚负责指挥的。第六集团军总部驻繁峙县东山底村。平型关正面为孟宪吉独立第八旅三个团，左翼为高桂滋第十七军八个团，再左翼为刘茂恩第十五军十个团，共三四万人。日本侵略军最初进攻平型关的只有两个联队。当八路军截击日军续进部队一个联队大获胜利的时候，国民党平型关守军如果配合得好，很可能将原进至关前的敌军消灭。他们虽然把敌人包围了，可是由于顾虑损失，不肯硬攻，卒未得手。及至日军后续部队到达，向国民党守军展开攻势时，高桂滋阵地首先吃不住，求援电报雪片般飞来。我记得他末了一电有“最后哀鸣，伏维矜鉴”等字样，似在痛哭流涕地陈述：“再无援军，只有出于冒犯军令进行撤退之一途。”第六集团军总部开会研究对策，第七集团军总司令傅作义也在座，多数认为全线都顶不住。孟宪吉旅面临敌人的压力并不很大，但因它是孙楚的基本队伍，所以孙也强调该处受压很凶，同样很危险，主张急催第二战区司令长官阎锡山派来应援的郭宗汾第二预备军六个团迅速出击，以期扭转颓势。会后我曾建议：刘茂恩军十个团，可饬派三个或两个出击，高桂滋正面敌人的右翼一紧，对高部的攻势必可缓和。孙楚答复说：“刘茂恩的阵地同样受到猛攻，部队都黏上了，哪有余力出击!”我说：“前方来电，我都一字一句地看过。高、刘两部，在我集团军同是‘客军’，都是打一板子叫十声的，如果刘部情况也紧急，何以没有同高一样喊叫?”无奈孙楚仍固执他的看法。杨爱源对军事布置向听孙的意

※ 作者当时系第六集团军秘书长。

见，也说恐怕刘部抽不出队伍。结果，除了继续用电话催郭宗汾部迅速出击以外，只能以“已饬郭军出击”一类的空话，制止高桂滋，不准擅自后退，但高竟率部撤走。虽然如此，平型关正面并未动摇。

在我的建议没有被采纳的第三天，即九月二十八日，日军增兵绕攻平型关左后方的茹越口。扼守茹越口的梁鉴堂第二〇三旅孤军应战，奋勇抵抗。梁鉴堂牺牲，全旅伤亡大半，茹越口被敌突破。敌人先头部队跟踪突进，次日晚占领了繁峙县城。平型关方面的国民党军左后方大受威胁，全军遂奉命向五台山转移。当晚十一时许，杨爱源、孙楚率我们走至童子崖（东山底至五台山公路旁的一小村）时，阎锡山和第二战区军法总监张培梅也到该村，情形非常惶急。我同杨、孙和几个高级参谋待在架有电话的室内，适刘茂恩电话找阎。阎接电话时说：“好的，好的，如有损失，我负责为你补充。”电话挂了之后，阎向杨、孙表示：“书霖（刘茂恩字）自告奋勇，愿抽四个团出击，很好，很好。”我于阎离开该室时向杨说：“前天采取这个办法，是可以挽回一些危局的，现在迟了，不行了。”我的话刚完，阎回到室内，叫接刘军电话。接通时，阎说：“书霖，我考虑此时出击，难望有什么补救，你还是照原定计划撤退吧。”平型关战役就这样稀里糊涂地失败了。

平型关左侧翼的第十五军

于　中※

七七事变后不久，第十五军奉命北上抗日，由安徽省金寨以南的吴家店出发，到河南信阳坐火车到河北省的正定，又转到平山县的滹沱河沿线，配合当地民工做防御工事。没几天，奉命增援大同。第一九一旅是先头部队，由获鹿车站坐正太路火车经太原向大同前进。到忻州后，徒步行军，直奔大同。到达怀仁县附近，又接到第二战区长官阎锡山的命令说：大同已经失守，第一九一旅在原地布防，掩护晋绥军退却，时限一个星期。

第一九一旅在怀仁县完成了七天掩护晋绥军退却的任务后，阎锡山发给几万元的犒赏，并奉命向浑源县城与恒山口之南的内长城线内转进。我们从浑源县城南八里的恒山口，进入长城防线。

我们旅行进的这条路线，右边是恒山山脉上的长城防线，有我方军队布防。由于敌人已占领浑源县城，山外边有一些敌人的侦察部队。我们中午到恒山口外的山村吃饭后，敌人就向我们打起炮来，听得出是四门山炮。我们就地隐蔽，敌人的炮打了两个多小时才停。我旅进驻恒山口南几里路的山村，作为师的预备队。不几天，就听到平型关方向的炮声，同时军部也接到命令说，敌人全部去打平型关，浑源县城空虚，你们军派兵一营，去抢占浑源县城，卡断敌人的交通。我们旅长也说："如果占了浑源县城，我们旅就守住它。"可惜的是时间晚了点，兵力小了些，在我军的一个营于天黑赶到浑源县城时，敌人的增援部队也同时到达，双方在浑源城内展开激烈的巷战。我们的官兵用大刀和敌人拼开了，

※　作者当时系第十五军第六十四师第三八一团机枪连排长。

可是敌人越打越多，我们的人却越打越少，又无增援部队，最后只有撤退了事。

日本侵略军在平型关吃了败仗，仍不甘心，于是就沿着长城防线的山口，一个一个地向南攻打。每个山口攻打三天左右，攻打不开就另换地方。第十五军防守的恒山口左右的几个山口，敌人照例是每个山口攻打三天，因打不开，就打我军右翼的晋绥军防线。据说，敌人打进茹越口，占了繁峙县城。

敌人打进茹越口的第三天，我们旅才接到向五台山转移的命令。当天我们撤到穆柯寨，第二天从砂河店过滹沱河住到了大穆瓜村。第三天上午到达五台山下边。旅长就带着团、营、连长们，到山上侦察地形，面对繁峙县布置防务。同时在山下休息的，还有晋绥军的一个山炮团。繁峙县的敌人发现目标后，就向山炮团打了几炮。山炮团官兵们骑上骡马就往山上跑。

在布置防务时，旅长看到繁峙县外围有一些敌人的军士哨，当即指示第三八一团第二营夜间派兵下山去摸掉。这个任务进行得很顺利，只听到几声手榴弹爆炸，就把敌人的两个军士哨报销了。捡回来两挺歪把子轻机枪和十来支没炸坏的步枪。由于敌人从繁峙县向代县、原平方向开去了，五台山地区没有设防的必要，我们旅就又接到命令，经过五台县向忻口右翼滹沱河南岸的龙王堂村前进了。

在团城口抗战的第十七军

高建白※

一九三七年九月二十日，第十七军第八十四师第二五一旅是由团城口开进平型关内的，旅部驻迷回村。师部指定第二五一旅在长城线团城口北起1886.4高地（不含）南至平型关（不含）北的新阵地修筑工事，整顿部队。李少棠第二五〇旅为预备队。二十二日，我同吕晓韬、艾捷三两团长视察了由太安岭至平型关之线，指定吕晓韬第五〇一团防守1886.4高地南团城口之线（高地属晋绥军），艾捷三第五〇二团防守由团城口以南至平型关之线（平型关属晋绥军独立第八旅）。我同吕、艾两团长同右翼友军联络，但友军尚未开到，当时发现平型关的汽车路尚未破坏。我想，万一敌人追击来到，岂不让日军长驱而入！我随即责成艾团长派一营兵力，连夜破坏汽车路。我又嘱咐吕团长，我旅重点是团城口。第二战区对于国防工事，过去没有动手，现在只有晋绥军独立第八旅督导民工构筑，工具缺乏，进展很慢。

二十一日晚，我旅艾捷三团王新耀营接了平型关的防务，代替友军出关破坏汽车路。这时关外友军相继退回，敌已尾追到关前。仓促之间，与我断路部队遭遇。敌先以为我关上兵力空虚，猛扑而来，企图长驱直入，不意我事先已有准备，据关固守。夜十二时，敌板垣师团一个联队猛烈攻击平型关，大战从此开始。

二十二日晨，我旅艾团王营全部加入战斗。李荣光营阵地也在敌攻击之下。这时，敌主力以飞机、大炮、机枪和坦克猛烈轰射，冲击平型关①。敌我相距仅为四百公尺，短兵相接，形势危急。艾捷三团长因调度

※ 作者当时系第十七军第八十四师第二五一旅旅长。

① 这里的平型关应为团城口，因第八十四师阵地在团城口，第二五〇旅为预备队，所以第二五一旅应在本师主阵地上。平型关为独立第八旅据守。

不及，亲率步兵一连，驰往抢堵，身先士卒，以手榴弹打击敌军。敌稍退，战局赖以挽回。不幸艾捷三团长腹部中弹，李荣光营长光荣牺牲，情况又趋紧张。这时高军长命令第二五〇旅来援，李少棠旅长即和我在迷回村观察指挥。该旅两个团先后参加战斗，给敌以痛击。战斗极为激烈，敌我双方伤亡惨重。第四九九团杨学武营长对敌英勇冲击亦受重伤。敌人不断增加，又来疯狂猛攻，飞机配合轰炸，形势又趋紧张。吕团长率一部兵力出团城口击退犯关之敌。这时晋军据守的1886.4高地，被敌占领。因而全线都被敌控制，关系全线各军战事的安危。阎锡山悬赏万元，命令夺回1886.4高地。吕晓韬团长认为，此时若不夺回高地，团城口一带即无法立足，于是指挥奋勇队，在炮火连天中夺回1886.4高地，并交晋绥军防守（晋绥军给吕团长交有接收高地的收据），战事又趋稳定。下午五时，敌板垣第五师团大部赶到进犯，以大炮向我战地猛轰，掩护步兵反攻，战况极为剧烈。敌分路一齐向我猛击。平型关、团城口全为战云笼罩。

二十三日拂晓，阴雨，敌攻击愈烈，渐入肉搏战。我师官兵都抱牺牲决心，忍饥耐寒，猛烈反攻。第五〇〇团邵春起营长受伤，官兵牺牲者甚多，而阵地屹立不动。敌方在我手榴弹猛烈轰炸下，尸体狼藉，但仍分头向我反攻。全线都有激烈的枪炮声，飞机终日轰炸，从未停止。阎锡山决定当日出动十六个团①，配合关外的八路军，以六倍于敌人的兵力，聚歼日军。传来消息说：晋绥军出击的部队，四时即可开到我旅指挥部所在地的迷回村附近，并定于六时出击。这个好消息传来，前线士气愈益振奋，战斗更趋猛烈。不料到了六时，晋绥军的十六个团，还没有开来。我们赶快询问，他们说改为晚八时出击了。这时敌以全力来犯，炮火较前更为猛烈，火光烟雾弥漫天空，枪炮之声震耳欲聋。我官兵在毫无国防工事掩护的情况下，死守抵御。晋绥军出击部队指挥官陈光斗和我②，还有第二五〇旅李少棠旅长都在迷回村。我见前线阵地极为危险，去找陈光斗联系，请他先派一团兵力增援，否则阵地一失，纵有十倍兵力，亦难完成出击任务。但是被陈光斗拒绝了。我又说，一个团不可能来，即请派一个营增援，共同支持，也是好的。谁知他还是坚不允

---

① 平型关前线指挥部派第七十一师师长郭宗汾率部出击，该师辖四个团。当时的预备第一军军长陈长捷回忆说，第七十一师配属新编独立第一旅两个团，临时称为预备第二军，郭为军长。这样，郭部只有六个团。下同。

② 陈光斗为第七十一师第二〇二旅旅长。这里如为指挥官，应是郭宗汾；如为陈光斗，则不应冠以出击部队指挥官。下同。

诺。陈光斗说："我们奉命出击是配合八路军的，阎长官的命令没有这项任务。"这有什么办法呢？我想，配合八路军那是完全必要的，我们极为赞同。平型关战线规模这样大，我们要为大局设想，不能只顾自己，不过十六个团，分出一营，也不致影响配合八路军的任务。我们就盼晋绥军十六个团赶快支援八路军，八路军那里打好了，就可以牵制进攻我这一线的敌军，对我们这一线也极为有利。陈光斗既不愿协助，即作罢论，所以我再没有同陈光斗争论。这时，我们全师官兵都渴望晋绥军十六个团赶快去支援八路军。盼呀，盼呀，在那时候一秒钟都是很长的。好容易等到八点钟了，那晋绥军的十六个团一动不动，仍然集结于迷回村附近，好像每个官兵都钉在地面上了。我急打电话问陈光斗："你们说八时出击配合八路军，现在八时已经过了，为什么还不动呢？"陈光斗说："改为夜十二时了。"竟夜风雨，战壕积水盈尺。官兵身体下部都浸入水中，仍拼命抵御。前线告急电话，一宿未停。我不时看表，盼那十二时的到来。我们的官兵一直激战到夜十二时，还不见晋绥军的影子，战况到了非常危急的时候了。我又打电话给陈光斗说："我们的战线，已处在异常危急的阶段，你们不能那样机械地理解长官的命令，你们十六个团就要出击了，我旅阵地近在咫尺，务请拨一小部兵力来援一下，先把我旅目前危急扭转，再调这一小部到八路军那里，我想不会害事。"他答应派两连支援，但是又说出击时间改为明晨四时了。所允许的两连，并未开来。我旅官兵伤亡甚重，战线实在维持不下来。这时我忍无可忍，便同少校副官李梁国拿着油印的全般命令纸去找陈光斗质问（这命令纸系第二战区直接印发，旅以上都有一份）：这是阎长官的命令，说得清清楚楚，六时配合八路军出击，痛歼敌军。这是假的吗？我们坚守苦撑，是使友军得到充分支援，完成光荣的任务，平型关是属于你们晋绥军的。二十一日你们晋绥军没有开到，我们替晋绥军守关破坏汽车站，在破坏路的这个阶段，敌人尾追上来，和我们接触，我们官兵伤亡惨重，到现在此关仍是我们苦撑着。后来晋绥军来了，不唯不接收平型关的任务，而且一再往南躲避，生怕挨着平型关有危险。这是什么表现！1886.4 高地是属晋绥军固守，被敌攻陷了，使全线守兵无法立足。我旅吕晓韬团长率队夺回，仍交晋绥军固守，这是我们协同互助，保卫国土应有的责任。你们有十六个团，奉令出击，由六时改为八时，由八时改为十二时，现在又改为明晨四时，哪里有这种指挥作战的办法！我旅危在眉睫，你们按兵不动，你们既不出击，又不援助，你们牺牲友军的责任，推诿说长官没有这样的命令，但是长官命令你们配合八路军出击，你们屡次推迟出击时间，这是什么道理？你们是要眼看着全部友军都牺牲下去吗？

国家命运不绝如缕，我们每一个中国军人，都应当抱着牺牲决心，同仇敌忾，团结互助，一致对外，挽救危亡，怎么能在战争胜败关头，身穿军服，手持武器，只作壁上观？我不了解你这种做法，是何居心！你应负贻误戎机的责任！全国同胞的目光，都集中在平型关，我们不要做民族的罪人。陈光斗被我说得面色苍白，不自然地说："高旅长，我自己很为难，我半生戎马，爱国向不后人。不过军人以服从为天职，我执行的是长官的命令，这是郭载扬转的命令。你看！"他说着拿出一张命令纸，在油印的命令纸上面旁边用红铅笔写着："郭转阎长官命令，非有本长官电话，不得出击。"这是他记录的电话命令。他又接着讲："你不要生气。你旅的危急，我是知道的。我派两连帮助，但都是新兵，没有作过战。开去，不过是给你们壮壮士气而已。至于说十六个团整个出击的事，四时以后再看情况，才能决定。"我没有时间同他多讲，回到我的指挥所。

二十四日晨二时，敌以主力再攻1886.4高地，晋绥军又失守了。吕晓韬团长挑选奋勇队猛攻1886.4高地。双方炮火连天，敌军凶顽异常。我旅奋勇队前仆后继，猛烈争夺，再度夺回1886.4高地。我奋勇队五十余名，生还者仅十一人。这时大雨如注，晋绥军出击计划又说因雨推迟，待雨稍停，于八时后出击。这时，八路军已在关外东泡池蔡家峪一带，阻击敌应援部队，给敌以巨大打击，取得辉煌胜利，给我部以莫大鼓舞，官兵为之振奋，不料晋绥军十六个团一直没有出击。阎锡山说平型关是他的生命线，向外宣传他派十六个团配合八路军，实则出击时间改变五次，结果没有出动一兵一卒。我们全线官兵，义愤痛恨，达于极点，眼看英勇杀敌的爱国兄弟们一批一批死于炮火与肉搏之中，而十六个团近在咫尺，旁若无事。大家都气愤地说："这是何道理！这是何道理！"十时，敌乘雨猛烈反攻，千呼万唤晋绥军的两个连才姗姗而来。他们好像是阎长官派来的观察员，袖手旁观，呆若木鸡。我们再三请他们开入阵地，参加战斗，他们仍是趑趄不前。他们这种态度，反而影响了我们的士气。我鉴于前线战况十分危急，独立难以支持，派少校副官李梁国再度与陈光斗接洽，与我旅协同战斗。费了这么大的事，才允许带队前开，不料这两连援军临接阵地时，见敌我肉搏壮烈，我阵地被敌突破，惊慌失措，立即率队后撤，潜入山沟，不敢抬头。我艾团临时代理团长杜文卿率队抢堵阵地突破口，壮烈牺牲。鏖战到下午三时，1886.4高地得而复失，我旅指挥所所在地迷回村亦在敌炮火控制下。夜雨连绵，敌我战斗未曾中断。

二十五日晨敌集中炮火、飞机，猛轰我旅指挥所，但未命中。我旅全线官兵自二十一日入关，浴血奋战已有一周，官兵有三日没有吃饭，六日未曾休息者。加以风雨侵袭，枪口内塞满了雨泥，最后只得凭手榴弹来拼命守御。我官兵在敌炮火猛烈扫射下，多数壮烈牺牲。下午，吕晓韬团长也陷敌重围之中，我派奋勇队冲入敌围，将吕团长接出。这时官兵伤亡惨重，全线数处被敌突破，弹尽援绝，被迫后撤。在平型关战役中，我旅第五〇二团团长艾捷三受伤，第五〇二团临时代理团长杜文卿和第五〇二团第二营长李荣光阵亡，第二五〇旅第四九九团第三营营长杨学武和第五〇〇团第三营营长邵春起受伤。全师连级以下官兵伤亡两千六百余名。

平型关战役，晋绥军若能与八路军协同动作，与各友军密切援应，本可转守为攻，将敌全部消灭。可惜阎锡山拥兵数万，按兵不动，保存实力。在二十四日的那天，高军长亲来前方督战，同来的还有第二战区高级参谋两个，《大公报》记者秋江先生。他们了解了战地实况和各军的表现，高军长对阎锡山极为不满，秋江先生深感不平。阎的两个高级参谋，也觉得晋绥军太不争光，一再表示回到军部，马上打电话报告阎长官，增加部队，从速援助。我们两次替晋军夺回 1886.4 高地，原来也不是希望万元赏金，但战区连个安慰的电报也没有。

平型关战役失败，敌由茹越口侵入繁峙，经代县长驱南下。我旅行军两日，在暴雨中登五台山，经定襄到达土凌桥整军一周，又投入新的战斗。

攻夺西泡池战斗

于镇河※

一九三七年，我担任新编独立第四旅旅长。该旅下辖第二团（团长梁鸿勋）和第十二团（团长赵鸿儒）两个团，旅部直属一个通信排、一个特务排和一个卫生队。九月中旬我奉令率旅部和第二团从太原出发，经雁门关，行军七天到达应县，编入陈长捷预备第一军，准备开赴大同与傅作义的第三十五军、李服膺的第六十一军和王靖国的第十九军共同对日军作战。不久，阎锡山得知日军从察哈尔经蔚县向平型关前进，急电陈长捷率全军星夜开回代县附近待命。天镇失守后，李服膺被阎锡山扣押，第六十一军番号给了陈长捷部。预备第一军遂改为第六十一军。这时我旅驻虞乡的第十二团赵鸿儒部也赶到代县附近，归还建制。未几，阎锡山命令陈长捷率第六十一军附属一个山炮营兼程开赴平型关，归傅作义指挥。

九月二十五日，陈长捷率第六十一军经繁峙县向大营兼程前进，向平型关增援。因敌情紧急，部队克服行进困难连夜冒雨急速东进。梁春溥第二一七旅附属山炮连为左纵队，经砂河镇以南向平型关前进；陈率主力吕瑞英第二〇八旅和我旅附属山炮营（欠一连），为右纵队，经砂河、代堡、大营以北地区向齐城疾进。全军一夜冒雨急行军七八十里，黎明时各自到达指定地点。陈长捷令我旅迅速集结（我第十二团附属吕瑞英旅），开赴平型关。

我旅赶到平型关后，傅总司令命我旅为总预备队。嗣因傅部董其武旅到来，傅便令我旅回到齐城西南，归还建制。

※ 作者当时系第六十一军新编独立第四旅旅长。

某日，陈长捷令我旅向涧头推进，攻击西泡池之敌。进攻发起后，炮兵集中射击，梁春溥旅从涧头东北，一直冲上迷回北山。敌人反扑几次，均被击退。我旅归吕瑞英指挥的第十二团，攻占了西泡池日军阵地，救出困守一个据点的郭宗汾师陈庆华旅。是役，我旅第十二团伤亡官兵二百多名，两位连长阵亡（名字失记）。之后，陈令我率我旅第二团两个营及炮兵一个连赴东泡池支援吕旅，增防到我旅附属吕旅的第十二团右翼，仍由吕旅长指挥。部队展开后，官兵奋勇战斗，将敌一个大队的兵力击溃于东泡池山下，保卫了平型关正面的安全。是役，我部伤亡士兵二十多名，排长两名。东泡池战斗刚一结束，陈立刻令我把留在西泡池军里的一个步兵营和机炮连抽回归梁团建制，由我率领从涧头北上仰攻1635.9高地上的敌人。部队从涧头西面展开后，以小部队分段前进到投手榴弹有效距离时，就集中投掷手榴弹，紧接着大部队分批猛冲，同时我带机炮连和一个步兵连在1635.9高地的对面高地上，向敌猛烈射击，压制敌人火力，支援部队攻击。与此同时，郭宗汾师长也令陈光斗旅向该高地东侧反攻，但陈旅士气不振，观望不前，以致我旅梁团的仰攻被敌炮火阻于半山，再难进展。这时，敌机对涧头陈军炮兵及军指挥所疯狂轰炸。我旅鏖战经日，未能夺回该高地，梁团伤亡官兵三百多名。

九月三十日阎锡山下达了“平型关总撤退”的命令。十月一日，各友军部队先行撤离。二日，陈长捷军从团城口方面撤出前线。在撤退过程中，敌机不断飞临我撤退大军上空侦察，除了投弹轰炸和扫射外，敌板垣师团并没有派兵追击，表明敌人经平型关我军猛烈抗击后，已处于疲惫状态了。

驰援平型关的第二一七旅

梁春溥※

一九三七年九月，日本侵略军突破广灵县第七十三师防线，师长刘奉滨受伤，团长吕超然阵亡，部队伤亡惨重，遂向平型关撤退，日军跟踪进犯平型关。

陈长捷原任晋绥军第七十二师师长，此时改编为第六十一军，任军长。军辖由我任旅长的第二一七旅、吕瑞英的第二〇八旅和于镇河的新编独立第四旅。平型关战役开始后，第六十一军奉命由代县驰援。到达平型关后，我旅第四三三团驻迷回村，防守公路，第四三四团为军的预备队，归我指挥的一个新兵团在迷回村与左翼第七十一师相接。迷回村东南为吕瑞英第二〇八旅，与右翼平型关正面的孟宪吉独立第八旅相接。我们大约于九月二十六日拂晓前进入指定位置后，即构筑工事，准备迎击敌人。我指示两个团，要把部队控置好，不要都放在阵地内，监视哨亦要严密隐蔽，不要轻易放枪，等敌人到了跟前，再猝起捕捉活的。因为正面的地势较低，来敌可能是小股，不要滥发枪把敌人吓跑了。两个团均照这样办了。第四三三团俘虏了带着药械的日本军医人员六人，当即转送师部。新兵团的一个营长曾来见我说："我所担任的正面内有一个独立家屋，窜过来十多个日本兵，死不缴枪，打了半天，都把他们打死了，缴获了一支勃朗宁手枪，送给您。"我说："你们很好，请你把手枪直接报缴你的直属长官。"第二〇八旅方面情况较激烈，因为东、西泡池以北的高地均为敌人所占领。他们试行数次仰攻，未能成功，形成对峙状态。独立第八旅方面，情况较缓和。第七十一师方面亦不紧张。九月

※　作者当时系第六十一军第七十二师第二一七旅旅长。

二十七日，第四三四团奉命向迷回村东北十余里的木瓜梁进击。该团在出动前并未向旅报告，行抵鹞子涧（在盆地内），并未控制部队于棱沿上，致被埋伏在村内的敌人猛袭。当时团长程继贤、第二营营长傅占魁、第三营营长梁世荣阵亡，中校团附郭唐贤、第一营营长张景舜负伤。全团损伤惨重。该团少校团附罗彦雄生还。据说，该团系奉第七十一师赵晋旅长之命向木瓜梁进击的。平型关方面虽有第四三四团的损失，大体上还算稳定。九月二十八日中午，茹越口方面任防守的梁鉴堂旅三个团，被敌突破，梁旅长率预备队恢复阵地时阵亡，接着所部亦撤了下来。茹越口系由应县到繁峙大营通路的要点，该处沦陷，平型关退路将被截断，于是平型关方面决定取道五台山、五台县城、河边村向定襄县转进。撤退那天黄昏，第七十一师赵晋旅长所属的一个团长来见我说，他的旅部不知去向，他未接到任何命令。我告诉他该师已经五台山向定襄转进，行动快些就跟上了。我率部于十月初到达五台山。后来又到达定襄县的南北兰台村。吕瑞英旅长率两个团的干部到临汾去接新兵。这两个旅在平型关损失二分之一以上，余部编成两团，即四一六团和四三三团，归我指挥。当夜，陈长捷邀请傅作义军长给我们做了鼓舞士气的讲话后，我们就率领这两个团向忻口方面转进。

平型关战役中的第二一四旅

赵　晋※

抗日战争开始前，晋绥军第七十一师下辖两个旅，共四个团。我是第二一四旅旅长，下辖第四二八团（团长王荣爵）和第四三一团（团长王恩灏）。抗日战争爆发后，第四二八团曾奉命向大同开进，后因战况变化，师部令我旅向繁峙县城附近集结，进行战备动员和战斗准备。不几日，奉命经大营向平型关左翼推进。这期间，平型关正面战斗激烈，双方伤亡众多。第四二八团奉命作为高桂滋军某旅的预备队，随时准备出击。第四三一团阵地屡遭日军攻击，该团官兵坚守阵地，英勇抵抗。在整个平型关战场炮火轰鸣、枪弹纷飞中，前线全体将士度过中秋节。

在出击前，曾见到约有一个团的兵力向南撤退。在其路经大营我第七十一师指挥部驻地时，师长郭宗汾亲自出面，意欲阻止撤退。据该团团长说，是奉军长高桂滋命令撤退的。

有一天，陈长捷的第七十二师第二一七旅第四三四团团长程继贤来见我说："奉陈师长命令前来归你指挥。"我说："我没有奉到指挥你团的命令，你团可按原计划行动。"他说："那我就前进了！"他走后不久，我接到郭宗汾"程继贤团归你指挥"的命令。时在夜间，我即派参谋前往程团联系，据参谋回来向我报告说：该团大概驻扎在迷回村，村前是山沟，村后是高山，村附近只有三几百公尺的正面，前进后退均困难。我以为驻地不妥，又派参谋前去嘱程把部队向后延伸，而程却说这是陈师长指定地点，不便擅自变更。据事后得知：翌日拂晓，程继贤团奉命夺取鹞子涧，该团官兵英勇冲杀，在攻占了鹞子涧之后与敌激战终日，双

※　作者当时系预备第二军第七十一师第二一四旅旅长。

方伤亡甚众。只因派往的增援部队作战不力，致使该团弹尽援绝，程团长以下官兵千余人为国壮烈牺牲，退下来的残部仅百余人。

在平型关全线撤退以前，我旅曾几次派部分兵力迂回敌后向敌出击，但无大的战斗和伤亡。而我阵地和左翼陈光斗旅阵地，已与敌人成了对峙状态。就在撤退的当天，陈旅第四〇三团团长魏赓庆来我旅指挥所，我对魏说："我有事暂时下山去。我走后，你团属我指挥的第一营阵地山头，你能守住吧?"他说："能!"我即驰下山去。数小时后，在敌人集中猛烈炮火轰击下，魏团第一营阵地失守了。敌人占据这一高山后对我军威胁很大。我闻讯后，立即告别郭宗汾师长，返回阵地，命令第四二八团于黄昏时刻向敌反攻（务于天明前夺回该山头。入夜，当第四二八团正向该山头之敌后攻），战斗激烈的时候，忽有傅作义部某团团长来我阵地说，他奉命前来反攻这个山头，并说天快亮了，马上组织进攻，到了天明敌机一来就麻烦了。话毕，他就去集结部队，但并没有反攻敌人。也许他已接到撤退命令，便悄悄地把部队带走了。这时我已接到郭宗汾师长的"立即向忻县撤退"的命令。

平型关全线撤退了，但官兵抗日情绪依然高昂。这恰是在忻口与敌进行较长时日拼杀的士气的基础。

死守原平的第一九六旅

王三林※

一九三七年抗战开始前，晋绥军第一九六旅属于杨澄源第三十四军建制。这个旅是个甲种旅，下辖第三九一团、第三九二团和第四一三团。每团有一个迫炮连，每营有一个重机枪连，全旅共四千多人。这个旅在未开赴原平作战前，是在娘子关、井陉一带做国防工事。旅部驻在阳泉。当时我在第三九一团第一营第二连当帮写。抗日战争开始后，我旅开赴山阴县驻防，这时大约是八九月间。在山阴，我升为营部接济上士。

我旅在山阴驻了一二十天，就经应县、浑源开赴大同。部队才到大同还没有来得及休息，就接到命令按原路返回。我们途经瓮城口，蹚过桑干河，到达代县后，又连夜开往原平。当时部队虽疲劳已极，但一到原平，便在城北、城西加紧构筑工事。旅指挥部及各团、营部勤杂人员都驻扎在城里。据当时传说，阎锡山的命令是：虽剩一兵一卒，也得在原平死守七天。十月一日，我旅由代县返回原平时，日军已尾追而来，所以当全旅到达原平的当天下午，便发生了局部战斗。从此，一天比一天激烈起来。到了第三天，太原开来六七辆大卡车，满装炮弹和其他弹药。因做的工事纵深地带广，汽车不能进城，便离城一二里就停下来。所有勤杂人员都争先恐后地搬运弹药，并将一二百名伤兵运出来。就在弹药已经搬完伤兵准备上汽车之际，百余名敌人突破我防线，把我伤兵包围起来乱杀乱刺。我手无寸铁的伤兵，顷刻间都被残杀了。

在原平整个战斗期间，敌人每天都有两三架飞机飞临原平上空，向我军阵地及城里投弹轰炸和扫射。这些飞机飞得极低，气浪能把已经成

※　作者当时系第一九六旅第三九一团第一营上士。

熟的高粱吹倒，有一架飞机竟把一家房脊剐倒了，但是官兵士气很高，自觉遵守纪律，都抱有誓与原平共存亡的决心。所以敌人每夺一片阵地，就得付出很大的伤亡。在敌人攻进城里后，旅参谋长谷泰亲自指挥卫队连及所有勤杂人员，与敌一个院一个院地展开巷战。有的士兵把敌人投过来的手掷弹，又扔过去。敌人发疯了，有时把房子点着，不论男女老幼，见人就杀。最后敌人占据了街东，我们固守街西。到了十月十日，也许敌人损失惨重，就放慢了进攻。最后，旅参谋长谷泰率旅部勤杂人员九人，于十月十一日撤出原平，所余零散士兵也已先后撤出。据谷泰说，旅长姜玉贞在城外受伤，壮烈牺牲了。

当全旅残部撤到太原许坦时，连原先留在阳泉的后勤人员在内，才有五六百人，由第三九一团团长谷树枫整理编队。我营营长李福忠受伤，第二连连长杨明甫和机枪连连长杜鸿雁阵亡，其他连排长也大部牺牲，只是忘记了他们的姓名。

在忻口浴血抗战的第九军

李文沼※

接到动员命令前后

一九三七年七七事变后，中国共产党通电全国，要求国共合作，团结抗日，救亡图存。蒋介石在全国人民大众要求抗日的声势下，亦通电全国“人不论老幼、地不分南北”，共同对日作战。当时，陆军第九军军长郝梦龄除直辖四个独立营外，还辖第四十七师（师长裴昌会）和第五十四师（师长刘家麒）。每师辖两个旅，每旅辖两个团。第五十四师原来还辖第一六〇旅。旅辖第三九一团和第三二〇团，俗称一团和二团，后来拨归第四十七师。这时只辖第一六一旅和第一六二旅。第一六一旅辖第三二一团和第三二二团，俗称三团和四团；第一六二旅辖第三二三团和第三二四团，俗称五团和六团。全师共约一万人。战前，第五十四师驻贵州省贵阳、遵义、独山一带，第四十七师驻皖北蚌埠一带。我是第九军的军官军士训练班主任，当第九军接到动员令后，我就把军官军士训练班结束了。适军参谋处长到陆大参谋训练班受训，军长就叫我代理了军和师的参谋处长。接着，军长、军参谋长、师长奉令去汉口开会，即令我集中部队（缺第四十七师）整顿、补充，听候编成战斗序列。

九月初，郝军长由汉口电告部队：“即刻出发，徒步到长沙乘火车经汉口到石家庄下车待命，沿途严防空袭。”

九月十四日，我带军、师部及四个直属营先后到达汉口。军长见到我便说：我军入晋作战，部队到石家庄后，即去太原。又问：出发前和

※ 作者当时系第九军兼第五十四师参谋处长。

旅、团长见面情况如何？部队士气怎样？我说：全师士气旺盛。在训练班时，曾根据军长的指示，对官兵进行民族主义、爱国主义教育，并时常指出：甲午之战，中国失败，赔款割地，已是奇耻大辱；现在日军占东北，侵华北，一心灭亡中国，使我四万万中国人当亡国奴，更是忍无可忍。作为军人，应该保卫祖国，捍卫民族，不怕流血牺牲。军长听了兴奋地说："好！前年你看过东北军韩光第的讣告了，他和我是同学。他在满洲里同苏俄因争国界作战牺牲，我非常钦佩。他为保卫祖国边界而牺牲，是光荣的，我们都要效法。这话我和你们孔旅长、王旅长也说过。"他还说："咱们在河南同西北军大战两年，他们的武器虽很差，但攻防工事却很好——深沟高垒。我常说要学习，现在对日作战，一定做好攻防工事。你们不但要传达，还要多派参谋驻营监督，我们更要亲督亲看。"

十月一日，军部及部分部队到石家庄下车，二日夜乘正太路窄轨火车到太原。到太原后，始知编入卫立煌的战斗序列。命令迅速开赴忻口占领阵地，掩护卫集团军的展开，以阻止日军入侵太原。

在忻口部署迎敌

忻口战役初期，第九军仅第五十四师参战，忻口战役结束后，第四十七师始赶到洪洞。战前，全军兵员基本满员，轻重武器齐备，在汉口又配属德造普伏斯山炮及战防炮各一连。

第九军到太原时，日军板垣师团已突破内长城防线南进。军长郝梦龄同师长刘家麒于十月四日夜由太原率军师部和各独立营分乘两列火车到忻口。五日天微明，即按图上研究的防御部署亲自到现地视察。下午乘马到忻口北之下王庄，定此处为师前进阵地，在这以北四华里的唐林岗为师炮兵阻敌第一火力地带。至八日，全师阵地占领完毕。

忻口在忻县北五十华里，铁路、公路贯通南北。忻口通道南北口各有大砖门楼，北口门楼改为工事，做了山炮阵地。忻口南半是居民村落，北半为红土山梁。梁北的云中河流经忻口东北约二里的界河铺，汇入滹沱河。土梁东侧有一沟，名红沟。沟宽可通汽车，沟长约半里，西南东北向，沟两侧已预先挖了三十多孔国防窑洞，第九军军部就驻在这里。忻口汽车站在村南端，火车站在村北端靠河边。铁路、公路平行通过忻口村东，一经小铁桥、一经小砖桥渡水北行。忻口东，过河为灵山，山下一村预定为刘茂恩第十五军防线。过云中河西行十一里为大白水，即预定为卫集团军第十师、第八十三师展开线。

我第九军阵地编成和兵力部署是：第一六一旅旅长孔繁瀛带第三团

（第三二一团）一营配合第一六二旅第六团（第三二四团）防守师前进阵地下王庄，无命令不准脱离半步。第一六二旅第五团（第三二三团）配属战防炮一连，占领忻口东北侧，右接滹沱河东岸灵山之第十五军阵地，并与之联系；左接公路桥约四百米处的第三团阵地，为右地区队，火力严密封锁两个桥梁。第一六一旅第三团（欠一营）右接第五团，左沿河岸到南怀化东约六百米处为中央地区队。第一六一旅第四团（第三二二团）右接第三团经河南岸南怀化及河北岸东西长约二百米的高地固守起来，作师的依托，为左地区队；左与即将展开的第八十三师以火力联系，配属山炮一排，由刘师长直接指挥（刘家麒师长当过炮兵旅长）。这样，便形成阵地宽广、兵力薄弱的态势。

第九军到忻口的第二天，已知日军先头部队过朔县、繁峙。忻口北三十里的原平守军已与敌战。原平驻有晋军一旅，旅长姜玉贞，山东人。经联络人员联系，知其兵力武器差，唯姜旅长慷慨气壮，声言“誓死抗战，没令不离斯土”。郝军长振奋之余，叫再给该旅长写信慰问，信中除慰问外其大意是：因运输困难，影响大兵团运动和集结，以致后方部署未妥。兄我两部有迟滞敌人掩护主力开进之责，望共同协力。如有所需，龄当尽可能帮助贵部等语。同时，将收容到的许多由晋北退回的伤病士兵，用火车送回太原。

这时，原平被围激战已数日。郝军长开会研究决定：入暮后派一加强营支援原平，要求接出姜旅长。派出的加强营未到原平，就在平地泉与敌遭遇，被击回。十月十日，原平陷落。该旅伤兵、散兵说：姜旅长在南关突围口受重伤，恐无生望。十一日下午，我军下王庄前进阵地前就发现了敌情。我军右翼灵山一带第十五军已开始占领阵地。接卫立煌命令：任郝梦龄为前敌总指挥。这天，除敌机窜扰轰炸外，地面敌情异常沉寂，我军加紧构筑工事。偶尔，也见我方飞机北飞。

郝梦龄军长与刘家麒师长阵亡经过

十月十二日拂晓，日军炮兵群开始猛烈射击，敌机接着轮番轰炸。十三日，下王庄前进阵地电话中断，十时后接通，知两营长负伤，中央地区队主阵地第三团团长负伤。下午二时，敌进攻受挫溃退。入夜，属卫集团军的独立第五旅（两团）增援，该旅配备在中央地区，为我刘家麒师长指挥。十四日晨，敌又进攻，下午三时，全线将敌击退。独立第五旅旅长郑廷珍、团长代旅长李继程接连阵亡。团长高增级代为旅长。

军长请示撤回前进阵地，卫电不允，并言马上派一师增援忻口正面。

在这以前，十一日下午三时，李仙洲率第二十一师到达忻口。经研究由李仙洲率两个团为左地区队，一个团为预备队，请其指挥中、左两地区。十四日拂晓，李负重伤。我第五团团长亦负伤。

十五日拂晓，左地区队第四团的南怀化阵地被突破，发怒的郝梦龄军长即命副团长史松泉代团长，组织机炮火力，掩护步兵几个连坚决夺回南怀化并迅速巩固南怀化东北高地的二线阵地。令中央地区队的第三团以侧射火力支援。两次肉搏反攻，均未得手。入夜，卫立煌电话：南怀化是第九军主阵地上的锁钥部和友军的接合部，敌绕过前进阵地突破主阵地前沿，影响甚大，必须恢复。挖去毒疮的有功官兵各奖一枚银质奖章。郝军长看了电话记录说："今晚必须夺回南怀化，我去四团阵地亲自指挥，李处长马上组织反攻兵力。"我说："军长不能离开，用电话指挥就可以，不能去阵地。南怀化仅是左翼阵地前沿，好恢复。"军长说："王参谋长看电话，定好攻击时间，你们随我在冲锋前到达四团阵地。"刘家麒师长接着说："我也去！"我说："四团现阵地在南怀化村东三百米处东北西南走向的土梁上，右接第三团的二、三营和工兵营皆作今晚进攻南怀化村的主攻力量，三团阵地已由独立第五旅两个营接替。攻击发起后，四团先从正面火力佯攻，而后突入南怀化。右侧由第三团陈代团长指挥其主力突击，得手后立即插入南怀化。我到四团与史代团长一同指挥战斗。"

这时，郝军长稍感疲劳地说："我到前线督战是自己任务，是自己本分，不必告知史、陈。"我说："电话怕窃听，行前可派参谋。"就这样，决定参谋长王冠守电话，我带两位参谋和特务连两个班跟随军、师长。十六日凌晨四时许到达第四团指挥所——高地下的土洞工事里。左右高地就是火线，上层是散兵壕沟，下层是地洞。我进洞给参谋长和第三团陈代团长打电话，并问工兵营的准备情况。接着军长、师长亦到。我与史代团长走出土洞请军长先进去休息。军长说："我们是来休息的吗？"这时敌已发现我方动向，机枪小炮马上一齐射来。我说："参谋长有电话，请军长进洞接。"同时我拉他，他站着不动说："你去接。"我说："史团长接去。"军长又问工兵营，我说："在右边，陈团长已带着前进了。"军长听后向北走了几步就上了坡，师长也跟着。我又拉着军长小声说："进洞听电话。"他竟说："咱们都得不怕炮弹！"这时，敌机枪、步枪激烈地向我方射击，我们都伏下了。不一会儿军长站起来仍往前走，没两分钟，军长腰部中两弹倒地，师长喉、胸部中三弹倒下又坐起。我和卫士们马上伏地把军长、师长抬到团部，到团部洞口时，军长已气绝，师长气微不能言语。我命士兵把他们急速抬往军部，未到军部，师长也气绝了！

忻口转进

郝梦龄军长、刘家麒师长于十月十六日抗日殉国后，忻口前线总指挥卫立煌大为震惊哀痛。经请示南京，灵柩妥运武汉开追悼会，英骨安葬武昌洪山卓刀泉。旋接命第九军军长暂缺，第五十四师师长由该师第一六一旅长孔繁瀛升任，第一六二旅旅长王晋兼任副师长。

军长和师长殉国的当天下午，军参谋长王冠护灵柩离开忻口，到汉口后就脱离了第九军。那天下午二时许，有晋军步兵一旅（四个营）到忻口增援，接防第二十一师所遗部分阵地。下午五时前，下王庄前进阵地四个营由新师长孔繁瀛率领撤回主阵地。

晚七时半，第三十五军军长傅作义乘小汽车到军部。这时，由下王庄回军部的师长孔繁瀛，相当疲劳，与傅匆匆见面后，傅首先默哀郝、刘两将军，并代表卫慰问我们和详问郝、刘两将军的殉国经过。然后说：“忻口战役短期不会结束，郝军长殉国后，卫司令拟请阎先生叫我代郝，我已推荐陈长捷明天来。阎先生又加派了晋军步炮兵力，明天赶到。”

十月十七日下午，晋军开到忻口一个步兵旅（两团，不满员），另有山炮两团，约五十门晋造山炮也到忻口。晚上陈长捷乘小汽车到第九军军部，经研究，第九军军部人员半数不动，我随第五十四师师长孔繁瀛及师部人员移驻忻口村里，专指挥第五十四师，并听陈指挥。

十几天来，敌伤亡重大，进攻受挫，战况稍趋沉静，入夜枪声已稀。大约是二十四日得报：八路军夜袭阳明堡，烧毁敌机二十多架。消息传至营连，官兵闻讯高声欢呼：中华民族万岁！此后，侵扰忻口的敌机就不见了。

后来听说，日军于十月二十六日突破娘子关，向阳泉进犯，窥视太原。十一月二日，接到退出战斗转进命令。各部队分次撤退。第二日，第十师在忻县占领掩护阵地。第三日，第五十四师在青龙镇占领掩护阵地。以后，第五十四师经清源、徐沟、交城、文水、兑九峪、大麦郊、隰县、乡宁到河津休整待命。第四十七师已到洪洞，归总部直接指挥。战前，第九军军部和第五十四师官兵约一万人。当到青龙镇占领掩护转进阵地后的粗略统计：尚有官兵约四千零几十人。

忻口战役近一个月，敌人几次进攻受挫，遭到重大伤亡。每夜都能望到日军在其阵地稍后处火烧其战死官兵尸体的烟火，还有很多尸体暴露在敌我拉锯战的山地上。

南怀化东北高地争夺战

翟洪章※

北上抗日

卢沟桥事变后，国民革命军第九军军长郝梦龄所属第四十七师（师长裴昌会）和第五十四师（师长刘家麒）官兵，厉兵秣马，准备抗战。第五十四师奉令由贵阳、独山、遵义等地，沿湘黔公路强行军，昼夜兼程赶至长沙，改乘火车集结武汉待命。在汉口登上火车向北疾进。郝军长率第五十四师到达石家庄时，保定已告沦陷。第四十七师在正定至藁城一线占领阵地，构筑防御工事，准备阻击由保定南犯之敌。这时大同弃守，雁门关吃紧。郝军长又奉令率第五十四师取道正太路，增援晋北。到达太原后，休息一天，即沿同蒲线北上，至忻口下车，奉令在忻口车站至南怀化之线占领阵地。

军长郝梦龄于布防之前，挤出短暂时间，召集第五十四师营以上官长训话。大意是：此次抗战是民族战争，胜则国存，败则国亡，所以只许胜，不准败。人人都应抱定有我无敌、有敌无我之决心，与敌拼杀。军人的天职就是保国卫民。现在国将不国，民不聊生，就是我军人没有尽到应有的责任，实感可耻。欲置国家于磐石之上，拯救黎民于水火之中，必须官兵用命，奋勇战斗，把侵略者驱出国境。我在第五十四师时间悠久，从连长逐级升至军长，一直没有离开过，官兵与我感情特深。现在大敌当前，我更不忍心离开大家，决心与全体官兵同生死、共患难。

※ 作者当时系第九军第五十四师第一六一旅第三二二团第二营营附，战役中升任该团第一营营长。

刘师长刚接任几天，人事关系不熟，同时第四十七师另有任务不在此地，我将参加第五十四师的战斗行列，与大家并肩战斗。目前，阎司令长官枪毙了弃守天镇的军长李服膺，给我们做出了国法无亲的榜样，希望大家千万不要以身试法。

军长为了使部署切合实际，讲话以后即带营以上官长深入实地，详细侦察，分配了任务。根据忻口车站东北沿云中河南岸，西至南怀化的地形情况和我师兵力（当时大约有一万名），赋予防守任务：第一六二旅旅长王晋带该旅占领忻口车站北方某高地，沿云中河南岸向西延伸，至忻口与南怀化中间的某一小高地；师属工兵营接其左，我团接工兵营左翼迄南怀化西南方；第一六一旅旅长孔繁瀛率第三二一团在云中河北岸（距河约三里）全师阵地正前面，占领前进阵地。分配完毕后，各部开始进入阵地。我第三二二团在进入阵地以前，奉命驰援正在原平激战的晋军第一九六旅，不料行至中途，恰遇该旅退出原平的一位受伤军官乘汽车来到队前，他向团长戴慕真介绍了原平战斗经过：该旅在原平同敌人进行巷战时，曾与敌人反复争夺一屋一院，拼杀异常激烈，损失严重，旅长姜玉贞英勇殉国，原平已被敌人攻陷。我团仍回原防地。

激战南怀化

忻口战役开始后，敌板垣师团企图一举攻陷我师阵地，作为突破口，进而击溃全线，直取太原。我方深沟高垒，抗拒敌人优势火力。敌人在我第五十四师阵地正面，布置野炮和山炮三十余门，用齐放排射的方式对我师阵地猛烈射击；敌机三四十架，穿梭般地盘旋在我师阵地上空投弹扫射；敌步骑兵在炮击和扫射之后，就在坦克掩护下，向我师阵地猛攻。其攻击重点有两个：一是我师第一六二旅所守的桥头堡阵地，一是南怀化第三二二团的阵地。敌人攻击最激烈的时候，军长郝梦龄冒着炮火，曾到第一六二旅桥头堡阵地附近，从容自若地指挥官兵设法避敌所长，利用地形地物，加强工事，减少伤亡。待敌一阵疯狂攻击过去之后，他又冒着枪林弹雨，巡视各团，来到南怀化我第三二二团（参战官兵约有两千人）阵地，做具体指导。当时我团的布置是：第三营在南怀化西南方沿云中河南岸构筑防御工事，我第二营（我任营附）分配在南怀化东北面云中河南岸几道土梁上，第一营为预备队随团部在南怀化村内。我营所在的土梁上有一烽火台旧址，方圆不过二百米左右，上面起伏不平，可勉强耕种。军长来到后，即根据他刚才在桥头堡阵地见到的战场情况，指示我团赶快修改防御工事，越坚固越好，并指出敌人攻击桥头堡受挫，必定再来进攻南怀化，千万要做好准备。正在这时，敌人果然以步骑兵千余名绕过第三二一团前进阵地，向我团阵地猛攻。敌人倚仗飞机大炮的威力，企图一举消灭我团。郝梦龄军长在我团阵地上冒着极大危险，到处督导指挥。官兵受其精神感召，勇气倍增。敌人多次猛攻第三营阵地，我伤亡很大。第一营增援上来，同敌人进行白刃战，也遭重创，迫不得已转移南怀化村内与敌展开巷战。这时伤亡更惨，遂转退村外小高地。随后，团长戴慕真、团附赵子立率领全团身先士卒，反扑南怀化。军长郝梦龄随后督战，连续三次冲锋，终将敌人逐出村外。片刻，敌人援兵赶到，随即又展开激烈争夺战。在寸土必争的情况下，形成拉锯战。敌人火力优于我方，经过几进几退反复争夺后，我团伤亡惨重。我营所守阵地，虽未被敌攻垮，但在反复争夺战斗中，团长戴慕真、团附赵子立和三个营长都先后负伤脱离火线。全团伤亡人数，累计在千人以上。军长郝梦龄为了巩固阵地，指令晋绥军第七十二师宋团派兵两连和我营的两个连，分两路反攻盘踞在南怀化东南侧某土梁上之敌。敌人发现后，即集中十余门大炮向我射击，同时动用飞机八架盘旋上空，投弹轰炸，情况异常紧张。军长在后督战，官兵英勇冲锋，终将敌人击溃。我营连长佟锡兴和秦福臻等都在激战中负伤，士兵伤亡约二十名。随着战况变化，我营阵地右侧一个小高坡被敌窃据，作为制高点，对我营阵地威胁极大。因此我军组织奋勇队，用迅雷不及掩耳的行动冲向敌人，经过一阵激烈拼搏，夺回了制高点，但当我军还未站稳脚跟之际，敌人又反扑上来，高地又落于敌手。经整顿鼓励后，又进行第二次反攻，终将敌人赶走。我营收复高地后，交给友军固守。

综合连日激战，伤亡确实严重，尤其是团、营、连长伤亡殆尽，建制系统完全破坏，如不及时合并缩编，不但无法指挥，而且也无战斗力。军长依据情况进行整编，令我为营长，改称第三二二团第一营，并令我一面作战，一面并编原第二营，他自己亲手整编原一、三两营，把原第一营合并为第一连，原第三营合并为第三连，我将原第二营合并为第二连，把三个机枪连合并为一个连。编好后，他训话说："一天不死，抗战任务一天不能算完，现在我都不怕死，你们能怕吗？"官兵异口同声地回答："不怕，不怕！"军长高兴地说："将有必死之心，士无贪生之意，这句格言，只有在凶杀恶战中才能体会出来！"讲话完毕，又把我们带到原阵地，命令我们加强防御工事，不得草率应付。他将一切安排妥当后，才返主阵地。与此同时，敌人连续几天以陆、空联合猛攻我第一六二旅的主阵地和桥头堡阵地，均遭到我方英勇还击，未能得逞，乃将我第三二一团之前进阵地视为眼中钉、肉中刺，令炮兵猛烈射击，再以飞机投弹轰炸，以坦克掩护其步兵千余名，从三面围攻我第三二一团之前进阵地。该团官兵在旅长孔繁瀛英勇指挥下，奋不顾身，视死如归，同敌人激烈拼搏。正在危急之时，军长郝梦龄冒着枪林弹雨骤然赶到旅长和团长的指挥所，当面指示作战方法和说明前进阵地的重要性：现在既无兵增援，又不能放弃，只有拼杀到底，别无良策。讲过以后，又到每一战壕内，安慰官兵，鼓舞士气。官兵受到军长精神的感召，表示决不辜负军长的希望，誓与阵地共存亡。

这时敌人陆续增加，并向左右两翼延伸。我友军也源源不断地接续两翼。此时，我方防线全长五十余里，兵员达十余万。在最激烈的几天作战中，每天退下火线的伤兵有数千人。增加我师防御阵地以内者，计有新编入第九军的独立第五旅和第二十一师与第七十二师宋团等。第二十一师部署在我师阵地中间，宋团占领南怀化东北几道土梁，独立第五旅在南怀化东南小高地上。宋团因连续几天的作战，兵力逐步减少，故其阵地一再后移。军长郝梦龄恐因此波及全线，即令我带兵一连，随同他前往督战。他一面走，一面嘱咐我：“到达后即用一排兵力大大地间隔散开，在宋团的阵地后面作为督战队，你带一个排摽住宋团长一起前进，另一个排作为冲锋队，在他们三个营前面带头冲锋。你把这一排人数记下来，回去再发犒赏！”边说边越过几道小沟和土梁，找到宋团长。军长令其召集三个营长，并当面指示：“现在我派第五十四师的翟营长帮助你们收复原阵地，哪个畏缩不前，擅自后退，不听指挥，定以军法从事，决不宽容！”指示完毕，开始部署。我同宋团长令各营立刻占领攻击位置，一声令下，冲锋开始。我摽着宋团长，在前督促各营进攻，军长在后督战。经过三次奋不顾身的猛冲，当面之敌才被击溃，退入南怀化村内。军长本想趁势收复南怀化，但因力不从心，只好令宋团长固守现阵地，令我带着同去的一连人仍回原阵地。所幸这次反攻注意利用地形地物，采取隐蔽跃进和匍匐前进，分三段逼近敌人，最后才发起猛冲，所以我们伤亡不大。军长在返回主阵地途中，敌人又发动对我全师阵地的总攻击。敌先用飞机二十余架轮番轰炸，同时用大炮三十余门齐放排射，弹密如雨。在此紧急关头，军长沿线视察，鼓励官兵沉着应战，以防不测。这时阵地周围，硝烟弥漫，弹片如雨，尘土飞扬天空，沙石遍地，真像火海一般。在敌炮疯狂射击时，我同五名传令兵、一名勤务兵挤在一个临时挖的掩蔽部内，不料一颗炮弹恰落其上。掩蔽部被炸塌，五名传令兵全被炸死。我和勤务兵彭水泉被埋在泥土和血泊之中，身上溅满了鲜血和脑浆，耳鸣眼花，几分钟后，才挣扎着爬出被炸塌的掩蔽部。

激战多日，每天都有伤亡，我营兵力急遽减少。为了确保阵地和继续作战，我写了一个请求增援的报告，呈送军长郝梦龄。报告随即批回，上写“占在何处，死在何处”八个字。这八个字不仅表明他的英雄气概和抗敌决心，也给我又一次指出：只有同阵地共存亡的唯一途径。我当即拿着批示，冒着枪林弹雨，穿梭于全营各战壕内，晓谕官兵，鼓舞斗志。

郝军长为国捐躯

敌人自从窜抵南怀化以后，陆续增加兵力，企图攻破南怀化附近的我军阵地，作为一个突破口向全线发展。因此必须收复南怀化，我军阵地方能稳定。军长郝梦龄命令独立第五旅担任这一重要任务。为了避免较大伤亡，原定于十六日拂晓前攻下南怀化，但时间已到，却不见行动。这时军长急欲前往督促，路经我营阵地右侧，站在一个小土坡后面，叫我汇报情况和指点通往独立第五旅的捷径。我说：“由脚下到该旅，必须经过一段被敌人火力封锁的小路，长有二十余米。敌人在路北六七十米小高地上设置四挺轻机枪，昨天我营有四名传令兵均因通过那里牺牲了，连同友军已牺牲二十多人。夜间偷过危险小些，白天不能过。现在天已破晓，最好还是不去。您如果要去，请绕远路。”军长笑着说：“时间已经晚了，再要绕远路，到啥时候才能到达！”我又说：“您写一命令，派人送去，不是一样吗？”军长酌量片刻说：“还是我亲自去，效果大一些！”同时慷慨激昂地说：“瓦罐不离井口破，大将难免阵前亡！汉将马援马革裹尸而还，魏将庞德抬棺决战，今天的战斗谁能坚持到最后五分钟，谁就胜利！你们要死守阵地，就是剩下一兵一卒也不能撤离阵地！”说完又叫我赶快返回阵地。嘱咐完毕，将军在前，刘师长在后，拉开距离用快步奔向独立第五旅。刚进入被敌人控制的危险路口，即被占领烽火台南沿制高点之敌发现，四挺机枪一阵疯狂射击，将军身中十余弹，倒在血泊之中。师长刘家麒不顾生死，急救将军遗体，尚未离开地方，也同样壮烈殉国。军、师、旅长（连同独立第五旅前旅长郑廷珍、代旅长李继程）四英雄相继殉国。我军官兵闻此噩耗，无不痛哭失声。大家一致表示，誓与将军报仇！

正在这时，敌人又发动大规模进攻。我师官兵凭借防御工事，沉着应战，终挫其锋。郝军长殉国后，第九军军长职务由总指挥部参谋长郭寄峤兼任，第五十四师师长职务由第一六一旅旅长孔繁瀛升任。当时战斗仍在激烈进行中。基于多日作战经验，体会到敌人的火力优于我们，必须避其所长，补我不足，即采用里沟外壕加强防御工事。外壕深宽各丈余，内设障碍物木桩树枝等，以阻止敌人接近；里沟即火线顶，用各个散兵坑和交通沟连贯起来，并在沟旁挖掘坚固掩蔽部，将既深且宽的纵横交通壕和炮兵阵地加以伪装。这样敌机轰炸与大炮射击，对我均影响不大。后来敌人发觉单凭火力无奈我何，便渐渐减少了火力轰击。

友军某师增援我师一个团，团长姓韩。他见到师长孔繁瀛，请示派遣任务。师长指示其先将队伍安置在隐蔽地休息，到黄昏后再接替我营阵地。韩团长不听劝阻，即令各营开始行动，既不疏散，又不利用地形地物，挺胸直前。敌发现后，以炮十余门猛烈轰击，韩团伤亡惨重，损失三分之一。第二天上午，敌人又集中火力和兵力猛攻韩团阵地，激战到下午，韩团伤亡极大，被迫而退。师长令我协同该团收复原阵地后，仍由韩团固守。数日之内这种情况发生几次，失而复得，得而复失，形成拉锯战。韩团终因伤亡惨重，调回后方整补。于是我营又将阵地接回，固守待命。

忻口转进

娘子关失守后，忻口全线撤退。经过一天隐蔽行军，天快薄暮时才来到青龙镇。这时我全营（实际就是第三二二团全团）官兵不满二百人，但武器还好，全团二十余挺轻机枪都在，枪榴弹、掷弹筒都有。我带着全营官兵刚进街口，就看见师长孔繁瀛在那里收容我师部队，共收容不到两千五百人。他召集团、营长开会，准备在此占领阵地，阻击南犯之敌，掩护各友军顺利到达太原。我营在青龙镇以北八里处公路大桥附近占领前进阵地，其余各团在青龙镇以北五里处占领阵地，师指挥部和特务营在青龙镇。我接受命令后，到达指定地点。那里已有先前构筑的钢筋水泥工事。我督促官兵全力以赴设置障碍物，并把手掷弹每七八颗捆在一块，掩埋在桥前四十米处公路上，系上小绳引至桥后阵地内准备轰炸坦克。布置尚未就绪，天已破晓，敌人骑兵七八十名在公路两侧搜索前进，坦克车四辆掩护步兵百余名缓缓而来。这时我以第三连猛烈射击敌人骑兵，以第二连堵击敌人步兵，另组一班奋勇兵和机枪连专门对付敌人坦克车。敌人企图一举攻垮我前进阵地，直取青龙镇。敌骑正在下马准备徒步战的时候，我第三连立即予以迎头痛击，打得敌人落花流水。同时我机枪连用穿甲弹射敌坦克，用集束手掷弹进行爆破，只因拉引爆绳拉得早了一点，未能把敌坦克炸翻，但已迫使它不敢继续前进。敌步兵会同失利的骑兵，前后四次向我阵地猛冲。我官兵借助坚固工事，奋勇应战。时到午后，敌人后续部队赶到，采取迂回包围，以一大部从我前进阵地右翼绕过，进攻主阵地；同时以一小部兵力绕到青龙镇后方，猛攻青龙镇。这时我师主阵地已逐渐瓦解，青龙镇也在巷战中，前后联络已告中断，我即令各连向西南方向转进。我带着一百多人，走到青龙镇的西南方约有二十里处，遇到师长孔繁瀛和参谋长何其智。询问之后，始知师部所有人员和特务营都在青龙镇巷战中伤亡殆尽，所剩无几，已失联系。我们只得顺公路南行，中途虽遇敌机轰炸、敌骑袭击，所幸伤亡不大。两日来，人未吃饭，马未喂草，人困马乏难以行进，遂在一村庄休息半夜。第二天天刚破晓，各团联络人员便陆续找来，恰巧也与第四十七师取得联系，遂共同到达太原西关。

攻夺南怀化

秦福臻※

抗日战争爆发后，第九军第五十四师奉命于1937年秋开赴山西前线。我当时任第五十四师第一六一旅第三二二团第二营第五连连长。第五十四师是由贵州驻地出发，经湖南、湖北、河南、河北到达山西的。记得我团到达太原下火车时，正是中秋佳节过后数日。在站台上，阎锡山司令长官派员发给我们每个官兵两个大月饼，上面印有“勿忘国难”四字。

在太原稍事休整后，我团即乘火车北上到达忻口。第二天由我团中校团附史松泉率领全团查看忻口构筑之预备阵地，归来时天已昏黑。晚饭后，我团即在忻口至原平之路口集合，并奉命把背包、铁锹、十字镐、棉衣等物一律抛在路旁，尽量多带弹药，轻装以强行军向原平前进，支援与日军血战的晋绥军姜玉贞旅。前进十余里时，遇到由原平撤出的一辆汽车。上面的人告诉我团说，你们不必前进了，姜玉贞旅长已在原平与日军一条小巷、一条小巷的争夺战中光荣殉国，全旅官兵无一退出。我团遂立即抄小道转入忻口预备阵地之山上。时值农历九月深秋，露宿山头，寒冷难耐，所幸都未冻僵。次晨进入阵地，不久即与日军板垣师团接战。

入夜，日军炮兵及空中轰炸已渐沉寂，而机枪仍利用其白天已测定之目标，不间断地向我阵地扫射。我连阵地与左翼友军某部之阵地衔接。夜十二时左右，其阵地之某山头忽被日军攻陷。我团阵地受敌侧射，情况极为严重。团长立即组织了一个百余人的奋勇队，以第三营第十一连少尉排长牛坤山为队长，向左翼某高地反攻。该队长出发前曾告诫士兵：

※ 作者当时系第九军第五十四师第一六一旅第三二二团第二营第五连连长。

无论何人，无我命令一律不准开枪，只准你们随我向山顶奋勇前进。时间不长，奋勇队已到达半山腰。只闻得一片手榴弹爆炸声和敌人还击之枪炮声，在数十分钟内该山头即被我奋勇队攻克。奋勇队胜利归来时，我闻其队员讲：队长牛坤山之右臂被弹片打伤骨折，而牛坤山不肯退下火线，仍以左手持枪指挥战斗，终于攻克山头。以后我与牛坤山同住在西安红十字医院重伤室内，牛曾以团长手谕示余，大意是：委牛坤山为本团奋勇队队长，向左翼山头之敌攻击，攻克后官兵各进三级，团长戴慕真，云云。奋勇队攻占山头后，我连阵地始得转危为安。继闻军长有命，拂晓攻击。斯时，我连第一排排长吕成纪早已负伤离开火线，我站在第一排阵地之位置，亲奉营长耿景荣口述命令说：第五连连长秦福臻率全连，附以晋绥军两个连后随，由左翼向盘踞南怀化之敌攻击前进。第六连连长赵维宋率全连附以晋绥军两个连后随，由右翼向盘踞南怀化之敌攻击前进。冲锋号一响，我首先跳出战壕率部前进。刚出阵地数步，我连第三班班长莫兴顺抓着我不放，叫我稍等，大喊第三班跑步向前。谁知日军佩带自动步枪之步兵部队乘黑夜已摸至离我阵地不远之处，第三班冲锋在前，向敌夺枪，全班壮烈牺牲，无一幸免。我连后续官兵赶上拼杀，当面之敌即随之溃退。我乘胜追击到达离南怀化村东约一里之处时，占据路南坡上魁星楼上之敌集中火力向我猛烈扫射。我立即派我连第九班副班长胡文进率领全班扑向魁星楼。我仍率队向南怀化推进。进入南怀化村内，未见日军一人抵抗，只见地下尚留有挂好的许多黄色电线未动。我回顾我连士兵仅有三十人之谱。我深知情况不妙，遂疾步进入村西，见系一道大河。我们立即出村占领南坡，刚刚散开，即见占据村北坡上大庙之敌向我猛烈射击，子弹如雨点一般。我连士兵已伤亡殆尽。我下令坚守南坡。我一人向回路寻找晋绥军之两个连，回头走了不远，见晋绥军已徐徐到来。我请其散开接替了南坡阵地，见其散开后士兵群聚，毫不稳定，遂暗示我连仅余之士兵数人随我向原阵地转进，日军仍以猛烈之火力向我追射。我行至道路转弯即将下坡时，又遭敌一阵密集火力射击。我被敌击中多处，倒地不起，还有三人阵亡，独随我退回、身背轻机枪一挺之一等兵杨占圣无恙。他立即抛下机枪，前来扶我。此时我浑身血污，所穿之棉裤已被血湿透，自知不能行动，遂劝其从速将枪背回阵地，如有可能再来接我。我乃卧原地等死。过了一会儿，未见日军追来。我急于求死，遂滚入数丈深之山沟，企图摔死，但不仅未被摔死，反而依坡头部向上躺在沟底。我用力站了起来，只见沟内卧满我团伤兵。我喊令所有伤兵速速随我爬回阵地，只有一个伤兵声称他愿随我往回爬。我一看是我们营部的传令兵，他说：戴团长和耿营长都受伤下去了。我们二人遂一同向回爬，前行两三步就栽倒一次。我们一次又一次地起来向山上爬。那传令兵未到山顶就起不来了，我一个人终于爬上山顶。这时，我才看清对面山上即系我们原来之阵地，和我这里只有一沟之隔。我听到对面讲话的有我连第五班班长于炎平之声，遂大喊：于炎平，我在这里受伤不能走了。于答言叫我在原地不要动，他带杨占圣来接我。我们行至阵地前面沟底时，我团中校团附史松泉、少校团附梁振湖闻我受伤归来，都出阵地迎接。梁振湖疾步下山，抢着背了我一大段上山之路，深情可感。

我被背回阵地送至裹伤所时，正值郝将军在裹伤所前阵地上，对归来的我团残余士兵百余人讲话。他说：我们这一百多人编成一个连，以原第一连连长杨国贤为连长。先前我们一团人守这个阵地，现在我们剩一连人还是守这个阵地，就是剩下一个人，也要守这个阵地。我们一天不死，抗日的责任一天就不算完。出发前，我已在家中写下遗嘱，不打败日军决不生还。现在我同你们一起坚守此阵地，决不先退。我若是先退，你们不管是谁，都可以枪毙我。你们不管是谁，只要后退一步，我立即枪毙他。将军又大声问了一句：你们大家敢陪我在此坚守阵地吗?所有官兵都以雷鸣般的声音答道：誓死坚守阵地！将军之豪言壮语感人至深，当时情景在我脑海里留下了终身不可磨灭的印象。故此事虽属四十余年之往事，而我独记忆犹新。

忻口战役中的第二十一师

李仙洲※

一九三七年七七事变后，我奉命率部队增援宋哲元的第二十九军。当时我任国民革命军独立第二十一师师长，师辖两个旅，第六十二旅旅长吕祥云，第六十三旅旅长赵林。旅各辖两个团，全师约一万人。

当我师先头部队行至平北八达岭时，即与日本侵略军遭遇，展开争夺八达岭的激烈战斗。敌人以飞机数十架轮番向我阵地轰炸扫射，重炮不断轰击，步兵发起多次冲锋。我师官兵与敌展开肉搏战，敌人伤亡甚众，我师也付出很大代价，第六十二团团长刘芳贵阵亡，营、连、排长伤亡二十余人。我师与敌苦战三昼夜，奉命转移山西，参加忻口战役。在全师到达忻口后，临时归第九军军长郝梦龄指挥。我师官兵佩戴有“忻口部队”字样的臂章。

十月，日军板垣师团的一个旅团进犯忻口。不愿当亡国奴的官兵，决心予敌以迎头痛击。全体官兵士气高涨，积极备战。

敌人依仗飞机、大炮，以一个联队的兵力，首先抢占了忻口西北高地侧翼的一个山梁，对我威胁很大。

军部命令：“尽一切力量夺回山梁，全歼敌人。”我亲率第六十三团（团长苗瑞体），向敌人发起猛烈进攻。由于敌人装备好，敌我力量悬殊较大，给部队攻击造成很大困难。当时我在前沿阵地督战，看到我方伤亡很大，非常着急，就亲自下到战壕中和士兵们一同作战。士兵们怕我出危险，担心地说：“师长，这儿危险，赶快离开！”我说：“你们是干什么来了？”士兵们说：“打日本鬼子！”我说：“你们打鬼子不怕危险，我

※ 作者当时系第十七军第二十一师师长。

就怕危险吗?”这样一来，士气更高了，战斗进行得更加激烈起来，敌人死伤也很严重。这时敌机飞来增援，飞得很低，俯冲下来扫射时，低得几乎挨着地里没有割倒的高粱秆。我方官兵伤亡很重，一上午就替换几个连排长。最后连伙夫也上阵地支援，运子弹，送伤兵。经过三天三夜若干回合激战后，敌人增兵不上，我方终于收复了山头。当攻上制高点时，敌人只剩下一名军官和一名士兵。那士兵往山下跑，被那个军官打死了，然后军官自己也剖腹自杀了。这次战斗以全歼日军一个联队的战果取得胜利。

占领阵地后，郝梦龄军长忙于视察阵地，调整部署，准备反击敌人的反扑。上午没有什么情况，下午，我正与郝军长及一些随从人员在阵地上部署防务，忽然，有一架敌机由南向北飞来，在我们上空偏右一点的地方，扔下一条白带子。这是敌机指示目标的信号。我们很快隐蔽起来。接着敌人就打来三四十发炮弹，把我们刚才待的地方炸得泥土腾空，烟尘滚滚。我的一个勤务兵受伤。为了避免敌机轰炸，部队换防都安排在夜间。第六十二团伤亡比较大，需要换下来休整，我命令第六十四团（团长庄村夫）去接防。换防后，我和团长查看阵地，并命侦察兵去前沿阵地侦察敌情，发现山下敌人不多。这一夜双方没有什么接触。

第二天，天刚亮，敌人就发起猖狂反扑，山炮、迫击炮一齐猛轰，飞机配合地面部队，向我阵地猛烈攻击。我官兵勇猛反击，连续打退敌人数次进攻。阵地仍在我们手中。时至中午，我与郝军长、庄村夫团长在半山腰观察敌情。我正与团长讲话时，突然感觉有个东西碰了我左胸部一下，当时也没在意，就同他们往山顶爬。郝军长发现我背后有血，大声说：“李师长，你受伤了!”我说：“没事，好像是什么碰了我一下。”“还说没事，子弹都从你背后穿过来了!”郝军长说着给我吃了点白药，这时我还清醒。当包扎时，我就昏迷过去不省人事了。在往担架上抬时，记得我又醒了，喘了口气，还说了句笑话：“刚才我不是死了吗?”弄得大家哭笑不得。送下抢救时，军医说：“刚才师长受伤，血没流出来，抬师长下山时，最好头朝下，这样可以把淤血空出点来。”担架兵不同意，说：“坡很陡，师长受伤严重，再让他头朝下，我们不忍心。”结果，还是头朝上抬到了后山师部。我虽受伤，但是脑子还清醒，为了不贻误战机，我把旅长赵林、吕祥云，团长苗瑞体、庄村夫、刘洪慈等召集来，叮咛道：“我受伤了，不能与大家共同战斗。你们一定要守好自己的阵地，按照刚才的部署，与友军协同作战，一切由副师长黄祖埙、参谋长蔡棨指挥。”后来我被送到了汾阳的一家美国教会医院。

这家美国医院的院长我认识，叫周以德，此人医术高超，我的手术由他本人亲自来做。他说："李师长，你的伤势很危险，性命就在呼吸之间。敌人的子弹是从你的左胸部前面进去，从背后出来的。一般情况下，当时就没命了。看来子弹打中你时，正是你呼气之瞬间，此时心脏向回收缩，子弹在肺叶中间穿过去了。若是在吸气的瞬间，子弹就会打穿肺脏，当时就完了。这大概是上帝保佑你吧！"周院长治疗非常认真，发现淤血还未流出，当即强行外排，抽出来570CC黑血。周院长说："淤血还没有全部抽完，怕你身体吃不消，留下一点让身体慢慢吸收好了。"

我受伤后，蒋介石写来亲笔慰问信，内容大意是：仙洲吾弟，伤势甚重，希将每日之伤情告知，以免我挂念不止也！中正。并发来养伤费五万元。我用此款买了药品，送给部队。后来我由汾阳转到西安养伤。第二十一师在忻口缴获的武器弹药，正在西安展览。师里的官兵派代表来看我，邀我一同去参观。他们说：在我受伤的那个山头下面，有个村子叫南怀化，驻着日军一个旅团部。我师奉命配合友军把敌人旅团部包围起来，全部消灭了。西安展览的战利品，就是那次缴获的。

我在西安养伤两个月，伤愈归队，升任国民革命军第九十二军军长。

独立第五旅忻口鏖战记

李多艺※

独立第五旅原属中央军梁冠英第二十五路军，驻防安徽省舒城县，全旅约三千人。旅长郑廷珍（河南柘城县人）。该旅下属两个团：第六一四团，团长李继程；第六一五团，团长由参谋长高增级兼任。我任第六一四团机枪连上尉连长。

抗日战争爆发后，独立第五旅旅长郑廷珍多次请缨抗日。九月中旬，奉命兼程北上，经河北省石家庄改乘火车西行入晋。途经太原时领了棉衣，十月中旬抵达忻县。当时未编入战斗序列，处于二线，由卫立煌直接指挥，担负警卫、勤务之责。后闻第九军第五十四师防守的南怀化阵地吃紧，郑旅长再次请战支援。卫立煌即令配属第九军，由郝梦龄军长指挥全旅。于十五日下午五时出发，十时许抵达忻口，在山脚下一排窑洞前待命。约在午夜两点来钟，郝军长、刘师长、郑旅长等走出窑洞，环视官兵，然后亲自带领第六一四团第二营（营长李源慧）、第六一五团第一营（营长姓靳），沿山沟而上，进入阵地。郑旅长令第二营主动出击，攻占前面几个小山头后，再向另一个高于我阵地的无名高地猛攻。日军居高临下，火力密集，连续冲锋三次，均未成功。战斗异常激烈，双方伤亡惨重。第二营营长李源慧英勇战死。在组织第四次进攻时，敌人加强火力，我军所剩不足百人。郑旅长亲临前沿指挥，不幸中弹。弹从右眼入，后脑出，送往忻县抢救无效，以身殉国。郝军长当即决定由第六一四团团长李继程代理旅长职务。李代旅长见敌增兵，便增调第六一五团第三营，亲自指挥两个营，避开正面，左右夹攻，多次展开肉搏。

※ 作者当时系独立第五旅第六一四团机枪连上尉连长。

不到两小时，两营官兵所剩无几，李代旅长亦在督战时阵亡。这时独立第五旅旅长由第六一五团团长高增级（陕西定边县人）继任。

高旅长见敌地处优势，炮火猛烈，且拼命地向我阵地反扑，便改变战术，以防为攻，确保阵地。为此，除少数人警戒外，其余官兵在前沿阵地全面修筑工事。要求战壕连通，人人有掩体，连排有指挥所，并能防空、防炸、防毒。当地山坡多为红土，质硬难挖。开始时敌人不断向我阵地射击，有些士兵在挖战壕时中弹身亡。战壕挖好以后，危险依然存在。有时头一出战壕，就应声而倒；有的镐头一举起，子弹就射来。敌人的枪法很准，我们不断遭到伤亡。我发现有几个敌人通过两沟间的豁口，向我方射击，便把刺刀插在地上，把帽子扣在上面。敌人发现后，马上射来枪弹，打得帽子直晃悠。我又找了个能遮蔽身体的地方，举枪回击，一枪放倒一个敌人。敌人来拉尸体时，我又一枪，放倒第二个。我就这样，一枪一个，一共击毙七个。经过三天苦干，战壕已经连通。士兵个人掩体，垫好干草，铺上军毯，也比较舒服，各连排的指挥所（大掩体）洞大口小，能住几个人，还能存放弹药。若把防毒面具放在洞口，用被子堵住洞口，还可以防毒，真正做到了“三防”。

第一天挖工事时（十六日晨），郝梦龄军长、刘家麒师长带领一些官长，到前沿阵地视察。他们正沿沟而上，遭敌枪击，郝军长、刘师长光荣殉国，另有几个随从伤亡。

军、师、旅、团长官的阵亡，全体官兵为之痛惜，表示誓与阵地共存亡。后来第六十一军军长陈长捷接任前敌总指挥，并传来“无命令不许退，轻伤不许退，弹尽粮绝不许退”的命令。此时，官兵上下，同仇敌忾，誓与敌人决一死战。

两天后，工事刚挖好，日军就开始向我阵地进攻了。敌人先用大炮轰击，我前沿阵地官兵难以抬头，无法还击。天亮后，敌人一边继续炮轰，一边又以步兵推进。敌炮位不动，但射程随着步兵的前进而前移。敌步兵四五百人，蜂拥而上，杀声、枪声混成一片。当敌人距离我阵地不足一百米时，我看战机已到，便下令还击。六挺机枪齐吐火舌，无数手榴弹遍地开花，直打得日军死尸遍野，掉头鼠窜。激战半小时，双方伤亡惨重，但我阵地是守住了。在敌冲锋之时，第七连连长张金铭失踪，可能是冲杀出去被俘或战死。第八连连长于自勤阵亡，第九连连长罗建勋、第三营营长马雄飞（山东济宁人）等负伤。第三营营长由营附滕云起代理。

时隔两天，日军又向我阵地发动了第二次进攻。由于我们思想上早有准备，不断加固工事，损失较小。

日军第三次进攻，是在第二次败退后的第三天。这次我们打得更漂亮，不但用同样的办法杀伤敌人，保住阵地，而且还组织了追击，扩大了战果。

根据当时情况，只要给养、援兵及时，忻口是可以守住的。但是，就在打退了日军第三次进攻后的不几天，传来了娘子关失守的消息。这使忻口腹背受敌，我军迫不得已于十一月二日夜全线撤退。独立第五旅是经过太原、交城、文水、汾阳等地撤到侯马的。

在忻口鏖战的十八个昼夜，独立第五旅共伤亡官兵一千三百多人。

忻口战役追记

陈长捷※

忻口战役的特点是：从非预期的遭遇战，演变为阵地争夺、对壕坑道战；在狭隘不利的局地里，以攻为守，注入的部队既多，苦战的时间又长。后因平汉线上的刘峙、宋哲元两部过早地放弃滹沱河防线，娘子关被敌占领，动摇了忻口后方，忻口守军乃不得不仓皇撤退。兹就所经历与所闻知者追记于下。

南怀化之战

占领大同的日本侵略军与伪蒙军，南进至怀仁后，突然变换方向，不经雁门关，改攻茹越口，侵入繁峙。阎锡山被隔在五台山北麓，大起恐慌，急令各部队向太原以北地区转进。

估计当时的敌兵力，仍是板垣师团、东条纵队以及若干伪蒙军，共约两个师团。晋绥军有第十九军、第三十五军等部的二十四个步兵团，另有赵承绶的六个骑兵团及尚称完整的六个炮兵团等部队。卫立煌的第十四集团军，辖李默庵的第十四军及郝梦龄的第九军，奉命开赴忻口一带集结待命。阎锡山命令王靖国坚守崞县十日，但王竟擅自先期撤退，致使忻口正面暴露于敌骑重压之下，陷守军于极不利的形势之中。

忻口战役打响前，郝梦龄率同临时配属的第二十一师李仙洲部，沿同蒲路开赴忻口，进出于云中河南北地区。十月十一日，郝部在平地泉、三泉之线与敌不期遭遇，战斗失利，幸得友军赶来支援，始得转危为安。

※ 作者当时系第六十一军军长。

十三日，敌向云中河线进攻。其西翼越过云中河直冲第二十一师主阵地，随即侵占南怀化①及其附近东北高地。卫立煌闻讯亲自来到忻口，严令李仙洲率队收复失地。李仙洲在反攻中，胸部被枪弹贯穿，无功而返。十五日拂晓，敌再攻忻口西北高地。卫立煌、傅作义严令驻守官村②的第五十四师、驻守新练庄的独立第二旅，坚守原线，即使敌人渗入后方，都不得动摇，要对突进之敌予以侧击。我第六十一军于十三日奉命驰援。

第六十一军接到命令后，派于镇河旅由金山铺立即开到忻口以北的红沟，配合友军逆袭向忻口深入之敌。经半日激战，夺回第二十一师晨间所失的红沟以西第二线阵地，加以改造增强，做了较纵深的部署，和侵占南怀化东北高地上之敌相对峙。接着，第六十一军第七十二师继于旅之后，进到石合子。

当时，敌炮兵大部展开在东、西泥河一带，对着南怀化、红沟间高地集中轰击，敌飞机于泥河村北开辟前进机场，对忻口肆行强烈轰炸，均在协助从南怀化揳入之敌向忻口突贯，企图瓦解我军全阵线。我遂命第七十二师展开于忻口以西高地，支援处于高地的于旅，防敌强攻突贯。郝梦龄的军部设指挥所于红沟，我军军部设指挥所于石合子，均紧接前线只千余公尺。

第二十一师余部退出战场后，第六十一军注入前线，傅、卫两集团军所部交互参插，更加混乱。于是傅、卫两总司令联合指派第九军军长郝梦龄为前敌总指挥，我为副总指挥，统一指挥从界河铺迄秦家庄间地区的前线各部作战。

十月十五日，李默庵的第十四军于忻口以西进出云中河以北地区，在大、小白水亘东常村线上展开完毕。卫立煌将控制在忻县的第十师郝家骏旅，推进到忻口，拟发动全面反攻，击溃板垣军于云中河盆地。当时的部署是：左翼军以第十四军（缺第十师）和晋绥军郭宗汾第七十一师、孟宪吉独立第八旅为机动主力军，军长李默庵任前敌总指挥，从东常村、大白水线上出动，以新、旧练庄为轴，向永兴村及前、后城头之线旋转进攻，将敌压迫于同蒲线与滹沱河之间；中央地区以郝军长和我分任总、副指挥，指挥原来的忻口前线各部，先夺取南怀化，然后进出云中河以北，联系左翼军，歼灭唐林岗迄东、西泥河间之敌；高桂滋师独立活动于滹沱河东，警戒军的右翼③，依右翼军的攻势发展，向原平、

① 也称河南村。

② 应为关子村，下同。

③ 右翼我军主要为刘茂恩第十五军。高桂滋师于十八日增援右翼，阵地在蔡家岗。

忻县以东地区推进。另由阎锡山命令在宁武、轩岗间的赵承绶骑兵部队，向崞县、阳明堡分别截袭敌后方，牵制敌后续兵团的增加。

当时敌军业已揳入南怀化东北高地，我军反攻以先夺回南怀化为最大关键。卫、傅权衡形势，于下令反攻前夕，相偕亲到红沟前敌指挥所，要求中央地区军先行攻夺南怀化，进出云中河，以牵制敌人主力，便利左翼军的旋回包围。卫立煌宣布，夺回南怀化奖以十万元，得胜的各部长官均请颁发“青天白日最高勋章”。

郝梦龄和我接受任务后，向卫、傅建议：使在云中桥、界河铺的第六十一军第七十二师梁春溥部和第三十五军董其武旅秘密进出云中河以北，以梁春溥部两团对唐林岗方面监视，掩护董旅（两个团）由下王庄西进，向新、旧河北抄袭，以拊南怀化敌的后方。第十师郝家骏旅和陕军许权中旅①（在王会村地区）从红沟进入，加入第五十四师方面，为进攻南怀化的主力，从官村南高地下冲南怀化。以晋军方克猷独立第二旅（三个团）和第六十一军于镇河新编独立第四旅，从新练庄及其以东1017高地，北攻南怀化及其东南高地敌据点。约定郝梦龄负责指挥第五十四师孔旅（王晋旅仍守官村东西线上）、第十师郝旅及陕军王旅，我负责指挥董、梁、于、方各旅，协同夺取南怀化。以上计划得到卫、傅的同意，认为以绝对优势兵力，从三面兜击南怀化，胜利已经在握。他们即就前敌指挥所下令部署，使增加之部队进入前线。

十五日夜晚，各部各就所位，以夜袭方式前进。夜十二时，郝梦龄在红沟，我在石合子，以电话互约各上前线督战，在南怀化东北高地上会面。

正当前线战斗激烈时，军参谋长李铭鼎来了紧急电话，说卫、傅两总司令派高参持命令来部，要我急速回石合子。我问什么事由，答复是，回来了就可以明白。我于次日下午一时许赶回石合子军指挥所，才知道军长郝梦龄同第五十四师师长刘家麒，在红沟西北、官村以南高地上督战阵亡。卫、傅联署命令，要我担任中央地区军前敌总指挥。我即到红沟整顿第九军战线。

红沟大战

我军阻止住敌主力的突贯冲击，又加反攻南怀化失败，各部队损伤极重。卫、傅商定暂取阵地守势，以吸引敌主力胶着于忻口正面，专从

---

① 参加忻口战役的陕军为第三十八军第一七七师许权中第五二九旅。

左翼发动进攻。

李默庵奉命指挥左翼军向敌右侧进攻，正旋回左翼主力企图向敌侧击时，受到敌新增加前来的一个纵队（据当时通报约一个师团），从三泉、永兴南下的反压迫，从遭遇战的不利态势下，急速退回东常村、大白水线上，凭借已筑工事，也转为守势抵抗。

敌乘势继续攻击，重点仍指向我中央地区军，对已打开的南怀化缺口，锲而不舍，转移新加到永兴方面的一个旅团注入南怀化，再次向忻口发动进攻。敌机对红沟、南怀化间加重轰炸，配合集中的炮火，从早到晚，时刻不休。我前线竟无高射武器以资抵抗，致红沟总指挥部的石窑洞被炸塌半段，守电话总机的通信兵全数伤亡。敌机非常猖獗，官村以南的阵地，从高地到谷地，处处受轰。我军以麻袋实土垒成掩体，待敌冲到壕前时，即以手榴弹轰击。这样的激战，一日里常是此伏彼起，几度反复，终将强攻之敌击退。

敌我胶着恶斗，日益激烈，我军处于敌人飞机滥炸与炮火轰击之下，日间只好伏处掩体之内，待到夜间始行换防。

敌集中全力争夺官村南高地，该高地如被敌侵占，不但扼守官村的第五十四师阵地受到侧后的袭击，要站不住，而从南怀化源源注入之敌可以得到支持，直贯红沟。于是该高地南北二千余米的战斗面，乃成为敌我争夺的焦点。如此战斗继续到十月二十日以后，敌终不变更其主攻方面，仍从南怀化注入兵力。但是他们改变了进攻方式，于接近到我阵地四五百米线上，乃行停止，就地筑起阵地，逐步进逼。敌机每日早晨七八点钟即来轮番轰炸，制压我炮兵的破坏射击，掩护其步兵工兵的对壕作业，直到入夜始行沉寂，翌日又继续反复。为了对付敌人，我军组织小组突击队，于夜间潜出，以黄色炸药包塞进敌阵和坑道掘进口予以破坏，并出敌不意进行夜袭，不断有所斩获。从战俘证件与供述中，判明进入南怀化之敌，前后已三易联队，现时是初从天津守备队调来的萱岛支队。

我炮兵为躲避敌机轰炸，白天暂匿于石窑洞里，黄昏后进入不断变换的放列线，对南怀化和泥河一带敌炮兵群与飞机场，给予突然的猛轰。据俘虏说，在泥河村北的前进机场上，有一天，敌旅团长和炮兵长官正乘飞机降落，突然遭到我方炮击，旅团长以下十多人均毙命。该机场被轰后，由工兵花了一天的时间施行修复，以后又撤到原平去了。

忻口对阵战渐有转机，判明敌兵力使用将竭。卫立煌叫参谋长郭寄峤策划再行发动攻势。但是此时平汉线上的战局恶化，刘峙、宋哲元所部从永定河线溃退下来，到了平山、正定的滹沱河线尚不能立脚，致使晋东门户敞开于敌前。蒋介石急命黄绍竑为第二战区副长官，指挥入晋的川军邓锡侯和陕军冯钦哉两军，部署晋东正太线方面的防守。川军不但武器简陋，临冬尚未穿上棉衣，须待补给，才可续进。陕军冯部蠕蠕观望，毫无急难敌忾。阎锡山遂将忻县地区作战任务委给卫立煌完全负责，调傅作义回太原来部署城防，用第三十五军作为守城的基干部队。

敌乘我第三十五军后撤，又调新增来的部队投进南怀化，发动新的突贯猛攻。第十九军的两个团，经几日的剧战消耗，伤亡十分惨重，被敌冲垮下来，团长卢仪欧阵亡。高地被敌占领，我阵线破裂，从南怀化至红沟敞开一个大口，情况十分危急。忻口卫总部已无可调用之部，权衡形势，不得已，决定放弃云中河以北阵地。

后来卫立煌几次亲自打电话给我，要我抽出第六十一军主力反攻，誓必夺回阵地。

在出击的队伍中，我部第四三三团团长曹炳，在反攻中亲自率队冲锋，不幸负伤，我即赶赴红沟前方。我在小山径上遇到曹团卫士以担架抬他下山，即趋前慰问，他很激动地说：“对不起军长，未能完成任务，负伤了。我已命令张翼营长负责继续攻击那个高地，相信一定能够夺回来！”后该高地终于被我夺回。

追敌退回南怀化

敌我于南怀化、红沟间高地，两度往复拉锯战，对阵相抗达半月之久。敌以久攻不下，兽性大发，竟以火焰放射器配合大口径迫击炮，抛射凝缩汽油弹，对我猛攻。我阵前阵后顿成火海，守兵被溅上凝缩汽油，除了倒地自行滚转外，无法加以救护；阵地存储的弹药亦每引起爆炸，损失极重。为了驱逐紧逼阵前之敌，我军乃决定向敌壕一侧亦行掘进坑道或窄壕，实行对壕互轰。士兵分为作业班、爆破班、战斗班三部，背负土囊、工具、药包等，潜出阵前，对敌壕与坑道加以横截爆毁，掀起一场又一场的地下战。敌军不得不放弃所占领的突击阵地，退回南怀化去。但我梁旅的王、宋两团阵地，亦曾被敌由掘进的坑道所爆炸，部分守兵被埋于地下。

敌虽被迫退回南怀化，仍凭借其优势炮兵与飞机，不断进攻，企图开辟突贯忻口的通路。因此从官村南高地迄新练庄之间，我守军各部每日消耗兵员甚多。我部宋恒宾团，于掘坑道进行几度地下战后，只余不足五百人的一个营。宋恒宾曾以电话直接向总指挥部请求派队替换，稍事休息。但当时实已无部可派，只好勉励他发扬刚强果敢的精神。宋也就立即表示以后决不再请求了，并建议派队出击夺取南怀化，当即得到大家的同意。

我们策定的腹案是：前线王、张、宋三团以全力进攻南怀化东高地，以梁浩团在梁旅阵地后方掩护。军炮兵重新部署炮兵群，将重炮推进于红沟西北，集中全部火力于极其短暂时间内，出敌不意摧毁南怀化东高地敌的主阵地。这一腹案得到卫立煌的支持，他并决定于第六十一军发动攻势时，将要求左翼军和滹沱河东的高师配合行动，各牵制住当面之敌。

十月三十日夜间，梁团进入突击准备位置，拟于次晨发动突击。不料团长梁浩于部署所部就突击位置时，被敌弹击伤右大腿，不能行动。又值敌滥射汽油弹，该团猝不及防，起了一阵紊乱。旅长梁春溥看到出了意外，乃急行制止前线各部的行动。于是一场积极的准备，终于引满未发，遂又成为敌我对阵相持的局势。

红沟血战，迄十月三十一日，计历两旬，将企图突贯忻口楔入红沟之敌，终于压迫后退，使之局限于南怀化东麓一点上，形成敌我势力相平衡的对峙状态。在红沟、南怀化间的山坡和谷地里，无以数计的敌我遗尸、遗械，迫于激战，弗克清理。

太原告急，忻口弃守

敌犯忻口，被我阻挡，对峙达二十三日之久，在南怀化前后被我消灭逾三个联队。此时平汉线之敌毫无阻碍地冲过正定、顺德，由石家庄转而侵入晋东。防御晋东的冯钦哉陕军逡巡不前，邓锡侯的川军赶到正太线，几乎接敌即溃。敌军长驱直入，太原告警。阎锡山以忻口阵线突出于北方，又配置着过多的兵力，遂令全线退至石岭关以南的黄寨、阳曲湾间，与太原守城部队相连作为北线。

忻口战线大军向太原撤退，是在十月三十一日夜仓促决定的。十一月二日午夜，前线与敌脱离。第六十一军的三个团守西黄水右翼。阎锡山派我为北线副总指挥（总指挥为王靖国），在阳曲湾指挥前敌作战。那时阵地简陋，军心涣散，转瞬破溃，已在预见中。

十一月四日，敌以装甲车部队向北线我军阵地冲来，第五十四师全部瓦解。我军梁、于两部被阻隔于公路以东的西黄水三十里外，军部（即前敌指挥部）尚孤立守在阳曲湾北端一块小高地的寨子里，被敌包围，相拒入夜，始掘开寨墙突围而出。我率部退到皇后园寻找王靖国，不料他已带着补充旅和第十九军余部向汾河以西地区躲开，并对所部说："向第十四军所在集结去！"由是北线各部亦闻风溃散。晋北敌军板垣所部两日后才越石岭关南进。

第二一七旅忻口抗战记

梁春溥※

晋绥军第六十一军参加平型关战役后，转进定襄县南北兰台村。第二〇八旅余部整编为第四一六团，第二一七旅余部整编为第四三三团，统归我指挥（第二一七旅旅长）。旋奉命向忻口转进。

当时，忻口前线总指挥卫立煌驻忻县，其所部第九军郝梦龄军长任忻口中央兵团前敌总指挥，陈长捷任副总指挥。我到忻口后，曾往见郝军长，他命令我旅两个团分别攻取忻口西北部敌人占领的两个高地。据点周围切成不可攀登的绝壁。忻口镇以北有一条云中河，在河南岸有这样的据点共六个。

当第四一六团和第四三三团攻击前进时，第四三三团团长曹炳受重伤，退出战场回到太原后逝世。第四一六团攻击前进中亦有很大伤亡，攻到敌我距离的一半时，前进不能前进，后退不能后退。敌人居高临下，我方处处受压制，前线人员白天甚至吃不上饭，喝不到水。后来，两个团又各自前进了一段，但第四三三团第三营王营长阵亡了，第四一六团第一营营长蔡克诚和第二营营长刘润生也相继阵亡。夜间我军炮兵反复轰击各据点的敌人。当我炮兵射击时，敌阵地就沉寂不发枪了。敌人有重迫击炮，发射弹数虽不多，但很准确。第二一七旅特务排排长沈元信，和附属于第二一七旅的担架排排长，均系敌人重迫击炮打死的。听说这一天郝梦龄军长亦因受到敌人的狙击阵亡了。此后，忻口中央兵团统归陈长捷指挥。由于前线每天伤损过多，第二〇九旅三个团陆续来增援，第四三二团王鸿浦团长先到，接着第四一八团亦开来。这两个团均归我

※ 作者当时系第六十一军第二一七旅旅长。

指挥，我让他们先把第四一六团和第四三三团换下去整补。同日，王靖国所部第二一五旅杜堃旅长率两个团亦开到了。杜旅卢团长阵亡了。最后，第二〇九旅第四一七团张勤增团长开来，时已黄昏，我当令他即率所部于夜间接近敌人的据点。当拂晓前进到最近距离时，则见据点周围还有一丈五尺多深的外壕，不易通过，而白天向后撤退，势必遭到很重的损伤。我告诉他，在天明前重行部署任务，要利用死角，把部队隐蔽起来，无必要不发枪，待到黄昏再撤回来。后来，孙兰峰旅长率两个团把第二〇九旅三个团换了下去。我撤下后，又率第四一六团和第四三三团增加到公路桥以北方面。到后见董其武旅两个团和第九军的一个旅亦均伤损很重，与敌形成对峙状态。董受轻伤，但坚持不退。后来，董、孙等部撤回太原，负防守该城之责。我率第四一六团和第四三三团回忻口为预备队。前线方面又增加了第七十三师和方克猷旅三个团、第二〇一旅两个团。十一月二日晚，忻口我军撤退。日军飞机整日轰炸，第二〇九旅段树华旅长被炸得遍体鳞伤。因敌机飞扰，部队行动迟缓，而敌人的追击部队又追来了。在阳曲镇，陈长捷把他的特务连也增加到第一线，任掩护收容之责。我旅撤回太原，停留在河西一个大村内。当夜陈长捷也赶到了，人困马乏，饥渴交加，就同我们住在一起。我们原来在第七十二师时，全师四个团长，现在竟三死一伤，团以下的官兵伤亡更多，回忆起来无不凄然。翌日经太原西山、文水和交城山区，于二十八日到达离石，后转临汾整补。

新编第四旅忻口抗战经过

于镇河※

一九三七年十月二日夜，我率第六十一军新编独立第四旅所属第二团和第十二团，从平型关的团城口方面撤出前线，六日进驻定襄县南兰台村。不多几天，陈长捷令我旅增援忻口守军，归郝梦龄军长指挥。郝是忻口中央兵团前敌总指挥。我旅为防敌机轰炸，于日落时出发，十点多到达忻口。郝派参谋在忻口路上红沟口等候。接头后，部队在红沟附近地区隐蔽休息，我带参谋长樊明渊与两位团长，跟随来接的参谋去红沟窑洞见了郝梦龄。郝说："你们来得快。"接着说，突破茹越口之日军经代县南下，崞县和原平相继被日军占领，现已逼近忻口。其后续部队不断增加，昨天猛攻云中河桥及东西两侧高地，遭到第三十五军孙兰峰、董其武两旅奋勇抗击。日军未能攻占云中桥，今晚前线稍平静些。你们旅增援第二十一师李仙洲部的防线。我接着请郝军长讲敌我态势。郝按墙上地图勾画的位置，做了详细的指示，然后让参谋领我们去见李仙洲师长。李说，有你们部队增援，我们的防线加强了。两个部队不要交错防守，将阵地左翼划出一段由你们旅担任，但仍属郝指挥。李在地图上指划毕，参谋领我们进入云中河南岸、忻口村北面无名高地。高地多为梯田，构筑工事较易。高地上有几块大小土山丘，其余全是梯田，当时还有未割倒的高粱。我们构筑的防御工事，就利用高粱秆做伪装。我们在侦察地形和原来构筑的简单工事后，给两个团长划分了作战地境。第十二团赵鸿儒部在旅阵地左翼，赵因有病，团长职务由第三营营长李正元代理；第二团梁鸿勋部在右翼。我令他们加强主阵地一带各项防御工

※ 作者当时系第六十一军新编独立第四旅旅长。

事，并在土山阵地前突出点，增筑前进阵地，加强纵深配备。同时令两个团长各控制一个连的预备队，在土山棱线后挖土窑洞和掩体，挖好通往主阵地的交通壕。各团进入阵地后，即用电话向旅指挥所报告，已开始加固工事，构筑暗掩体，并劈了山腰到山麓的土坡，以阻止敌人猛攻。主阵地设在山腰部，突出点有重机枪掩体，山顶有些诱敌飞机和敌炮兵轰击的假阵地工事。旅指挥所设在阵地棱线后的土窑洞和掩体内，距前线仅有二十多米。部队进入阵地后，第一天尚沉静，敌人只向我阵地发射了十数发炮弹。这样就有了整修阵地、增强工事的机会。当晚，火车从太原运到补给弹药，以及构筑工事需用的木材和给养。我旅从兵站领到手榴弹十几箱，手雷五箱，重机枪、步枪和冲锋枪子弹十几箱，还有面粉及熟食。第二天午前，敌机在我阵地上空盘旋侦察。我判断敌人很快就要发动进攻，遂令各团做好战斗准备。各团给士兵补充了子弹和手榴弹，官兵都进到自己掩体内，并将手榴弹盖全部打开。阵地战壕前三十多米至四十多米处，埋了两层拉雷，由山麓守兵监视，敌人进入雷区就拉响。到下午三四点，敌飞机和重炮又向我阵地猛轰，敌部队接着发起进攻。我军官兵使用所有武器，奋勇杀敌，团营长都亲投手榴弹。敌接连三次进攻，都被击退，阵地外敌尸累累。我缴获敌步枪、轻机枪、掷弹筒和防毒面具等八十多件，弹药过千发。郝军长通令全线，表扬我旅有进无退。我旅在这天战斗中，伤亡官兵一百多名，连长李天赞、乔遵道及排长等十几名军官受伤。

第三天夜，郝军长命令我率所部，在拂晓前攻占南怀化及村东北高地，令李仙洲师长率该部攻占204高地。敌人进攻我旅阵地主要利用204高地作掩护。拂晓前，郝召集我和李仙洲在高地上研究划分两个部队攻击区域时，李仙洲突然被204高地敌人步枪弹打伤胸部。十六日，郝令我指挥所部开始攻击南怀化和204高地日军。我令第二团梁鸿勋团长率该团两个营（另一营担任旅预备队）进攻南怀化，第十二团李正元率该团进攻204高地。郝梦龄军长与一位师长在阵地观察我旅攻击进展情况。梁鸿勋团很快攻入南怀化村，占领房院，利用墙壁挖防守工事，防敌人反攻。进攻204高地的李正元团攻至半山，被日军机枪和炮火阻止于半山腰。我令梁团以火力支援李团进攻，同时令旅预备队孙宝岐营长带两个连增援李正元团。正向山顶进攻时，遭到敌人反扑。经数次肉搏争夺战，敌军退回山顶坚守。敌军为截断我后方部队增援，用炮火猛轰我后方阵地，郝军长与一位师长同时牺牲。李正元团攻击进展困难，未能攻占204高地。同时敌人向梁团猛冲，争夺数次，均被该团官兵以手榴弹打退，但该团伤亡惨重。梁鸿勋团长腰部和腿部受重伤，该团第二营营长覃连登头部与胸部受重伤，第三营营长张学英腰部受重伤，两个营长抬到后方医院后都死了。该团连长张振华、李登山、李明、王明亮均阵亡，两个代连长陈三元、徐鸿章也阵亡。第十二团代团长李正元阵亡，该团第一营营长邢振华受重伤，连长受伤阵亡者半数以上。旅部上尉副官于成年，带卫生队抢运伤兵也阵亡。这次攻击，全旅两个团，每团伤亡官兵两营多。

郝军长牺牲后，第六十一军军长陈长捷午后接替郝军长的总指挥任务，进入忻口红沟窑洞指挥所。我向陈长捷报告我旅攻击南怀化村和204高地的情况。陈令我支持到夜晚，全部撤回原阵地，并令两个团团附，将伤员全背回阵地，由卫生队运送忻口医疗所。午夜我旅分批撤回原阵地，恢复第六十一军原建制。

这时总指挥部参谋长李铭鼎来到阵地视察工事构筑情况和各部队兵力部署情况，调整了阵地的部队。他得知我旅攻击204高地和南怀化，官兵伤亡惨重，阵地防线太长，便报告陈长捷，令独立第三旅第五团于十七日午增援我旅。我令该团据守我旅左翼阵地。该团团长樊荣，忻县人，进入阵地后，即被敌机枪打伤，遂离开火线，由该团团附王仁山（静轩）代理团长。另有中央军一个营增加到我旅阵地右翼。这两个部队均归我指挥。我旅攻击南怀化和204高地虽伤亡惨重，但未被打垮，仍然镇守原阵地，敌人始终没有攻破我阵地。十七日天亮时，敌机又不断轮番侦察和轰炸我阵地。这天早晨，第十九军杜堃的第二一五旅，赶到忻口阵地。

由于204高地一带地形险要，且高于我军阵地，日军居高临下，对我军威胁极大。因此，就成为敌我双方争夺的重点。

我援军陆续开来后，总指挥陈长捷决定由杜堃和王丕荣两旅担任主攻任务，两次向204高地和南怀化发起攻击。十八日拂晓开始进攻，战斗十分激烈，不到一个小时就伤亡过半。最后，在我方炮火集中猛烈轰击的配合下，终于攻占204高地和南怀化以及该村以北高地。

在这期间，八路军在雁北不断截击雁门关及其通往大同的要道，断了敌人的后方联络补给线。八路军第一二九师第七六九团第三营，于十月十九日夜，冒雨奇袭阳明堡敌飞机场，焚毁敌机二十多架，使敌人恐慌万状。从此以后，在阵地上很少看到敌机侦察和轰炸。直到十月下旬，敌我双方无激烈战斗，敌人转为防守。十月三十日陈长捷令杜堃旅接替我旅的防务，令我旅撤至忻口村休整，准备全线反攻。这时平汉线日军川岸兵团沿正太线进入娘子关，守军被击溃，威胁太原。阎锡山命令忻口守军全部撤退。我旅原编制三千九百多人，经平型关的团城口与忻口阵地攻防战，官兵伤亡三千多，最后撤离忻口阵地时不足千人。

第六十一军忻口抗战拾零

张光曙[※]

一

第六十一军于十月二日晚脱离平型关战场，经五台山向忻定地区转进，十月四日宿营东冶镇，见一支军队轻装北上，向五台山方向挺进，情绪高涨，沿村写着“驱逐日寇出中国”、“有钱出钱，有力出力”、“团结起来救中国”等一些醒目标语。后来了解到这支军队原来是徐向前领导的八路军先遣部队的特务团。他们宿营后，我奉派前去联系，到该团后，受到一群青年人的热情招待。他们一方面拿出葵花子和烟叶款待，一方面讲当前抗战形势。这些青年人知识渊博，谈笑风生，使我非常惊奇。随后我提议，能不能见见你们的团长？其中一个人说：“当然可以，只因刚到这里，团长有些事抽不出身来，有话我可以转达。”我把第六十一军的情况概略地介绍给他。他拍着我的肩膀，风趣地说：“欢迎你来。我们应该团结起来打日本，中国不会亡！”同时送了我一本小册子，记得大概是《抗日救国十大纲领》。临行，他们送我到门外，正要握手告别的时候，一个战士从村外跑来报告：“团长！我们营全部到了，在村外休息，听候分配驻地。”呵！原来他就是团长呀！我不由得向他注视了一眼，他抱歉地笑了，我也不禁笑了起来。

由东冶起身，继续向忻口前进，四五天后到达离忻口二十余里的定襄县南兰台镇，接着又开至忻口南五里之金山铺待命。

※ 作者当时系第六十一军司令部参谋。

二

十六日晨，我奉命去忻口作侦察性的联系，当行至忻口附近时，遥见忻口阵地上，浓烟暴起，喊声连天。十几架日军飞机，轮番轰炸扫射，爆炸声震耳欲聋。双方正在激战中。大批伤员涌退下来，有的呻吟叫嚷，有的边走边骂："鬼医生都滚到哪里去了，连个影儿都不见。"有一个端着自己另一支骨断筋连血淋淋的伤臂，号啕大哭。还有一个躺着对过路的人说："给我一枪吧！我受不了啦。"原来他的小肠已经流出了一大截。种种惨象，令人触目惊心！

当走进忻口村北红沟九号窑洞（国防工事编号）第九军指挥部时，从电话中了解到：敌人从拂晓起，在飞机大炮支援下，向我南怀化阵地制高点发起波浪式冲锋，郝军长英勇督战，反复争夺，不幸壮烈牺牲，阵地失守。敌正扩张战果，情况危急。

陈长捷与傅作义、王靖国稍作会晤后，即亲至村西北山地，观察情况。行不三里，适遇防守南怀化左后侧的方克猷旅溃退下来。经陈严厉督责，护从们开枪堵击，才站住了脚。陈当面怒斥方克猷："冲上去！当着全国军队的面向后跑，不嫌丢脸吗？再下来，小心你的后果！"这一招真灵。这个旅果然冲上去恢复了阵地，没有再敢后退一步。观察下来，陈即以前敌总指挥身份奉令进驻忻口九号窑洞，接替了郝梦龄的职务。

当时各部队对忻口防线是这样展开的：以忻口北达滹沱河南岸界河铺间铁路线为界，迤东山地由刘茂恩第十五军和高桂滋第十七军驻守。忻口主阵地左侧云中河以北大白水平川地带，由郭宗汾的第七十一师及第十四军李默庵等部驻守。铁路以西、云中河以南地区为忻口主阵地，由第九军两个旅、第三十五军两个旅和先期集结起来的晋绥军几个旅驻守。当时战地部队庞杂，番号不下数十，有中央军、西北军和晋绥军。各部队使用的枪支有汉阳造、中正式、套筒、捷克式、晋造六五式，口径有六五的、七九的，大小不一，给弹药补给造成很大困难。所谓国防工事多与实际兵力部署不相适应，很少用得上。山野炮不下百门，大多在高地后方放列。全军只有第九军带来的一门苏罗通小炮用作防空。通太原的火车时开时停，对前方补给，杯水车薪，缓不济急。当时没有行政配合，没有民工支援，没有宣传鼓动。随军后勤人员齐集忻口村中，白天炊烟四起，夜晚灯火通明，经常遭到敌机敌炮扫射轰击，伤亡相当严重。

前敌总指挥陈长捷有军事长才，但锋芒过露，往往招人畏忌。陈在忻口战役中尚能严以立威，任劳任怨，认真执行作战任务。他接替总指挥后，首先把第六十一军四个团全部放在第一线，以稳定局势。接着调整部署，明确了各部队防守责任，把所有的高级指挥官一律赶到第一线与士兵共存亡。命令全部炮兵一律进入阵地，营的观测所都推进到步兵第一线，由营长亲自观测，直接向指挥部报告情况。积极搜集门板木材加固工事，规定掩体沟壕，必须增加掩盖，掩盖积土要在一米以上，以减少伤亡。指定了几节车皮，专由铁道集中向后运送伤员。严令各部队必须认真执行命令，伤亡再大，也不得私自转移阵地或向后撤退。记得当时有一个第九军的旅长（忘其姓名）拿着给他的命令，找到指挥部来，说他的防线过长，无力据守，要求改变计划。陈长捷先晓以大义，劝其勉为其难。该旅长态度十分强硬，还在喋喋不休地强词夺理。陈勃然大怒，拍案指责："你们军长尸骨未寒，你便如此猖狂，你拿命令找我，我去找谁？你既不能守，我先枪毙了你再说，来人！"当卫士们进来时，他吓得面如土色，连声说："部下错了，饶我这一次吧！"说罢呆若木鸡，站在那里。参谋长李铭鼎顺水推舟，一面从旁指责："临敌抗命，罪应不赦，可是看你的样子，倒还有些悔悟畏法。"一面又对陈为其说情。陈这才有些缓和，挥手厉声说："记住！军法是不能开玩笑的，跑步回去，顶住打！"别人乘机摆头示意，他才匆忙退出。刚出门，陈就用带着福建腔的北方话说："你把我看得不成玩意儿，这仗还怎么打？我只好拿出个人的样子叫你看看！"这个旅长直到最后也没敢再生枝节。

敌人的战术指导是集中全力，实行中央突破。因而忻口阵地上，没有一天不在肉搏血战中。每个阵地都是经过反复争夺后，才得以固守的。敌人每次攻击，都要经过多次反突击，才能制压下，我第九军、第十四军、第十五军、第十七军、第十九军、第三十三军、第三十四军、第三十五军、第六十一军等部，陆续加入战斗。全线合计约一百个团，兵力约十四五万人。一师一团上去，不到三五天就损失过半，不得不撤换下来。第七十二师仅剩的第四三三团团长曹炳也牺牲了（该师在南口牺牲了第四一六团团长张澍增，平型关牺牲了第四三四团团长程继贤），全师原有八千多人，现在剩下不到两千人。一天，我到梁春溥的第二一七旅传达命令，就便俯瞰了敌我之间的一个山沟，只见枪支和死尸铺满地面，血肉模糊，景象十分阴森，双方谁都不敢下去清理。战况之激烈，可见一斑。

我军有百余门山野炮（包括中央军带来的），迫击炮每团两门，计约二百门，不分昼夜地统一集中轰击，几乎使我阵地前三五里内的敌人阵地前后，每天都处在火海之中。同时，八路军在敌后积极展开游击活动，袭击了阳明堡机场，烧毁了所有敌机，多次攻占了雁门关要隘，卡断了敌人的交通运输线，使敌人的物资补给、空中活动和前方士气受到很大的影响。因而忻口战场的激烈战斗，持续到十月二十二日前后，终于制伏了敌人的嚣张气焰，使其攻势顿挫，次数锐减，陷于进退维谷的窘境。双方开始成了胶着对峙的状态。

一次在战斗中捉住几个俘虏，其中有一个叫森田胜的上士军曹。他是在日军攻击时乘隙窜至指挥部窑顶上用机枪乱射时，被第六十一军特务营（营长曹国忠）抓获的。据供称："当时开进中国的军队已有十二个师团。忻口正面是板垣第五师团等部和伪蒙骑兵一个师。他所在的萱岛支队（原天津驻屯军）伤亡最大最惨，原来两千多人，现在只剩下一千多人，这次攻击后将换下去休整。"我们判断敌人参战兵力约为两万人。伤亡人数虽然不一定都像萱岛支队那样大，但估计也在一万人以上。

十月下旬的一天，侦悉敌人开始就地大批焚烧死尸，向后转运伤员物资，有撤退征候。当即拟订了一个分路出击、威力胁迫的方针，准备实施。忽然王靖国乘夜到来，得知情况后，告诫陈长捷："慎重些，不要冒险！长官（指阎锡山）嘱咐你：要保存实力，不能硬拼！留得青山在，不怕没柴烧。如果把这点家当拼完了，就是日本人不进来，老蒋能容许我们存在吗?"于是陈放弃了出击计划。同时他也觉察到阎锡山对他有些疑忌不满，显得异常沉闷。此后便不再作积极打算，只是勉强支持。

三

一九三七年十一月二日，由于正太线敌人迫近太原，艰苦奋战的忻口阵地奉命放弃了。晚八时左右，经过一阵佯攻，部队就逐步地撤离阵地，向太原转进。原计划在皇后园一线，进行一次阻击，掩护傅作义部在太原布防。当时指挥部设于阳曲湾。当我奉派去前方同布防部队联系时，却遇到十余辆敌人坦克沿公路鱼贯而来，十多架敌机编队南飞。部队漫山遍野地撤退下来，秩序大乱。从此各部队脱离指挥，各自为谋，自由行动。第六十一军撤至太原西郊圪壑沟稍作整理，也沿着吕梁山区向临汾方向南下了。忻口战役，于此结束。

第二〇一旅在忻口

贾宣宗[※]

一

一九三七年十月中旬，晋绥军第二〇一旅沿忻（县）五（台）公路兼程赶赴忻口，阻击南下日军。当时我任旅部少校参谋，即随同旅长王丕荣先头出发。大约是十月中旬一天（郝军长已牺牲）的半夜，到了金山铺中央兵团指挥部。见王靖国后，报告部队奉令到达，请示任务。王神情不安地说："这个陈介三（陈长捷字）太任性了。部队牺牲过大，弄得情况很紧张。"稍停后又说，"你们今天上去，我的意思不要再往坑里填去啦！你们这是最后的一点力量。回头你们把部队整顿一下，休息休息，一会儿咱们再研究吧。"我由王的几位参谋陪同到村边，一边看部队，一边谈起忻口这几天的战况来。大家一致认为陈长捷一贯是"一将成名万骨枯"主义，王军长（指王靖国）才是"老成谋国"者。这时正遇某旅从火线上下来的几个轻伤士兵，抬下两个重伤的营、连长。其中有一个轻伤的排长，述说陈长捷把守沟口，检查伤兵，好多受伤的人，等了半夜还下不来，天一明又得挨飞机扫射。那个沟口（指陈长捷指挥所）上去是个"鬼门关"，下来是个"阎王殿"，前方的官兵都叫陈长捷为"陈屠夫"。有好几个光杆团长、旅长都在半山腰蹲着，队伍打完啦，陈长捷不让下来。又说，前几天穿大皮袄的蒙古兵是狗熊，差不多都死在那个山头（横山）上了。这两天才看见穿呢子大衣、戴尾巴帽的日本人。这些家伙爬山比蒙古兵凶，但是我们一摔手掷弹，也是活着的乱窜，

※ 作者当时系晋绥军第二〇一旅少校参谋。

死了的一堆一片。后来我们回到王靖国屋里，王靖国刚吃喝完从太原送来的鲜牛奶泡蛋糕，他站起来走到地图前，指画着告我们说："我和陈介三研究好啦，204高地（即横山）的争夺，敌我现呈胶着状态，你们旅构筑第二线阵地，随时准备支援204高地的战斗。"王又说，"天快亮啦，再迟不好行动，你们上去吧。"王把我送出大门，远远地瞭望了一下集结的队伍，破例地和我这个小参谋握了手。

金山铺至忻口阵地约有十里，部队快速行军，天未亮就到达忻口村北的一道小沟内。陈长捷已派参谋在那里等着，一见面就说："总指挥命令队伍就在此停止，请旅、团长各位到指挥所去，总指挥等着哩。"我们进到第三个土崖下的石窑洞里，陈和参谋长李铭鼎等人正在吃饭。见我们到达，立即草草吃完走到办公桌前，叫我们围着坐下。陈说："你们旅过去是有很好历史的，我很佩服你们，这几天这里的情况相当紧张，我们要在这个小土山上打个大仗，我们晋绥军要在忻口和日本鬼子拼。保证这次胜利的是军法第一，你们必须严加注意。"陈随即叫他的参谋长李铭鼎指示了敌情、地形和旅的阵地位置与邻接部队。陈又说："你们旅的阵地，和横山仅隔一小沟，它是第一线的重层配备，既要直接支援攻击部队，又要作为本地区最后的主阵地。你们左翼是中央军独立第五旅，分界线上的鞍口，虽属你们旅，但由我的特务营防守。你们还要负进出前方阵地的监督任务。你们的阵地也可作为执法阵地，前方退下的官兵要督上去，否则就地正法。"

二

十月中旬，日军先头部队，一度被傅作义的第三十五军阻于云中河至原平间的地区。日军后续部队继续增加，猛攻云中桥，傅部奋勇抗击，敌未得逞。继之敌转攻左翼云中河南岸南怀化阵地，在空、炮配合下，连续猛攻两三天，几度争夺，敌我伤亡均以千计。后来我军撤出南怀化，退守村东北高地，日军从南怀化直扑204高地的我军阵地。经我各阵地上一百五十多门大炮猛烈射击，敌伤亡惨重，狼狈退去。之后，日军连日轮番争夺横山，几度在炮、空掩护下占领山顶阵地，旋又被我军夺回。从山坡到山底，双方遗尸累累，几无隙地，可见战斗剧烈之程度。晋绥军炮兵冒敌机袭扰，常用百门以上各种类型的大炮，对敌进行遮断射击和歼灭射击。炮弹用火车运送，一天送上去的炮弹，到傍晚就打完。重野炮放列在公路两侧的高粱地内，官兵们在战斗紧张时，都脱掉棉衣操作，伙夫、马夫都搬炮弹、擦炮膛。十月十四日下午，敌汽车二十余辆从原平向南怀化运送部队，先头七辆驶近下王庄附近，突遭我炮火轰击，击毁四辆，起火二辆，其余弃车而逃。

十月十八日拂晓，日军在强大的空军、炮兵掩护下，争夺204高地，一昼夜间阵地易手就达十三次。每次争夺这个周围不满千米的山头阵地时，敌我炮火齐轰，攻者守者霎时同归于尽。随即双方第二梯队继续冲上去。经猛烈格斗，敌未能占领阵地，即又炮轰。敌我每争夺一次，我官兵们称之为“一个回合”。当争夺到五六回合时，发觉敌每次只有百余人冲上山头，其余大部分隐蔽在山坡下，一面不断推进，一面相互支援。这样既能更番不断地发起攻击，又可减少大批损伤。而我每次则是用一个团冲上去，山顶阵地既毁，山头面积不大，敌炮火又集中，因此很快就遭到奇重的伤亡。有一天就垮了十一个团。如第二〇〇旅张敬俊的第三九九团，在一次横山争夺战中，前后不到三个小时，上去八百余人，下来时不足三百人，张团长重伤，两个营长阵亡，连排级军官伤亡二十余人。于镇河的一个旅从阵地上下来时，也只并编了一个临时营。还有陕军的一个旅，也是上去用不了三两个回合，就伤亡过半，拉到后边去整顿。为了避免损失过重，我军即改为以旅或团为一个攻守纵列，根据地形情况，从山顶至山脚，分别以营连层层排起来，各层都构筑了掩体和战守工事，最高一层为突击阵地，随山顶阵地的争夺，循序上推。这样每次争夺，我官兵的牺牲比之前大大减少。

这时敌人的飞机，天天在我方阵地轮番轰炸、扫射，士兵们随时修理炸毁的阵地，挖掘被炸塌的掩蔽部。这样每天仅第二〇一旅伤亡的人就不下数十。各部队的电话线路每天被炸断三四次，阵地上的官兵白天送不上饭去。士兵们抱怨地说：“十九年打内战时，老蒋的飞机也还凶着来，现在打日本连飞机的影子也不见了。”一天上午，忽然从南飞来三架青天白日飞机，大家正兴高采烈地议论，只见这三架黑灰色飞机刚过云中河，就仓皇掉头向南疾飞。接着从北来了七架敌机，尾追上来，约有十分钟，敌机返回，又在我阵地上扫射了一气。士兵们气愤地骂敌机：“你小子就比老子多两个翅膀，来！有胆子下阵地来，咱们拼一拼。”

一天，忽然传来消息说；“十九日夜间八路军一个连，摸进代县阳明堡飞机场，把敌机二十多架烧毁。”官兵们听到这消息，都高兴得跳起来说：“这比给咱阵地上增加几个旅都强！八路军里真有能人，中国真有英雄，叫鬼子试试！”

此时204高地，南北两面敌我各占一面，山顶阵地的争夺格斗也逐渐松下来，形成对峙状态。当中央地区战斗间歇中，敌人分向左右两地区猛攻，右地区刘茂恩军向指挥部告急。陈长捷命令第二〇一旅李钟颐第四〇一团渡滹沱河前往驰援，李团奋勇冲杀，将犯敌击退。

三

十月下旬，忻口战斗成了胶着状态，双方对峙，无激烈战斗。但很快传来东路吃紧，娘子关失守，黄绍竑、孙连仲已经垮下来的消息。十一月二日下午八时，第二〇一旅忽然接到陈长捷的撤退命令：该旅于今晚（二日）十时开始向忻县城关转移，在明早（三日）拂晓前占领以忻县城为中心的阵地，掩护本军向太原外围转移。当晚九时半，第二〇一旅分头离开阵地，向忻口村南集结。部队沿公路刚走了十几里路，后边的主力部队便漫山盖野地蜂拥而下，前拥后挤，路为之塞，夜黑人众，混乱不堪。

十一月三日三时，全旅到达了忻县城关，当即以第四〇一团在右翼占领公路以东至滹沱河间阵地，并派一部渡河在东岸担任警戒；第四〇二团从公路依城，向左翼高地衔接第二〇三旅的阵地。晨七时许，敌机已在上空出现，接着沿公路追来的日军坦克五辆、骑兵百余名，进抵忻县北关附近。当日上午十时，日军陆续增加坦克十四辆、步兵三百余名，逐步迫进到第二〇一旅司令部所在的南关。当时第四〇二团利用东南城壕和房屋进行抵抗，因受敌骑和坦克的围击，伤亡较大。下午一时许，第四〇二团全部撤至南关，利用关墙及房院街巷和敌人形成一度对峙。不久日军坦克从南关东面向我两翼包围，敌坦克五辆一直冲到关门外的石桥上，把南关北门完全控制。石桥距关门不足十公尺，敌坦克用机枪向关内疯狂射击，关内一片混乱。我即跑到街心，带上旅部勤杂人员，督促街上所有官兵一度冲到关门口，利用半扇关门做掩护，向桥上扔去一排手掷弹，利用烟雾冲出三四人，爬在石桥的栏杆后，向敌坦克摔去四五个头号手掷弹，石桥炸塌半边，前边一辆坦克肚子朝天掉进了城壕。第二辆坦克慌忙向后退去，又横栽入城壕里。壕里虽无水，但土是松的，车身一半埋在土里不能转动。后边三辆见势不妙，顺原路退往东南城角，敌凶焰稍戢。

下午六时，王旅长传令：“第四〇二团一个步兵连，掩护撤退。”全旅沿公路奔向石岭关。各部被炸伤炸毁的人马车骡辎重等，沿途皆是，直到天明（四日）六时才到达指定集中地——阳曲湾。

十一月四日拂晓，陈长捷、王靖国在阳曲湾收容部队。上午八时我奉命去寻陈长捷的指挥部，做请示报告。沿街只见家家户户庭院里挤满了疲惫的人马和混杂散乱的什物。我向北刚走了几十步，忽然从对面涌来一伙官兵，纷纷说："敌人进了村北口了!"我心想石岭关还有工事和部队防守着，阳曲湾怎能发现敌人？正在纳闷，听到村东传来爆炸声和枪声，空中有两架敌机正向村南人流俯冲扫射。我转回旅部院内，已空无一人了。返出街口，目睹人流渐稀。打听村北敌人情况，后边来的官兵们说："啥也没见。"就这样，几万大军，就纷纷撤退到太原和西山一带了。

激战小红山

王雷震※

日本侵略军于十月十三日，猛攻我忻口阵地时，第三十五军第二一一旅第四一九团奉令进入阵地，增加在独立第五旅以左。

第二一一旅第四二二团由我任团长。全团由麻会镇逐次推进，十七日拂晓至忻口，归第六十一军陈长捷军长指挥。即日奉命增加火线，接替中央军第二十一师第六十三旅第一二六团之阵地（关子村以南高地）。我当即率领本团进入阵地，参加作战。

第四二二团进入战场后，左邻友军是独立第五旅，右邻友军是第二十一师第一二四团。每日战况均很激烈。白天，敌机九架或十数架，在本团阵地上空轮番投弹轰炸，有时连续轰炸达六小时。敌我相互炮击，长时不断，敌炮火对本团阵地从右至左，反复施行制压射击，敌炮弹之散布，竟遍及本团阵地。全阵地战士在烟尘中，常对面不能看清。但对监视前面之敌，始终未敢疏忽。阵地上的战壕、坑道及掩蔽部，虽屡被敌炮弹和炸弹摧毁倾塌，但战士们抱着宁被战壕土压伤，也不能被炮弹炸伤的原则，及时修补和加固。夜间，则有照明、烧夷、信号等弹，应时出现上空，把战场照耀得宛如白昼。

第四二二团战士对付敌之步炮空联合作战，始终采取近战歼敌的战法，即俟敌步兵接近至可以命中的距离时，始集中火力，并使用手掷弹，予以猛烈还击。遇有停火间隙，即擦拭武器和修筑战壕工事。

十月十八日，南怀化以东小红山之敌，约四五十名，在炮火掩护下，向我前线第一连阵地攻击时，就是被我战士们用近距离战法，予以歼灭

※ 作者当时系第三十五军第二一一旅第四二二团团长。

性打击的。敌受创，不支退去。此后，敌曾数次用步炮空联合攻击本团阵地，但未能越我雷池一步。敌以在此处攻击，受创甚重，遂转向第四二二团右邻之友军阵地进攻。

起初，第四二二团阵地右邻友军第二十一师第一二四团张营阵地前方之高地小红山，被敌侵占。该营阵地有动摇模样，第四二二团前线右翼第一连看出友军张营的不利情况，马上给以火力支援，使该营得以稳定下来。我以小红山被敌占领，对本团阵地亦不利，遂与第一二四团协商，各派兵一部，分左、右两翼反击小红山之敌。旋由第四二二团派兵一连，从左翼支援，第一二四团从右翼进攻。经两小时激战，将该处敌人击退，收复了小红山，交给张营再守之。

二十日，友军第二〇九旅第四三二团（晋绥军）及第五二九旅第一〇五七团孟营（西北军阎揆要团），接替了第四二二团右邻友军第一二四团的阵地。二十一日，即受敌猛烈攻击，第一〇五七团孟营之阵地被敌突破。该营官兵纷纷退下，牵动了第四三二团。当时情况危急，大有不可收拾之势。这时，我虽欲不顾一切进行截督，但因第四三二团官兵尚在第一〇五七团孟营之右，不能实现。第四三二团遂向后方退去，其所守之阵地，亦被敌占领。我只好就近急往截督第一〇五七团孟营，令其前进，不要后退。幸该营官兵，起初尚能用命，不意督促前进了约有二百公尺，方进至我的团指挥所右侧高地上，因受小红山之敌射击，没能支持得住，又向后方退去。在此危急之际，已不可能再去截督。

斯时，本团第二营营长郁传义已率所部在本团指挥所附近占领阵地，掩护本团右侧之安全。我遂用电话询问前线阵地上安春山营长有关实战进展情况，知阵地前方之敌已被击退，阵地安定。于是我决心本着在同一战场上应相互支援击敌之精神，即以本团预备队予侵占了第四三二团及第一〇五七团孟营阵地之敌以反击，借以维护本团阵地之安全。同时报告第二一一旅孙兰峰旅长，回复电话曰“可以”。一面命令郁传义营长率所部进击在本团阵地以右入侵友军阵地之敌，并抽调一部兵力由宋海潮营长指挥，准备支援郁营长之攻击。同时，令我炮兵射击，制压敌之重机枪。

在敌方高地有一重机枪窠，射击准确，火力甚炽。数日来，封锁了我方忻口前线通往后方的险要路口。我方经过的人员，伤亡已不下二三百人。此时，这一重机枪窠又成为本团活动之最大障碍。我乃令团属炮兵连，将一门炮推进至第一线右后方，对敌重机枪窠做准确之射击。之后，该处之敌重机枪果然寂然无闻了。

这次激战约五小时，始将犯敌击退，恢复了我团阵地以右友军第一〇五七团孟营及第四三二团所丢之阵地。这两处阵地，虽已由第四二二团为之收复，但竟无人接收。第四三二团王鸿浦团长和其中校团附娄福生一再表示，他们自己已无力量接收阵地。我遂不得不由本团抽兵一部代为防守。同时，将以上情况及处理报旅，并请转报上级速派部队来接替我团暂为代守之阵地。二十二日上午六时许，第八十五师第五〇六团团长麋藕池率所部接收了第四二二团代守之阵地。

第五〇六团麋团长准备攻击其阵地前方小红山之敌，请求我团酌留部分部队，协同该团守卫阵地。因此，我团一个连未能及时换下来。后来，麋团长在即将发动攻击时，又请求我团派部队协助，我请示孙兰峰旅长，得到许可，还说："协助友军，虽有若何之牺牲，我决不嫌怨。"于是，又抽调两个连，由团附秦文博指挥，相机支援。麋团经一日之激烈战斗，攻击受挫，损失甚巨。我团支援部队亦受到损失。当日黄昏，第五〇五团团长谷熹所部接替了第五〇六团阵地。麋团长临下战场时对我说："我们团上来时一千多人，经过这一天战斗，只剩下一百多人了。"

当面之敌，于十月二十四日上午零时三十分，向我团阵地施行夜攻。先以步兵三十余名攻我右翼阵地，我守兵沉着不动，待敌接近我阵地三十公尺处，乃投出手掷弹数颗，毙敌十余名。继而，又有敌步兵二三百名向我阵地正面攻击，冲锋达五六次之多。我官兵均能运用近战歼敌的战法，沉着应战。激战约四小时之久，敌死伤一百余名，不得逞，遂退去。拂晓，敌增兵三四百名，向我右邻友军第五〇五团之阵地攻击，同时，又以两高地之炮兵向第四二二团阵地侧射。我团附属炮兵与我团第一线之观测哨联络，对该两高地施行制压射击后，敌炮始不发射。其攻击第五〇五团阵地之敌步兵亦受重创，狼狈退去。

二十四日上午十时许，敌出动飞机每次九架，对我团阵地及预备队位置轮番疯狂轰炸，同时以多门炮向我团阵地反复射击，并施放烟幕弹、烧夷弹，直至十二时始停。炮击时烟尘弥漫，我部官兵对面不能见人。但敌未向我团阵地进犯，却以步兵三四百名进攻第五〇五团阵地以右之友军第七十二师第四一六团，并突破其阵地。第四一六团丢失所占高地并撤退后，即牵动全线之动摇。

为我右翼安全，并防危及全局计，我与第五〇五团谷团长商妥，协同反击进犯之敌。我令第二营郁传义营长率所部向第五〇五团右翼增援，借以稳定战线，并将擅自着郁营增援友军之情形由电话报告旅长，奉谕照办。

在谷团派出攻击部队后，我即偕同谷团长前往督战。我团增援部队一上去，即与敌接触，郁营长奋勇指挥，各官兵亦非常勇猛，在与谷团战友并肩协力反攻后，敌死伤百余名，其余拖尸乱窜。未几，敌又以纵队来冲，同时，以大炮及飞机向我反攻战线轰击，战况愈趋激烈。于此，我又命第一营宋海潮营长率领由阵地抽下来的两连驰援郁营。幸有我团第三营营长安春山在本团阵地上沉着指挥，尚能适时以猛烈火力向攻击第五〇五团阵地方面之敌施行侧射，对攻击部队支援不小。在这次增援中，宋海潮营长虽二次负伤，但仍坚持指挥。友军一名战士竟被敌炮炸得腾空两三丈高，然后落在我身旁。可见这次战况，较前更为激烈。激战约四小时，始将敌人击退。最令人欣慰的是第四二二团与第五〇五团官兵在协同反击敌人之中，自始至终，同舟共济，密切合作，团结互助，勠力杀敌，使得第五〇五团阵地从此稳定下来，右翼第四一六团阵地，亦得以恢复。

但是第四一六团阵地又出现了无人来接收的局面。结果，只好着由本团郁、宋两营及第五〇五团各派兵一部，为之代守。我报告旅长并请报上级速派部队来接收阵地。总指挥部派第五〇九团接收了我们代守之阵地。至后半夜，第四二二团的郁、宋两营及第五〇五团之一部，始从代守阵地上撤了回来。

第五〇五团伤亡过重。是夜，第五一〇团接替了该团阵地。

忻口我阵地所以能得到稳定，固然在于第四二二团能及时主动地抽兵支援邻接友军，重视与友军互相支援，但更重要的是第四二二团官兵爱国心切，能奋勇杀敌。当时，友军第八十五师官兵皆为称道，认为我团是晋绥军之特殊者，以“黄王团”称之。

第四二二团在参加抗战之初，曾请总司令部批准，本团官兵左臂上佩戴十公分见方之白布上印有黄色“王”字的臂章。抗战开始后即佩戴之。

忻口作战时，第二战区司令长官部在战场后方通前线的要路口派有执法队，并规定“凡前线官兵到后方去，必须持有由各该团发给的通行证，方可放行”。在那里排列着大刀队，架设了机关枪，如没带通行证，即认为溃退下来的官兵，便就地正法。但是，他们已知道“黄王团”在前方作战的情形，轻伤者亦不下火线，所以凡是佩戴“黄王团”臂章从忻口前线到后方金山铺去取弹药，或是伤员到后方裹伤，以及向前线送水、送饭，不论早晚通过，虽不持第四二二团团部通行证，亦概不阻拦盘问。从此，“黄王团”的称号，人人皆知。这一荣誉称号是第四二二团全体官兵在抗日战争中用鲜血和生命换来的。

第四二二团在忻口战役中，鏖战十七昼夜，毙伤敌一千一百多人，本团官兵伤亡四百二十一名。

十一月二日，奉命由忻口阵地向太原北之既设阵地（风阁梁、阳曲湾、蝎子寨、郭家窑）转移，脱离战场。许多官兵来到指挥所质问我：“咱们打的是胜仗，正待出击杀敌，为什么撤退呢?”后来才知道是由于娘子关失守，敌人将要进逼太原之故。

挺进云中河北

张振耀※

一九三七年十月，我军在忻口与日军进行了二十多天的阵地争夺战，打击了日军侵华的嚣张气焰，为布置太原防守和民众的疏散与物资的转移，赢得了充分的时间。

当时卫立煌为忻口战役正面战场总指挥，傅作义为第七集团军总司令，担任忻口战役预备军总指挥。为了“以攻代守”，即命董其武率领第二一八旅的第四二〇和第四三六两个团（第四三五团在商都抗战损失较大，回绥远整补）共三千余人，越过云中河，对盘踞河北弓家庄、东泥河、旧河北等村之敌进行攻击。

董旅长奉命之后，于十月十三日，率部由忻县豆罗村附近推进至忻口。当时忻口以北三里的云中河上，有一座木结构的公路桥，长约三百米，为我军河北岸下王庄前进阵地的重要通路。桥下河水虽不深，流速亦不大，但徒涉实非易事，只得利用桥梁渡河而进。伏在下王庄东边之敌，不时用机枪向桥上射来，给我军带来了极大困难。第四二〇团第二营机枪连连长王星明等二十余人在过桥时牺牲。我当时是第四二〇团的骑兵连长，亦率部随军前进，在过桥时我连宗孝义等五人伤亡。

部队过河到达下王庄之后，即集结在村南洼地待命。固守下王庄村北阵地的中央军孔旅，装备较好，附有战防炮数门。连日来敌之坦克多次反复冲犯，均被击退，前进阵地尚称巩固。董旅出击无后顾之虑，但为了确保安全，董旅长又派第四三六团第一营加强孔旅防务。翌日拂晓前，部队即开始出击行动。

※ 作者当时系第三十五军第二一八旅第四二〇团骑兵连长。

出敌不意攻克弓家庄

董旅长部署就绪，即令第四二〇团团长李思温率部出击下王庄西边约四里的弓家庄。弓家庄地势较高，为威胁我军左翼之要害，倘能夺取，不但解除威胁，而且可以瞰制敌人从北面来犯之大面积开阔地带。

李思温即派第一营营长张世珍率部为主攻部队，第三营尾随接应，当天夜间直奔弓家庄。成于念第二营为团之预备队。

日军气焰嚣张，白天仗着飞机、坦克、大炮的优势，肆意冲扰，夜间以为可以安然休息，未曾料到我军会在夜间突然袭击。因此，当我军进入该村时，敌人才从梦中惊醒，乱成一团，四散逃命，虽有少数敌人在仓皇中负隅顽抗，但已失去统一指挥，遂自然溃散，逃出村外。在村外又被我第三营截住痛击。此时天已破晓，但见敌人尸体狼藉，又闻青纱帐里哀号之声时隐时起。

在这一短兵相接的酣战中，第三营第七连连长杨子西及第九连连长范希文等百余人，浴血奋战，以身殉国。

接着我军即沿弓家庄村沿，构筑阵地，整理装备，以防敌人反扑。

再击东泥河村重创敌营

约十时许，旅少校参谋卫景林送来旅长命令，大意是：第四二〇团乘胜扩展战果，继续向东泥河村之敌进攻，一举歼灭。李思温即派第二营营长成于念率部执行这一光荣任务。

时值秋末，青纱帐起，遍野是成熟了的高粱等农作物，因战祸骤起，乡民逃离而无人收割。第二营通过密密的高粱地，很快就接近东泥河村边。

战斗结束后，据第二营归来的第六连连长令狐子文说：部队穿过高粱地，接近东泥河村边时，敌人正三三两两地围坐吃饭，并没有发现我军。我军当即以猛烈火力向敌射击，企图一举攻进村中，占领据点，站住脚跟，然后继续扩展战果。敌在仓皇中，扔下手中饭菜，向我还击。村内之敌闻声来援。敌我双方白刃相交，各有惨重伤亡。正在肉搏胶着胜负不下的关键时刻，忽闻北面有马达轰鸣声，原是敌之坦克数辆，由我右侧包抄而来。情况十分危急，我军只得忍痛脱离战斗。在攻击东泥河村战斗中牺牲现能记起的有第六连排长史光玉，副排长孙永年、廉天发等。在不到半小时的激烈战斗中，我军人员伤亡过半。这固然因为我军装备较差，力不相当，但“死守点，硬攻坚”也是重要原因。

撤回时，有的战友背回伤亡同伴的武器，有的背回重伤人员，有的血迹满身相扶而回，有的静坐道旁，默无一言，两泪盈眶，思念失去的亲密战友。大家汗透衣衫，如同水洗，精疲力竭，但面目上则是人人义愤，个个咬牙切齿。

当天黄昏，因下王庄战情告急，第四二〇团除留一部固守弓家庄外，其余撤回下王庄待命。撤回途中遭敌人旧河北村的大炮轰击，又伤了许多人员和骡马，董其武旅长臂部受伤，牺牲的有第四三六团第一营营附董汝斌（河津人），第一营某连长武象贞（霍县人）等。我连士兵数人和战马十余匹受伤。为了减少轰炸目标，上级决定将驮运机枪的骡马和我连战马送往后方。我连过河时共八十余人，除伤亡及送战马者外，只留二十余人。团长李思温命令我们保卫团部，并负与友军联络及督战等任务。至夜又准备执行另一任务——袭击旧河北村。

因董旅长臂部受伤，傅总司令命孙兰峰旅长暂来前方指挥。

酣战旧河北战果辉煌

旧河北村位于下王庄西南约四五里，不但威胁我前进阵地下王庄之左后，亦为敌人出击河南高地时集结兵力必经村落，敌人视为重点，不时炮击周围各村及河南高地。我军为保前进阵地及弓家庄之安全，决定夺回。当时部署：李作栋第四三六团由东面攻入，李思温第四二〇团由北面攻入，各于拂晓前接近出击处（攻击前，第四三六团第一营因下王庄情况紧急，去支援孔旅，第四二〇团第二营固守弓家庄以掩护后方，所以两个团只各有两营）。拂晓开始进攻，枪炮之声紧密相连。东、北两面，我军已随喊杀之声，相继冲入村中，由袭击变成了攻坚战。村北的敌炮兵阵地，一举被我第四二〇团占领，七五山炮四门及炮弹若干箱，已为我军所获。

攻入村后，敌我展开了激烈的巷战。狡猾的敌人用火力将村中大小巷口都封锁起来，我军只得依屋凿壁，穿墙掘洞逐院开道而进。所幸该村砖墙少而土墙多，加之我军士气旺盛，训练有素，所以操作熟练，得心应手。

在攻进一个院落时，发现屋内坐着七八位当地的中年妇女，个个披头散发，人人脸上抹满锅底黑灰，衣衫褴褛如呆似痴。目睹此景，更激发战士们同仇敌忾之心，随即派人把老乡转移到安全地方。

这天上午，敌机数架不断在旧河北上空低飞盘旋，因村中敌我交错，未敢扫射和投弹。敌退我进，逐院相逼，最后残存之敌，龟缩在村西南的一个高大的院落中，负隅死抗。我军先以机枪封锁了大门口。个别敌人企图逃脱，但一出门，无不应声而倒。

大家紧张地注视着大门，等待敌人缴械投降，突然院内出来个大约十来岁的小女孩，大家都喊："中国人！别打枪，别打枪！"我们招手示意，叫女孩快过来。小女孩来到我们面前，声音颤抖地说：院里日本鬼子叫我告你们说，如果你们不开枪，他们就向西北走去。我们照顾好小女孩，仍用中国话喊"缴枪不杀，优待战俘"等语，但仍不见动静。最后两位李团长商定，派人上房投弹歼敌，随即竖起梯子三个，二十余人登上房顶，伏在外坡向里投手榴弹。敌人虽多死伤，但始终不肯投降。

我军正在围攻大院之时，有敌兵数百人，自河南高地败退下来，狼狈不堪，向旧河北村拥来。我军当即用猛烈火力，向敌射击。这股敌兵发现该村已被我军占领，即由村南绕穿西边而去。

垂死挣扎的日军，见房顶上有人，即由房内向房上穿射，致使伏在房上的第三连排长张玉山等十余人壮烈牺牲。

残存之敌不肯投降，我军决定火烧大院，全歼该敌。大家积草堆柴，引火烧房。十几分钟之后，院内敌人始得全歼。

这里战斗刚停，村北枪声又起。部队赶到村北，发现身穿长袍的伪蒙兵数百名，由村西北方向前来反扑。这些伪蒙兵，不利用地形，亦不伏卧，只用跪式射击，行动笨拙，很快被我军击退，向西北逃去。战斗只有十几分钟，但双方火力均较猛烈，我第四二〇团第一营营附孙尉如和第二连排长郎茂宣等三十余人伤亡。在旧河北村作战中牺牲的还有骑兵连排长周保顺（河南济源人）。

暮色降临，我军掩埋了牺牲者的遗体，运回轻重伤员，炸毁敌炮，沿着云中河的北岸，经公路木桥，撤回后方整补。

在这连续三昼夜的出击战斗中，我军虽伤亡过半，但沉重地打击了日军侵华的嚣张气焰，在中华民族抗日战争史上增添了光辉的一页。

袭击旧河北村敌炮兵阵地所见

王　兴※

参加忻口会战的傅作义部，仅有孙兰峰的第二一一旅和董其武的第二一八旅。我当时任第四三六团中校团附，八月十四日在收复商都的战斗中负伤，后到太原等地治疗，于十月初在忻县播明附近归队。没有几天，第三十五军两个旅所辖五个团即向忻口挺进。在金山铺，傅作义对全军官兵讲了话。大意是：忻口战役是重要的一战。忻口如果完了，太原也就完了；太原完了，华北也就完了。所以我们一定要打好这一仗。参加忻口战役的部队很多，我们不能丢脸。讲完话后，各团即开赴前线。第四三六团的防御阵地在下王庄以北、东泥河以南地区。当时日军正在围攻原平，隆隆炮声，终日不断。大约在十月十一日，敌人就开始猛烈进攻，其作战方法是：先以几十架飞机轮番低空俯冲投弹扫射，同时以大炮向我阵地前沿做长时间的集中射击，企图摧毁我前沿阵地，以掩护其步兵进入冲锋准备位置。当其步兵发起冲锋时，炮兵即延伸射程以遮断、阻击我增援部队。我们的办法是：当敌机轰炸扫射、炮火集中射击的时候，战士们尽量利用掩体以减少伤亡，待敌步兵冲到我阵地前四五十米距离时，以轻重机枪集中火力进行扫射，同时投掷手榴弹，将敌人消灭在阵地前边。这样的战斗每天进行几次或者十几次。每次都是炮烟弹雨，血肉横飞，敌我双方伤亡惨重。我团连长武象贞在前线阵亡，在下王庄装进棺材待埋。不料敌人一个炮弹飞来，把棺材和尸体又炸得无影无迹。由此可见战斗激烈之一斑。记得在十月中旬的一天，敌人组织了一次强大的步、炮、空联合进攻，企图对我军阵地进行中央突破，夺

※　作者当时系第三十五军第二一八旅第四三六团中校团附。

取云中桥，占领忻口。就在这一次战斗中，董其武旅长亲临第一线和战士们一起浴血奋战，负伤之后仍然坚持战斗，沉着指挥。他的英勇行动，激励了全线官兵，许多轻伤人员坚持不下火线，继续奋勇杀敌，终于粉碎了敌人波浪式的猛烈进攻，保存了我军阵地。从这次战斗之后，敌人便没有再对下王庄发动大规模的进攻。在下王庄与我旅并肩作战的还有第九军第一六一旅旅长孔繁瀛的部队。

忻口战役最激烈的争夺战发生在南怀化东北高地上。对我军威胁最大的是敌人的炮兵。日军的普福斯山炮瞄准精确，弹道低伸，浸彻力强，破坏力大，发射榴霰弹，杀伤力强。敌炮射程远，我炮不易摧毁。敌人的炮兵阵地就在下王庄西南的旧河北村。为了解除敌炮兵对南怀化我军的威胁，中央兵团指挥部命令第三十五军摧毁敌炮兵阵地。

傅作义接受这一任务时，因董其武旅长负伤到后方治疗，遂命令孙兰峰旅长指挥出击。我们出击时，原阵地移交第九军孔繁瀛旅接防。我当时正在旅部，听见孙对孔说："我和董其武是傅司令的两只胳膊。"意思是，董受伤了，理应由他来完成这一任务。防务交接完毕后，孙旅长即召集营长以上军官传达了上级命令，在地图上指示了各团的任务、行进路线等，并宣布了以下几项规定：一、连排长要亲手检查每个战士的随身装具，如水壶、饭包、刺刀、手榴弹袋等，必须绑扎结实，不得互相碰撞发声。二、在行进期间各人嘴里要含着自己的手帕，严禁交头接耳相互说话。三、不准点火吸烟、打手电筒。四、所有官兵一律在左臂上缠一块白布或白毛巾，以资识别。五、口令。所有以上规定必须在黄昏前完成，待命出发。

十月十六日，部队进行了检查整顿，按照预定的战斗序列和行进路线，在孙兰峰旅长率领下，蹚水渡过永兴河。河水浅处没膝，深处及脐。部队徒涉过河以后，浸透了的棉衣好长时间还在淋淋地淌水。

当先头部队进到敌人阵地前二百公尺左右时，敌人还没有发觉，我们伏在低处看见日军哨兵夹着枪踱来踱去。我们的前锋战士匍匐前进，进至敌哨附近时，突然跃起，以迅雷不及掩耳的敏捷行动，抡起大刀将敌哨兵全部砍死。我们的部队按原定部署，一举冲入村内，分头包围了敌人驻地。这时大部敌人尚在酣睡中，少数敌人虽然发觉，也是仓皇失措，乱撞乱窜。只听得一阵阵手榴弹爆炸声和震天动地的喊杀声，到天色接近破晓的时候，大部分敌人都被我们歼灭了，漏网残余的少数敌人都集中到村西北角的大庙里负隅顽抗。在歼灭大庙敌人的战斗中，我旅两个连长壮烈牺牲，其中有我团第四连连长裴纯刚。敌人所有的山炮、野炮全部被我们破坏了。我亲眼看见士兵们缴获了四门野炮，他们将炮栓拉出来，在撤退时全部丢到河里，炮膛全用手榴弹炸坏，同时还炸毁了一所弹药库，胜利地完成了袭击任务。天亮以后，我们继续逐街逐院地搜歼零散之敌。在搜歼过程中，我亲眼看到日军的残暴兽行。有不少日军在睡梦中被我军从窗孔掷进的手榴弹炸死了，有的没有死，躺在被窝里乱哼哼。揭开被窝一看，才发现每个日军都赤条条地搂着一个年轻妇女。据活着的妇女们说："我们大多数是从外村被抢来的，少数是本村的。鬼子兵怕我们跑掉，将我们的衣服藏了起来，不分昼夜地欺侮。"在战况紧张的情况下，我将她们交随军医护人员处理。

天亮以后，敌人的增援部队陆续到达，与我们展开了激烈的巷战。当时敌我双方相持在一个小小的村庄里，敌人的飞机也不能投弹扫射，只好在上空盘旋。就这样一直战斗到天黑。晚上我军奉命撤退，安然过了云中桥，到金山铺休整补充。

在忻口前线部队撤退的前一两天，第三十五军奉命撤往太原，接受了防守太原的任务。

大白水阻击战

王杰仁※

卢沟桥事变前夕，我是陆军第十师第二十八旅第五十七团第二营第四连一等传令兵，驻河南郑州老鸦柴村。师部驻郑州市内，师长是李默庵，湖南长沙人。团长刘明夏，湖北京山人。事变后的第三天，我军奉命北上抗日，由郑州上火车，直开河北石家庄。在石家庄下车，修飞机场和构筑防御工事。后因我军要开往京西镇边城前线参战，团奉命成立武装便衣队，人员由各连临时抽调。队长由我连中尉排长潘奇担任，我也调去当了传令兵。由京西镇边城撤下来后，因我武装便衣队夺得日本战马四五十匹，潘奇调升我团第三营第七连上尉连长。我也跟潘奇一起调到第七连，并被提升为上等传令兵。

一九三七年中秋节前夕，我军由京西撤退到石家庄附近，稍加整休，步行到井陉，上了火车，直开太原。在太原没有下车，每人发给半斤重的两个大月饼吃，继续向晋西北开去。在忻口车站下车，经过一个多小时的急行军，到了忻口西边大白水村。这时天刚亮，部队休息煮饭吃，营连长去看地形，划分防御区域。饭后，各营连到自己的防御区域构筑工事，唯有我团第二营和武装便衣队，立刻出发，向阎庄方向挺进。不料在阎庄前头，与敌坦克部队遭遇，因我军缺乏与敌坦克部队打仗的经验，损失惨重。全营四个连长，三亡一伤，其中有第四连连长李云青。营长张光裕知道自己负有责任，怕军法不容，乃叫营部传令班长李凤武开枪打死他。李在没办法的情况下，向他大腿肌肉部打了一枪，也算战场负伤，混过关去。当晚，第二营和团武装便衣队撤回大白水村稍加整

※　作者当时系第十四军第十师第二十八旅第五十七团第三营第七连传令兵。

顿，重新布防，准备继续战斗。

天黑时，第二营由阎庄撤回来后，在大白水村的左翼，距村约一千五百米处的丘陵地带，占领阵地，构筑工事。第三营接第二营阵地，在正面；第一营南接第三营阵地，向东延伸，在右翼。团指挥部在村的南头。我团有三个步兵营，一个八二迫击炮连，连同团直属部队共二千余人。每营有三个步兵连，一个重机枪连，每个步兵连有九挺捷克式轻机枪，七十五支中正式步枪。每个重机枪连，有六挺马克沁重机枪，八二迫击炮连有六门炮。也就是说，每个营的阵地上配备着二十七挺轻机枪，六挺重机枪，两门八二迫击炮，二百五十支步枪。另外，还有临时配备的德制三七战防炮两门。在当时，我们是中国军队中武器配备比较好的军队。

第二天上午，敌机对我大白水村周围的防守阵地低空反复侦察，下午一时左右，敌步兵在飞机大炮的掩护下，十几辆坦克做先锋，向我第二营右翼阵地发起猛攻。正好在敌坦克进攻的路线阵地上，配备有德制三七战防炮两门。当敌人的坦克进入我战防炮射程以内时，第二营营长命令战防炮开始射击，头两发没有打中，营长就命令说：再打不中，我杀你排长的头！此时副排长着急了，将炮手拉开炮位，亲自打，五发炮弹打毁敌坦克三四辆。这时敌机发现了我战防阵地，十几架敌机轮流轰炸，十几门大炮集中轰击，雨点似的炸弹、炮弹和飞机上的机枪子弹，不过十几分钟，就把一个战防炮排阵地炸得血肉横飞，尘土漫天。战防炮排的官兵完全与阵地共存亡，无一幸存者。敌步兵在飞机大炮的狂轰滥炸、坦克横冲直撞的掩护下，向我第二营阵地发起猛攻。第二营官兵英勇沉着，待敌接近阵地，一阵轻重机枪猛烈射击，一阵子手榴弹把敌人打退。敌人始终没完全占领第二营阵地，但我官兵伤亡惨重，两天阵亡两个营长，第六连官兵被敌坦克碾埋于战壕内，只剩下上士班长杨少雄和七八个士兵，其余不伤即亡。整个第二营剩下不足一百人，阵地缩小到横宽只有二百米。敌战壕内的太阳旗看得清清楚楚。在这紧急关头，守卫大白水村的第三营第七连，奉命增援第二营。我是第三营第七连的上等传令兵，在部队前头领路前进，要通过村南边两边都长着柳树的干河渠。敌炮弹打落的大小树枝，布满整个河身，平均有五十公分厚，每前进一步，连腿都拔不出来，实在难行。有些伤兵压在树下，轻伤哭叫，重伤呻吟，因战斗紧急，也来不及抬走。过了干河渠，还要通过一段平坦的开阔地，才能到达第二营阵地。这段平坦开阔地，敌人用三四挺轻重机枪封锁着。此时我在部队最前头，前进五六十米，快到敌机枪封锁线时，我卧倒稍息，然后一鼓作气跃过去，安全到达第二营阵地。后边部队通过时被打倒七八个士兵。这时第二营营长陈震，由战壕内站起来，拿着望远镜向敌方看，并高喊：弟兄们狠狠地打！援军已到。话音未落，头部中弹，倒了下去。情况十分危急，第二营官兵在战壕内都上好刺刀，手榴弹揭开盖，拉火索套在手指上，准备最后死战。我们刚到第二营阵地不久，敌人的飞机大炮又向大白水村我第一营阵地猛轰滥炸，把整个村子打得天昏地暗，尘土漫天，对面看不见人。此时敌人将老乡的牛羊赶过来向我一营阵地猛冲过来，敌步兵跟着牛羊群向我第一营阵地猛攻。我第一营官兵沉着勇敢，不怕牺牲，打退敌人多次冲锋，并跃出阵地，与敌肉搏。敌人在优势炮火掩护下，我第一营官兵伤亡惨重。敌人由大白水村西北角突进村来，占领大白水村三分之二的地方。此时战斗空前激烈，战况十分危急。我连奉命又由第二营阵地调回来，增援大白水村的战斗。此时顾不得敌机敌炮的狂轰滥炸，我连以最快的速度增援大白水村的战斗。我们刚到村的南口时，团长刘明夏、副团长魏巍正率领团所有直属部队、伙马夫、勤杂兵，进行反冲锋，枪声、炮声、手榴弹爆炸声、官兵的喊杀声，同冲锋号声交织在一起，响彻云霄。我们扔下背包，从村的南口冲进去。刚进村不远，就被打倒几个弟兄。这时只好从西半边爬墙上房前进。我们与敌遇墙必争，遇房必夺，遇院子必打，展开了激烈的村落争夺战。我连第四班一个上等兵，名字我记不得了，是徐州人，在攻占一个大院后，上了房，敌人正在房檐下一侧架设重机枪，准备向我射击。他三颗手榴弹一齐拉火掷下去，将敌人完全炸死，机枪炸毁。经过两小时的激烈巷战，把敌人打到村中大庙一带。此时第八十三师两个步兵连来援，背包未下，刺刀见红。我军愈战愈勇，敌人节节败退。又经过两个多小时的村落战，才将敌人围困在村中大庙院子里。此时天已近黑，战斗暂停，准备第二天拂晓，完全彻底地消灭被围困之敌。谁能想到，敌人在黑夜偷偷地逃跑了。从此敌人再不敢进攻大白水村，直到娘子关失守，我军奉命后撤时，大白水村仍然安全无事。

在大白水村二十多天的防御反击战中，副团长魏巍受伤，第二营营长陈震和另一个张营长阵亡，第八连连长阵亡，第九连连长刘恩第受伤，第七、第八两连六个排长完全战死。大白水村的防御反击战结束后，第七、第八两连合编为一个连，由潘奇任连长，只剩下四十来个人，我是其中之一。除第二营营长张光裕在阎庄以北自伤外，其余营连长伤亡都是双数。大白水村的每个角落，都洒有抗日官兵的鲜血，村的周围每块地方都埋有第五十七团阵亡官兵的遗骨。第十四军第十师和第八十三师共伤亡一万人以上，撤到洪洞县整补时，每师不到三千人。我团原有两千人左右，这时留下不到一个营。

忻口左翼朦腾血战记

行定远※

晋绥军第七十一师参加平型关战役后，奉命在忻县匡村集结休整，补充作战物资。该师所属第四二八团在平型关作战中，第一、第二两营伤亡较重，第一营营长阎如霖、第二营营长李雄均受重伤离队。原来每营建制是三个步兵连，一个重机枪连，现在第一、第二两营均整编为两个步兵连，一个重机枪连。第一营因营长受伤，由营附吕凤岐代理营长。第一连郝连长阵亡，官兵分拨第二、第三两连。第二连连长仍是宋国华，第三连连长张子方受伤离队，由中尉排长李升代理连长。第三连第二排王排长受伤离队，由冲锋上士赵××、袁廷臣二人分任第一、第二两排的排长。

十月初，第七十一师奉命参加忻口战役，防地在奇村，为忻口战线的左翼部队。作战地区是大、小白水以西至南峪一线。朦腾至南峪由第二一四旅防守，南峪归该旅第四三一团防守，朦腾归该旅第四二八团防守，朦腾以东至大小白水一线归该师第二〇二旅陈光斗部防守。新编第一旅是第二线部队。第四二八团到达朦腾村后，留第二营和团部迫击炮连在朦腾北梁构筑防御工事。据便衣侦察员的报告，再经过当地老乡证实，砂河以北的卫村尚未被敌占领。团长王荣爵遂率第一、第三两营和团部的通信排及有关人员进驻卫村。我们于下午三四点左右到达该村后，立即布置岗哨，给各营、连分配防守区域和宿营地点。各营连即开始构筑简单的防御工事。

次日，日军便向该村发起进攻。经过战斗，王荣爵认为孤军深入，

※ 作者当时系第三十四军第七十一师第二一四旅第四二八团通信班班长。

兵力单薄，超越了防御线，与后方联系又有砂河之隔，恐被日军消灭，乃于夜间撤回朦腾村。从此，卫村便被日军侵占。

忻口战线当时以忻口为中心，东起龙王堂，西至南峪村，总长约五十华里。滹沱河以东、南峪以西地区，均有海拔一千多米的高山峻岭，因此战斗不甚激烈；滹沱河以西至南峪以东地区，则是最激烈的战场。那里有一条云中河，是阻止敌人的一道天然防线。因此敌人要想突破忻口防线，必须在云中河以南夺取一个桥头阵地。他们选定忻口中心地带的南怀化，企图占领南怀化后，再向两翼发展。南怀化被日军侵占，敌我进行了十多次拉锯战，双方伤亡数以万计。第四二八团也想在云中河北占领一个桥头阵地，但占领卫村后又轻易放弃。相反，日军以卫村为根据地，曾多次向我方朦腾和南峪阵地发起进攻。朦腾村以西是高山，再往西更是高山地带。朦腾西北有我旅第四三一团，我们第四二八团在朦腾村北梁上构筑有防御工事，居高临下，又有一条砂河作屏障，日军的坦克过不了河，也进不了山，无法发挥其威力。战斗开始时，敌人的飞机日夜轮番轰炸扫射，而后有几天见不到飞机。事后我们得知八路军某团袭击了敌人阳明堡飞机场，烧毁飞机二十多架。这时，敌人的坦克既不能打头阵，又没有飞机助战，这对我军防御就极为有利。

敌人占领南怀化后，我军曾组织强大兵力向该村反攻，为争取主动，左翼部队曾向卫村之敌进攻。我军在夜间进行出击，出击部队是中央军，番号不明。那时晋绥军穿的是灰色军服，中央军穿的是草绿色军服。出击部队有两次经过我团防地，一次是一个连约一百人，一次是一个营约三四百人。他们经过战斗，始终没有夺回卫村，而且伤亡惨重。第一次出击的那一个连仅回来十多人，因在夜间行动，伤员也退不回我方阵地。有一个臀部受伤的战士，同阵亡士兵躺在一起，未被杀害。第二夜他跑回来说：日军将我方伤员都用刺刀刺死了。

我军对卫村的反攻，引起敌人对第四二八团朦腾阵地的猛烈进攻。飞机轮番轰炸扫射，大炮猛轰，步兵蜂拥而上。第四二八团第一营的防守阵地在朦腾村的北梁上正面，因已构筑较坚固的工事，而且慑于执法队的就地正法，因此敌人虽然白天对我阵地猛攻，但我营在夜间又修好被敌人摧毁的工事，始终坚守在朦腾北梁的阵地。我们在忻口的二十多天中，都是在战斗中生活。有的阵地白天被敌人占领，夜间我们又夺回来，第二天敌人又夺过去。朦腾村西北的河底村就是这样。那里实际上成了真空地带，敌人黑夜不敢占领，我军白天也守不住。朦腾村北阵地，敌人猛攻十多次，我军始终坚守，没有丢失过一次，但双方伤亡惨重。我军受伤官兵有的不能立即运送后方，因流血过多而死的沿途都有。我在第七十一师军事训练队的同学、第五连班长刘金月就是因双腿受伤骨折，流血过多而死的。

我们在忻口战斗的二十多天中，连队官兵基本上在战壕掩体内生活。当时旅部在刘庄，团指挥所在朦腾村内，各连伙夫在朦腾村做饭，然后将饭送往阵地。有时将饭刚送上去，战斗就开始了。送饭的伙夫因下不了火线也参加了战斗，因此我连伙夫也有几名伤亡。初到朦腾村时，我连尚有百人，官兵还可以轮流换班休息。经过一段战斗，人员有了较大的伤亡，全连官兵日夜都在战壕里。当时已是十月份，忻口地区的夜间气候已相当寒冷，官兵还都穿着单军装，夜间冻得不能休息，白天因战斗也不能按时吃饭。一个团只有一个担架队，也无力运送那么多的伤员。伤员自己勉强退下来，也无人照管。我当时带传令班，在前后方来往传送命令信件，臂部也需要佩戴通行证，若无证件也要以溃退官兵论处。

我们第四二八团第一营的两个步兵连，一个重机枪连，在忻口战役中始终坚守在朦腾村的北梁阵地。在这个阵地上与日军争夺了多次，最激烈的一次是因为我们连领到棉军装，代连长李升穿上军官棉军装，在阵地上指挥修工事，被敌人发现。敌人误认为是高级指挥官到了第一线，便集中炮火猛烈向我阵地轰击。据当时我连有人默记，那一天向我连阵地发射炮弹就有五百二十多发。炮击后，又派步兵猛攻。这一天我连伤亡很大，三班长王廷升去救一个姓段的受伤战士，结果两个人都牺牲了。我连军官除李升和代排长袁廷臣外，都受伤离队。班长换过几茬，最后也只留一班长王×（山西平陆人）和我及五班长三人。士兵伤亡得更多。忻口战斗后，我们这个一百二十多人的连队，仅留官兵三十多人。在战斗中，英雄事迹层出不穷。李升自始至终在第一线，身受轻伤而不下火线，受到团和旅的嘉奖。代排长袁廷臣在每次战斗中都身先士卒。他是山东人，力气大，是我连投弹能手，能投五十多米远。在那天最激烈的战斗中，他一个人就投掷手榴弹两箱多，阻止了敌人的多次进攻，战斗后两臂都肿了。团部为嘉奖他，立即实升排长，不久又升他为连长。

忻口战役到了十月下旬，形成对峙状态。我军阵地稳定，敌人也已精疲力竭。后因娘子关失守，第七十一师转进隰县大麦郊。

东西荣华的争夺战

于　中※

抗日战争开始时，第十五军第六十四师第一九一旅的武器很差，除了几门八二迫击炮和一些三十节重机枪和第三八二团第一营的新式步枪外，其余的步枪全是老掉牙的破烂货，而且大部没有刺刀，每个士兵另配一把不太好的大刀。

邢清忠旅长帮工出身，不识字，但对上级绝对服从，打起仗来能亲临前线指挥，敢打敢冲。有人说他三天不打仗，手就发痒痒。他作风正派，不贪污，也反对别人请客送礼，对部下用的是打骂教育。他的原则是："无恩不打，无恩不罚。"用人首先看作战勇敢不勇敢，其次看能不能服从，第三看是不是老实肯干，最后再看有没有贪污行为。对部队的训练，他是从冯玉祥那里学来的，除进行精神教育外，也练刺枪、劈刀、打拳、盘杠子、跳木马等，后来又办了军士教导队，训练班长和老兵，并从他们中间选拔下级军官。所以，第一九一旅武器虽然不好，但官兵团结，有一定的战斗力。

我们旅从恒山撤到龙王堂后，旅长派一个营附带领每连一个排长，下山到滹沱河岸去侦察敌情。山根到河边，三五里不等，河沿有不少村庄。下山后发现敌人正在渡河，王营附一面派人监视敌人，一面派人回村报告。当夜，我旅主力下山，占领了东西荣华村。第二天上午就和敌人展开了村庄争夺战。我们这个千多人的旅，顶住了渡河的千多名敌人，双方打了三天三夜。敌人武器优良，火力强大。我们是敢打敢冲，惯打硬仗，面对着长期侵略我国的日本侵略军的疯狂进攻，正是仇人相见，

※　作者系第十五军第六十四师第一九一旅第三八一团机枪连排长。

分外眼红。在旅长的指挥下，全体官兵奋勇杀敌，发挥了大刀的作用，杀出了大刀的威风。第四天早上，发现敌人一个中队向我右翼迂回包围。旅长当即指派第三营营附王怀曾指挥李少仁的第八连前去阻击。这个连利用大车路沟跑步前进，及至发现路沟的另一头敌人布置着轻机枪时，全连还没来得及散开，就被打得伤亡过半。王怀曾、李少仁及排长们都负了伤。旅长马上又派第七连和我们连的两挺重机枪前去增援，才打退了敌人，搬运和掩埋了伤亡的官兵。第八连仅剩下二十来个士兵，还有个司务长和炊事班的几个人。营长就把他们拨归我们连。同时，我们左翼有个连，在反包围战中打得好，消灭了敌人八个班，缴获了八挺轻机枪，但是连长负了伤。

我们旅在忻口战场的右翼。旅指挥部设在神山顶上的庙里。这里地势高，能看到整个战场。旅的防御阵地只有几百公尺，我们在神山下布置了第一道防线，半山腰的两个山口处布置了第二道防线。山背后是预备队。从我们到这里后，敌机天天来轰炸扫射。由于我们没有对空高射武器，用重机枪打飞机又怕暴露目标，因此，在敌机空袭时，只有利用交通壕和掩体来隐蔽。旅长比我们更急，他躲了两天飞机，就不愿再躲了。第三天就叫重机枪连在山头上挖了几个高射掩体。第四天早饭时，三架敌机顺着山梁飞来，没等它投弹扫射，我们的重机枪就向它射出了子弹，打得敌机狼狈逃窜。从此，它再也不敢低空投弹了。

我们山下的第一线，因为阵地是砂石山，工事很不好做，只有利用山棱线来做射击阵地、交通壕和掩体；又因为砂土没有黏结力，胸墙常被敌人的机枪打得无法使用，我们只得要些麻袋，装上砂土做胸墙。因为敌我第一线的距离只有一百到三百公尺不等，开始时敌人在夜间摸错了方向，竟有误入我阵地的。这就说明刺刀很有用。于是我们就从民间收集一些长矛等原始武器，来作刺杀之用。

十月下旬，敌人可能感觉到攻打正面不能成功，就把炮口转到我们旅这一边来了。炮弹像下雨一样，一落就是一大片，而且是反复地轰击，一直打了将近三天。直打得天昏地暗，日月无光，我们的两耳都被震聋了。我们旅没有炮火还击，只有挨打。师部的四门山炮，上来打了两天，就被打坏了两门。在敌人炮轰的第一天晚上，第一线的营就向旅部要求出击，冲到敌人战壕里去拼大刀。旅长当即用电话向师部请示。师部距火线十来里远，哪里会晓得第一线的战斗情况，所以不同意。第二天晚上又一次要求出击，照例也没有得到同意。到了第三天下午，在敌炮轰击最猛烈的时候，我第一线仅有百多名官兵的某营，便不顾上级的命令，提着手榴弹，掂着大刀长矛，冲向敌人。他们先向敌人战壕内摔了两排子手榴弹，炸得敌人死伤累累，惊慌失措；然后跳进敌人战壕，抡刀砍杀，并用敌人的轻机枪向逃跑的敌人射击追击，加上我们重机枪连在左翼的有效侧射，直打得鬼子死的死，伤的伤，跑的跑。

为什么会出现这种情况呢？原来敌人以为他们的大炮连续轰击三天，就是石头也要炸掉几层，何况人呢！所以打算等炮一停，就可以突破我们的防线，大摇大摆地“去太原作军事旅行了”。因此他们全部在战壕内坐的坐，躺的躺，连个监视哨也不放。对于突如其来的一排子手榴弹，根本弄不清是哪里来的，所以就不顾一切，连枪都不拿，一哄而逃了。

邢旅长闻讯，恐阵地有失，就带着预备队，到第一线来了。

这次出击，把战斗打到敌人阵地内，突破了敌人相当于一个营的阵地，几乎全歼敌人，并炸毁敌人重机枪四挺及一些轻机枪和步枪，缴获轻机枪二十多挺和步枪三百来支，连牛皮背包、饼干、罐头和香烟，都捡回来了。邢旅长指示：第一线官兵全部使用缴获的武器，多余的和换下来的武器送到旅部分配，并要求赶修工事，防止明天敌人的炮击。我们旅在敌人的炮轰中，也伤亡了一个营的兵力。

我们旅在前进时是前卫，从忻口撤退时，却成了后卫部队。十一月二日晚上，全旅奉命向太原撤退。

娘子关战役前后

黄绍竑※

我去山西的经过

七七事变发生时，我任湖北省政府主席。八月，蒋介石在南京召开会议，决定在军事委员会之下添设六个部，为保密起见称为第一、第二……第六部。最先成立的为第一部，主管作战，任我为部长。其余各部以后陆续成立，但名称不保密了。我被任命为作战部部长，并非因为我有什么指挥作战的才能，而是因为那时李宗仁、白崇禧尚未到南京来，蒋介石对各方面的联络还需要我戴着这个头衔去奔走，我不过是出场跑跑腿而已。九月，敌先后侵占大同等地。蒋介石要我到山西去看看，同阎锡山商量以后的作战计划。

大约是九月二十日前后，我到达太原。那时八路军已渡过黄河开入山西增援，我在山西饭店碰见不少八路军的高级将领。阎锡山在雁门关的岭口设立行营，亲自到前线坐镇去了。我到岭口找阎。跟阎锡山在一起的有山西省政府主席赵戴文、绥靖公署参谋长朱绶光，还有一个是第二战区军法监张培梅。我把蒋介石的话转告他们，并说："蒋委员长认为山西是多山地区，易于防守，而且晋绥军对防守也有很好的经验，务要将山西守住，控制平汉铁路的西侧面，不让敌军沿平汉铁路南下渡过黄河，进而威胁武汉。"阎说："中央的指示，我很清楚，也很同意。我在抗战前，在山西境内各要隘及太原城北郊，都做了一些国防工事，也就是为了保卫山西。"他又说，"大同的撤守，是战略上的自动放弃。我同

※　作者当时系第二战区副司令长官。

委员长的指示一样，要死守住东起平型关、中经雁门关、西至阳方口之线。”阎锡山还说，他认为非大赏不能奖有功，非大罚不能惩有罪，所以对放弃天镇、阳高作战不力的军长李服膺必须枪决。其实李服膺是阎的亲信，当初阎是想袒护李服膺的，但在群众愤怒要求之下，加之军法监张培梅力争，阎不得已才枪决的。

阎锡山还说，照他的判断，敌人必先取得山西，然后沿平汉路南下。如果平汉路方面，能在保定以北（当时保定附近我军尚未南移，但前方的卫立煌、孙连仲已后撤了）挡住敌人，敌人光从大同方面进攻雁门关，尚易抵御。如果保定、石家庄不守，敌人必然进攻娘子关，从东北两方面包围山西。判断日军对晋北方面是主力的进攻，平汉路方面是助攻。晋北方面现在只有晋绥军和八路军，兵力尚嫌不足，不能兼顾娘子关方面。为确保山西起见，尚需加调中央军来山西协同作战。

我同意阎的说法，答应回南京后向蒋介石去说。当然，我在回京途中的时间里，他也立刻打电报向蒋介石请求。

临走时，阎还对我说：“我坐镇雁门关，决不后退。你报告蒋委员长，放心好了。”我见在那里没有什么事，也就回太原转返南京。在石家庄见到平汉路方面在前方指挥作战的刘峙、徐永昌（他任什么职位已忘）、林蔚（军委会高参），知道卫立煌部和孙连仲部都已沿平汉路西侧地区后撤，战事正在保定附近进行。石家庄是准备于保定失守后的又一防线，这就是战略上节节抵抗的部署吧！

在石家庄，忽然传来了八路军在平型关大捷的好消息。这是抗战以来第一次打了胜仗！当时石家庄的人民群众，以无比兴奋的情绪庆祝这个胜利，竟然在那种时候放起鞭炮来，几乎把战机的空袭都忘记了。

那时我仍兼着湖北省政府主席，就从石家庄直回汉口，把省政府的职务交给秘书长卢铸代理，然后乘船去南京。我把山西的情况向蒋介石报告后说：“阎百川虽决心很大，但他自己同一些老人坐镇雁门关也不是办法，应该有个长久计划，山西才能确保。”我还说，“平型关虽然打了一个胜仗，但日军还在继续不断增兵，山西以后的困难必然是很多的。”蒋介石忽然问我说：“你到山西当第二战区副司令长官，帮帮阎百川的忙好吗？”当时我想：这个问题很不简单，蒋固然是想我去山西帮帮阎锡山，其实也就是他想在山西插一手。我和阎锡山以往就打了不少交道，在这时候他不会拒绝我的。同时我也想起，作战部在蒋介石作风之下，不过是承转命令的机关而已，而且陈诚一起首就有电报反对我，说我“内战内行、外战外行”，这样做下去也没有什么意思。于是我说：“委员长考虑很是，我也愿到那里帮百川的忙，但要求委员长先征得百川的同意。”后来阎锡山回电虽同意了，但是有条件的，他推荐与他有历史关系的徐永昌继任作战部长，蒋介石也只好同意。

娘子关战役

我大约是一九三七年十月一日前后离开南京到山西任第二战区副司令长官的。我到石家庄时，已不是前些时听到平型关大捷喜气洋洋的样子了。敌机连日轰炸车站和市区，破坏得很厉害。军队由保定之线稍事抵抗即行撤退，想在石家庄以北沿着滹沱河、平山、正定、藁城之线布防（右翼至何处记不很清楚）。那条线上，据说曾做了一些国防永久工事，但因时间的关系并未完成，有些水泥尚未干燥凝固，模型板都还未拆呢！

孙连仲部在藁城以西布防，他的右翼似是商震部宋肯堂军，孙的指挥部就在石家庄以西十多里铁路边的小村子里。我到那里去看他，并在那里吃了一顿午饭。我问他情况怎么样，能支持多久？他说他的正面现在还平静，日军攻击的重点似在右翼，已开始炮击了。炮声隆隆，隐隐可以听见。他说右翼能经得住这轮炮击就很好了。那时孙部尚未奉命调入山西，我到入夜才乘车去太原。

我到太原时，阎锡山已把设在雁门关岭口的行营撤回来了。他把撤退的原因告诉了我，说：“八路军在平型关打了一个胜仗，迟滞了敌人的前进。后来，敌人的援兵到来仍然从平型关方面突进。此外，敌人又由阳方口方面突破，虽未大力攻击雁门关正面，但已处在左右包抄的形势，我军遂不得不全线后撤，打算在忻县以北数十里的忻口镇布置战场进行决战。”他又说，“中央调来的刘茂恩、高桂滋部已到平型关前线作战，现在又调卫立煌全部和孙连仲部、裴昌会部来晋北参加忻口会战。忻口正面狭小，左右两翼都不易为敌人包抄，以晋绥军全力及中央各军当正面，八路军在敌人侧后活动，晋军的炮兵有十个团（周玳是炮兵司令），都集中在那方面使用。”照他的部署和听他的口气，必定能在忻口战场把日军予以歼灭。

我问到娘子关方面的情况。他说，平汉路方面如能在石家庄之线守得住，敌人自然不能进攻娘子关；即使石家庄之线守不住，而平汉路正面我军能与敌人保持紧密的接触，敌人如西攻娘子关，平汉路我军就侧击敌人的后方，也是有利的。他又说，娘子关以北至龙泉关之线，已调陕军冯钦哉两个师和赵寿山一个师（是杨虎城的直属师），又调中央第三军曾万钟守娘子关以南九龙关、马岭关之线（娘子关不含）。他所说这些部队的调动，都是在我上次来太原之后和我再来太原之前的时间里，由蒋介石与他直接商量决定的，所以我不很清楚。

在忻口和娘子关战事未发生之前，我每日必同阎锡山及少数高级人员在太原的一个比较坚固的小防空洞里躲空袭。那时敌机每日必有一次或两次轰炸太原。每次在防空洞里，必见到一对年纪较轻的夫妇。当初我不知道是什么人，后来才知道是托派张慕陶，改姓马，是阎的参议。我心里很奇怪，阎锡山为什么与张慕陶这样亲密呢？张慕陶为什么要改姓马？我当时一直不明白。

大约是十月五日左右，石家庄的电话不通了，而忻口大战正在部署，尚未开始，我对阎锡山说要到娘子关方面去看看情形怎样，好作处理，他很赞成。

我同从南京带来的高级参谋陶钧、裘时杰、徐佛观等到了娘子关外井陉车站，由车站电话叫石家庄，叫不通；叫获鹿站，也不通，显然获鹿也可能被敌人占领了。我登上车站南方的高地展望，拥挤在车站附近的，有正待上车的孙连仲部队（一部已转到太原附近)，和好些由石家庄、获鹿拥来避难的群众。当时群众对敌人是敌忾同仇的。有人捉获一个据说是敌人的便衣侦探，扭送到我面前来。老乡们说这人说话既不是本地口音，装束也不像本地人，而是初学说的东北话。我叫徐佛观用日语审讯，原来是一个日本人化装的侦探，就在高地上把他枪决了。敌人便衣侦探既到了那里，敌人的队伍也就离那里不远了。

当晚我回太原把情况告诉了阎锡山。我说："娘子关方面情况相当危险。第一是正面布置得太宽，北起龙泉关，南至马岭关，从地图上看就有一百五十余公里，只有五个师（陕西军三个师，第三军两个师)，都是一线配备，没有重点，也没有机动部队。敌人如突破一点，则全线都要动摇，尤其是尚未指定统一指挥的人。我料石家庄我军南撤后，敌人必以主力向娘子关进攻，策应忻口的会战，以少数兵力压迫南撤的我军。我军在平汉线上屡次溃退，即使是少数敌人也很难对它进行反攻，以牵制敌人主力向娘子关进攻。我建议把孙连仲部调回娘子关方面，作为预备队伍。”阎同意我这意见，遂把孙部调回娘子关作为机动部队。

阎问我这方面归谁统一指挥，我说就由孙连仲负责。阎说："冯钦哉、曾万钟两个都是老军务、老资格，孙连仲虽然资格也很老，但对冯、曾两人平时没有很多的关系，指挥一定有困难。”他想了想，问我可否担任娘子关方面的指挥。我当时虽然知道有许多困难，也只好答应了。

阎锡山在山西境内的重要地区已筑有国防工事：一是以太原为中心向北以至雁门关一带各隘口，一是以大同为中心东至阳高、天镇。这些国防工事是孙楚主持设计的。一九三六年我因西安事变，南京要我到山西去找阎锡山出来调停时，孙楚曾陪同我去参观过太原北方三十余里阳曲湾一带的工事。照我看，他们为了节省经费和材料（主要是钢筋和水泥），有些掩体都比较单薄，而且纵深也不够。正面有多宽，我不清楚，通信设备更未完成。娘子关方面的工事，在他们看来是次要的。何以见得呢？因为当雁北战局已很紧张时，晋军新编第十团尚在那里赶筑工事。

十月中旬，我乘车去娘子关方面指挥，除了我由南京带来的高参陶钧、裘时杰、徐佛观和两三个副官之外，还有阎锡山拨给我的无线电台和电务人员，此外由广西拨给的卫队两百多人。这个卫队的武器，步枪是军政部发的，机枪是再三向阎锡山要才给我的。我最初问他要时，他说兵工厂已停工，太原库已无存，后来给我的那九挺轻机枪据说是由临汾调回来的。

我当晚到了娘子关，找到师长赵寿山了解情况。他说正面尚未有敌情，他这师有五个团（加上补充团为五个团），光守娘子关正面问题不大，可虑的是左右两翼，尤其是左翼冯总指挥（第二十七路军）尚未取得联络，右翼友军既不知是哪个部队，更未取得联络。我告诉他，右翼是中央第三军曾万钟部，已经把孙连仲部调了回来做总预备队。他说，这样就很好了。他把布防情形报告了我，以主力扼守关口外的雪花山，其余则布置在铁路两侧高地。雪花山守得住，也就是娘子关守住了。万一雪花山守不住，关正面仍可扼守的。

我转回关后三十余里下盘石车站附近的指挥部。这个指挥部依山靠河（小河通出关外），军用地图上叫作磨河滩，是一个双口窑洞，是国防工事构筑的拟定指挥地点。在那里，除了一个双口窑洞之外，一无所有，更谈不上什么通信设备了。在整个娘子关战役中，通信就赖正太铁路的电话线和一些乡村电话线以及无线电台。

我把那位晋绥军新编第十团的白长胜团长找来，问他这方面的工事情形。他说，这方面工事构筑的时间比太原以北晚得多，材料也欠缺，而构筑力只有他这一团，兵员名额也不足，虽然尽了全团的力量，只能做到这个地步，请我原谅。我听了，也无可奈何。在娘子关方面虽然筑了一些炮位，但大炮一门也没有。

我要无线电台向冯钦哉取联络，但一直到娘子关失败，都未联络上，原来他没有将电台架起来，所以他那方面的情形如何，无从知道。我想冯钦哉所以如此，就是要避开上级赋予他的作战任务。据我当时及事后知道，娘子关左翼是没有什么敌情的，如果敌人知道这个情形，由平山向六岭关进攻，一定不费什么气力就把太原和忻口之间截断了，比之进攻娘子关省力很多。

大约是十月二十一日的上午，娘子关正面发现敌情了。敌人是川岸兵团，由井陉方面进攻，自然是赵寿山师首当其冲。我屡次打电话问赵，他都回复我“守得住”。赵师所以守得住，是由于赵部官兵的努力勇敢，而日军进攻娘子关正面不是主力也是原因之一。所以娘子关正面，直到右翼溃退，赵寿山师才不得不撤退了。这是以后证明的事实。

日军川岸兵团（由第二十师团和一些特种部队组成），以一部攻击娘子关正面，而以主力向娘子关右侧循微水、南漳城前进，进攻旧关（也叫故关）。旧关方面发现敌情比娘子关正面迟了一些。那里是赵寿山师与第三军防线的接合点，在战线上是薄弱的环节，所以日军先头一举即占领旧关。第三军也曾增加兵力反攻，以图恢复，军长曾万钟也亲到前线督战，却无能为力。那里距我的指挥部只有三四十华里，我写了一封亲笔信派高参裘时杰、徐佛观带给曾万钟，并视察战况。这封信的大意是要他鼓励官兵不惜牺牲、奋勇杀敌、恢复旧关。曾万钟虽然亲到前方指挥，屡次反攻，日军兵力虽不大，却扼险死守，终未能把它夺回来，成了暂时相持的局面。日军得到后续部队的增援，即再行攻击，把第三军那里的战线冲破一个缺口。敌人以一部向南压迫第三军，以主力向北，企图占领下盘石车站，截断娘子关的后路。次晨敌军已迫近我的指挥所的后山。我当时手里除了两百多名卫士之外，没有掌握什么部队。适孙连仲部尚有第三十师的一个旅，在附近车站候车运太原，而尚未知道孙部要东调的计划。我找到旅长侯镜如，要他增加上去阻止敌人。侯虽没有奉到直属长官的命令，对越级指挥的命令却接受了。侯镜如旅上去后总算把敌人顶住了。同时我命令娘子关正面的赵寿山师向井陉出击，以阻止敌人后续部队向旧关前进，扩大缺口。但赵师出击的结果不好，反而把关外的要点雪花山丢了。赵寿山向我报告，说他的部队损失很大，但决心死守娘子关和正面铁路线上的要隘。这样，敌人遂将攻势转移到旧关方面，扩大缺口，侯旅伤亡很大，亦被冲破。恰好陕军原杨虎城的教导团，由团长李振西率领到来。这个团的官兵约有两千人，士兵有许多是青年学生，是杨虎城当时想扩充军队作为下级军官之用的。西安事变前，有些共产党员曾在这个团里当教官，所以士气昂扬，团长李振西也很勇敢。我即命令该团由下盘石后山向前进的敌军迎击，由上午八九时接触，战斗至下午四时，总算把敌人顶住了。该团伤亡很大，收容下来仅剩五六百人，团长李振西也负了伤。

孙连仲率领第二十七师（他的主力部队）和其他部队白天乘车东运，沿途被敌机轰炸，伤亡不少，午后才到下盘石车站，当即增加上去，把这条战线稳定下来。这时我将战线予以调整，娘子关以北仍由冯钦哉负责，虽然他一直不架设电台与我取得联络，但那方面尚无敌情，也只好如此。娘子关正面，要赵寿山师缩小防线，沿铁路扼守。那时正面的敌人已转到旧关方面了，顾虑不大。孙连仲部担任旧关方面的防务，这是敌人进攻的重点，并希望孙能夺回旧关。曾万钟第三军布置于旧关之右九龙关、昔阳方面，而该方面自旧关战后就失去了联络，情况一直不很清楚。

孙连仲部增加上去之后，首先将敌人压迫回到旧关附近，但旧关仍在敌手。那次战斗虽在某些地方把敌人压迫包围在山沟里或村庄里，但敌人不肯投降。我出了大赏，俘虏一个日本兵就赏大洋二百元，而孙部解上来的俘虏仅有两个。据说俘虏日本兵固然不容易，即使俘虏到了，稍不注意，他们就自杀，这是他们武士道教育的结果。记得有一天，一个被打散了的日本兵，乱窜到我的指挥所附近来，四周都被我军包围，他仍不投降，一面放枪一面乱跑，只好将他打死。有一次我悬赏五万元要孙连仲派一营人夺取敌占的旧关某要点，他指定第二十七师的某营担任这个任务，并宣布我的悬赏。那营长慷慨地说："赏什么啰！军人以卫国为天职，即令牺牲了，只希望抗战胜利后能在哪儿立一块碑来纪念我们这群为国牺牲的人就满足了。"后来那个要点仍未夺回来，那营长和大部分官兵都牺牲了，剩下的不到百人。可惜那营长的姓名，我现在记不起来。

这时冯钦哉部队仍不知消息，曾万钟方面也失去了联络，战况不明。由于孙部的增援，旧关方面的战局得以稳定了一些日子，但是要持久仍是困难的，因此我要回太原同阎锡山商量下一步的办法，并把指挥所撤至阳泉。

我把娘子关方面的战况报告了阎锡山。我说："娘子关方面冯钦哉部显然是有意规避作战，曾万钟部情况也不明了，铁路正面虽不是敌人攻击要点，赵寿山师也已打得很残破了。攻占旧关的敌人，虽有孙连仲部暂时顶住了，但敌人必定会陆续增加。他们攻击的目标，必是孙连仲与曾万钟两部的接界点，向昔阳、平定方面突进，企图占领阳泉，截断正太路，包围娘子关和旧关的我军，威胁太原。我要求从忻口方面抽调一些部队增加娘子关方面，以免影响忻口方面的会战。"

阎锡山把他的注意力都放在忻口战场，而对于娘子关方面起初是不很注意的。他总以为平汉路上的石家庄可以维持若干时间，娘子关方面就没有被攻击的顾虑；即使石家庄之线撤退，平汉线上的我军仍可牵制敌人向娘子关攻击。他料不到石家庄丢得那样快，更料不到敌人不顾平汉路我军的牵制，而以主力进攻娘子关。其实平汉线上的守军自石家庄一退，就退到安阳，仅在漳河南岸防守，完全不起牵制敌军的作用，所以娘子关战役自始即处于疏忽被动状态。

阎锡山考虑了一会儿说："川军邓锡侯集团军已奉令调来山西，先头部队已到达风陵渡，渡河后即可由同蒲路乘车北开，预定是增加娘子关方面的。"我说："时间来得及吗？"他又考虑一下说："忻口方面担任正面作战的部队，是不好抽调的。"

我次日即赶回阳泉，驻在阳泉煤矿局。一两日后，昔阳县打来长途电话，报告敌人已迫近昔阳，要我派军队堵击。这显然是敌人已由我们右翼突破，平定阳泉（阳泉属于平定县）就是敌人进攻的下一个目标。这时（大约是十月二十三日）恰好川军先头某师曾甦元旅到了阳泉，我就要他向平定、昔阳方面阻止敌人。四川军队的枪械很差，不但缺乏轻重机枪，连步枪也都是川造的，打了几十发子弹就要发生毛病。曾甦元率领所部连夜向平定、昔阳方向出发，次日就遇到敌人，战况怎么样，以后一直不清楚。

这时我手里除了一个卫士队之外，别无其他部队可以指挥。敌人如果攻占阳泉，不但威胁太原，也就将我正面的孙连仲部与赵寿山部的后路切断了。我当时决心把正面的孙、赵两部撤回阳泉。其实孙连仲在没有我的命令之前，已自行撤退到阳泉。次日，孙连仲到了阳泉，说敌人由他右翼突破，一定向昔阳方面压迫，大部转而向他的右翼包围。他部各师伤亡都很大，不能不撤下来。我问赵寿山部的情况，孙说不清楚。

我这时候能指挥的也就只有孙连仲这部分军队，我要他在阳泉收容整理，再从事抵抗，阻止敌人进攻太原。我的指挥所就在这时转移至寿阳县城铁路南侧的半月村，在那里驻了几日。这时遇到八路军刘伯承师的队伍，经此地向昔阳前进。他们都在夜间运动，迅速而秘密，向敌后挺进。

孙连仲在稍后的时候也退到寿阳城里来。有一晚上，我到他指挥部里问他的情形。他说他的三个师，只有冯安邦的第二十七师尚好一些，其他如池峰城的第三十一师和张金照的第三十师，都损失很大，没有什么战斗力了。我向孙说，正太路上如不在阳泉作有效的抵抗，敌人一下就能冲到太原。我们的责任是很大的，无论如何要令第二十七师师长冯安邦在阳泉抵抗，不得后撤。适在这个时候，冯安邦来电话报告，说敌人已接近阳泉，阳泉地形不好，要撤到阳泉以西地区收容整顿才能抵抗。孙连仲要冯安邦接受固守阳泉的任务，并且对冯安邦说："再后撤，就枪毙你！"冯安邦说："报告总司令，我手上只剩了一连人，如果收容好了，我总尽我的最大努力就是了。”孙连仲与冯安邦是亲家，据说孙对冯一向是有些袒护的。孙当着我面说要枪毙冯，也许是做给我看的，说明他已对部下下了最严厉的命令。

就在那天夜里，又有两列车的川军由晋南经榆次开到寿阳车站，是王铭章率领的后续部队。在那紧急的情况下，我只好令其东开，占领寿阳、阳泉之间铁路以南的山地，掩护前方部队的收容整顿，并归孙连仲指挥。

太原会议及太原失守后的狼狈情况

这时忻口战场经过相当激烈的战斗，对当面的敌人既无法歼灭也没击退，而敌人又陆续增加，不断进攻，我军很难维持。阎锡山打电报给我，同时也直接打电报给各总司令，要我同孙连仲即刻到太原去开会，讨论防守太原的部署。就在那日下午四五点钟，我带同一班卫士到达太原。我的指挥部人员则停留在榆次附近的鸣李村，我关照他们必要时向榆次以南撤退。孙连仲也同他的参谋长金典戎到达太原。

会议是在太原绥靖公署会议厅举行的，由阎锡山主持。到会的除我和孙连仲之外，有忻口方面作战的卫立煌和晋绥军的高级将领，山西省政府主席赵戴文、参谋长朱绶光、参谋处长楚溪春都在座。阎锡山把必须保卫太原的理由向大家说了。他的计划是：以忻口方面退下来的部队据守太原北郊的既设工事，并派一部守汾河西岸高山的工事；以娘子关撤退的孙连仲部据守太原以东的高山既设工事；以傅作义部死守太原城。

在会上，我提出意见，不很赞同这个计划。我并非认为太原附近的既设国防工事不应固守，而是认为忻口和娘子关两方面的部队正在败退，恐怕在还没有占领阵地的时候就被敌人压迫到太原城边来。同时，那些所谓国防工事的可靠性，亦是一个谜。这是我在娘子关方面得到的坏印象。万一那些部队站不住脚，被敌人压迫下来，这许多人马，前方后方都混杂在太原城区的锅底里，其危险的后果就不堪设想了。

太原是阎锡山统治山西二十多年的首府，是他毕生所经营的兵工业（太原兵工厂）和其他某些工业的所在地，也是山西集团官僚们多年积聚财富的集中地点，阎是不肯轻易放弃的。

我认为太原城固然不宜轻易放弃，因为那时候失守一个省城，全国都会震动的。但我不主张以野战来支持守城，而应以守城来支持野战部队的休息整顿。也就是说，即使守城部队都做了牺牲来换取大多数野战部队休息整顿的时间，也是值得的。如果照阎锡山的计划，用所有的部队（除守城部队之外）防守北郊既设工事，以支持守城部队，即使都能按照计划占领阵地进行抵抗忻口方面南下的敌人，但我估计娘子关方面的敌人与忻口方面敌人是配合行动的，这样娘子关方面敌人没有一些阻挡就到了太原城的东南门，由南北两方面同时夹击太原城和据守北郊工事的野战军部队，其后果是不堪设想的。

我主张将娘子关方面的部队（那方面能掌握的只有孙连仲部和一些续到的川军）撤至寿阳县铁路线以南，和榆次县以东的山地收容整理，并与八路军联络。日军如直攻太原，则从敌人侧后予以袭击。日军如向南进攻，则沿同蒲路东侧山地逐步撤向太谷、平遥。忻口方面的部队，除派一小部守北郊既设工事作守城的警戒部队外（必要时撤过汾河以西），其余皆撤过汾河占领汾河以西的高山地区，监视敌人，从事整顿，必要时则侧击敌人。这样布置，则由忻口、娘子关撤退下来的部队，既可休整，也可牵制敌人攻击太原城，太原城也可作为城外部队的支援。

我这些意见，孙连仲和卫立煌当初都是赞成的，而阎锡山仍坚持他的原计划。晋绥将领向来对阎的计划不敢表示异议。我更指出，忻口会战是费了很长时间的准备才能进行的，怎能在大撤退之后又再匆匆进行另一场会战呢？时间是决不许可的。

最后会议上就剩了我同阎锡山相持不下，其余的人都是在战场上多少天未睡的，就在会议厅打起呼噜来，不再管什么计划不计划、争论不争论了。会议开到了午夜一点多钟仍无结果，最后阎锡山说："军队已经行动了，要改变也无从改变了。"原来阎锡山打电报要我们来开会的同时，已将他的命令下达给各部队总司令了。

阎锡山说完上面那两句话之后，就对朱绶光、楚溪春、赵戴文轻轻地说："咱们走吧！"他们就离开会议厅了。有些人还睡着不知道呢！楚溪春对阎说："还未宣布散会，会上的将领还不知道呢！"阎说："不用管了。"不久电灯忽然灭了，不仅太原绥署漆黑一团，整个太原城也没有半点灯光了。这种狼狈情况，是我在国内战争和抗日战争中所未见过的。

但我对蒋介石应有一个交代，便摸到长途电话室打电话给侍从室主任钱大钧。巧得很，电话一挂就通了。我把娘子关和忻口战场两方面的溃败情形和太原会议情形告诉了钱大钧，要他转报蒋介石。钱问我太原能守多久。我说很难说，如果照今晚的情形来看会议无结果姑且不论，而高级将领多半不能回到部队去指挥，这样混乱是很不妙的。我告诉钱大钧我立刻要离开太原了，要他听以后的消息。那是一九三七年十一月四日的深夜两点钟。

我打完南京的电话，走到绥署大门停车的地方，竟然静寂得怕人。

指定给我使用的汽车找不见了，更没有其他的汽车，真使我心里着急。我想起傅作义以往和我打过不少交道，有相当的感情，他负守城的责任，当然还在城里，去找他或许还有办法。但当时满城漆黑，也不知道傅的司令部在哪里。我的随从副官周杰英劝我赶快走，迟了怕被封锁在城里就不好办。我带着十多个卫士摸到南门，幸城门还开着。这大概是因为阎锡山还有许多贵重的东西没有运完，汽车仍在进进出出。

我们出城由公路走向汾河桥（太原汾河桥有两座，一在城南，一在城北），在桥上又遇到了很困难的问题。汾河桥桥面很窄，汽车只能单行。很多由太原满载物品的汽车要向西开，而那些回太原运东西的空车却要向东行，彼此不肯相让，闹成一团。有些司机已在车上呼呼睡着了，一点也不着急。我见这样情形，如果相持到白天（那时已是深夜三点多钟了），敌机一来轰炸，岂不都完了吗！于是我这个战区副司令长官就暂时充当汾河桥的交通司令。我拿出副司令长官的名义向那些空车司机说理，连劝带骂，弄了一个多钟头，要他们向后退让，因回空的车占少数，后退也比较容易，让那些载重的汽车过完，然后过去。我还在桥头派我的卫士执行这个任务。

天快亮了，我同副官、卫士截住一部回空卡车，乘着来到太原西南数十里的开栅村停下来。第二日早晨到乡公所查问，才知道这地方离交城县不远。我们到县城打听，才知道阎锡山也到了那里。阎锡山那晚临走的时候，并未告诉我他将到什么地方去，在这里是无意中遇到他的。我去见他，把昨夜出城的经过概况说了。他问我："你看太原能守多久？"我说："很难说。我很担心城外的部队昨晚和今天是否能进入阵地站得住脚，守城还在其次。"他又说："宜生（傅作义号）是守城有名的。那年他守涿州两个多月，抗住了数倍的奉军和优势炮火。我在城里储备了半年以上的粮食和弹药，太原的命运就寄托在他的身上。"我对傅作义过去的守涿州也是钦佩的，但是当时我想，相隔十年，时代不同了，而敌人又是气势方张的日军，是不是能同守涿州那样守得住，心里很怀疑，只是口里不便说什么。

阎锡山要我住在他那里，好遇事商量。我住了一夜，告诉他娘子关撤退下来的许多部队还得去收容。他不说什么，随叫交通拨给我一辆卡车和一辆小轿车。次日一早我坐汽车由交城经汾阳、孝义向介休进发。在路上两次遇到敌机，幸而发现得早，不待扫射我已躲进路旁的沟里去了。虽然遭到扫射，人车都未受损。汾阳、孝义的老乡们还不知道太原的情形，仍然是熙熙攘攘来赶市集。我们到了介休，情形就不大相同了。那是同蒲铁路的大站，刚被敌机轰炸，车站毁了，正在燃烧着。停在站上的列车也炸得乱七八糟，死亡的士兵尸体不堪触目。车站的人员都逃散了，打听不到以北沿线的消息。在黄昏的时候，我找到了失去联络的卫士队，他们是在榆次将失陷的时候步行退到介休的。他们说，指挥部人员比他们更早些时候已乘火车南下了。这个卫士队就是我当时唯一能掌握的二百多人的部队了。我同他们在介休、灵石之间一个小村里住了一夜，次日出发，傍午到了灵石城稍北公路上靠近长途电话线的小村里。我就在那里进行收容，但是退到那里的都是零星失散的士兵，没有官长率领，集合不起来。显然可以料到，娘子关方面的部队，多半是由昔阳向和顺方向南进，或者是由榆次向太谷，或者是向沁县南进。铁路是敌机轰炸的目标，他们是要避开的。

我用电话向各方面联络，想找阎锡山说话，报告东面的一切和探问太原城的情形。阎的声音很低，五台话也难听懂，最后只好由参谋处长楚溪春代为答话。楚溪春说太原城于十一月八日丢了。这是我离开太原城的第四日，也就是太原城只守了四天。当然这是出乎阎锡山和蒋介石的意料，就我来说，虽意料守得不会太久，但也料不到会丢得这样快。阎锡山本人那时已由交城移到隰县的大麦郊，此后的行动我就不清楚了。

在这里，还得回过笔来补写一些太原会议后和北郊战事以及其他的情况。这些材料是根据曾经亲与其事的人事后告诉我的。

太原会议到深夜无结果，阎锡山同他的幕僚偷偷地溜走了，电灯也黑了，我狼狈逃出太原已如上述。据孙连仲后来告诉我，他摸到城门时，守城部队快要把城门堵塞了，说了许多好话，守城兵才肯把城门的堵塞物弄开了让他走出来。他的部队原指定是占领太原东边一带设有工事的高地，但由于时间急迫，部队收容了多少都不知道，更谈不上占领阵地抵抗敌人了。于是他只好带领在身边的一些人渡过汾河在河西山地上乱跑乱窜。他遇到由忻口退下来的部队，也不占领北郊工事从事抵抗，而是向西北乱窜。又据孙部第三十师第八十九旅旅长侯镜如说，第三十军和他的部队也未能占领太原以东指定阵地，就被敌人压迫向南撤退。当时未参加忻口会战的裴昌会师，虽奉命当晚开到阳曲湾据守既设工事作为掩护，也未到达就溃乱南撤了。所以原定据守北郊既设工事保卫太原的计划，由于当晚的混乱，根本不能实施。敌人从北面、东面直迫太原城，太原从而失陷，造成华北战场的最大损失。

我在灵石住了几天，没有什么部队可收容，每日除了打电话给南京报告之外，就没有什么事可做。我在电话中同钱大钧说，山西的战局就是这样，我再在这里已没有什么作用，想要蒋介石把我调回南京。钱大钧还告诉我说，阎锡山对我很有意见，他认为忻口会战是由于娘子关方面的作战不力而致溃败失利的。我当然不同意阎锡山这种推卸责任的说法，但也不想辩什么。钱大钧同情我的处境，答应转报蒋介石，但说也须征求阎锡山的同意。我见在灵石没有什么事可办，遂决定退往临汾。临汾是晋南比较大的地方，山西省政府和绥靖公署的人都退集在那里（但阎尚未到）。在那里，我见卫立煌也退下来了。不久我得到蒋介石的核准和阎锡山的同意，乘专车离开山西回南京。山西以后的情形我就不知道了。

娘子关战役中的第二十七师

徐宪章※

抗日战争开始时，孙连仲的第二十六路军在房山、琉璃河、马头镇一线与日本侵略军作战。敌恃其优势兵力，沿平汉路南下，于一九三七年九月二十四日占领保定，二十九日占领正定，十月十日占领石家庄。敌第二十师团又沿正太线进犯晋东，配合晋北忻口作战，企图钳击太原。

我当时任第二十七师第七十九旅参谋长，与旅长黄樵松一同指挥作战。第二十七师奉命由获鹿上车，到晋北增援忻口作战。迨车行至岩会、下盘石时，因晋东情况紧急，就在下盘石、岩会一带停止待命。十月十二日，第七十九旅奉命由下盘石开回娘子关布防，阻敌西进。我同杨团长和第一五七团副团长杜幼星，随第一列车前往娘子关，侦察地形，部署阵地。列车刚进娘子关车站，站上的勤务人员就找我接电话，黄旅长叫我们原车返回下盘石。这时，有敌机一架，掠过娘子关，打了几个圈子，向东飞去。我们列车即向下盘石回开，正开到层峦壁立的山腰中，忽有敌轰炸机三架，呈"品"字形由东向西飞来，投下若干炸弹，一枚命中车厢，伤亡七十多名。傍晚，继续开向下盘石。到站时，还是要再开娘子关。

第七十九旅回开到娘子关。黄旅长即以第一五七团在南峪、雪花山之线占领阵地，以第一五八团在娘子关构筑阵地。采取纵深配备、节节抵抗的战术。第八十旅在下盘石，师部在岩会。

敌第二十师团与我友军第十七师和第三十一师对战于井陉、乏驴岭一带地区。层峦壁立、车不方轨、骑不成列的地形，使敌人的重兵器减

※ 作者当时系第四十二军第二十七师第七十九旅参谋长。

低了运动的速度，敌人的飞机也难以发挥破坏或杀伤力。敌人感到由正面进犯，要付出相当代价；同时，敌人根据前几天飞机追炸列车的情况，误认为娘子关守军已经向西撤退。于是，派出两个联队，采取迂回战术，由正太路南侧小径绕攻长生口，经大（小）龙窝、核桃园，企图乘虚捣入旧关，插到纵深的下盘石，切断正太路交通。

当敌人这支强有力的迂回部队，进到旧关时，即遭到曾万钟第三军的抵抗。其计不得逞，即以第七十七联队偷袭娘子关。

此时，黄旅长发现敌人深入到旧关，正是我军歼敌的良好机会。同时，又认为平原有利于敌，山地则有利于我，决心来个防御中的进攻战。即以第一五八团（缺第二营）附两个登峰队，于十月十五日夜袭核桃园，以期与第三军夹击侵入旧关之敌。于怀忠登峰队曾占据大（小）龙窝，切断敌人后路，阻止敌人增援。

娘子关阵地，留下焦文彬第二营守备。

杨团于十月十五日凌晨出发了。我为加强其指挥，带着特务排的一个班，随后跟了上去。行至中途，东方已现曙光了，娘子关方面的机关枪声响了，继之闻有炮声，弹着点落在娘子关左侧山上，即知其为敌炮射击。同时，核桃园方面也闻到稀疏的枪声。我想，敌人既附有炮兵，来势必不小，娘子关只有一个步兵营，势难抗御得住；如果娘子关有失，则井陉以西阵地，纵不全部瓦解，亦将大受影响，我旅应负严重的责任。我袭敌后，胜负尚属两可，即或有胜，也非在短暂时间内就可以解决。敌攻我虚，局势是很严重的。想到这里，心头上好像压上一块大石头，感到非常沉重，决心改变原来计划，除以于怀忠登峰队仍然执行前任务外，则以时尚彬队监视旧关之敌，杨团向北转移，以压迫敌于娘子关头而歼灭之，并将变更的计划，飞报黄旅长。又考虑到杨团长不肯更改命令又该怎样办，我就说是旅长叫我传达命令而来的。我的腹案决定了，快马加鞭，于旭日东升之际，赶上了杨团长，提出意见，征求他的同意。

杨团长同意了，以时尚彬队对旧关之敌严密警戒。于怀忠队在大小龙窝执行原任务，请侯团长就近指挥。以孙国祯第一营在老虎山头掩护，田敬堂第三营向关沟勇猛冲击。

猬集在关沟之敌，出乎意外地发现我军由后面杀来，手慌脚乱，夺路向旧关回窜。我一时兴奋，亲执重机枪封锁敌人的退路。正打得痛快淋漓之际，左手受伤，算是报国一滴血。

与此同时，黄旅长抽调第一五七团戴炳南第一营增加到娘子关方面，由东向西堵击。杨团、焦营和戴营对关沟之敌形成三面包围，北面又是山壁阻绝，关沟之敌几陷绝境。经过三昼夜的围歼，敌伤亡极大，第七十七联队联队长鲤登被打死。在一个山洞里，用高粱秆遮藏着的三个日本兵也被我们活捉了。

我们不分昼夜地猛攻严防，一部分敌人还是逃跑了。直到十九日，才把关沟的敌人肃清。在打扫战场时，仅关沟一地，即陈尸遍野，火葬尸体尤多。我缴获大炮两门，轻重机枪数十挺，步枪百余支，战马七十多匹，其他如日旗、日币、饭盒、军大衣等无数。还在敌俘身上搜出有千人针的带子，有叫作护身符的铜钱大的牌子。

敌迂回部队受到重创后，不断向旧关增援，我兄弟师第三十师也增加在娘子关、旧关之线的中间，八路军第一二九师也在七亘村侧击敌人。曾万钟第三军、孙震第一二四师在西面，刘伯承第一二九师在南面，我旅在北面，对窜据在核桃园、旧关的敌人形成三面围歼战。连续又经过五昼夜的激烈战斗，使敌人不能越雷池一步，双方成胶着状态。敌弹尽粮绝，专靠飞机投送，有些牛肉、饼干投到我军阵地上。

我军在核桃园、旧关一场激烈战斗中，伤亡很大，戴炳南营长受了重伤。第一五七团军需朱修实为给战士送饭到火线上去，也受了重伤。但也有怕死鬼，第一五七团少校团附杨定一，在娘子关战斗紧急时，带着伙食担子向后溜。黄旅长几乎要枪毙他，后来撤了他的职，以振士气。

敌人为要急需打开晋东的门户——娘子关，以支援忻口作战，以一部由横口车站经南漳镇南下，进入平定县东南，企图攻击我军侧背。固驿铺已经失守了，第二十七师感受后方威胁太重，同时正面的雪花山也失守了。雪花山比娘子关高，敌炮可瞰制娘子关。山西军的炮兵派来两门老山炮，协助第七十九旅作战，老是打不中目标，反而招致了敌人的许多炮火。十月二十四日，敌重轰炸机整日在娘子关阵地上狂轰滥炸。不得已，我们于二十六日夜放弃娘子关。从此晋东门户大开，太原屏障全失。

第二十七师从娘子关撤退后，又在岩会、测石驿等处，由第七十九旅和第八十旅交互抵抗，迟滞敌人西进。到十一月二日，第七十九旅在测石驿一战后，第二十七师的兵员已伤亡过半，就向正太路北侧闪躲，以取得主动地位，待机从侧面袭击敌人。这样，正面空虚了，孙连仲的总部驻在寿阳，而寿阳便成了第一线。孙连仲派军法处长王寿如前来第二十七师师部说：不管牺牲多么大，应以全面战局为重，尽力堵挡。

敌人于十一月八日占领太原。第二十七师于十一月十二日在太原南渡过汾河，向古交镇山区撤退。以后，经交城、文水、汾阳、介休、灵石，到达霍县休整。

上、下盘石之战

石中立※

一九三七年上半年，第四十二师第一二四旅奉命扩编为第一六九师，旅长武士敏升任师长，我任师部上尉译电员。师辖第五〇五旅和第五〇七旅，共四个团。七七事变后，我师由陕西大荔徒步行军到潼关，受到潼关机关和群众的热烈欢送，然后乘车到达石家庄，后经完县大郭村大河凹战斗、滹沱河上游东西金山之战后，敌已陷石家庄和获鹿，正沿正太路西进。我师于是立时向井陉附近之贾庄转进。贾庄在井陉县近郊东北，是一个重要山口。我师至此地一可防滹沱河北岸之敌渡河南进，二可阻截正太线敌之西进。我们夜间到达贾庄，次晨七八时左右，我们准备在此留部分有战斗力部队，其余向西转移至恋庄。我们正在村西口集合开始向恋庄方向出发时，发现村北河沟内有百余匹高大的一色红马，正在河滩饮水。我们在怀疑这是哪部分的马时，发现敌骑兵下马占领沟北高地山梁，又发现一敌兵手执太阳旗爬到我们村西口将旗插在村头坡沿上。这时该敌兵被我特务连士兵用手榴弹击毙滚下坡去，北山梁敌兵开始用机枪向我村西口扫射。我特务连官兵即卧倒以轻机枪还击，刘禹干营的机枪连官兵，随即架起重机枪将河滩马匹大部击毙。山梁上敌兵向西下沟对我包围扫射。这时我们后面部队经村东南口向西转移，亦与敌人接触。我背后村西南是一座孤零零的高山坡，无法翻过。我和参谋处的官兵则在敌人机枪射界内向西沿梯形田迅速突围，敌人机枪及掷弹筒齐向我扫来，打得梯田石子上乱冒火星。王国栋还在扶跑歪了的驮子，我喊他算了快卧倒。张云昭参谋扔掉了他的棉大衣，我把皮带上挂的茶

※ 作者当时系第十四军团第一六九师译电员。

缸、毛巾、牙刷也扔掉，我们都卧倒在梯田沿上，用自来得手枪向敌还击。熊参谋的勤务员小余身上背着拾到的四颗手榴弹不用，而拿一支勃朗宁小手枪乱打。由山沟上来的敌人，正向我们山坡爬来，我随即拿过小余的手榴弹一颗一颗地向沟下敌人掷出。这时特务连上来一个班，用三挺轻机枪掩护我们向西突围，向我们包围过来的敌人，大部都被击毙。我们的石子忠副官大腿被打穿，我用绑腿给他裹上架着向西冲。徐茂才左臂被击中，尚能跑得动。我们一气儿跑了三十五里，到达恋庄。我师奉命配合友军扼守娘子关，防止敌人由娘子关以北太行山小路进攻山西，命我师转至恋庄扼守太行山上进入山西的主要山头小路。我师在贾庄与敌接触突围后，将敌截击退回铁路线，故无敌军再向娘子关以北进攻。我们安然由恋庄西上太行山，至山顶一个小村，只有三四户人家，村名不知。这里无水源，百姓均吃窖水（旱井里收集的雨水）。我们不准饮用居民的窖水，故无法在此停留，随即下山向西南推进至山西的岔口。此地在娘子关以内西北方。

这时沿正太线西犯之敌已接近娘子关，敌人与友军部队争夺雪花山之战进行得非常激烈。敌军以部分兵力攻击娘子关，而其主力则转攻娘子关以南之旧关。旧关被敌攻破，敌人进入山西。我师原奉命增援晋北，先头部队已到达荫营，后续部队尚在上下盘石一带。此时由旧关攻入关内之敌，正巧在上下盘石以东沟道内，已接近我师后面部队。我第五〇七旅发现敌人已尾随在后，王宏业旅长立时命令部队占领沟道两侧山地，封锁沟道，阻止敌人西进，与敌展开战斗。因敌人由东向西，东面山势较高，敌人所占地势有利。我军与敌激战一日半夜，王宏业旅长和武师长均亲在下盘石前线指挥督战。我和段其焘参谋、齐建章译电员本已到达荫营，知后面已与敌激战，师长亲在火线指挥，我们遂带袁崇学无线电排，急赶回下盘石沟口小庙内，等待战斗消息。我们工作的这间小庙，就像影片里白求恩大夫给战士动手术的那个小庙。庙里堆满玉米秸，我们就坐在玉米秸上译发电报。这座小庙正好在南山坡上，也是敌人炮击的目标，不时有炮弹在我们左右爆炸，结果这座小庙也被炸毁，我们只好转移在隐蔽的山沟山坳里，架起机器工作。北山坡我军抵不住敌人的火力，有的士兵往下撤退。师长命令王宏业旅长，用手枪逼令后退的士兵仍返回阵地抵抗，没有命令，不许有一人后退。这样与敌人硬拼了一天半夜。虽说敌地势较高，但在山地作战，敌人的重兵器不能很好发挥作用，飞机、战车、野炮甚至骑兵也不能或很少使用了，所以我们阻止住敌人推进，给敌以极重打击。敌我双方均有很大伤亡。至深夜，师长命令第五〇五旅及各团立即由荫营翻过刘备山，第五〇七旅亦由火线撤下速至荫营西上刘备山。及至我们登上刘备山时，东方已经破晓。荫营以西这座刘备山既陡又高，攀登是比较吃力的，我们在山顶往下看荫营尚在黑沉沉中。敌人已不知我军去向，则沿正太线西犯寿阳。我们经过寿阳以北时，尚可听到寿阳一带的炮声。

我们过了刘备山之后，即向寿阳以北段王、宗艾镇方向转进。据通报得知，晋北之敌沿同蒲路南下，沿正太线之敌向西进犯，目的是在太原会师。因我师损伤较重，必须转移至晋西南接近后方补给线的地方整补，在敌对太原未形成包围圈之前，一定要渡过汾河向隰县大宁一带转进，进行整顿补充。闻太原由傅作义守城，估计也是靠不住的，因在城郊各要害地区未布置有力部队据守，仅在城圈周围拆屋垒障是不能守得住的。我们要尽快通过太原渡过汾河，所以昼夜向太原进发。

旧关争夺战

李振西※

第三十八军教导团原为西安绥署教导团，乃是杨虎城将军储备军事干部的机构，官兵一般都具有初中或者高小文化程度。西安事变和平解决后，杨虎城将军被迫出国，西安绥署撤销，绥署所辖部队均改编为第三十八军，归陕西省政府主席兼第三十八军军长孙蔚如指挥。这样，西安绥署教导团就改为第三十八军教导团。

七七事变后，八月中旬的一天，第三十八军第一七七师师长李兴中忽然来找我，交给我一封紧急电报："第三十八军第一七七师派一个旅及该军教导团，即开平津归石家庄军事委员会高参林蔚指挥，阻击日军南下。教导团的代号为警八师特务营。蒋中正。"接着，李兴中说："电报来了几天了，一七七师五二九旅已经出发，现在因为三十八军指挥的三个独立旅都没有开上去，就是一七七师也只开上去一个旅，马上把教导团开去，你自然会多心，军长不好意思开口，叫我通知你准备。西安事变时，教导团抗日的口号喊得很响，现在真的抗起来了，中央既指名要教导团出去，军长自然也不愿多说话。"

一九三七年八月底教导团开到石家庄。后来在平山县滹沱河畔王母庙至洪子店之间布置阵地。十月十日，与敌展开白刃战，教导团伤亡一百多人，特务第一连连长李光华阵亡，我的腿部负伤。王母庙解围后，始知昨夜全线已开始撤退。教导团奉命固守井陉，我们由平山县南飞虎口进驻山西盂县岳家庄。

大约是十月二十日，电话总机忽然报告：第二战区副司令长官黄绍

※ 作者当时系第三十八军教导团团长。

竑由阳泉通寿阳的电话线上与太原阎锡山讲话。我接过来一听，原来是黄绍竑告急："雪花山失守，敌人一个师团由井陉逼近娘子关，先头几百个骑兵，已出了关沟口，切断了娘子关的铁道，孙仿鲁、冯钦哉被包围在娘子关车站，那里只有两个特务营，附近再没有部队，情势危急，赶快由太原方面抽出些部队乘铁甲车开到阳泉，先打通娘子关的交通线。"阎锡山说："忻口方面战事很紧，能拿上去的部队都拿上去了，这里抽不出兵来……"这时我搭了腔："我们可不可以开来？"阎锡山咆哮如雷地问："谁在偷听？"我赶忙说："我是第三十八军教导团团长李振西，由滹沱河退下来后失去联络。"黄绍竑说："你就是李团长？你们现在哪里？""我们在盂县岳家庄。""距娘子关多远？""看地图不过一百华里，现在才下午五点，我们马上出发，经寒潭、上下盘石这条路，明天可以赶到。"他转向阎锡山说："这是杨虎城的卫队团，就叫他们开来吧！"接着对我说："娘子关只有两个特务营在那里抵抗，第三十军特务营在下盘石，你们到那里时与他们联络，以后就归孙总指挥指挥！"

虽然有月光，但山路崎岖，上坡翻沟很难走，我团过寒潭抵上盘石，太阳已经冒花。先头第一营到娘子关对面的上椒园时，发现几百日军骑兵正在那里做饭，连哨兵都没有放。我第一营居高临下，一下子冲到面前，冲得敌人狼狈逃进关沟。由夺获的敌人作战命令中，知道当面之敌是川岸师团，他们的目的是配合晋北板垣师团作战，会师太原。命令的概要是：川岸师团的第七十九联队突破雪花山后停止该处扫荡；第七十八联队附骑兵大队、炮兵大队、战车大队占领娘子关后，即沿正太铁路经寿阳直向太原挺进；第七十七联队沿公路经平定由正太铁路南侧向榆次前进，以一部停止榆次，主力会攻太原。

我军由滹沱河撤退时，第二战区的对东作战计划是：第二十六路军孙连仲部、第十四军团冯钦哉部以主力在井陉附近布防，以一部守备娘子关，而以第十七师赵寿山部守井陉附近的雪花山。大本营派黄绍竑为第二战区副司令长官，驻阳泉担任东线的指挥。但因日军进军太快，雪花山的守军还没有加强守备，就被突破。第十七师师长赵寿山虽然把失守雪花山的该师第五十一旅的团长张世俊枪毙，但是要隘已失，势难阻止敌人的前进。孙连仲、冯钦哉两人由石家庄直接进了娘子关，每人也只带了一个特务营，其他部队还没有联络上，这样就敞开了娘子关的大门。川岸师团于占领雪花山后，乘虚而入，占领了旧关。先头骑兵大队于十月二十日下午出关沟，切断了娘子关的交通，包围了娘子关车站。第二天早晨，川岸师团的第七十七联队、第七十八联队沿公路通过旧关，进入关沟。第七十八联队先头刚到关沟口，就遭到教导团的突然袭击。

旧关是正太铁路没通车前的娘子关。正太铁路通车后，把进入山西的第一站称娘子关，而把原来的娘子关改称旧关。旧关只有一个残破的箭楼，两旁尽是一堆岩石挤着一堆岩石。

一九三七年十月二十一日上午，教导团第一营营长殷义盛带着该营的五个连击退下椒园的敌骑后，跟踪追击，把溃退的敌骑全部压迫到关沟内，封锁了关沟口，等待后续部队的到达。孙连仲没说什么，而冯钦哉却要他们继续以密集部队往里冲。这时我正在上盘石行军途中，虽然听见前边有激烈的枪声，但究竟是怎么一回事，还不大清楚。我带第二营到椒园时，第一营已在关沟内与敌激战，伤兵不断地向下抬。娘子关交通已恢复，老乡们携老扶幼地向后逃。孙连仲派人把我叫到他的住所。孙连仲、冯钦哉住着国防工事一明两暗的三间大窑洞，另外还有许多窑洞，堆着各种弹药。医官给我换药后，孙连仲说："第十四军团的两个师到现在还没有联络上，第三十军的池峰城师才到昔阳境内，娘子关无兵可守，太原又抽不出兵来。娘子关一失，太原很快就要受到威胁，慢说晋北的大兵团撤不及，就是娘子关、太原等地堆积的军用物资，抢运都没有时间，目前就看你们了。你们这个团的战斗人员，比一般的旅还要多，近战武器又好，当面敌人今天给你们冲了一下，仓皇钻进沟里，现在趁热打铁，能一下子推出旧关更好。只要能维持两三天，池峰城就赶到了。这对稳定晋中的局势有很大的作用。早上第一营攻击关沟，伤亡虽大，但是敌人比你们伤亡更大。现在后续部队已经集中起来了，最好紧接着跟上去干一下，也许可以把旧关夺回来。只要你们保住娘子关，我担保和黄季宽向中央请求扩充教导团……"当时夺获的敌人的作战命令，还没有翻译出来。我叫中校团附张希文把部队集结到关沟口，跟着第一营往沟里冲。

我到关沟口时，第一营正在沟内五华里处与敌鏖战，第二营的一半也钻进沟里，伤兵一个接一个地往外抬，敌机在上空盘旋。关沟内除第一营一个连接一个连边攻边进外，其余部队都跟在后边往进挤。关沟外的部队，靠在沟口左右起伏地躲避飞机。据下来的负伤官兵说："关沟有二十华里长，两边是悬崖陡壁，几千敌人挤在沟内，骑兵、炮兵、辎重兵和战车把道路都塞住了。尽管敌人挤着向后退，由于受地形的限制，我们也攻不动。"这时，我找了附近几个老乡一问，才知道在这种地形下，我们的战术完全错了。于是叫第一营只与敌保持接触，暂时停止攻击。因为敌人密集在狭长的石峡内，炮车、辎重车、战车阻塞道路，很难迅速脱离我们的控制。况且近战武器——冲锋枪、木壳枪、手榴弹，都没有我们多。敌人的唯一近战武器——刺刀，在这个石峡里，也发挥不了多大作用。飞机、大炮在这里也都失去了作用。这正是我们集中各种近战武器歼敌的最好机会。于是就召集各营营长，研讨石峡作战的方法，最后决定以营为单位，把全营的四十八挺轻机枪以及八挺重机枪集中起来，分为四个火力突击组，每组四十人左右，配属轻机枪十二挺，重机枪两挺，以及冲锋枪等。机枪兵背足子弹，手枪兵尽量多带手榴弹，每组为一波。轻重机枪一挺挨一挺地摆着，把沟内造成火海，步枪兵隐蔽在突击组后跟进，前一个突击组伤亡大了，就停下来补充，后一个突击组再接上去，一拨接一拨地以火力袭击。

傍午，我们按照预定的计划，重新发动攻势。黄昏时分钻进沟里的第七十八联队及骑兵大队、炮兵大队、战车大队，被我第一、第二两营歼灭殆尽，关沟里乱七八糟地摆着几十辆敌人自己炸毁的炮车、辎重车，躺着二百多匹马，还有几百支机枪、步枪。敌人的尸体还在燃烧着。我团伤亡了五六百人。黄昏后，教导团完全控制了旧关，残敌退到关外的山上。

我爬上旧关一看，关前是一座峰峦起伏的大山，在月色朦胧中，对面山上或高或低或远或近地闪烁着数不清的篝火。在摇曳的火光中，可以看出蠕动着的日本兵。原来他们在那里做饭，看样子今晚是不会离开的。激战就在天明。回头看看旧关，只是一个十几公尺宽的缺口，不但没有坚固工事，就连一条交通壕都没有，只有零零星星的几个好像是散兵坑的窝窝。光凭这个关口，如果敌人在对面山上以炮火瞰制，战车一冲就上来了。这时我才意识到情况的严重性。正在焦急的时候，忽然听说第一军团军团长孙连仲、第十四军团军团长冯钦哉由娘子关车站向旧关来了。我急忙回到我的临时指挥所——关沟的卖水草棚等候。孙连仲带一个特务连，背来二三百条麻袋，说明旧关的形势后，紧接着说："敌人原先知道娘子关附近没有我们的部队，因而以行军的态势，钻进了关沟。教导团的陡然出现，是敌人料不到的。当发现情况变化时，限于地形，无法展开。在边打边退的情况下，遭受了极大伤亡，看样子川岸师团的第七十八联队，伤亡得差不多了。可是第七十七联队还有战斗力，第七十九联队还根本没有参战。敌人的作战命令是会师太原，无疑明天要反攻。你们现在也是全部集结在沟里。我们沿途看见一堆一堆的士兵摆了大半沟。现在这么硬的石头，凭部队携带的工具，自然是挖不进去的。敌人占领关前的几个山头，炮火就会压制得关口站不住人。况且敌人今天在沟内打了一仗，地形也熟悉了，如果今天想不出办法，明天就够我们受了！旧关一失，不要说影响大局，就是我们进到沟里的部队，跑都跑不及，你们的处境，我是可以想到的。可是光熬煎是不行的，大家还得想办法。我想来想去，想出了两个办法：第一，乘敌人立足未稳，连夜出击，夺回对面的山头；其次，我带来几百条麻袋，由这里装上土抬上去，堆成掩体，塞住关口，纵然伤亡大，但是，总比敌人一下子冲上来在沟里鏖战强得多。”我说：“我已经在前面看了一回，情况就是这样。我决定采取第一个办法，也只有采取第一个办法。这不是明摆着的吗？敌人占住关前的山头不走，无疑是准备卷土重来，今晚我们不把敌人撵走，明天敌人就会把我们撵走。与其待在这条死胡同里等死，倒不如干脆出去拼一下，成则可保旧关，失败也会叫敌人付出极大的代价！”冯钦哉说：“很好！你们夺回一个山头，赏洋五千元！”随即掏出日记本撕下一页，亲笔写了：“教导团夺回一个山头，赏洋五千元。总指挥冯钦哉。”他当着孙连仲的面交给了我。

夜十一时左右，我召集四个营长和两个团附，说明当前的敌情、地形和我们的处境。还没等我说出腹案，他们便同声要求连夜出击，并蛮有信心地保证能够夺回关前的山头，守住旧关，以待增援部队。这时我把上级的意图和冯钦哉的悬赏说出来，他们只说：“在这时候，难道我们光图五千元吗？”他们同意我把伤亡较大的第一营的四个连调下来，在旧关布置第二线阵地，把该营伤亡较轻的何永兴连归团附兼突击营营长李成德指挥，由正面出击。第三营从右翼出击，第二营从左翼出击。出击部队秘密集结到关外，限一时左右，完成攻击准备。首先以何永兴连配合便衣队攻击关前迎面的主要山头后，以火力策应各方面作战。第二营攻占右翼山头后把重点指向公路两侧，阻止敌人沿公路增援部队。

攻击开始前，据第一营何永兴连的潜伏斥候报告：“黄昏时，敌人来来往往地忙乱了一阵后，除半山腰里有做饭的火光外，再没动静。根据火光堆堆判断，当面之敌最多不过一两千人。十二时左右，公路上还有几辆战车巡逻，十二时以后，一片沉寂，好像是都睡觉了。何永兴连在出击前是守旧关的，对当面的敌情、地形比较熟悉，配属该连的便衣队八九十人，均携带木壳枪、手榴弹，早已秘密接近敌人，潜伏在岩缝中、石坎下。突击营的手枪连、冲锋枪连、迫击炮连，装甲车队的重机枪，都在何永兴连后集结完毕。攻击信号发出后，便衣队首先消灭了敌人哨兵。何永兴连一枪没打便摸到敌人跟前，突然一片杀声，震荡得山鸣谷应。敌人从梦中惊醒还没有来得及抵抗，我们的大刀已砍在他们的头上。紧接着突击营冲上去，冲锋号音处处相应，很快就拿下旧关迎面的两个重要山头。两翼出击部队也先后拿下了屏障旧关的所有重要山头。打死敌人三四百名，炸毁战车四辆，夺获炮两门、三八式机枪、步枪二百余支。拂晓前，我们胜利地完成了出击任务，也基本上完成了初步防御部署。我们伤亡了排长以下官兵三百多人。第二战区副司令长官黄绍竑、第一军团军团长孙连仲、第十四军团军团长冯钦哉接到我们告捷的电话后，才松了一口气。孙连仲笑着对冯钦哉说："钦哉兄，这一下你得掏腰包了!"冯钦哉说："我的命令是夺回一个山头，赏洋五千元，他们夺回的是八个，怎么赏?"大家还以为他在说笑，谁知他是这样说的，也真的这样做了，居然始终一文没给，后来还是黄绍竑拿出来三千元。当时在娘子关的《大公报》战地新闻记者陆诒的《旧关之战》的特写，战地文艺工作者宋之的《旧关之战》的剧本，联华电影公司战地摄影记者吴永刚拍摄的《娘子关战记》的影片，都写上了这一幕。

自从驰援旧关以来，部队一日两夜没有休息，连饭也只吃了一顿，加上胜利冲昏了头脑，连工事都没做，就在阵地上躺下了。满以为敌人的两个联队，被我们打成残废，没有相当时间，不会卷土重来。于是各连的炊事兵，把行军锅背到各连排的阵地上烧起饭来。不意炊烟上升，恰恰给敌人指明了我们阵地的位置。阵地上的官兵连我在内吃罢饭，就大睡特睡起来了。

曙光逐渐照亮了起伏的群山，到处摆着我们阵亡官兵和敌人的尸体以及一堆堆敌人的骨灰。太阳刚一尺高，忽然一声巨响，山崩地裂，把我们从梦中惊醒。但见空中有敌机十二架，编队轮流轰炸与扫射，敌人一个联队的炮兵全部放列，连续射击。光秃秃的山头，毫无掩蔽，敌人的每一颗炮弹，都给我们以重大伤亡。川岸师团的第七十六联队，在飞机大炮掩护下，战车前驰，一开始就是冲锋，一波接一波地向我们阵地冲。多亏阎锡山造的滚山雷，个儿同西瓜一般，只要敌人接近我们阵地二百公尺左右准备发起冲锋时，守兵就拉断导火索滚下去，比十五榴弹的杀伤力还大两三倍。敌人一波接一波地向上冲，我们就一个接一个地往下掀滚山雷，打得日本士兵伤亡一大片。傍午，我们虽然打退了敌人五次冲锋，但是我们第二营营长阎维良、第三营营长钟期恭均负重伤，一百多个连排长和一千多个士兵伤亡。中午，除敌机和炮兵仍继续轰击外，步兵退回到他们早起的攻击准备位置上停止攻击。下午二时左右，是敌最后一次也是最激烈的一次攻击，敌人分几路向我阵地全面攻击。一路指向公路两旁的第二营阵地，几挺重机枪架在该营阵地左侧的一个土坎下。这是一个无法消灭的死角。一千多个敌人分两股向公路右侧该营突出部分第六和第八两连阵地前进，虽然有的敌人中弹倒下去了，但是整个敌人一枪不发地保持着可怕的沉默，像螃蟹钳子似的渐渐合拢过来。几架敌机在阵地上空盘旋，八辆战车沿公路掩护。一接触就是肉搏战。敌人第三次冲上来后，我第六和第八两连官兵都为国捐躯，壮烈牺牲了，阵地被敌人占领。我急忙把守旧关的第一营两个连增加上去，冒着敌人战车的冲击，突破封锁线向该处反攻。这时，占领我第六和第八两连阵地之敌，以一部停止该处，而以主力转向公路左侧的我第二营第七连的阵地。第七连连长崔俊英是当时二十多个老连长中仅有的一个没有负伤的，而且是全团官兵中仅有的具有实战经验的。该连官兵尚保持一百人左右，捍卫着屏障旧关左翼的最重要的据点。这个阵地瞰制着整个通旧关口的公路。这个阵地的得失，不仅影响旧关，而且侧射能使关外的几个山头都待不住人，想撤退也不可能。敌人对这个阵地，投入了极大的兵力。战斗的激烈程度，超过当时的任何一次战斗。教导团的官兵，英勇报国，奋不顾身。一时只听到第七连阵地上的守兵，不是这个排说，报告连长，只剩下我一个了；就是那一个排的阵地上的守兵说，报告连长，我们排长阵亡了，现在只剩下我一个了；要不然就是说，报告连长，枪打坏了；连长们则说，不要喊叫，扔手榴弹！至于负伤不下阵地、裹伤战斗的官兵，在这里已经是触目皆是。这时我叫中校团附张希文把团部通信部队、卫生部队、传令兵，连书记、司书、军医、副官一齐编组起来，接替旧关第一营阵地，把第一营全部增加上去。经过两小时的激战，才击退了敌人的疯狂进攻，收复了所有的阵地，稳定了战局。从此，敌人虽然继续以大炮轰击，而步兵始终再没上来。阵地虽然仍在我们手中，但是我全团官兵却只剩下八九百人。为了应付第二天的战斗，就重新调整部署，把剩下来的几百人编为九个连，以团附李成德、第一营长殷义盛各指挥三个连，担任两翼阵地，以中校团附张希文指挥三个连担任正面阵地。我带几个卫士、副官和秘书李唐民、中校团附徐明勋、副官主任陈纯仁、书记史文征，蹲在旧关上作孤注一掷。第二天天刚亮，敌人的炮弹同机枪弹一齐落到我们的阵地上，飞机也来轰炸和扫射，自早至午没有停止过，但是敌人步兵始终没敢前进。太阳快落的时候，孙连仲来电话："老弟！池峰城到了！"我们才舒了一口气，娘子关的保卫战，胜利地完成了。

第三天拂晓前，第三十军第三十一师池峰城部接替了我们的阵地。孙连仲命令教导团开阳泉，归副长官部直接指挥。薄暮时，教导团剩下来的二百多官兵从阵地上撤下来刚出关沟口，正在通过铁道打算到对面椒园休息时，忽然由娘子关来了一个火车头，带着四辆车厢，飞驶而过，来不及躲避的八十多个官兵，又被碾死撞伤。到此，教导团三千多个官兵，只剩下一百多人。傍晚，孙连仲、冯钦哉两人来到椒园。孙连仲说："据池峰城报告，阵地上还摆着你们阵亡的官兵和各种枪支，你今晚派人把战场清理一下，明早就到阳泉去休息。"我说："你看我只有一百多官兵，二百多匹骡马，眼前的都招呼不过来，怎个清理法?”冯钦哉说：“好了，你派人掩埋尸体，枪支我派人去拾掇，给你们保存下，等到你们补充好了，都交给你们。”孙连仲说：“我也给你们帮点忙，你们阵亡的官兵，我派人去掩埋。”第二天，孙连仲派了一个营会同教导团副官主任陈纯仁把我们阵亡的两千多个官兵集中起来，在旧关关沟口埋了几个大冢。我含着满眶热泪，默祝将士们的爱国精神永世昭明！

池峰城师接防后，娘子关正面完全由孙连仲负责。连日敌人炮兵虽然不断射击，但是步兵始终没有进攻。后来敌人占领了旧关，我三千多忠勇战士肉搏换来的雄关，又复沦于敌手。当日傍午，敌人已深入到阳泉车站附近。第十四军团冯钦哉部闻风转移，第二战区长官部急调第三十军回师阻击深入之敌，但为时已晚，无法补救。娘子关战局从此不可收拾，深入之敌又乘虚而入，太原告急，更影响了本来就很紧张的忻口战场。

保卫娘子关战役

蒙定军※

一九三七年七月七日，卢沟桥抗战爆发，当时正在庐山受训的陆军第三十八军第十七师师长赵寿山，七月八日首先请缨北上抗日。不久，第三十八军之第十七师与第一七七师之第五二九旅，在陕西渭北地区集结誓师，于七月二十一日从陕西三原县出发，二十四日抵达河北深县待命。八月二日奉命进驻保定，布防于保定以北之漕河车站至新安镇一线阻击敌人。此时，周恩来、彭德怀经太原、石家庄来到保定前线看望第十七师，并鼓励全体官兵巩固西安事变成果，坚持长期抗战。第一七七师之第五二九旅奉命由河北保定前线调到山西忻口对日作战。

九月中旬，日本侵略军以三个师团八九万兵力沿平汉铁路两侧向南进犯，部署在保定以北平汉线上的孙殿英部一触即溃。此时，平汉铁路前线总指挥刘峙乘火车仓皇南撤到豫北，华北前线部队指挥无人，蒋介石命第五十二军军长关麟征为临时指挥官，指挥张耀明的第二十五师、郑洞国的第二师和赵寿山的第十七师坚守保定，第十七师布防于保定以北之漕河防线，但一部分兵力分割给友邻部队使用。日军首先向第十七师阵地进攻，经过激战，阵地反复易手，敌不能前进。敌人遂兵分两路向第十七师的左翼友邻部队防地进攻，阵地被突破。关军两师南撤，九月二十四日保定失守，第十七师与关麟征失去联系，且有被日军包围之势。赵寿山师长与旅、团长研究之后，撤至阜河一线继续阻击敌人，并与敌展开白刃格斗。两次战斗毙伤敌数百人，自己也有重大伤亡。部队遂向石家庄以东转移，至晋县一带收容整顿。

※ 作者当时系第三十八军第十七师参谋处第三科副科长。

十月初，沿平汉线南犯之敌，在进攻石家庄的同时，以一部兵力西进，企图夺取娘子关，与由晋北南下之敌会攻太原。此时，保卫娘子关对于稳定华北战局有着极其重要的意义。当时在娘子关一带有孙连仲的第二十六路军、冯钦哉的第二十七路军和曾万钟的第三军。第十七师奉命归冯钦哉指挥，但冯指挥部位置不定，电台无法联系。蒋介石派黄绍竑为第二战区副司令长官，担任娘子关前线指挥官。当时，奉阎锡山、黄绍竑命令，第十七师防守娘子关、旧关一线。由于日军向西推进的速度较快，与我向娘子关前进的第十七师距离较近，赵师长接受防守娘子关外围的任务后，即率领部分兵力主动出击，敌在获鹿附近滞留了两天。第十七师趁此机会在雪花山、乏驴岭一带进行了部署。娘子关外围没有既设防御工事，雪花山、乏驴岭又均为石山，构筑工事困难，只能用麻袋装土做成掩体，在拥有优势装备的日军进攻面前，第十七师的防御任务是十分艰巨的。

十月十二日晨，日军川岸文三郎第二十师团向娘子关发起全面进攻，雪花山首当其冲。激战两天一夜，雪花山反复易手数次，敌受挫于我阵地前。唯我右翼刘家沟东端阵地，遭敌空炮猛烈轰击，守兵伤亡惨重，阵地失守，敌遂向旧关突进，同时，又以千余兵力攻我左翼雪花山阵地。赵师长为保持雪花山防御的稳定，并牵制西进旧关之敌，遂抽调一个团的兵力，亲自率领，于十三日晚五时，分三路主动向井陉南关之右侧背出击。我出击部队右翼在第九十八团陈际春团长的率领下，于晚十时歼灭了突入我刘家沟、长生口阵地之敌。左翼为第一〇二团第二营向井陉县城实施佯攻。中路在第一〇一团张桐岗团长率领下，于雪花山麓（石板片附近）与敌增援部队一千余人相遇。我趁敌正在休息，立足未稳，立即发起冲锋，官兵奋力冲杀，白刃肉搏，毙敌尸横遍野，敌不支，向东奔窜，我跟踪追歼。至午夜，我连下施水村、板桥、朱家川、井陉南关车站。缴获大炮、机枪、骡马及战利品很多，其中山炮、野炮有数十门。正当我军在井陉车站扫荡残敌、清理战场时，忽报敌已占领雪花山阵地，并以强大炮火向井陉车站猛射，已逃窜之敌也反扑过来，对我出击部队十分不利。在此危急时刻，赵师长立即调集出击部队，向占领雪花山之敌发起反攻。至十四日拂晓，敌继续向雪花山增加兵力，我伤亡逾千，且火力弱，仰攻不易，而敌机亦不断向我前沿阵地扫射轰炸，我军遂向乏驴岭转进。十四日晨，赵师长将防守雪花山疏虞的第一〇二团团长张世俊就地处决，以正国法。在坚守雪花山战斗中，第一〇二团共产党员、连长张登弟坚守阵地，英勇奋战，全连壮烈牺牲，无一生还，英雄事迹，可歌可泣。

敌占领雪花山后，时时向我乏驴岭阵地发起攻击，企图突破正面，与旧关之敌会合，继而进攻娘子关，激战数昼夜，敌不能越雷池一步。敌华北方面军司令部不得不承认“井陉附近之敌顽强抵抗，战斗没进展”。十九日晨，敌增兵两联队在优势炮火及飞机掩护下向我攻击。我官兵依托阵地，沉着应战，奋勇抵抗，敌未得逞。十时许，敌机二十余架，与炮兵配合，猛烈轰击我防御阵地，并掩护步兵再次攻击。激战至下午一时，我守备乏驴岭之补充团翟济民团长身负重伤，营以下军官伤亡二十七人之多，士兵前仆后继，伤亡过重，弹药殆尽，即以石击敌，终因寡不敌众，乏驴岭南侧阵地为敌突破。我守备荆蒲关的黎子淦营，终日与敌殊死战斗，至下午五时，第八连连长阵亡，营长黎子淦负伤，全营除十余人外，其他均负伤力战壮烈捐躯。其中九连排长刘惜棠（共产党员）全排壮烈牺牲。此时，乏驴岭北侧阵地正处于敌三面包围之中，耿景惠旅长、李维民团长率部与敌苦战至黄昏时分，带领百余人向神灵台转移。

至此，第十七师在井陉、雪花山、乏驴岭面对日寇精锐部队，浴血奋战了九昼夜，为保卫太原赢得了时间，同时也付出了很大的代价。此时，全师旅以下指挥干部仅剩旅长一人、团长两人，营长以下干部不及三分之一，士兵仅剩三千多人。已处于不补充难以再战的地步，赵师长曾五次径电蒋介石请求补充，只答复“应听候阎、黄正副司令长官指示办理”。阎锡山明知第十七师损失奇重，不但不给补充，反而借补充之名，要将第十七师之炮兵营归他所有。后经赵师长据理力争，阎才放弃了扣留炮兵营的企图。第十七师在指挥乏人、战斗兵员极少的情况下，不但得不到补充，反而再次受命担负掩护其他部队后撤的任务。第十七师为了纪念雪花山和乏驴岭战斗，以后成立了一个剧团，名为《血（雪）花剧团》，并编了一首战歌，歌词是：“我们在乏驴岭上，誓与阵地共存亡，我们在雪花山上，血花扶着我们的刀枪，井陉车站夺大炮，娘子关外毁车辆。”以鼓舞士气。

第十七师奉命由娘子关正面转移到北面的驴桥岭时，旧关阵地已被敌占领，正在扩大突破口。第三十八军教导团在李振西团长率领下，由河北转进到娘子关，奉黄绍竑命令，随即投入战斗。教导团与敌短兵相接，以刺刀与敌展开拼杀肉搏，全团两千余人，仅剩下五六百人，顶住了敌人的进攻。与此同时，第十七师在驴桥岭激战三昼夜，阻滞敌人前进。二十六日晨，第十七师奉命向巨城附近转进，扼守要道，继续阻敌前进。我与敌奋战一昼夜，突破我旧关以南第三军防线的日军向阳泉推进。第十七师左右翼的友军均已撤退。该师曾多次与上级联系，均得不到指示，为防敌包围，被迫撤出阵地，向西转移。

此次战役，由于指挥混乱，有的部队消极怯战，不能紧密配合，且单纯防御，死守阵地，没有取得应有的战果。第十七师由于抗战坚决，作战勇敢，将士伤亡奇重。该师开赴保定前线时，一万三千多人，娘子关战役后，仅剩三千多人。由于该部作战有功，第二战区副司令长官黄绍竑来电嘉奖称："十七师此次攻守很尽力，损失奇重，殊堪嘉奖。"并赏银三千元，以慰勉。随后，第十七师向阳泉、太原撤退，继续参加抗日战斗。

东回村遭遇战

张宣武※

七七事变后，川军纷纷请缨杀敌。八一三掀起全面抗战后，国民政府军事委员会将川军第四十一军、第四十五军和第四十七军组成第二十二集团军，命令北上抗日。

第四十一军没有骑兵和炮兵。除步兵团各有一个迫击炮连外，全军没有一门野炮和山炮，轻重机枪和步枪都是四川土造，质量极差，数量又少。例如第三六四旅只有八挺重机枪和两挺轻机枪，步枪十之八九没有刺刀，士兵另配一把大砍刀。

第四十一军各部于九月上旬从成都附近开拔出川。到达西安火车站时，成千上万的群众手持彩色小旗，高呼“欢送川军抗战杀敌”口号，高唱抗战歌曲，并赠送大批食品、鞋袜、毛巾、茶缸等慰劳品。他们热情洋溢，使我们深受感动。

当时第七二七团兵员二千三百人，骡马近百匹，只拨给二十节车皮，而且多数是敞车和闷罐车。我们在车内极其拥挤，行程五六百里，人困马乏，已到极点，所以打算下车停留两个小时，稍事休息。但是列车刚到站，就见到蒋鼎文派来的参谋人员。他手持蒋介石的命令，要我们立即原车东开潼关，北渡黄河，到太原归入第二战区战斗序列。十月十二日到潼头下车，十四日从风陵渡渡河。十五日，第一二二师师长王铭章在赵村车站对第三六四旅官兵讲话。他提出了四不原则：“受命不辱，临难不苟，负伤不退，被俘不屈。”十六日乘同蒲车北上，一列车只能输送一个营。十九日，第三六四旅到达太原，官兵被敌机炸死炸伤一二十人。

※　作者当时系第四十一军第一二二师第三六四旅第七二七团团长。

这时，军、师首长都未到，黄绍竑就直接命令第三六四旅乘车开赴阳泉待命。我们当夜到达阳泉，刚下车，黄绍竑又电令我们立即原车东开，到程家垅底车站归第一军团军团长孙连仲指挥。走了一站，站长又转达黄绍竑的电令，叫我们在移穰车站下车，后来又改在岩会车站下车。二十三日夜间，第三六四旅到达岩会车站。二十四日午后，黄绍竑电令我们“即刻出发还击西进之敌”。至于敌从何来、番号是什么、兵力有多少、我旅有没有配合作战的部队、归谁指挥等，都不清楚。

第三六四旅于十月二十四日黄昏由岩会出发，第七二七团在前，向东搜索前进。二十五日拂晓，到达平定县的东回村。正在埋锅做饭，村东忽然响起了枪声，我们的尖兵与日军的尖兵遭遇了。旅长王志远命令我团迅速占领东回村南山阵地，第七二八团以一个营占领北山阵地，以一个营占领村东高地。团部和一个营位于村内，旅部在南山上。上午九时许，我们部署尚未完毕，敌炮即在飞机配合下，轰击我阵地，敌机也来投弹扫射。我们没有重武器，无法还手，只能任其肆虐。十时许，敌炮轰击我东山阵地，第七二八团第二营伤亡百余人。半小时后，敌向我东山阵地发起冲锋，每次四五十人，连续三次，均被我官兵用手榴弹击毙或击退。敌人第四次冲上来时，我们的手榴弹打光了，就用砍刀同敌人展开肉搏。这一批敌人被砍杀殆尽时，敌人又上来一批。作为预备队的第六连，急由半山坡向山顶增援。这时，敌人使用毒气弹，该连官兵几乎全部中毒，生还者不到二十人。第七二八团第二营只剩官兵一百多人，山头阵地遂被敌占。

当东山战斗最激烈时，第七二八团第三营曾去支援，刚到东山山麓，山头已被敌占。他们仰攻，未能奏效，在敌炽盛火力和飞机轰炸扫射下，伤亡过半。

下午二时许，敌一面佯攻北山阵地，一面主攻南山阵地。第七二七团采取梯次配备，以有两挺轻机枪的第一营为第一线，防守山麓；以有四挺重机枪的第二营为第二线，防守山腰；以第三营为第三线，防守制高点；团部和迫炮连位于山顶。敌人照例在步兵进攻之前，先以飞机大炮进行制压射击，第七二七团伤亡二百余人，四挺重机枪被敌压制成了哑巴，一挺轻机枪被摧毁。半小时后，敌步兵逐渐接近，我官兵抡起大刀与敌肉搏。第七二七团第一营第二连连长邵先志被敌人的刺刀戳穿了左手掌，而他右手中的大刀却将敌人的脑袋砍了下来。敌人使用火焰喷射器，我官兵被烧死烧伤不少，在前线抢救伤员的团部军医主任田兆鱼衣服着火，头发被烧光。第一营伤亡殆尽，被迫退守第二线。敌人乘势向我第二线进攻，双方又是白刃混战，反复冲杀。到下午五时，南山仍在我手中。

敌人在进攻南山的同时，也向北山进攻。战至黄昏，敌接近我阵地，第七二八团第一营营长司吉甫下令用手榴弹打击敌人。敌被炸死炸伤多人，攻势顿挫，第一营乘机撤入东回村。

当敌我激战之时，旅部即以无线电向黄绍竑、孙连仲联系，但始终呼叫不到。孤军作战竟日，第七二七团伤亡八百余人，第七二八团伤亡一千余人。入夜后，第三六四旅向西转移。日军不惯夜战，没有追击。我们脱离敌人约七八里，就在山沟露营。

十月二十六日拂晓，北面西回村、柏井驿一带枪炮声紧密，据探报，是第三六六旅正在与敌激战。我旅决定北上，与第三六六旅会合。进至黎坪以北约五里处的一个村子时，忽遭敌拦腰截击，我措手不及，伤亡二百余人。我们且战且退，回到黎坪，占领阵地。二十七日至二十八日，即在黎坪一带山地与敌周旋。多日以来，第三六四旅与上级机关均联系不上，既无法报告，也无法请示。

这时，曾万钟的第三军自旧关撤退，娘子关一带的孙连仲部向西转移，第三六四旅也随大溜向西撤退。第一天退到水冶镇，第二天退到松塔镇。正在松塔镇休息时，由昔阳西进之敌约一个联队向松塔进攻，战至日暮，我们转移到阔郊镇。十月初的一天，第三六四旅到了上龙泉，这才与师长王铭章和第三六六旅会合在一起。越过寿阳，继续西撤，目标是太原。第三六四旅退到榆次以东的长凝镇时，才同军长见面。在长凝镇曾一度同敌接触，当晚宿营北田镇。这时候才打听到，第四十一军各部竟是成团甚至成营地被黄绍竑直接割裂指挥，逐次使用到平定县的西村和阳泉、测石、赛鱼、芹泉一带作战。部队建制被分割得支离破碎，七零八落，结果分批被敌各个击破。黄绍竑的指挥方法是，军团长未到，他就直接指挥军长；军长未到，他就直接指挥师长，乃至直接指挥旅长、团长、营长。结果使一个军在战场上变成了大大小小若干条无头之蛇，蛇无头怎么能行？当师长王铭章到达前线时，第一二二师已经被打烂了；军长孙震到达前方时，第四十一军已经打得不成形了；集团军总司令邓锡侯到达太原时，第二十二集团军的兵力只剩下半数了。

大约是十一月初，第二十二集团军奉命在太原南郊布防，保卫太原。十一月五日，第一二二师由北田镇进至张庆镇。敌机不停地轰炸，敌炮不住地开火，我们又有不少伤亡。十一月六日，第三六四旅由张庆镇向太原南郊的秋村前进。在途中忽见一群穿着和我军一样服装的人从北向南而来，他们大声疾呼："不要打枪，是自己人！后面有敌人追赶，你们快顶住！"到了跟前一看，才知是集团军总司令同他的一些幕僚和随从。

他们说到达南畔村时，忽遭敌人袭击。于是，第七二七团迅速摆开阵势，把敌人打退。十一月八日太原失守，当夜第四十一军向南转移，到达交城，以后经文水到达孝义以南的义棠镇休整。第四十一军损失半数，每旅整编为一个团，另一个团的干部回川接领新兵。原来全军八个团，这时只有四个团了。

我们在平遥、安泽等地行军途中，曾与八路军第一一五师两次相遇，他们总是主动让路。在安泽，以丁玲为团长的西北女子战地服务团曾深入到我军连队演出。在洪洞，孙震军长曾请朱总司令讲授游击战术，两军相处十分友好。

第三十五军太原守城亲历记

韩伯琴※

一九三七年十月二十三日，从绥远撤退出来的袁庆曾在河曲接到傅作义命令驻河曲部队开赴太原的电报。袁接电后，首先对绥远省政府文职人员，做了适当安置：志愿离职的资遣；部分留在后方，随船看守营底（后来分别停于碛口、龙王辿两处）；其余随军转进太原。然后命令驻河曲的两个步兵团，四个国民兵团，还有三个宪兵队，三个警察保安队，由袁亲自率领，于十月二十五日由河曲出发，十一月一日到达太原市。

忻口阵地的攻防战，到十月底已近尾声。第二战区司令长官部决定的作战计划，是以太原为中心“依城野战”。傅作义指挥直属部队第三十五军与晋绥军另二部第二一三旅、独立第一旅为守城部队，从娘子关和忻口撤退回来的部队，占据太原的东山，西山为野战部队；并决定忻口的防守部队于十一月二日晚九时全线退却，转往太原的新位置。退却命令下达后，傅作义指挥的守城部队，于十一月四日以前按照预定计划，全部撤回太原市区，当即按照城防部署进行防守工作。不料其他部队在撤退时，失掉掌握，纷纷向南而去。野战部队一去无踪，只剩下守城部队在孤城固守，“依城野战”的作战计划，成了一纸空文。

傅作义的守城部队，计有步兵第三十五军的第二一一旅（旅长孙兰峰）、第二一八旅（旅长董其武）共六个团；原第六十一军李服膺部的第二一三旅（旅长杨维垣）两个团；第七十三师（代师长王思田）师部；新编独立第一旅陈庆华部三个团。炮兵有第二十一团李柏庆部，炮兵第二十二团刘倚衢部，炮垒大队（这些炮没有配备驮骡，不能移动）郝庆

※ 作者原为绥远省会警察局督察长，当时系太原关厢防守指挥部成员。

隆部和高射炮一个连。部队番号不少，但实际兵员不过一万余人，在周围四十里的太原城圈布防，着实不敷分配。又兼以上这些部队，大部是新编部队或拨补的新兵，而第三十五军本身，又因连续经过商都、平绥线、平型关、忻口几个战役，损失很大（据第四三六团的统计，四个战役，仅营连长就伤亡了一百员），元气已伤，当时每团平均只有约六百人。将绥远调来的四个国民兵团全部补充进去，才算基本满员。同时，傅作义对其他部队在使用上又多所顾虑，不那么得心应手，只好把自己的基本队伍第三十五军，悉数摆在敌人必攻的东城墙和北城墙上，硬着头皮打这一仗。

当时的守城部署是这样：北城从西北城角起，姚骊祥的新编第一团，第二一八旅的第四三五团（团长许书庭），第四二〇团（欠两营，团长李思温），第四三六团（团长李作栋）。东城从东北城角起，第二一一旅的第四一九团（欠一营，团长袁庆荣），第二一一旅的第四二二团（团长王雷震），第四二一团（欠一营，团长刘景新）。南城全面由杨维垣的第二一三旅布防。西城全面由陈庆华新编独立第一旅布防。炮兵分布在全城的各个炮兵阵地。关厢前进阵地，北关兵工厂由第四二〇团团长李思温带两个营防守；东北城外黄国梁坟阵地，由袁庆荣团的张惠源营防守；东南城外郝庄、双塔寺阵地，由刘景新团的韩春富营防守；南城、西城外，由担任城防的杨、陈两旅，分别在太原火车站和汾河东岸派出警戒部队，第三十五军的骑兵连，放在汾河西岸，担任游动巡逻。其余部队，分别编为地区预备队和总预备队。

城内也做了必要布置：先委派曾延毅为太原戒严司令，马秉仁为戒严副司令，指挥绥远宪兵第七、第八两队，担任城内的岗哨、巡查，负责维持城内秩序。后又委派袁庆曾为关厢防守指挥官，指挥部由绥远撤退来的绥远省会警察局长张公量、督察长韩伯琴、民政厅科长高赓虞等组成，负指挥督战任务。傅的总部设在原第二战区司令长官部内。总部院内有第三十五军特务连、宪兵第十队、保安警察第三队，负责总部的警戒。

部署既已就绪，准备在四日黄昏即行封闭城门。封城以前，傅作义曾集合部队作动员讲话。他说："今天就要封城，我们守城，就比方人已经死了，躺在棺材里，光差盖盖啦。"这话是表示与城共存亡的决心，但却起了反作用。当天晚上，不只士兵和下级军官有越城潜逃的，就连总部里傅的亲随中校副官尹绍伊、第三十五军上校处长李荣骅等，也都乘黄昏封城的空子，相偕出走。

四日下午，卫立煌由忻口撤退下来，进太原城和傅见面。卫不主张空守孤城，认为现在依城野战，已不可能，只剩太原孤军守城，徒耗兵力，不会有什么好结果，不如改变计划，一同南下。但傅却表示：守土抗战，军人有责。野战军在，太原当然要守，野战军走了，太原还是要守。至于后果，现在考虑不了那么许多。最后傅在封城以前，将卫送出城外。

从月初忻口我军退却开始，日军飞机对后方侦察便日益频繁。十一月五日，日军步兵已迫近太原，做攻城准备，空军对太原市也开始了有计划的轰炸。太原城内，在五日以前，每逢敌机空袭，空防系统即发出空袭警报；从五日下午起，警报也变成哑巴了。

十一月六日拂晓，日军步兵开始向太原北关兵工厂和东北城外黄国梁坟的前进阵地进攻。敌炮兵在敌机指示目标下，以数十门榴弹炮、野炮，集中火力，向东北城角的城墙猛烈轰击，城墙上部，在硝烟弥漫、地动山摇的震撼中，逐渐被打成缺口，崩落的碎砖土块，在城下摊成斜坡。城防部队也命令炮兵开炮还击，形成整天的炮战。到天晚停战，守城部队连夜将城墙缺口修复。

兵工厂前进阵地的李思温团长以两个营的兵力，依据早已构筑的坚固工事，对优势敌军的进攻，顽强抵抗，曾经击退敌人多次疯狂冲击。黄昏以后，奉令撤入城内。守黄国梁坟阵地的张惠源营，事前准备不够，受敌压迫，提前退回城墙主阵地。至此，北城和东北城角，就赤裸裸地摆在敌人面前了。

十一月七日拂晓，北城外的日军利用关厢建筑物，东门外北段的日军利用丘陵地带，分别接近城墙，开始了全面进攻；同时，还分兵绕过东城，向城南的火车站迂回；另一支日军则由汾河上游渡河，进出于城西的汾河西岸，企图对太原合围。其主力以步炮空联合作战，又向我东北城角猛烈进攻。经守军连夜修复的城墙缺口，很快又被敌炮敌机轰炸摧毁。战况极为激烈，城坡上敌尸成堆，大片黄土已经变成殷红色。我守军也伤亡惨重。日军因整天猛攻东北城角，牺牲很大，未得成功，很不甘心，又在黄昏时调集精锐，加大兵力，再次发动强攻。我城墙缺口守军，全力阻击，终于在兵员伤亡殆尽、援军一时调集不来的时候，被日军一股（约一个营）突入城内，占领了小教场（东北城角以内地区）的炮兵营盘。这个炮兵营盘，孤立在北城墙下面，东、西、南三面都是平坦开阔的操场，在白天我军不易接近，日军也很难向外扩张，同时双方炮兵都不能发挥作用，因而在八日上午形成了对峙局面。日军因后续部队一时不能进城，为了保持这股部队在城内扎下根，曾用飞机空投接济。

太原城内自从戒严司令部成立的那天起，就发现城内潜伏着不少的汉奸敌特，小北门里的天主教堂，就是掩护他们的一个渊薮。在城内大街小巷经常听到枪声，戒严司令部的巡查兵有在执勤期间被敌特黑枪打死的。司令部也常扣捕一些可疑的人，但始终也审问不出一点重要头绪来。主要原因是太原的宪兵早已随着第二战区长官部撤走，太原警察机构已经瘫痪，失去作用，新组织的戒严司令部及其所指挥的警宪部队，完全来自绥远省会，不了解当地情况，只有黑天暗地瞎摸索，偌大一个太原市，一时之间哪能想出有效办法。十一月五日以后，敌机滥炸市区，房倒屋塌，交通阻塞，电杆倾斜折断，电灯早已失明，电话线路时常发生障碍，虽随时修理，也修不胜修，显出一片混乱。到了十一月七日，街头巷尾到处是散兵游勇。不少食品商店（大半已逃亡无人）都被打开了门窗，满街都是酒瓶子、罐头筒子。敌人进城的消息一经传播后，未与敌军接火的部队，军心惶惶，大有不可终日之势。

十一月八日早晨，傅总司令召戒严司令、第三十五军副军长曾延毅到防空洞谈话。曾由傅的防空洞出来，没有再回戒严司令部（在总部东院），就直向总部大门走去，同时派卫士去叫戒严司令部参谋长郗莘田快来。等到郗由司令部出来，曾已走出总部大门以外，郗紧紧赶上，曾见了郗，也始终一句话没说，便直奔他的马号。这时马已鞴好，曾立即上马，向大南门驰去。戒严司令部的参谋副官及勤杂人等，也都闻风赶来。跑到大南门跟前，发现早经封闭的城门，土囊沙袋层层堆积，原封未动。曾当令跟来的卫士随从们搬移沙袋。守城官兵因知道他是第三十五军副军长，当然不敢拦阻。没想到封城时只怕封不牢固，到现在才发现土囊沙袋累积太多，移动不便了。结果卫士们费了老大力气，城门仅仅打开了一个小缝。好在两扇城门稍稍向后移动了一些，门头上却甩出一个较大的三角空隙。曾延毅心急智出，舍掉了坐骑，爬上沙袋，让力气大的几个卫士把他举上门顶，钻出城去（这时候大约九点钟）。出城以后，狼狈地向南赶路，恰巧遇上第四三五团受了重伤的连长张霁浦（后来当了侦察总队总队附，左臂成了残废），骑着一匹瘦弱的劣马。曾向张连长把马要了过来，骑上这匹劣马往正南方向而去。他的参谋长郗莘田在曾后面跟来，看到城门上不容易出去，便拨转马头，找到旱西门旁早已挖好的交通路，马也没下就走出城去。时间不久，他就和曾会见，接着就一同过了汾河，绕过太原县、清源县，经由交城、汾阳，跑到隰县去了。曾出城打的是第三十五军副军长的旗号，他这一折腾，看见他的人都说："副（与傅同音）军长出城走了。"这一消息很快就传遍了靠近南城的部队。戒严副司令马秉仁不甘落后，也立时乘着"李牧号"装甲汽车赶到大南门，从炮兵掩体钻出城外，落荒逃命。于是“副司令出城走了”的消息，又不胫而走地传进了守城官兵的耳朵。由此辗转相传，以讹传讹，把“副军长”当成了“傅军长”，“副司令”当成了“傅司令”，因而军心动摇，顿时大乱。有些部队，官不管兵，兵不顾官，撂下武器，越城逃走的颇不乏人。十二时以后，除过北城东城和敌人对峙胶着的部队无暇他顾外，其他城上的守军逐渐稀少，有些地段已看不到部队的踪影了。

总部里边，从七日黄昏敌军突入城垣以后，空气异常紧张，有些人惊慌失措，交头接耳，彻夜不敢睡眠。八日早晨，听说一夜战斗没有把敌赶出城去，越发感到沉重。这时候虽然能听到满街人马奔驰，声音嘈杂，但对于曾、马两司令的逃跑和城防部队发生动摇的情况，还都如在梦里，一点也不知道。约十时许，汉奸敌特突然对着总部大门打了几枪，总部院内哗然大乱。副官长黄士相（江苏人，保定军校生）不想办法如何应变，就跑进防空洞，大喊大叫地向傅作义报告：“敌人在总部门外打枪，快打进总部来了！”傅作义因为想挽回危局，就地消灭窜入城内的敌人，在整整一夜里，用尽了办法，也没有达到目的，两只眼睛都急红了。这时候，突然听到黄的叫喊，看见黄的神色，勃然大怒，厉声对黄斥骂：“谁说的，简直是汉奸造谣，惑乱军心，砍你的脑袋！”黄在那里愣愣地立正站着，参谋长陈炳谦暗中推他一把，悄声告他，还不赶快出去。黄碰了一鼻子灰，退出防空洞外，靠在墙上，愤怒交集地自言自语：“人家几千里跑来帮你抗战来了，还骂人家汉奸，要砍人家的头，咱是不能干了。”当敌特在门口放枪、院内发生骚乱的时候，原绥远省政府的秘书林亚萍（福建人，林森的侄子，后来在太原溃退时，被乱军枪杀）等和特务连的三十多名官兵跑到总部西便门（在封城时已同时封死），慌乱地挪动沙袋，打算开门，逃出城外。经我发觉劝阻后，林亚萍才带头喊着“走，回去保卫总司令去”，又回到总部楼下。韩又寻到宪兵队长刘如砺，偕同去找黄副官长，劝他先不要计较碰钉子的事，并建议赶快分头整顿部队，抓住部队，才有办法应付突然事变。于是黄找特务连长集合特务连，刘集合宪兵第十队，韩集合保安第三队。集合后，分别安置在防空洞口附近的楼底空房间里，让连队长们站在门口，以防士兵随便离开队伍。这样一来，队伍是掌握住了，院内的不稳风浪也平静下去了。总部里边除过一部分职员乘乱跑离总部混出城外的不计外，秩序又重新安定下来。

十一月八日，日军继续向北东两线全面进攻，各团经过连日激战，兵员损失很大，营长以下军官的伤亡都为数不少。东北城角的突破口，守军已无法控制。日军从这里又窜入约两个营，会同昨天突入的敌人，向外扩张战果，但由于地形局限性很大，于敌作战不利，经过整个上午的巷战，虽然攻占了几个院落，发展仍然有限。我守军也已精疲力竭，既不能歼灭入城的敌人，也没有力量将敌人逐出城去。十二时以后，发现敌人以坦克掩护汽车，不断由汾河以西公路上，向南输送部队，判断敌人是要“放长线钓大鱼”，以攻城部队牵制守军不令撤退，一俟包围部署完成后，对守军来个全部歼灭。在这种外援没有指望、反攻没有力量的颓势下，时间拖得越长，对守军越不利。

傅作义在防空洞里，心中焦急，坐立不安，肝气旺盛，已达极点，只是鼓着气说“打”，总不露半个“走”字。这时候没人敢去和他说话，谁去谁碰钉子。但是稍具军事常识的人都明白局势已恶化到如此山穷水尽的地步，守是坐以待毙，走是肯定要走，只不过是时间问题。所以每个人都做好了“走”的准备。参谋处在处长苏开元的暗示下，悄悄地拟好了退却命令，军需处也把大批的现钞都分给总部人员分开携带。好容易挨到下午五点多钟，幕僚们暗中怂恿参谋长陈炳谦、防守指挥官袁庆曾，偕同向傅婉转地陈述以下意见：“对敌人一定要打，对窜入的日军一定要消灭，但需要筹划一种有利的打法，现在局势已恶化到对我军极端不利，我们最好先突出敌人的包围圈，转进到西山里，反转来再打击敌人消灭敌人，这是当前万全之策。”傅满面怒容地说：“你俩也说‘退’，好，走！”二话没说，扭身抓起大氅，就向防空洞出口走去。苏开元赶快将早已预备好的退却命令（部队集合地点晋祠以北某山村，佚村名，其实晋祠已被敌侵占）让陈参谋长签了一个字，马上分头发给各守城部队。这时夜幕已渐降临，傅在前面走，总部的各处人员都陆续跟上，接着就是第三十五军特务连、宪兵第十队、保安第三队，拉成了长长的一个行列，走出总部正门，顺着大街直向大南门走去。参谋处退却命令，拟得及时，下达得也不慢，可惜忘记了城门封死、退却路上应有的措施。等到接近了大南门，令人大失所望。只见那门洞里外，城墙上下，都是争着要出城的溃散官兵，你挤我拥，喧嚷之势，震耳欲聋。这时敌人也断断续续地开了炮，向城内盲目射击，更增加了人们的惊惶情绪。城门跟前，有一部分人正在挪移沙袋，预备开门，但是满门洞的人越挤越紧，妨碍着他们的工作。停在门洞外边的，有装甲车、载重车、马匹驮骡、骆驼；门洞里边，满地是土囊、沙袋、踏烂的自行车、挤死的骆驼、死人等等，一绊就倒。有力的猛勇向前，绊倒的被践踏在地。有人哭喊叫骂，有人开枪瞎打，简直乱成一锅粥。被踏死踏伤的很多，第四三五团少校团附解致信（山西解县人）就是在这里被踏死的。宪兵排长张大个（佚其名，山东人）腹部被踏起碗大的伤痕，几乎丧了性命。经这一乱，总部的行列只有宪兵第十队队长刘如砺紧紧地掌握着自己的部队（刘于出城后带队抢过汾河桥时被敌人机枪射死）。其余都五零四散，自寻出城门路，各奔前程，有从城门缝挤出来的，有从炮兵掩体钻出来的，有从重机枪射击孔爬出来的，还有用绳缒城出来的，五花八门，不一而足。傅作义出城以后，落了个只有特务连排长薛文一人跟随保护。最狼狈的是参谋长陈炳谦，他只身奔波了一夜，过汾河时连鞋子也丢掉一只。袁庆曾同行二十四人，总算还有十几支盒子保着驾，但走了一夜，黎明才走到西山麓下一个山村，一打听，离太原市只有十二华里。

守城部队先后接到退却命令（也有少数没有接到的）由于撤退仓皇，形成混乱，又系夜间行动，前后互不相顾，不少带兵官都脱离了部队，因而部队大部溃散。第二一八旅旅长董其武、新编第一团团长姚骊祥只剩两个单人相随出城。天明以后，到处都被敌人阻隔，通不过去，因而越走越偏东南，一直走到沁县，经过一个多月，才在石楼找到自己的部队。守双塔寺的第四二一团营长韩春富，在退却时脱离部队，带着旅部配属的骑兵一排，跑到晋北五台县，被反正伪军金宪章部缴了械。

十一月九日晨，傅作义停止在太原西山一个小村（佚村名），总部的重要人员也都陆续赶来。接着第二一一旅旅长孙兰峰带着旅特务连，相随有第七十三师代师长王思田带的一个特务排，也找到这里。见傅后，即令布置人员，分头收容部队，并于当日下午从这里出发，先奔中阳，后转石楼县。以后即转入整军阶段。

太原退却，夜渡汾河，河水虽不宽不深，但泥淖很多，由于官兵不了解河道的情况，陷入泥淖死在汾河里的人很多。总部中校参谋许揭和（浙江人，保定军校生）就是这样死的。还有些部队，由于敌情不明，乱扑到太原县、清源县、晋祠、小店镇等处敌人窝里，被解决的也为数不少。

守太原东城的第二一一旅

孟昭第※

一九三七年抗日战争爆发后，傅作义任第七集团军总司令兼第三十五军军长，十月份率部参加忻口战役。由于我军顽强堵击，日军未能在忻口取得进展。但是娘子关被敌攻陷，日军已沿阳泉、寿阳向榆次进军，有由南面包围太原的动向。阎锡山遂决定放弃忻口，守卫太原。

阎锡山召集第二战区高级将领开军事会议，研究守卫太原的部署。首先决定了在太原依城野战的战略，然后研究谁来守城和指挥野战部队与日军作战的问题。阎锡山本是第二战区司令长官，卫立煌是第二战区前敌总司令，阎想叫卫担任这个任务，又不好明言，想叫卫立煌毛遂自荐，但卫稳坐钓鱼台，一言不发，其他将领也大多低头不语。沉默过后才有人说：要担当这个艰巨而光荣的任务，必须有崇高的威望和卓越的指挥能力，还得有守城的丰富经验才行。这实际是用激将的方法来鼓动傅作义。因为傅作义守过天镇，特别是守过涿州，素有守城名将之称。在此情势下，傅作义不得不挺身而出，自告奋勇，担当守卫太原的任务。

第三十五军名义上辖第七十三师和第二一一旅、第二一八旅，但因第七十三师归阎锡山直接指挥，所以实际上只有两个旅：第二一一旅（旅长孙兰峰），辖第四一九团（团长袁庆荣）、第四二一团（团长刘景新）和第四二二团（团长王雷震）；第二一八旅（旅长董其武）辖第四二〇团（团长李思温）、第四三五团（团长许书庭）和第四三六团（团长李作栋）。还有两个炮兵团和一个炮垒大队。傅作义对部队亲自掌握，除在政治上进行爱国主义教育外，主要注意军事训练。军官的升迁调动，

※ 作者当时系第三十五军第二一一旅参谋长。

傅都亲手抓，排长以上军官都由他自己挑选决定，所以指挥起来得心应手。

各部队接到阎锡山命令后，即由忻口撤退。除守城部队按照命令行动外，野战部队比较混乱，多数到了太原连停也不停，就往后退了。卫立煌看到这个情况后，认为太原不能守，不如一同撤退再作而后的计划，随即告傅作义说："你也不必再守太原了。"当时傅作义认为既然接受了守城任务，就不能半途而废，应当认真执行，于是只好先按照守城命令行动，以后再看。守城部队根据傅的命令，都先后开进太原城内。我是第二一一旅参谋长，随部队于十一月二日由忻口小红沟转进，十一月四日下午到达太原城内，驻防于小北门内大教场一带。

十一月五日，傅作义召集守城部队连长以上军官讲话。他说："我们是依城野战的战略，要在野战部队的配合下，守住太原城，阻止敌人前进，好来掩护我军大部队和太原市人民的撤退与物资的安全转移。我们守太原城，等于在一个盖上盖子但还没有钉上钉子的棺材里。我们如果能守住太原城，就把棺材盖子给揭开了；否则，棺材盖子就被钉死了。"这表示了他守太原的决心。

听了傅的讲话后，各部队即按照守城命令进入阵地。第二一八旅是大北门和小北门；第二一一旅紧接着第二一八旅防守阵地，经东北城角到大东门；新南门和大南门归杨维垣的第二一三旅；姚骊祥的新编第一团和其他部队由水西门经过旱西门到西北城角防守。每旅还配属一个炮兵营。兵力不过一万多人，炮四五十门。城外野战部队全部走光，形成了孤城一座。但是守城部队并不气馁，都在城上积极修筑城防工事。虽有副军长曾延毅在守城中临阵潜逃，也未影响大局。

十一月六日，日军占领太原城北兵工厂和飞机场一带地区后，就向我北城进攻。敌人使用猛烈炮火并派飞机轮番轰炸，以优势火力将我太原城东北角炸平一段，掩护其步兵向我冲锋。第三十五军第二一一旅和第二一八旅的官兵奋不顾身与敌激战。日军突进来，我军就与之拼刺刀，投手掷弹，或用冲锋枪、步枪、机关枪集中火力射杀，把敌人赶出去。来回拉锯多次，始终未使日军进城。这一天全旅官兵伤亡惨重。到了八日，敌人又用猛烈炮火和飞机轮番轰炸，掩护其步兵向我东北城角猛扑。第三十五军第二一一旅和第二一八旅又与日军冲杀多次，战斗十分激烈。第二一一旅第四一九团团长袁庆荣受伤，全旅两天伤亡约共一个营的力量，但始终未使日军得逞。傅作义认为我们掩护大部队向南撤退的任务已经胜利完成。少数部队守城，在日军兵力逐渐增加的情况下，不能再打消耗战，遂决定于八日晚突围，到晋祠集结待命。给我旅的命令是第七十三师代师长王思田转告的。各部队接到命令后，即于八日晚分向各城门冲出。这天晚上是一片漆黑，伸手不见五指。第二一一旅走到新南门，因城门被麻袋堵塞出不去，有的先从工事炮口钻出去，大部是将麻袋搬开后由城门冲出的。出城以后，冲到汾河东岸，就徒涉过河，先进西山，天明以后才逐渐归还建制。而后各部队得到傅作义传达的命令，到石楼一带集中。各部队都按照命令向石楼进军，沿路经过八路军驻地，都受到热情关照，吃住问题得到适当的安排。第二一一旅到达石楼后，原来的五千多名官兵，经过几次战役，只剩下不到两千人。

守太原南城的第二一三旅

杨维垣※

防守太原的部署

我原是晋绥军第六十一军第一〇一师第二一三旅旅长，抗日战争爆发后，曾参加天镇盘山战役。之后，第二一三旅参加了太原守城战役。

阎锡山原来决定：防守太原是以傅作义所指挥的第三十五军等晋绥军为守城部队；以卫立煌所指挥的由忻口退下来的部队分别占据太原东西两山地区，依城野战，配合太原守城部队歼灭敌军，并指定限于十一月四日晚九时许，全部进入太原东西两山地区。

傅作义同时亦命令所有守城部队，务于十一月四日前，都要开回太原，按照城防部署进入阵地，封闭城门，构筑城防工事。傅作义部署守备太原城防的兵力和任务是这样的：第三十五军的第二一一旅和第二一八旅共六个团，新编独立第一旅两个新编团和我第二一三旅的两个团。炮兵部队有李柏庆的第二十一团、刘倚蘅的第二十二团，还有郝庆隆的炮垒大队和高射炮连等。由第三十五军的两个旅担任东、北两面城墙的守备任务；西城由独立第一旅两个新编团守备；我部两个团担负整个太原南城包括新南门、大南门在内的守备任务。傅总一入城，就对我们师、旅、团长以上的人讲话，他说："我们奉阎长官的命令守太原城，是与城共存亡的。我们部队官兵入了城，就将各城门堵塞了，如同装在棺材里一样，一旦城破人亡，就是盖上了棺材盖子。这就是我全军为国家民族抗日献身之决心。"

※ 作者当时系第六十一军第一〇一师第二一三旅旅长。

我回到南城旅指挥所，亲率所属第四二五、第四二六两团长李在溪、高朝栋，上了城墙。指定第四二五团担任自西南城角起经大南门至南城墙中央的防务，李在溪团长在城墙上配备两个营，抽出实力较充足的李翕福营担任城外游击、侦察、警戒诸任务，同时告他：第三十五军军直属骑兵部队在汾河两岸担任巡逻游击任务，要注意取得联络，勿发生误会。第四二五团指挥所设在大南门附近。指定第四二六团（欠一营）右翼衔接第四二五团，左翼经新南门至东南城角之线布防，重点在新南门。团指挥所设在新南门右后方不远的吕祖庙内。旅指挥所与作为预备队的第四二六团一个营暂驻侯家巷山西大学内，必要时可以随时移在新南门左边城墙根掩蔽部，以利指挥作战。

傅总另将炮垒大队固定配备在城墙中间的阵地上，又将两个炮兵团各以一部或大部配属第一线守城部队，进入城墙掩体；以其余所有无守城任务的各步兵部队编为总预备队，由傅总自己掌握，准备随时支援第一线作战。另外，为了维持太原城内治安，以第三十五军副军长曾延毅为太原城防戒严司令，第三十五军副军部参谋长郗莘田为太原城防戒严司令部参谋长，又加委马秉仁为太原城防戒严司令部总稽查处长，负责确保太原城内的安全和秩序。

“依城野战”成为“孤城应战”

忻口会战，匆忙结束。阎锡山在黄绍竑、卫立煌等人坚持异议的情况下，仓促做出以“依城野战”为积极防御的太原守城作战部署。阎锡山便率其长官部向孝义县大麦郊撤退了。黄绍竑以阎长官不听他的意见，又看到战局不利之势业已形成，索性离开山西回到武汉转往浙江去了。卫立煌在忻口会战退下来之后，也不止一次地与傅作义见面，对太原城不主张固守，认为“依城野战”、“孤军守城”均不可取。傅总司令同意卫立煌的见解，但表示既已奉到守城命令，任何后果，都不容另加考虑。

不幸的是，担负依城野战之中央军卫立煌第十四集团军，虽在忻口会战中受到损失，还比较有战斗力，但由于卫立煌不同意依城野战，配合傅作义守城，径自率该集团军向南撤退。晋绥军陈长捷部也放弃依城野战任务，率部南撤。这就使已经占据东西山、城北兵工厂、城南双塔寺、大营盘之日军，形成鸟瞰之势。太原城内守军，无异釜底之鱼。这种孤城应战，虽有孙吴复生，也不能善其后。加上傅总司令除对第三十五军两个旅和我第二一三旅能够得心应手指挥裕如外，对其他临时拨归指挥之各部队，连部队长都不熟识，更不要说对以下官兵了，自然指挥失灵。

太原守城战斗经过

忻口会战结束，大军南退。日军跟踪追击，于十一月五日迫近太原市郊。晋东突破娘子关的日军，亦已迫近太原东南车站、双塔寺、大营盘，对太原城形成南北合围之势。一开始，敌机在太原上空不断盘旋侦炸，近百门山、野炮和150毫米的榴弹炮，从四周高地向太原猛烈轰击。我太原城内军民，完全处于挨打地位。

十一月六日拂晓，日军已完成攻城部署：以主力占领了太原城东北享堂村、黄国梁坟园和太原城正北兵工厂，作为攻击准备阵地；又利用其制空权，以飞机轮番在太原城上空盘旋，向日军炮兵指示目标，集中绝对优势的榴霰弹、榴弹炮火，来杀伤我守城官兵和摧毁我城防工事；并以我北城东半部和城东北角为其攻击重点。第三十五军两个旅的守城官兵，虽然士气旺盛，炮兵亦猛烈还击，但在火力悬殊的情况下，第二一一旅袁庆荣第四一九团的东北城角阵地，首先被日军炮火轰开一个突破口，一再修复弥补，亦属无效，而且突破口越来越大，官兵伤亡极重，情况十分危急。十一月七日拂晓，北城外日军利用关厢建筑物作掩护，东门外日军利用丘陵复杂地形作掩蔽，同时向城墙秘密接近，准备向太原实施强行攻击。另外侦悉日军以一部兵力占据新南门外东南附近火车站，企图向我太原城东南角发动进攻，又以另一部兵力西渡汾河，占领汾河桥和汾河西岸阵地。在这一天，日军主力步、炮、空军更加紧密协同，合力向我太原城东北城角袁庆荣第四一九团阵地猛扑，蜂拥登城而入。该团官兵伤亡惨重，团长袁庆荣也受了轻伤。

在这种情况下，原来本无斗志的第三十五军中将副军长兼太原城防戒严司令曾延毅与其参谋长郗莘田，率领他们的副军部兼戒严司令部官兵勤杂等三四十人，乘马四十匹，来到大南门里，命令我旅守大南门的官兵，给他们搬沙袋，开城门。我旅第四二五团团长李在溪向我来电话报告请示。我当即一面指示，没有傅总司令的命令，任何人均不准出城；一面向傅总司令报告请示。傅总指示，不能开城门放他们出去，并让我劝告曾延毅副军长，即速返回总司令部共商大计。不料曾延毅在离开大南门的要求遭到拒绝后，遂改向水西门出了太原城，经晋南、郑州、武汉、长沙、广州、香港逃往天津，过安乐生活去了。正是因为曾副军长首先擅离职守，人们当时在混乱中，不辨真相，将“副军长”误传为“傅军长”。怕死鬼的总稽查处长马秉仁，也立即乘上装甲汽车，企图从大南门出城逃走。见城门不能开放，就索性抛弃装甲汽车，从城墙中间炮兵掩体的炮筒口钻出去逃之夭夭了。继马秉仁逃亡后，更是满城风雨，全城军民人心惶惶，不可终日，军事指挥系统亦濒于失灵。唯独傅总司令部所驻的旧阎锡山太原绥靖公署，亦即第二战区长官部，尚算比较安静一些。但根据各方面来的战斗情况报告，感到战况开始即陷于不利，而且每况愈下，不但已失胜利左券，而且有面临全军覆没的危险。傅总心情之沉重，可想而知。他的总部文职人员如曾厚载秘书长等以下人员，早已逃离太原南去，左右只剩下参谋长陈炳谦，总参议袁庆曾，中将高参叶启杰、张濯清，侍从参谋刘春方及副官张景涛、卫士郝德振等少数人员。傅总司令在此情况下，镇定自若，下决心要将突入东门和东北城角之敌人予以歼灭或击退，但终未实现。十一月八日晨，日军愈进愈多，人心越加慌乱，汉奸敌特到处乱窜打枪，甚至公然向傅总司令所在的大门前鸣枪扰乱。此时傅总司令与陈炳谦、袁庆曾、叶启杰、张濯清、刘春方等仍在总司令部，一夜未眠，把两只眼睛都熬红了，总想消灭入城之敌，完成固守太原城的任务。但是他也感到太原守城败局已是无可挽回的了。这一天午后六时许，傅总亲自打电话给我，问我太原南城方面情况后，即令我速到总司令部见他。我立即乘马由新南门旅指挥所，经楼儿底、帽儿巷到总司令部。其时正值傅总与其左右高级幕僚人员及参谋等人在防空洞里开会，尚未结束。傅总一见我到来，即拉了我的手随他到另一个房间谈话。傅问："南城两门情况怎么样?"我答："也是紧张混乱，不过尚无敌情。"傅又问："你看我们现在应当如何办?也就是怎样打日本侵略者?"我说："总司令原来接受的任务，是有友军'依城野战'配合作战的固守太原的战役，结果友军自行南撤，让我们变成了'孤城应战'，独挡日军的合围攻城。总司令受命于危难之际，指挥的多是残兵败将，兵员械弹又无补充，在此形同盆地的太原城，能固守达四日之久，予日军以重创，已属难能可贵。抗日战争是持久的、长期的战争，一城一地的得失，无关大局。我们如果要继续打的话，何如出南门、过汾河、上西山，重整旗鼓，继续抗战。"傅总表示同意。事后据悉，傅总曾与其左右陈炳谦、袁庆曾、张濯清、刘春方诸人，几经研究，结论大体就是这样的。我的仓促应对，不过是偶合而已。

太原弃守后之转进

傅总和我谈话后，已决心弃守太原，当叫我速回开放南门。我转身要走，傅又问我如何来的，我答乘马来的。傅总又说，时间紧迫，乘马太慢。就命令我坐汽车回新南门，但因汽车司机都找不到，我仍旧骑马回旅指挥所。此时北城、东城之孙兰峰、董其武等旅和其他各部队，也已陆续撤向大南门和新南门来了。这时南城一带及其两个南门，部队散兵、警察、群众等都挤满了，命令已经不能执行。我指示旅参谋长辛立言负责指挥新南门守卫部队搬移沙土麻袋，打开城门。我自己带旅部参谋主任苗逢安，副官王新伯、张子贤，弁目韩占鳌，率比较精干的旅预备队张进修、孙英年两个连，负责清除沙袋、积土，打开大南门。但是，城门尚未打开，障碍物还未清除，各色各样的老少男女，连部队机关及其勤杂人等，就争先恐后地挤进了城门洞。欲速则不达，愈拥挤愈妨碍了出城的速度，秩序极为紊乱，人哭马叫，不堪言状。“兵败如山倒”，根本是无法有秩序的。有的官兵用铁锹、铁镐扩大城墙中层的机、步枪口和炮口后，钻了出去，有的把马都拉出去了。我自己就是亲率张进修、孙英年两个连从一个扩大的机枪口出去的。后来听说傅总自己知道我旅快要将两个南城门打开，我亲率两个连已徒涉过了汾河，在两岸布置警戒，他才带左右高级幕僚人员陈炳谦、袁庆曾、叶启杰、张濯清，由青年参谋刘春方指挥着第三十五军特务连、原绥远宪兵队和保安部队剩余官兵，保护着从总司令部南行到了大南门，看到满城门洞都挤着无数军民，争先出城逃命，就带着自己随从高级幕僚人员和小部队官兵一律从城墙中层扩大的炮口钻出城去。他们徒涉过汾河，河底泥沙松软，拔足至感困难。傅总的两只鞋一开始就被陷在泥沙之中，因此赤脚渡过了冷彻骨髓的汾水。有一个士兵，给了傅总一双布鞋，因脚大鞋小穿不上，乃把前鞋口割开一小缝，才将就穿上，继续西行，进入西山一个小村庄，始得休整。

第四三六团在太原北城的战斗

王　兴※

防守太原的原定作战计划是：以太原城为核心，在城周围的高地构筑防御工事为主阵地，待敌人进至我预设的火网时，捕捉战机，城内外防守部队互相配合，协力围歼敌人于太原城郊。

以傅作义第三十五军及杨维垣第二一三旅等部，连同地方保安部队一部为守城部队。以第七十一师郭宗汾部及马延守和孟宪吉旅控制于河西万柏林一带，配合守城部队作战。卫立煌指挥的中央军及刘茂恩等部在太原城周围以东、以北的高地，占领阵地构筑防御工事。黄绍竑指挥的部队阻击从娘子关西进之敌，以掩护守城部队侧背之安全并维护后方交通。

守城部队总数不过万人左右，主要依靠第三十五军孙兰峰第二一一旅和董其武第二一八旅。这里需要说明的是：傅作义第三十五军虽然训练有素，也有一定的作战经验，但两三个月来转战南北，又经过忻口战役的剧烈战斗，伤亡惨重，减员过半，名为两个旅，实际还不如战前的两个团。接受了守城任务之后，仓促间补充了一部分新兵，因缺乏训练，官兵之间、战士与战士之间，都互不相识，没有感情，实际上无补于事。

守城部队入城后，在原来城墙根部挖掘炮兵和轻重机枪掩体，在城的顶部构筑散兵阵地，其他副防御工事还没有全部完成，便进入了战斗。

十一月二日，忻口部队后撤，敌人尾追而来，上有飞机轮番轰炸扫射，下有坦克跟踪猛烈射击。所有退下来的部队，都丢盔弃甲，脱离了指挥系统，漫山遍野潮涌而下，经太原城郊东西两侧，向南而去。

※　作者当时系第三十五军第二一八旅第四三六团中校团附。

指挥系统打乱了，指挥官掌握不住部队，都成了光杆司令。这使原来的作战计划成为一纸空文，“依城野战”变成了“孤城独战”。这种兵败如山倒的狼狈情况，影响了守城部队的士气。

远在一九二七年，傅作义以一个师的兵力固守涿州达三个月之久，终因弹尽粮绝才和张学良讲条件，和平退出涿州。在守涿州时期，曾延毅任炮兵团长。一九二八年到一九三〇年，傅任天津警备司令，曾任天津市公安局长。曾和傅既是保定军校同学，又是守涿州的患难朋友。一九三〇年蒋、阎、冯中原大战之后，傅退到绥远，当了省主席兼第三十五军军长，曾又当了第二一八旅旅长。可是傅作义常和人们说：“军人不能有钱，有了钱就怕死！”因此在百灵庙和红格尔图战役以前，一九三六年就把曾延毅调为副军长，实际是搁置起来。董其武接替了第二一八旅旅长。

当太原战役进入紧张阶段时，曾延毅借口出城巡查阵地，率领手下亲近人员，从大南门乘马逃之夭夭。一个堂堂的副军长临阵脱逃，必然要扰乱军心，动摇士气。

南下进犯太原的日军主力板垣师团及混成第十五旅团，并附伪蒙军一部，经忻县、石岭关、皇后园等地长驱直入，进逼太原近郊。由娘子关突入的日军川岸兵团，占领榆次后，紧接着向西推进，占领了鸣李、小店镇、太原县、清源县等地，切断了太原守军南下通路。此时，太原已陷于腹背受敌、四面被围的形势。十一月六日晨，北面的敌人已迫近城垣，完成了攻城的一切准备后，立即开始猛烈进攻。敌人的炮兵和前线指挥所，都在黄家坟占领阵地，居高临下收到瞰制之利。对我守城部队的一切行动，在望远镜观察下，看得一清二楚。我们配置在鼓楼上的野炮，在敌人猛烈炮火压制之下，变成了哑巴。配备在城墙根部的炮兵，被城墙上坍下来的砖和土封闭了射击口，全部变成废物。在六日一整天之内，敌人的步兵部队只是虚张声势，进行佯攻。主要是以几十架飞机循城墙一线，轮番以巨型炸弹进行轰炸，协同其炮兵破坏我防御工事。而我军则由于受城墙的限制，只能采取单线防御，缺乏纵深配备。死守一线，不仅伤亡严重，而且一点被敌突破，则全线瓦解。经过一整天飞机的破坏性连续轰炸和炮兵的集中射击，三丈六尺高的城墙，已经成了不满两丈的土坡坡。人走上去，虚土没了膝盖骨，行动十分困难。

从七日拂晓开始，敌人就进行大规模的全线进攻，其步兵在强大炮火和飞机、坦克的掩护下，向我阵地进行反复冲锋。我军则利用仅存的一些断壁残垣，用手榴弹和砍刀与敌人反复争夺，浴血奋战。

从八日拂晓开始，敌人以更强大的威力，再度发起攻势，战况更为激烈，直打得震天动地，血肉横飞，双方死伤极为严重。这天上午我到第二营第六连阵地进行督战，代理连长（姓名记不起来了，只知道他是该连抗战前的七班下士）告我说："从忻口会战到现在，我们连已经换了十二个连长，现在全连参加战斗的只剩下十七个人了。"

就在这一天的中午左右，防守东北城角的第四三五团李登明营长和大部连排长都牺牲了，战士也伤亡过半。敌人就从这个营的阵地前面，在坦克的掩护下，伴随步兵利用城墙缺口突入城内，其后续部队也相继蜂拥入城。董其武旅长得知以上情况后，便立即率领预备队驰援。在小东门、小北门之间的大教场、坝陵桥一带，和敌人展开了激烈的巷战。第四三六团第二营营长王建业，受伤不下火线，坚持指挥战斗。这时上下级之间、比邻部队之间的通信联络设备，已全部被敌炮火破坏，都已隔断，形成了各自为战的混战状态，就这样一直坚持到黄昏以后。

总司令傅作义接到战区长官部的相机撤退的电令后，向各部队下达了突围命令。但因所有城门都被堵塞，短时间开不了城门，而退下来的部队越聚越多，不能顺利出城，情况极为混乱。有的人从炮兵阵地的发射口爬出去（南面的城墙尚完整，炮兵掩体的发射口未被堵塞），有的人跳城而出，跌死跌伤者甚多。出了城的人也乱哄哄地麇集在大南关及晋恒造纸厂一带，互相观望，无所适从。因为当时四面八方都是激烈的机枪声，城以南的交通要道和汾河桥都被敌人占领用火力封锁了。在不得已的情况下，大部分人从汾河东岸涉水向西逃命。时值初冬季节，河水正在冻冰流凌，因而被水淹死的人很多。傅作义和参谋长陈炳谦由警卫人员护送，渡过了汾河，由炭窑沟上了西山，转进石楼、中阳一带，收容旧部，进行整顿补充。太原之役就此结束。

太原大北关的战斗

张振耀※

傅作义将军奉命守太原之后，对从忻口撤回的和由绥远归回建制的部队，都以绥远经过训练的国民兵做了补充，增强了部队力量。这时的第三十五军的两个旅基本满员。各旅依城墙四周部署如下：董其武第二一八旅在北城，孙兰峰第二一一旅在东城，陈庆华新编独一旅、姚骊祥新编第一团等部在西城，杨维垣第二一三旅在南城。其间，还杂有其他小部队。关厢及郊区，各以相接点向前延伸而划分。

按太原地形判断：北面为敌必来之方向，东面有高地为敌必占之地区，西近汾河敌不易接近，南面不甚险要。傅作义将军把第三十五军全部力量布置在北、东两个主要方面，为作战和友军关系，考虑得极为周到。

第二一八旅的正面为工业区，厂房毗连，烟囱林立，向北绵亘五六里，地形复杂。董其武旅长命令李思温第四二〇团即在大北门外工业区占领阵地，第四三六团一部在小北门外地区占领阵地。

部队夜以继日地整修工事，整个城墙几乎被掏空，城外可能利用之点均已占领。

忻口撤防之后，太原北的石岭关一线，已难以据守。我作为第四二〇团的骑兵连长奉命率骑兵连在黄寨和北机场一带警戒。一天下午，敌摩托车数辆沿公路窜来，我骑兵在公路西侧利用某村围墙，以炽盛火力向敌狙击。激战时许，敌向北窜去。后因情况转急，第四二〇团骑兵连撤回城内水西门附近，随团部行动。

※　作者当时系第三十五军第二一八旅第四二〇团骑兵连连长。

前哨争夺战展开后，第四二〇团之第一、第三两营，最初布置在工厂区北沿一条由东向西的沙河（涧河）的南岸占领阵地，第一营在右，第三营在左。第二营为第二线，在北关北边。团指挥所在关厢路东一个大院里。各营占领阵地后，都利用错综复杂的高大厂房和围墙，组成交叉火网，准备迎击敌人。

在激战中，我前哨阵地，白天失守的，即乘夜间，想方设法，穿房越墙夺回来。经过一两天的反复争夺，予敌以很大杀伤。第一营和第三营大约于六日夜间撤回城内。只有第二营留在城外。团指挥所也撤至大北门里。第一营和第三营伤亡较重，回来的人不足半数，便作为团的预备队，未再占领阵地。

在大北门外的第二营，自七日清晨开始，连续击退敌人的几次进犯。中午，大量敌人猛扑而来，战斗至为激烈，第二营官兵经过英勇抵抗后，撤至关厢，依据街道两侧房屋，进行巷战。一两小时以后，又转到无工事设施的城壕内外，与敌死拼。我城上部队也用密集火力予以支援。城墙上官兵看到，第四连连长张福元（黎城县人）战斗在最后关头，几个敌人端着枪接近到距他只有四五步时，他拉响手榴弹与敌同归于尽。第五连排长李万胜（河北献县人）和杨庚东（河北南宫人）在指挥战斗中，和许多士兵都英勇牺牲了。机枪连排长张明轩（山西汾城县人）在同士兵抢运机枪时牺牲。第四连连长杨汉俊未撤回来，下落不明。第一营营附刘锡荫（河北冀县人）在联络中阵亡。

十一月七日黄昏，敌机一架在城内低空盘旋，投下许多油印纸片，大意是：大日本皇军明早六时开始攻击，城内第三国人等，可向新南门退出，否则全歼。狂妄凶狠，令人愤慨。

八日天明，敌即大举攻城，集中炮火对北、东两面城墙猛轰，大北门城楼被敌烧夷弹击中着火。三出檐的高大城楼，烈火冲天，百米之内难以接近。

约九时许，第四三六团的城墙阵地被敌炮轰开两个豁口，敌步兵蜂拥而来，将尺余见方的太阳旗插上城墙。这时我官兵英勇反击，与敌拼刺搏斗，将敌赶下城去，拔掉日军小旗，恢复了阵地，并控制住被敌攻陷的城墙豁口。自晨至午，拉锯式的战斗进行多次，杀声震耳，硝烟蔽空，敌人终未得逞。

下午，敌人继续大举进攻，我军连续反击。小北门至城东北角城墙上阵地，我已失去控制。大北门附近未见敌人进攻，城墙阵地尚称坚固。

天色已暮，枪声稀疏，各部队奉令向城外撤移。总参议叶启杰率人搬运堵塞城门的土袋。城门开后，叶总参议即令骑兵先冲出去。一声令下，我们跃马而出，一面向房上还击，一面呐喊冲杀，顿时枪声、喊声、马蹄声混成一片。我们越过两道堑壕，到造纸厂东侧公路上，才觉枪声稀疏，经检点，二人受伤，一人牺牲。后来西渡汾河，有人在河中向我喊叫：张连长，快来吧，我被陷住了。我问他是谁时，他答：我是李思德。我们急忙赶到时，他已淹没水中。原来李思德（山西浮山县人）是李思温团长之堂弟，在团部任译电员。

梅山观察哨所见

刘一平※

七七事变时，我是绥远省干部训练所第三十五军学生队的学生，被派到总司令部副官处，担任公文收发和联络传达等工作。而后，由于战局的变化，于十月下旬撤到太原城内进行守城战斗。

由大盂村撤到太原城内

十月下旬的一天晚饭后，副官处张副官告我们说："娘子关吃紧，我军后方太原侧背受威胁，后路恐被敌人切断，忻口部队可能撤退。我们先向太原转移，明晨七时出发，具体情况以后再说。"我们于次日晚间到达太原，住平民中学。第二天我和同学赴大街买日用品，看到市面很萧条，商店尚开门，行人虽不少，但多数是军人。我们到了柳巷，碰到张培梅的执法队。他们前面几个人身背大刀，手擎虎头牌大令，后面多数人步枪上了刺刀托在肩上，两眼左右巡视，大有随时捕人之势。据说，他们如遇到服装不整，或见到虎头牌大令不敬礼的军人，有权当场处罚或带走。前天还在柳巷就地正法一个军人，来头确实可畏。

十月底，总部各机关均先后转到平民中学地区。日本飞机也跟着来了，每天上午七八时左右，总有三五架敌机在城上空盘旋侦察、投弹。

十一月三日上午约九时，敌机又来袭。我们卧倒在防空洞外的低洼之处，看到敌机在学校上空盘旋，两次俯冲而均未投弹和扫射，但却听

※ 作者当时系绥远省干部训练所第三十五军学生队学生，战斗中担任观察、联络等工作。

到学校东侧及附近有稀疏的步枪和连续的机枪声。真奇怪，恐怕有潜伏的汉奸捣乱吧！事后知道敌人飞机来袭时，校外有人用红布和镜面反光给敌机指示目标。大北门街的天主教堂内藏有日本人和汉奸，除用红布及反光镜给敌机指示目标外，还用步、机枪射击到该教堂躲避空袭的居民，后来第三十五军派兵给“解决”了。

十一月四日晨，傅总司令来队训话。大意是：你们都是爱国的有志青年，是跟着我来抗日的。现在我们守城，就要不怕牺牲，坚决防守太原，狠狠歼击日军。我们一定要打出一个样子，给全国人民看一看。日本人没有什么可怕的，希望你们勇敢战斗。训话后发给每人五元钱，衬衣一身。时间共十余分钟，言简意明，同学们感动得流泪，一致认为傅总在这样紧张的情况下，还能想到我们，抽空看我们，实在难得。下午随总部迁到绥靖公署。傅住在自省堂前大楼地下室指挥部。学生队住楼后平房。我们的任务是担任绥署后院东便门的警戒、巡逻并随时接受总部派遣的工作。

守城战斗中所见

十一月五日黄昏时，敌炮兵对我前进阵地和城内各处开始进行有计划的射击。

十一月六日拂晓，北门外的兵工厂和城东北角外及双塔寺的前进阵地上，都传来了激烈的枪炮声。接着敌机也在上空侦察、轰炸和扫射，特别是敌人用重炮集中对东北城角进行有计划的轰击。隆隆炮声，震耳欲聋，门窗飞响，地动物摇，硝烟尘雾，弥漫遮天，使人不由得想到，敌人莫非攻城的重点就是指向东北城墙角，或者是故意示此而另用其他突然手段。敌人的空、炮配合颇为密切，敌机轰炸扫射或追捕搜寻其他目标，敌炮兵校正机指挥炮兵进行射击。每当敌炮校正机在一地点俯冲，立即上升而未投弹时，接着就可听到三、五、七发炮弹落在该处的爆炸声。这样的战斗一直进行到黄昏方转缓和。同时在这一天我军的炮兵也对敌进行炮战，可是火力时续时断，很不集中，从发射情况上看，数目并不比敌人少，但压制不住敌人的炮火。入夜，兵工厂方面战斗特别激烈，手榴弹声淹没了步机枪声，从连续不断的手榴弹爆炸声看，敌人是企图夺取我兵工厂前进阵地。城东北角及城外的前进阵地倒很沉寂，双塔寺方面可听到稀疏的步机枪声。

十一月七日拂晓，敌人步兵在空、炮支援下向城内发动了全面进攻。我在送公文中得知：城外的三个前进阵地，均于昨晚放弃。城关及东面的山地和丘陵小高地，均被敌人占领。敌人昨晚就直扑城下，防守前进阵地的部队，也均于昨晚先后撤回城内。在城外则以守兵工厂的李思温部战斗得最激烈，支持的时间最长，对于牵制敌人起了很大的作用。午后二时，我到梅山观察哨所与观察军官联系后，两人交换着进行观察。观察哨所的展望孔视界不广，只能看到北城墙和东、西城墙北头的一部分，能够看到第三十五军两个旅防守的大部分地区。从战斗情况上看，以东北城角为最激烈。敌人的飞机、大炮仍在集中火力对东北城角轰炸，敌人步兵已占据靠城墙的建筑物接近城墙，他们完全可以利用炮兵及坦克上的火炮接近最近距离进行直接瞄准射击，来压制我城墙上下的立体火力点。在烟尘弥漫中，隐约看到，东北角城墙已被敌人炮兵集中火力轰开一段高低不平的大缺口，使城墙缺口处形成了坡状。由于城墙的阻遮还看不到有敌人坦克的活动，但能听到缺口两侧密集的机枪连续射击声，以及手榴弹的爆炸声，还看到城墙上的守军紧张活动，像是向城墙外和缺口处投手榴弹，或者是对突击的敌人进行射击或格斗。接着又比较清楚一些地看到我守城部队由三个方向向缺口处一批又一批地连续不断地向敌冲杀肉搏，终于把突击之敌制止在城墙外面。这种英勇壮烈的场面，真是可以惊天地而泣鬼神。

十一月八日早晨，和同学们在东便门警戒。方队长由作战处得知并告诉我们说："敌人约一个营的兵力，已于昨日黄昏后，由城东北角缺口突入城内并占领了小教场、炮兵营盘地区。经我军连夜数次反攻，尚未将敌歼灭，现仍在围歼中。城内发现有潜伏汉奸到处打枪扰乱和偷割电话线，配合敌人行动，要加强警戒，防止敌人和汉奸潜入我指挥部地区，发现情况立即报告。"我于复诵任务后就警戒位置时，敌机三架突然由东方上空飞来俯冲，投弹三颗。我们躲在单人防空坑内，只感到震动，没有看到尘烟和听到爆炸声，觉得很奇怪。经察看，原来不是炸弹，而是大石条。一条落在东便门外约二十公尺处，把地砸了个大坑；一条落在自省堂上，把房顶打穿了个大洞；另一条落在自省堂西侧附近。这时敌人步兵在空、炮支援下仍向城东北角继续进攻，敌炮兵校正机在绥署上空盘旋指挥，敌炮兵向绥署周围射击。由于建筑物的遮蔽，看不到我军炮兵对敌炮兵火战情况。我只看到配备在鼓楼上的炮兵发射了两发炮弹，便被敌人发现，当即受到敌炮射来七八发炮弹的还击。此后，鼓楼炮兵就再没有发射过一发炮弹。鼓楼目标明显，配备在该楼上的炮兵也没有看到转移下来。我于警戒交班后，十时左右，又和应庆颜同学被派到梅山接军官瞭望哨的班，并要求将所观察到的情况，随时向总部作战处报告。临行时还给带六个煮鸡蛋，八个白面饼，两军用水壶水。接班时，交班军官只说："敌人攻击重点仍在城东北角，其他方向似乎均为牵制，情况你们自己观察，我走了。"说后拔腿就跑。我试试电话，不通了。我俩查了下，好在离作战处不远，是线断了，于接通后即开始观察。应庆颜先用望远镜对城东北角地区看了一阵说："烟尘太大，什么也看不清（他眼轻微近视）。"我接过看，隐约中看到小教场、炮兵营盘及国民师范地区，敌我双方仍在对峙，敌人突入后的战果并没有扩大。远处城东北角缺口附近哨烟尘雾，仍是模糊不清。细细看时，使我大吃一惊，看到好像和夜间的野马群一样的东西波浪式地向小教场、炮兵营盘奔驰，先头到小教场前的，确是敌人，概约估计这股敌人最少也有三四百名。这时我军发射的炮弹，在敌人群中爆炸，也对小教场和炮兵营盘进行拦阻射击。城墙上守城的官兵，也在往返紧张活动，但看不清是对突入之敌射击，还是对城外后续之敌投弹和战斗。此时只听到炮弹与手榴弹的连续爆炸声和看到敌机盘旋，但却看不到我反攻部队对突入之敌进行反攻。我叫应庆颜去向作战处报告。我继续观察，看到北城墙的战斗在小北门处很激烈，但城墙完好。东城墙南段看到有敌我双方稀疏的炮弹爆炸，看来还不如北城墙激烈。约半小时后，看到我反攻部队在国民师范地区展开，分路向敌立足点反攻，敌炮对我国民师范地区反攻后续部队拦阻射击，敌机对城东北角缺口以外的东、北城墙上的守城官兵投弹扫射。我炮兵也对小教场、炮兵营盘进行集中射击和对缺口处拦阻，双方进行着近两天中最猛烈的炮战。我用最大的注视力观察，也看不清楚，只听到震耳的连续不断的手榴弹和炮弹爆炸声。双方鏖战近一小时，看不出我反攻部队有什么进展。战况稍事沉寂之后不久，激战又行开始，在隐约中看到密集的敌人又由城墙缺口处突入，急速地向敌已占领的立足点前进，估计数目也有三四百人，其后并有坦克三四辆在缺口处爬坡上冲，连续两三次均被我守军打下去。以后也没有看到有冲入城内的坦克，也没有看到我反攻部队增加兵力的反攻。双方紧张地对峙着。看这情况，我认为如无新生力量增加，单凭第三十五军两个旅抽人去反攻，是不可能把敌人赶出城的，更不可能把敌人在城内歼灭。我急速向作战处报告，接电话的正好是处长苏开元。我报告后他问我还有什么情况，我说，能看得到的都报告了，战场上烟尘太大看不清楚。他指示："特别注意城墙缺口处是否再有后续敌人突入，已突入之敌是否在扩大战果，我方对峙部队有无变化，对东、北两城墙方向也要注意观察。"并说，"你报告的这个情况很重要，我立即向总司令报告。"我报告后，过了五六分钟，又观察到城西北角方向尘土飞扬，汾河西岸的公路上好像是敌人的坦克和汽车向南前进，数目还真不少，宛若一条长蛇沿公路向南疾进。车与车的距离很近，最远超不过百公尺，已过去的不知多少，仅我看到的就有汽车三十余辆、坦克十余辆。我当即向作战处报告，时间在午后一时左右。

自敌坦克、汽车向南前进后，城东北角的战斗也逐次转弱，双方对峙趋于稳定。但这时敌炮兵在其飞机协同下，却又对绥署周围加强了轰击，梅山附近就落了三十余发炮弹，把山震得直摇晃。下午，我们撤回学生队。

黄昏后，学生队回宿舍吃饭，张副官交给我紧急文件送收发传达处，到该处时人都跑光了，桌上公章依然如故，我就顺便拿了公章回去交差，把文件还给张副官。他也没叫再向别处送。他拿出一百元交通票说是分给我的一份，并神秘地对我说："守西、南两城墙的部队自动溜了的不少，第三十五军还在和敌人对峙，作战处打招呼叫我们准备好送紧急命令，大头们正在劝总司令'留得青山在，不怕没柴烧'。他还要坚持，正在发脾气呢。你快回队准备一下，随呼随到，一经决定，咱们就一块走。"我迅速回到队内，看见有的在打背包，有的去队部领钱（每人十五元）。康说："已经得到通知，吃饭后就撤，快去吃饭。"

仓皇中的撤退

十一月八日晚约八时左右，我队按规定随总部各机关后尾撤退，由大南门出城。出发前只规定口喊"跟上"二字，既没规定出城后沿什么道路向什么地点前进，又没有规定万一被敌冲散后在什么地方集合。总部也没派人统一指挥。这夜天特别黑，出绥署大门看不到一点灯光，真是大地一片黑暗沉寂，没有人声马嘶，只能听到行人急走的脚步声。有时撞到身上方知道有人。开始还觉得松些，尚能互相喊着"跟上"，越走越挤，到大南门街半道上，队伍已被挤断了数截，挤到城门洞口时就更苦了，可以说是挤得透不过气来。加之不知什么人扔下的小汽车、脚踏车、板车等杂物绊脚，有的人被挤得妈呀老子乱叫。有本领的架在别人肩上腾空前进，体质弱的则被压在脚下踩死。我看到有三四个人在城门洞中被踩在脚下乱叫几声死去，也看到有两个人跳上了被扔下的小汽车顶上，一个站不稳直叫，一个滑了下去被踩死。我还算幸运，居然能挤出城门洞而得以进入瓮城，但瓮城内人并不少，只是比城门洞松些而已。出城就要先把城门打开。约十时后，城门打开一扇。人们如潮水般地拥出，还边跑边大喊着："冲啊！"其实并没有敌人，大概是心理作怪给自己壮胆吧！我们随人群拥挤着，转弯沿公路向汾河奔去。

过汾河和在公路上遇见敌人小汽车

天色微明，由汾河下游来了二十余名骑兵，沿河岸向汾河桥奔驰，在桥附近遭到敌机枪的突然连续射击，立即落马六七名，余者掉头复向原路奔去。同时又来了十余名第四二一团的官兵到土塄上，交谈后，决定一同渡河。到河边，听到下游人马声嘶惨叫，状亦极乱。接着又有许多逃难百姓前来，因而都认为不能再往下走，应就此渡河。第四二一团的十余人急先奔涉。我俩下水时，老乡也跟上来，行到中流有几个妇女被泥沙陷住呼救。我俩共救了五个人，也被泥沙陷住，愈陷愈深。急中生智，我叫张启疆把大衣脱下，按在水面借力拔腿，借着大衣压水浮力支撑以旋身，居然把腿拔出来了。真是拔腿就跑，也不要大衣，更顾不得老乡了。到了对岸，看到公路上有堆火光，就向那里奔去。那里原来是个小铺，已有二十余名散兵围着烤火，内中有傅作义的两个卫士。我们原都互相认识，只是叫不出名字来。我俩也挤了进去，问到傅时，他说，他们是一同涉河过来，因为他俩陷入泥中，耽搁了时间，因而落后失散，在这里烤火等等看。话声未落，突然看到北方灯光射来，是辆汽车沿公路向这里驶来。卫士说，是军部的车，是来接军长的。我说："城门才开半扇，汾河桥被日本人把守着，敌人汽车、坦克已沿公路南去，哪会是军部的汽车！"他说："我了解，你知道啥，看我把它拦住！"说着车已到达，是个小汽车，内坐两人。他和一个士兵到公路上，伸开两臂一拦就说："你们是哪一部分的？我们是第三十五军军部的，请停一下！"车停后，听到呼的一声。我们急忙趴在窗下，烤火的急夺后门逃窜，敌车随即南去。我们出门看时，那个士兵胸部中弹，跑了十余步，倒在路侧哼了几声死去。那个卫士腹部中弹，跑了三十余步也倒下了，正在叫喊不已。我们给那个卫士包扎好伤口后，把他放在老乡家里，就急向西山而去。

进入山区及到达集合地点中阳县

十一月九日拂晓，到西山口一小时后，已逃出危险界。五六天以后，大约是十一月十五日，我们总算到了集中地点中阳县。这时，总部直属部队和两个旅，都已先后到达。我们学生队只集合了四十余人，还不到原来的三分之一。第三十五军损失之惨重，可想而知。在中阳县住了两天，又转移到石楼县整编。

在隰县和中阳县对日作战

田韵清※

川口战役

一九三八年二月上旬，日军以优势兵力，沿同蒲路向晋南进攻时，又以两旅团的兵力，经汾阳、孝义、兑九峪，向隰县川口镇、大麦郊进攻。隰（县）、大（宁）、吉（县）、乡（宁）为阎锡山退路，受到威胁，乃令王靖国的第十九军迎击敌人，川口战役于是展开。

王靖国率所属第七十师、第六十八师，布防于川口、骡子头、牛槽沟、大麦郊一线，阻击日军。双方接触后，仅仅经过一日夜的战斗，川口第七十师之防地即被日军突破，师长杜堃几被俘虏，旅长赵锡章阵亡。经团长马凤岗硬冲硬打，才把被包围的师、旅司令部人员救出，而川口镇遂陷敌手。在战斗中，该师钟有德团未能及时增援，且闪开了正面，使敌乘虚而入，致牵动全线，右翼阵地全失。左翼大麦郊、骡子头一线，为第十九军第六十八师孟宪吉部防守，战斗开始，双方激战甚烈。不久骡子头阵地之王仁山团危急，团长负伤。同时防守大麦郊之田宝銮（笔者）旅，与敌激战两昼夜后，也呈不支之势。至此，王靖国的第十九军全部防线，均先后被敌突破。但敌人因防八路军第一一五师的袭击，亦未敢长驱直入。

所谓川口战役，实际上才两三天的战斗，即全线溃退，使隰县暴露于敌前。失败的总责，当由第十九军军长王靖国负之。王靖国自抗战开始，经常保存实力，不敢与敌正式交锋。这次战役，他的军指挥部驻隰

※ 作者当时系第十九军第七十师第二〇五旅旅长。

县石口镇，不但未能亲临前线督战，鼓舞士气，反而在川口镇失陷后，闻风远遁，率第七十师残部转移西山森林中去了。对此，当时驻隰县北关的第二战区执法总监张培梅，勃然大怒，声称非砍掉王靖国的脑袋，以严肃军纪不可。他曾亲自对增援部队第六十一军军长陈长捷说："你这次迎击敌人，只许胜，不许败。如果你随便退下来，小心你的脑袋。"又说，"王靖国和李服膺（因失守天镇被杀）是同类东西，他们是怕日本鬼子不怕军法，这次王靖国失守重镇，看他有几颗脑袋吧。"

这一年三月中旬，日军继续向隰县进犯，陈长捷部与敌激战数日，亦因战斗不利率部向东山一带撤退。张培梅闻报后，更怒不可遏，遂电报阎锡山，对王、陈两军长的失守要地，主张以军法从事。并在电报中特别强调说："只要砍掉王、陈军长的两颗人头，太原必能即时收复，否则前途不堪设想。"阎复电不允所请。张培梅见日军逼近隰县，阎军一再败北，而自己杀一儆百的主张又不为阎所采纳，悲观失望，即萌自杀之念，吞食鸦片身亡。

中阳战役

一九三八年四月上旬，窜扰晋西的日军从大宁、蒲县等地撤退以后，阎锡山认为日军主力集中晋南临汾、运城一带，晋西必然空虚，即下令傅作义率第三十五军反攻离石，令王靖国率第十九军反攻中阳，企图攻克两城后，合力攻取汾阳，完成犄角之势，以保晋西。

王靖国接到阎的上项命令后，仅派第七十师第二〇五旅刘谦一个团去攻。历时一周，迄无进展，只是将城围住，远远射击而已。他的存心是等待着傅部攻克离石后，中阳之敌自能退走。不想离石久攻不下，无机可乘，因阎连电催促，才不得不敷衍塞责。

四月中旬，改调我为第七十师第二〇五旅旅长，负攻中阳全责。除本旅刘、孙两团外，配属傅存怀的汾阳保安队（号称一个团，实有官兵五百余，枪半数）。这个团未到之前，傅存怀亲自打电话给我说："田老弟，这个团是我的主力，不能把它用到正面，更不能牺牲人员，因为来之不易，请你照顾一下吧。"因此这一团等于没有。我只好率孙团由石楼出发，到达中阳城西七里坡。敌方兵力是一个联队，约三千人，附炮四门，利用石头城墙开凿两层枪炮射口，西北南三面有两丈宽的外壕并附铁丝网等障碍物，形势坚固。只有东面较为开阔，没有外壕，可是有一条河相隔，幸水不大，可以徒涉，比较是敌人的一个弱点。当即召开营长以上的军官会议，做出下列决定：一、请求军部速派炮兵协助和派步兵一团做预备队，刘、孙两团连夜制造云梯各一百副，准备攻城；二、请求军部筹拨火药若干，在距城不远处挖地道，轰炸城墙。电请军部后，接王靖国复电说："第一个计划照办，第二个计划办不到。另派炮兵营和该师钟有德团立即出发，计明日下午到达，统归该旅长节制指挥，适当使用，并将战况随时具报。"接电后，旅参谋长李仁侨说："这次王军长派他的御林军钟有德来，这个仗是难以打好的，钟绰号狗头军师，他去年失守雁门以东之茹越口、放弃崞县、闪开川口，都是在王的授意下干的。对这个坏小子，我们不能马虎。你看电报中'节制指挥，适当使用'这句话里含着多少文章啊！"我说不管他们怎样，我们是遵命行事，决定命钟团在炮兵协同下接任围攻中阳的任务。当日下午，炮兵已到，只有山炮两门，各配炮弹十发，钟团全部已开抵关上。即决定：刘团主力向北门攻击，抽选奋勇队二百名由申营长率领，在东北城角用云梯爬城；孙团主力向南门攻击，抽奋勇队二百名，由杨营长率领，在东南城角用云梯爬城。山炮两门推进到七里坡下配以各团迫击炮，集中火力分向南北城射击，掩护步兵攻城。并电令钟团速到七里坡集中待命。战斗开始，敌方火力猛烈，有少数照明弹投在我后方。据报刘团已搭上了云梯，因敌火力旺盛，伤亡很重。孙团向南门进攻，未接近城墙即仓皇退下，我用电话严令该团按原计划完成任务，随后又亲到南门外督战，奈因天色大明，敌方炮火猛烈，不得已全部撤退。

一九三八年四月下旬，进攻离石的部队换了郭宗汾师，傅作义调往晋西北之河曲、保德一带休整去了，把攻中阳城变成了重点。阎锡山特派参谋长楚溪春前来督战，并令全军（第十九军）开到中阳外围大举进攻。王靖国陪同楚溪春行抵离中阳城三十里之虎头茆，就装病留在那里。楚亲到中阳七里坡阵地，观察了一番，军队到齐后，即作如下之战斗部署：一、以第七十师师长杜堃为攻城总指挥；二、以第六十八师旅长刘召棠率全师（缺一团）进攻东南城，并派陈泮喜团担任警戒东山任务；三、以第七十师旅长田宝銮率全师（缺一团）进攻西北城，钟有德团为预备队。约在五月上旬×日的拂晓开始进攻，城西北外壕宽深，火力炽盛，东南面一片平坦开阔地，全部被敌火力制压，致均未能接近城垣。我几次督率刘团爬城，都被敌机枪掷弹筒击退，士兵伤亡甚重。在这种情况下，反复纠缠了约十个小时之久，毫无结果。王靖国由虎头茆打来电话说："今天攻不下中阳，杜堃（总指挥）你先把你的脑袋砍下来，放在七里坡，我去给你收尸。刘召棠、田宝銮旅长要是耍滑头，即派他的团长史泽波、参谋长李仁侨代理，立即把他们押解到虎头茆军部来。"并强调，"司令长官有指示，必须攻下中、离两城，会师汾阳，开抗日以来收复失地的先声……”杜师长随即召集旅长传达此令。我说：“既然军长决心要打，很好，我们今天晚上就行动起来。将四个团的主力放在东北、东南两个城角，与敌肉搏爬城。不过请师长要问问军长，官兵大量牺牲了行不行?”杜堃当时的态度很可怜，最后哭起来了，看样子似有难言之隐。我说：“这没有什么，由我来给军长打电话。”这时长官部的参谋长楚溪春在一旁笑嘻嘻地说：“算了吧，不要找这个麻烦了。”正说之间，接到刘团长来电话说：“据便探报告，离石方面之敌二千余，配属炮兵、装甲车、汽车等，已由交口镇经金罗镇向中阳而来。沿途对西边山沟一带，用炮火进行威力搜索。”电话未停，楚溪春拿起他的手杖来指画着说：“有办法了，现在围城打援，你们两旅速令东西山部队埋伏在庞家汇一带，俟该敌到后予以围歼，请开始行动吧。”刘旅的陈团与我旅的刘团立即向北移动，负打援全责，临时规定了联络信号，所遗阵地由钟有德团接替。但钟有德仅用了一个连的兵力，接替了两营的阵地，使敌人有机可乘，即倾巢而出，占领了刘团的攻城据点，形势甚危。我严令钟团长立即夺回阵地，否则阵前正法。由于钟有德指挥不力，在孙团协助下才夺回了原阵地，迫使敌人退回城内，但该团损失很大，仅连长一级就伤亡了七员之多，士兵伤亡二百余人。从此就给我加上有意识地牺牲王靖国主力军的罪名。

由离石增援中阳的敌军，半夜在庞家汇宿营，给了我们夜袭的机会，当夜我军攻入村内，经反复冲杀，敌不支，向离石方向撤退。是役缴获子弹四十多万发、驮骡十五头，敌遗尸十余具，并获有大批米糖和罐头等物。次日天明，楚溪春下令，全军撤至六十里以外休整待命。进攻中阳的战役，就此结束。

围攻中阳打援经过

杨金元※

第六十八师第四〇六团的前身，是方克猷独立第二旅的史泽波第二团。这个团于一九三七年十一月初，从忻口撤退之后，据说奉命开进太原城内布防。当部队抵达太原小北门时，因是夜间不开城门，就撤退到西山，经交城山、离石、中阳到达水头，经过休整，改编为第六十八师第四〇六团。当时师长是孟宪吉，团长是史泽波，我仍担任第二连连长。不久，在一九三八年的农历正月间，我们这个团便在大麦郊一带，阻击日军西犯，由于上级指挥失当，我们团没有和敌人交火，就奉命撤向永和县的桑壁镇。那时候，第十九军军长王靖国因失守隰县的石口，害怕执法总监张培梅枪毙他，也躲藏在桑壁。这期间，日军已分路向大宁、吉县一带进犯。我团曾在大宁的毛咀山一带，与日军打过几次小规模的战斗，双方互有伤亡。紧接着，我团第三营配合八路军第一一五师，在午城附近山沟里，伏击从黑龙关进犯午城的日军，毙伤日军甚众，并烧毁敌人汽车十数辆后，缴获日军辎重、武器弹药很多，迅速撤出战场。敌人受创后，窜入午城见人就杀，放火烧房，将我方未撤走的受伤官兵统统烧死。当我连进了午城镇内时，有一位五十多岁的妇女，跑来对我说：在离午城二三里的一个村子里，有个日本兵没走，钻在一个窑洞里躲起来了。我当即派石贵来班长带一个班跑步前往。找到那个窑洞后，就喊话让那个日本兵投降，结果他由门缝向外射击。石贵来班长趁机从窗孔中投进去一颗手榴弹，将那个日本兵炸死，缴获了一支日造三八式步枪。

※　作者当时系第十九军第六十八师第四〇六团第一营第二连连长。

一九三八年四月间，我第四〇六团奉命开往中阳，配合友军围攻中阳城。当时，我第四〇六团和第四〇五团（团长王仁山），攻西城墙，攻了几天也没攻开，白白地伤亡了些官兵。之后，我团便开往离中阳城以北不到二十里的金罗镇，埋伏在炭窑沟，阻击从离石增援中阳的日军，我团曾与来援的日军一个支队展开激烈的战斗。由于我团预先占领了有利地形，打得敌人晕头转向，四下逃窜，纷纷钻进山沟，集合不起来，到了夜间才逃进了中阳城。是役，我缴获敌人山炮一门，其他枪械弹药多件。我第三营损失较重，营长姚公元、副营长李延昆在黄圪梁阵地上与敌冲杀，壮烈牺牲。

我第一营营长李金声率全营于翌日天明，占领了在中阳城北十里的庞家汇，切断离石与中阳的交通线，使中阳敌人更加孤立无援。俟后，我团便奉命开往柳林休整，团长史泽波因作战有功，被提升为第二一〇旅旅长。第四〇五团团长王仁山因作战不力被撤职，其缺由李祖功接替。

在隰县石口镇作战

秦 驷※

太原沦陷后，阎锡山撤往隰县，开始整编部队。王靖国仍为第十九军军长。原第十九军损失殆尽，只编为一个半团，又把五个独立旅补充到第十九军，即陈庆华独立第一旅，方克猷独立第二旅，章拯宇独立第三旅，孟宪吉独立第八旅和刘化南独立旅（番号记不清）。这五个旅都是在平型关和忻口与日军作战，损失极大的部队。军编制辖两个师，每师两个旅，每旅两个团，每团二千四百余人。合计每师一万人左右，全军二万余人。孟宪吉为第六十八师师长，辖第二〇一旅，旅长蔡雄飞；第二一一旅，旅长刘召棠。四个团为：第四〇五团，团长王仁山；第四〇六团，团长史泽波；第六二二团，团长田宝清；第六二四团，团长秦驷。杜堃为第七十师师长，下辖两个旅，旅长为马超凡、赵锡章，四个团长为刘潜、孙映天、汤家漠、钟有德（旅团番号失记）。第六十一军军长仍为陈长捷，在晋南临汾一带整训。第三十五军军长傅作义，在晋西石楼一带整训，除原部外编入马延守独立第七旅。骑兵军军长赵承绶，在河曲保德一带整训。

一九三八年二月，侵占太原的日军向南进犯，以一个惯于山地战的混成旅团一万余人，由太原沿太隰公路经汾阳、孝义向隰县进犯。阎锡山当派第十九军军长王靖国，占据隰县城东三十公里的石口镇堵击日军。王靖国令第六十八师师长孟宪吉，率全师进占石口正东约三十五公里的大麦郊一带，设防阻击；又令第七十师师长杜堃进占石口东南三十华里的川口镇，防止日军沿公路迂回我右侧背；军指挥部及直属部队驻于石

※ 作者当时系第十九军第六十八师第二一一旅第六二四团团长。

口镇。王靖国对敌情判断：认为日军必走大路，经大麦郊进攻石口，川口虽然是公路，但已破坏不能利用，还要绕路。因王靖国和杜堃有裙带关系，第七十师又是他原来的基本部队，所以他把杜堃派到次要阵地川口，而把孟宪吉师派到大麦郊。不料日军以一部分兵力，从正面佯攻大麦郊，却以主力沿公路迂回川口。据守川口的杜师赵锡章旅，兵力配备分散，处处设防，处处薄弱，与日军一接触，阵地便被突破，旅长阵亡，部队四散。杜堃师长对部队失去掌握，又不敢向石口撤退，遂率师部人员躲避于右翼山里。在石口镇的王靖国对杜师情况不明。此时，孟师在大麦郊正与日军激战中，忽发现日军从大麦郊南方高地侧射，始知攻占川口的日军派队助攻大麦郊孟师刘旅罗子头阵地。孟师长当派预备队田宝清团堵击侧击我右翼日军，对杜师虽失去联系，情况不明，尚能与石口军部通电话。双方对峙到黄昏时，决定缩短战线，向石口军部靠拢，遂派秦驷团占领大麦郊西五公里处高庙山一带，掩护全师转进。估计到次日中午，全师可撤退到新庄占领阵地后，即行归还建制。秦团于次日午后二时，正在撤退之际，发现日军从大麦郊方向来犯，略加抵抗，即逐次掩护撤退，至夜间十点钟到达新庄，作为师预备队。正在休息吃饭时，王靖国由石口来电话，对孟师长说："总参议赵戴文、执法总监张培梅，由隰县来石口督战，我已表示誓与石口共存亡，否则以脑袋再见赵、张。"赵、张两老头被王靖国诡骗后，当返隰县。实际这时川口已失守，孟师撤退新庄（距石口只十几公里），情况万分危急。王靖国既无决心死守石口，又不敢向后撤退，遂命令孟师长派秦驷团反攻高庙山，并向川口与杜师取得联系，做他的替死鬼。秦团本是孟师长基本部队，孟也不愿意叫他去做无谓牺牲，但又怕王靖国把这次败仗责任推到他的名下杀头，便忍痛令秦团于当夜二时出发，从原路反攻高庙山。秦驷率全团于拂晓前五点钟到达高庙山，发现日军在高庙山就地露营烤火，警戒疏忽，待秦团接近到百余公尺处，尚未发觉。不料第二营有一新兵突然走火，把日军警起，立刻展开肉搏战，双方死伤枕藉。我团虽已夺得高庙山这个山头，但左右高地的日军集中火力向我第二营猛烈射击。我刘营长受重伤，该营只剩六七十人，遂放弃高地向后撤退。日军随即向我进攻，经我一、三两营坚决抵抗，对峙至黄昏时，师长命令仍撤回新庄。全团伤亡官兵五百余人。当天夜间，孟师在新庄未发现敌情。到拂晓发现日军从正面进攻新庄阵地，经激战一天，日军无进展。于黄昏时，孟师忽然与石口军部电话不通，并闻石口方向有枪炮声。原来日军进占川口后，并未停止，又从我右翼山路崎岖小径，迂回袭击石口军指挥部。王靖国在石口遭日军突然袭击，只身爬山逃跑，连在新庄与日军激战之孟师也不顾通知。孟师长与军部失去联系，判断石口已被日军占领，乃主动决定，当夜从我阵地左翼突围，绕经水头镇，向永和方向转进，再寻找军部。转进一日夜，到永和与隰县间的上、下罗头村，恰与王靖国相遇。石口激战时，阎锡山已调第六十一军军长陈长捷，由临汾来隰县增援，不料第六十一军尚未到达，石口已失守。陈长捷即在隰县城东十五公里之上均庄、下均庄，占领阵地，堵击日军。但因他的部队补充的新兵多，缺乏训练，一经激战，死伤遍野，以致不支溃退。日军侵占隰县后，把阎锡山由太原搬运到隰县的物资数百窑洞，计有棉布、呢绒、洋面、各种枪炮、子弹等，大肆破坏焚烧。王靖国躲在永和，只留孟师蔡旅的秦团在隰县城周围，监视城内日军行动。秦团判断日军没有后续部队，也没在通往太原的沿路建立据点，孤军深入，决不会在隰县停留，其动向不是沿公路南犯，即回窜太原。乃命令第三营营长陈泮喜将全营半数换成便衣，在隰县城关附近监视，乘机袭击日军零散部队及粮秣车辆。果然不出所料，日军占领隰县的第二天早晨，大部沿公路继续南犯。陈营一面袭击日军后卫部队，一面收复隰县，救灭大火。王靖国接到我的报告后，对晋西各军大肆宣传说，秦团攻克隰县，并传令嘉奖，第三营营长陈泮喜记名升级。傅作义也电贺秦团收复名城。

袭击离石县城战斗中的勇士

王雷震※

一九三八年三月十五日，我团奉令袭击离石县城，我团第二连第五班上等兵张耀忠（三十六岁，河南商丘县人）在登城后发现敌人，即以沉着熟娴准确的射击技术毙伤敌人甚多，弟兄们都为他叫好。后其腿部受伤数处，不能行动，他的排长用三角巾给他裹好伤，让他到后方去，可是他回答说："抗日救国即使牺牲了也应该。如今我的腿虽然受了伤，但还有两只胳膊可以投手榴弹杀敌人。"说时已晕倒，排长派人送他到后方，终因伤势太重，几天后便牺牲了。

我团第三连少尉排长张才（二十八岁，山西朔县人）在登城杀敌时，用轻机枪向敌人扫射。在激战时，他的胸部被敌弹击伤，但他仍在勉强指挥，不脱离战斗。终以伤势重而无力支持，他用仅有的一点力气呼喊："中华民族……"一句话尚未喊完，竟尔牺牲。

我团第一连中士班长王运发（三十岁，河北大应县人）担任奋勇队的班长。登城后即带领本班战友向东城楼进袭，攻至距城楼四十余米处，被敌发觉，在激战中他与排长郑相仁（三十岁，河南项城县人）奋不顾身率队冲入城内。郑排长身受重伤殉国，王运发亦身受重伤，但仍继续指挥战友对冲来之敌进行肉搏。由于敌众我寡，我方战士伤亡殆尽，王运发班长在手榴弹有效距离内，仍用手榴弹向敌猛投，终以负伤流血过多昏倒在地，后送到后方疗养。

我团第三连中尉排长杜景才（年三十一岁，河北武邑县人），登城后，指挥着一个班先下入城内。由南城大塔东端向城内中学校的敌司令

※ 作者当时系第三十五军第七十三师第四二二团团长。

部袭击。敌人发觉后，顽强抵御，激战甚烈，他亲自用手榴弹毙伤敌人甚多，并大声呼喊着："弟兄们，我们是中国人，谁不拼杀日本鬼子，谁就不是英雄好汉！"战友们听了他的喊声都振奋异常，紧跟着一片杀声，向敌人冲去，他取过受伤战友的枪弹，共同战斗，后来他身负重伤，不能行动，乃大声说："弟兄们，我的伤很重，你们要替我多杀鬼子，给咱们中国人报仇吧！"刚喊完话即因伤重而牺牲。

我团第二连六班班长刘森（年二十六岁，察哈尔省阳原县人）当时身受敌炮弹炸伤多处，腹部又受敌人机枪子弹射伤而牺牲。是时全班战友们似有退缩动态，上等兵温加元（年二十七岁，山西浑源人）看到这种情况，焦急万分，即对战友们说："咱们的班长已阵亡，你们都跟我来。"说毕，他奋勇当先，领导着全班战友匍匐前进。当他通过火力控制地带时，他自己亦身受敌弹伤有数处，遍体是血，但他仍不顾伤痛，依旧引导战友们前进杀敌，终因伤痛不支，才告别战友们说："我已身负重伤，不能完成任务了，希望我们全班的弟兄们能勇敢杀敌！"就在说这话之间，他的头部又被敌弹所击伤，遽然忠勇牺牲。

我团第一连八班下士副班长刘安祺（年二十二岁，山西朔县人）袭击离石县城时因该班受敌炮火之制压和敌步兵的左右夹击，战友们顿现慌张。他一面指挥其附近战友保持战果，一面大声呼喊："今天是和日本鬼子死拼的时候，谁下去，谁就是孬种。"正在呼喊之际，敌人已蜂拥而至。该班长仍竭力支持，一连投出手榴弹数颗，敌人死伤一片。他和战友们已身陷重围，刘班长的头部受重伤，为抗日而英勇牺牲。

我团第三连中士班长何东海（年二十七岁，山东临沂县人）带刘永禄（年二十一岁，河北唐县人）、上等兵郭清海（年二十二岁，河南滑县人）等，于袭击离石县城时，他们这一小组担任占据城外汽车路附近的一处场院，准备伏击城内溃敌之任务。不意攻城部队，由于攻进城后的战斗不够顺利，再加上战斗中战士们牺牲过重，结果未能完成任务。而此时，由汾阳开来增援离石县之敌，已将我团预备队牵制在东方汽车路上，准备伏击敌人的何东海等小组，此时又遭敌人监视，亦未能撤退，他们只好决定暂时固守据点，待机撤出。可是，未几即被百余名敌人所包围，于是他们只能依据墙壁，挖枪眼，找掩体，奋勇抵拒敌人。并用轻机枪、手榴弹毙伤敌人数十名，使敌当时未能攻进场院内。后来敌人用手榴弹由墙外向场院内连续投掷。除郭清海一人外，其余皆受伤亡，独郭清海仍然利用有利的建筑物沉着抵御，复以手榴弹还击。直到黄昏时，由于他的脚部受伤，便退入窑洞内抵抗。此时，敌人虽攻入场院，而他隐蔽在窑洞中继续向敌人射击，又杀伤很多敌人。敌人认为我军伤亡是大，但不知我们究竟还剩多少人，因此还不敢接近窑洞门。迄至黑夜，郭清海瞅得敌人监视的空隙处，才得以携带着战友们的枪支突围而出。

以上就是我团袭击离石县城时发生的几个真实的令人难忘的战士的故事。

大宁、吉县、乡宁、蒲县的收复战

梁春溥※

太原沦陷后，阎锡山在隰县大麦郊和军长、师长、旅长们开了几天会，指示了各部队的驻地和整补训练事宜以后，他就进驻临汾。傅作义军驻离石、中阳一带，郭宗汾师驻临汾县，骑兵军驻石楼、永和，王靖国部驻隰县、大宁、蒲县和临汾的土门镇。陈长捷师部的第六十一军，系以第六十九师和第七十二师所编成，驻在临汾河西各村。第六十九师师长吕瑞英，辖第二〇八旅旅长于镇河的第四一五团和第四一六团，和另一个旅长高金波所部的两个新兵团。第七十二师师长段树华，因受伤未愈，副师长梁春溥代理师长职务，仍兼第二一七旅旅长，第二〇九旅旅长由第四三二团团长王鸿浦升充。

一九三七年冬，蒋介石曾在洛阳召开一次军事会议，参加的人员，系师长以上将领，我亦参加了。将为认识参加会议的将领起见，曾点过一次名，点八路军将领时都应“到”，其余的则应“有”。点名毕，蒋做了抗战必胜、建国必成的讲话，就算结束。第三天我折回，和王靖国同一车厢，他去了西安，我到潼关下车，由风陵渡过河，搭同蒲车回临汾。在同一个车厢中，有朱德总司令、彭德怀副总司令、刘伯承师长、林彪师长和聂荣臻副师长等人。他们在漫谈着，我则缄默地听。那时阎锡山为第二战区司令长官，杨爱源、朱德为副司令长官。朱德总司令和我也谈了些话，我觉得他平易质朴，老练沉着。其余将领个个乐观活泼，能说能干，均具有排山倒海无敌不摧的气概。通过这次接触，我初步认识到两种军队的本质和差异。

※ 作者当时系第六十一军第七十二师副师长代理师长兼第二一七旅旅长。

第二战区司令长官部在临汾时，在韩侯岭布防的为西北军刘茂恩军。一九三八年二月下旬，长官部得到情报：日军第二十师团等部队集结于孝义县兑九峪镇，有沿公路经大麦郊、石口向隰县窜犯的企图。阎锡山即分配任务，电令各军准备应战，对长官部也进行了转移的准备。第六十一军奉命经牛王庙、吉县城，进驻吉县的南村。长官部非战斗人员和山西省政府，均由小船窝过河进驻陕西省宜川县的秋林镇，并在那里挖了许多窑洞，以备应用。

第六十一军奉命于一九三八年二月十六日出发，向隰县以北地区进出，迎击向隰县窜犯的日军第二十师团。

第六十一军的行军和部署是：第六十九师由现驻地经枕头、仪上、黑龙关、蒲县、午城，向隰县以北地区进出，以一部在大路上迟滞敌人的行动，以主力控制于大路以西的山地，相机截击敌人。第七十二师为右纵队，按第二一七旅、第二〇九旅顺序，由现驻地经土门镇、原上村、乔家湾、克城镇、上庄，进出于石马沟口以北和以南的高地，由东向西，侧击敌人。当第二一七旅于三月三日早晨行抵石马沟口时（对面为上下均庄，在隰县城北五十里），敌人的骑兵已过去了，步兵先头尚未发现，而段树华师长和第二〇九旅均未见到来，也联系不上。乃以第四三四团在石马沟口以北，第四三三团在石马沟口以南，分别展开，并着两团均要切实隐蔽，第四三四团应俟第四三三团发射后，再行开始射击。第四三三团团长刘墉之所部第一、第二、第三三个营，系第二〇一旅的第四〇一团、第四〇二团和一个新兵营所编成；第四三四团刘崇一所部，为刚由山东征集来的新兵，素质虽很好，可是训练上尚不过三个月。我们先把敌人的队头让过去以后，第四三三团以重机枪猛射敌人，第四三四团接着也以迫击炮和重机枪进行猛袭。当时曾将敌人约两个大队打垮了，看见他们狼狈地向上下均庄溃逃，爬到该庄以西的山梁上收容后，乃向南逃窜。敌后续部队也均遭这样的打击。我方虽有伤亡，然不甚多。战斗到当日午后三时许，刘崇一团长阵亡了，因为当时左翼吃紧他向左翼跑，后来右翼吃紧时他向右翼跑，以致被敌狙击而阵亡。刘和我共事很久，他确很勇敢。在南口战役以前，我曾提醒他：现在跟强敌作战，在战场上的行动务要慎重，千万不可满不在乎。在南口他受了伤，这次他又编在我旅任团长，我又提醒他，结果阵亡。平型关之役，程继贤团长阵亡不久，继之以曹炳团长阵亡，而今又有刘崇一团长的阵亡。第二〇九旅在距隰县约三十里之某村与敌人接触，第四一八团团长娄福生受伤，第六十九师方面在隰县北十余里与敌接触，伤亡和损失也不小。追念及此，不禁凄然心伤。

三月四日敌人由隰县出发，行抵午城，以一个大队西进大宁，其主力则东进到蒲县，薛关镇留有其一小部。三月五日，蒲县之敌经黑龙关进驻土门镇，黑龙关留有其一部。同日，大宁之敌留一部在大宁，余部窜犯吉县。驻吉县之敌，分一部窜犯乡宁县。

为了先肃清和驱逐乡宁、吉县、大宁的敌人，第二一七旅于三月四日夜进驻薛关以北的古贤村，三月五日夜进驻薛关以南的百家庄，三月六日经放马岭进驻到吉县的窑渠镇，三月七日晨听到大宁和吉县两面的炮声渐渐逼近，侦知系大宁之敌连日经王靖国部之袭击，于七日晨向吉县转进，驻吉县之敌以一部推进到窑头（在窑渠以西五里），于七日午与大宁南来之敌会合后，一同窜回吉县。第二一七旅于三月七日午经窑头以西的山梁，跟踪向吉县推进，是日第六十九师将驻乡宁之敌驱逐后，三月八日回师转向吉县与第二一七旅夹击吉县之敌。该敌旋即东窜，第二一七旅当日进驻吉县。

大宁、吉县、乡宁收复后，第二一七旅于三月九日由吉县出发，经窑渠、五龙宫、岔口、南耀，于三月十日进驻到南耀，稍事整顿，于三月十二日进驻枣林村，派队对蒲县之敌进行夜间袭扰。时王靖国部刘效曾部亦归第六十一军指挥，在蒲县北山亦派队进行袭击。两旅遥为呼应，共袭击四夜，敌虽终夜不得休息，可是还没有动摇之象，唯把驻薛关的一部撤回蒲县。十六日，第二一七旅转移于蒲县以西的曹村湾，夜间仍派部队照常袭击。陈长捷军长因旷日持久，蒲县迄未攻下，乃于十七日亲率第二〇九旅和军直属部队并炮兵一个营，由蒲县南山上任主攻，第二一七旅在蒲县城西，刘效曾旅在蒲县城北，均于十八日拂晓一齐出击前进，计划于当日将蒲县攻下。当我炮兵开始射击后，敌人顽强抵抗，并增加队伍进行激烈的逆袭，以致南山主攻方面的部队不得不向后撤，而敌人于我主力后撤后，其主力乃沿蒲县东南方高地上的小路，向黑龙关方面转移。第二一七旅当即跟踪追击，当晚到达黑龙关时，敌已撤走。十九日进至土门镇和东西涧北，小部队则推进到汾河两岸。二十日，第二〇九旅推进到峪口村，第七十二师师部推进到东×以西的一个小村，第六十九师于二十一日推进到牛王庙村，第六十一军军部同日推进到枕头村。各师的小部队均推进到汾河边，与敌人隔河对峙。临汾被敌所占后，铁路修缮，不几天太原临汾间通车了，敌军向南进攻，占了运城以后，推进到永济。至此，汾河以南广大地区均为敌所控制，而同蒲路逐步亦做到全线通车了。但是，敌人兵力究属有限，实际上连一个交通线亦控制不住，因为中条山、上党、五台方面有八路军和决死队，汾河西岸有晋军，不断地破坏其交通线，所以同蒲全线通车徒有其名耳。

袭击李家山碉楼经过

魏志桐※

一九三八年春，日本侵略军仗着兵力优势和炮火的优势，在侵占了汾阳、离石及其之间的公路全线后，就在沿公路线较大的村庄修筑碉楼，妄图确保公路畅通，支援打通军（渡）离（石）公路，以便西渡黄河，进攻西安。

当时，晋绥军第七十一师师长郭宗汾，率其所属一部驻防离石城以北之大武镇，其所属第二一四旅旅长赵晋所属第四二八团团长王恩灏率所部驻防在离石城以东的小东川的以南和以北山村，并经常派小部队，利用夜间袭击沿线敌人据点，以牵制敌人，迫使敌人不敢轻举妄动。敌人为了加强对公路的控制，五月间，强迫沿线村民，又在李家山增修碉楼。

李家山在离石城东有二三十里，村前是东南走向的汾（阳）离（石）公路，村后紧靠山梁。在村里经常驻有敌人四五十名，并配有重机枪和掷弹筒等。

五月二十一日，经团研究决定：趁李家山敌之碉楼在没有修好之前，派第七、第八两连袭击之，务期全歼该敌。同时，派第一、第六两连袭击油房坪之敌，以配合袭击李家山。以上任务要在二十三日夜完成。

二十二日，我换了一身便衣，装扮成农民模样，花了一块钱雇了一位老乡领路，亲到李家山侦察了一番。敌人的碉楼修筑在村背后山坡上的一个小土丘上，看上去，站在碉楼上可以瞰视和控制整个村子和村前公路，并能防止我军从村后袭击该村。碉楼周围有一道尚未挖成的外壕，

※　作者当时系第三十三军第七十一师第二一四旅第四二八团第八连连长。

外壕外沿架设着高约一米的一道三条蒺藜刺的铁丝网，铁丝网上到处挂着空罐头盒，处处显示出敌人已处于防我袭击的处境了。

二十三日夜十二时前后，我率全连精干士兵八十多人（新、老、弱留下），轻装出发，我第三营营长周冠三率第七连随后跟进。翻山越岭，很快跨过十多里路，悄悄地接近到敌碉跟前。我把部队布置好后，命一名优秀射手瞄准敌碉楼上的哨兵，枪声一响，那个哨兵倒下去了，霎时间，全连士兵一拥而上，踏倒铁丝网，冲到敌碉跟前，有的士兵已把手掷弹甩进了碉楼。这时在碉楼的二三十个敌人，才从梦中惊醒，没有来得及有组织地抵抗，就伤亡了一大半。这时村子里的敌人，以猛烈的火力向我射击，以掩护其余敌人向村内撤退。枪声和手掷弹声已响成一片。

敌人碉楼已被我连占领，士兵们从碉楼里往外搬运战利品。当我去拉一名受了伤的士兵时，一颗掷榴弹在我身后爆炸，把我右臂和右肋炸伤，鲜血如注。这时掩护我连攻击的第七连连长焦光聚闻讯赶来，当即派人护送我退出火线，并代我指挥第八连继续战斗。前后激战约半小时，天已微明，这时由吴城和离石城来援的敌人，火速向李家山前进，并从远处用山炮向我轰击，而我们两个连已撤进山里了。是役毙敌死伤二三十人，虏获重机枪一挺、步枪十多支、望远镜一个，另有黄呢子大衣、皮鞋、手表等多件。我连伤亡士兵十二人。而袭击油房坪敌人的我第一、第六两个连，因暴露早了，致使袭击没有成功，反而受了些损失。

在我被送往三交镇师医院后不久，阎锡山赏给我连一千元，旅长赵晋、团长王恩灏各赏我连一百元。

吉县三堠镇之战

杨凤桐※

一九三九年九月间，日军以千余之众，由河津、稷山向我乡宁、吉县进犯，占领乡宁县城后，继向吉县进攻。当时驻在吉县之第六十六师第二〇六旅孙福麟旅长决定在吉县三堠镇与敌决战，我方兵力部署是：第四三一团由侯良团长率领部署于三堠镇至东石泉一线；第四〇一团由李佩膺团长率领从瓦原进驻窑科，占领附近之和尚岭、狼儿岭一带高地，配合三堠驻军歼灭敌人，并分一部向平原村附近占领有利地形伏击敌人援军；第四三二团由周志仁团长率领进驻吉县城郊，为旅的后备队。

第四三一团第三营营长李源命令第九连连长齐希民率该连在三堠镇东北之铜圪塔高地占领阵地，以奇袭近战法将敌阻止于阵前。齐连长受命后向排班干部说："我是个没文化的行伍军人，大道理不懂多少，只知道保国卫民是军人的天职，战死沙场是光荣的，我决心在此与日军拼搏到底。"他命令部队发现敌情时不要贸然开枪，等敌人进入有效射击区内，大家听他鸣枪为令再开枪。

午夜即闻炮声渐次接近，拂晓时敌人已进入伏击区，齐连长指挥大家开枪射击、投手榴弹。经两小时激烈战斗，敌之先头部队大部被歼，齐连长发起部队冲锋，我军杀声四起，敌人弃尸狼狈逃命，天明整理战场时，发现敌尸八具、步枪九支，还发现敌人尸体火化后留下的纽扣约一升，估计敌人伤亡有百余。我战士牺牲十二人。

经此战斗，敌人经乡宁退回河津、稷山。

第二战区司令长官部为了表彰这次战斗有功人员，均予晋级待遇。

※ 作者当时系第八十三军第六十六师第二〇六旅通信排排长。

旅长孙福麟晋升为中将，团长侯良晋升为少将，营长李源升为中校，连长齐希民升为少校，当时我是旅的通信排排长也受到了嘉奖。吉县军民召开了庆功大会，并在三堠镇战斗地点竖立石碑纪念牺牲的烈士。

夜袭圪台头

李修礼[※]

一九三九年农历八月初，日军占领了山西蒲县，又进一步侵犯乡宁，沿乡宁县东部的侯村峪、牛王庙，向西控制了圪台头，在圪台头村南面的高地（属吕梁山系）建立了据点。并在牛王庙以西的干河滩里修筑公路，其大部队露营在河沟里，扬言“一个月占领乡宁”。

台头庙位于圪台头镇的南面，台头村在山沟里，隔着一条河沟，一山巍峨矗立。上了山，凭高远望，乡宁、蒲县、襄陵、临汾四县历历在目。圪台头庙就在此山顶。

第六十一军军长陈长捷召集本部团以上军官开会，部署歼击来犯之敌，其战略意图为攻占圪台头庙，以有效阻止蒲县、襄陵、临汾日军对该地区之敌的策应，卡住牛王庙，将该地区日军前后堵死，上下配合，力求全歼。因此能否按计划克期夺取圪台头庙高地，事属关键。在分配战斗任务时，我站起来自请以一个连的兵力乘夜攻占台头庙，陈长捷很高兴，允准我的打法。但仍命我第四一六团（我是该团团长）全团完成上项任务，以防兵力不敷，贻误战机。

攻击前，我对圪台头庙高地的山势及夜袭路线进行了秘密观察和反复酌量，并向当地群众认真了解。记得那是一个月黑风高的夜晚，我亲自带本团第七连沿着山北榛棘丛莽摸索前进，令营长齐相国带一营继后，余部各占据有利地形策应。我荷枪在先，众皆悄悄而上，并事先严令：不听见我打枪，谁也不准先行开火。半夜里，我们摸到了敌前沿，见敌山顶炮台与庙间有一较平的地段，估计两处都有敌兵。第七连连长王维

※ 作者当时系第六十一军第六十八师第四一六团团长。

带着几个人，先在敌铁丝网下扒了个口子，一个排的兵力钻了进去，就把机关枪架在敌人炮台与庙中间的交通壕里。几门迫击炮早就瞄好了，我见准备就绪，就朝天连发了三枪。几乎就在同时，我们的迫击炮在敌工事上开了花，沉寂的山冈一下就闹翻了天。敌人从梦中惊醒，庙里的敌人就沿着交通壕想上炮楼，但遭到我交通壕内机关枪的猛射，第七连战士枪上刺刀一拥而上，经过短促激烈战斗，就占领了山顶阵地，守敌百余人被歼。这时太阳出来了，河槽里的日军沿着河槽纷纷东撤，但被第六十一军的其他部队阻击于圪台头、牛王庙之间一个名叫咽喉的地段，轻重火力居高临下一齐向敌轰击，山炮、轻重迫击炮声震得山鸣谷应。日军在此地遗尸极多，中秋时节，敌尸腐烂了，河沟里许久还臭气熏人。

同日，我第四一六团向东疾进三十里，配合友军围住了牛王庙镇，经数日战斗，解决了敌人。这股日军对乡宁东部的进犯就这样被粉碎了。

在稷山县下王尹村痛击日军

王维桢[※]

一九三九年夏秋之间，晋绥军教导师改编为第三十四军之后，王乾元任军长。我任暂编第四十四师第一团团长，奉令率部开赴汾南地区的新绛、稷山、河津、闻喜等县境内，配合当地武装进行游击战争；开展政权，破坏敌人统治；扩大我军政治影响，争取民心，给予敌人有力打击。不久，我团改为暂编第四十五师第三团。

一九四〇年五月，日军和伪军一部共三千多人，由闻喜东镇车站，经过栗村镇、关村向稷山我占领区进行“扫荡”。当时我团防地在稷山县下王尹村一带，在得到这一情报后，急派村政人员把全村老百姓疏散躲藏，并立即在下王尹村一侧，占领有利地形，构筑工事。令第三营占领深沟正面，利用山沟阻截敌人进村，并把第三营布置在村南高地，侧击敌人。

当敌人先头部队进入我防线，遭到我正面阻击后，又被我第二营在村南高地集中火力进行猛烈射击，敌人顿时混乱，指挥失灵，且因受到地形限制，兵力施展不开，敌人便拖着伤亡人员，向关村退去。之后，敌又重整部队，连续向我阵地猛冲两次，虽已冲到我第三营阵地前沿，但均被我官兵沉着应战，用手掷弹击退。由早至晚，断断续续激战终日，敌人始终未能得逞。敌我对峙到天黑，敌乃顺原路退回闻喜。事后情报证明：敌人用汽车运回闻喜的尸体有四车，内有少佐军官一名。我团阵亡连长、排长各一员，阵亡士兵四十六名，受伤士兵二十余名。因敌始终没有攻进村内，故老百姓的一切没有受到损失。

嗣后奉军命令，在下王尹村东口路旁建立“暂编第四十五师第三团抗日阵亡官兵纪念碑”一座。

※ 作者当时系第三十四军暂编第四十五师第三团团长。

粉碎日军第五次进攻乡宁、吉县

王式明※

在抗日战争进入到四十年代，太原、临汾、同蒲沿线以及公路两旁的城镇，大多都被日军占据。敌人对土地肥沃、物产丰富的晋西南平原，早就垂涎三尺，每逢夏收在望季节，便调集大批部队，窜扰晋西南，大肆抢粮，妄图断我军食，置我死地。敌人所到之处，生灵涂炭，民不聊生。我军为了掩护夏收，对敌予以严厉打击，其间出现了不少可歌可泣的英雄事迹。为了悼念为国捐躯的烈士，现将日军第五次进攻乡宁、吉县的战斗经过，我以当时在第四一六团的政工人员的所见所闻，回忆如次。

一九四〇年六月中旬，日军调集临汾、运城以及沿南同蒲各县的日伪军三四千人，向我乡宁、吉县大举进攻，妄图阻止我军掩护夏收。我第六集团军总司令兼第三行署主任陈长捷，坐镇吉县桑峨一带，第六十一军军长吕瑞英驻五龙宫。情况发生后，他们当即命令所属第六十九师黄士桐师长，饬令前线守军固守阵地，坚决阻击进犯之敌。当时我第四一四团陈光裕部防守牛王庙和峪口一带，第四一六团李修礼部驻腰里，防守鹤坡前沿地带。两团防地隔山相望，遥相呼应。来犯之敌首先与我第四一六团第二营前哨部队接触，以猛烈炮火和飞机低空扫射轰炸，掩护其步兵冲锋攻击。我守军官兵奋不顾身与敌英勇激战，从上午九时战斗到黄昏，敌我互有伤亡。我军阵地屹然不动，双方形成对峙状态。

第四一六团团长李修礼深感前线战斗力薄弱，便火速把前一日率部赴沿山一带掩护夏收的第三营杨明圣部调回，星夜支援第二营。由于第

※　作者当时系第六十一军第六十九师政治部少校干事，是役负动员后勤工作。

一营已赴河南接领新兵去了，该团只有两个营和一个机枪连，所以仅能坚守鹤坡阵地，势难分兵出击。而敌后续部队陆续向峪口附近集结，并在第二日拂晓分兵两路向峪口左翼高地猛攻。这时师长黄士桐命令第四一四团第二营火速增援，务必占领峪口高地。该营行动缓慢，致使敌人先我占领高地，使我守鹤坡部队受到很大威胁。经与敌人争夺，不但没有成功，反而受到很大损失，被迫后撤（战后检讨：该营长作战不力，被师部正法）。在敌人占据我鹤坡阵地后，便向纵深发展，但敌每前进一步，都要付出很大代价，难以长驱直入。但敌军飞机轮番轰炸和扫射，并给敌之炮兵指示目标，敌炮不断向我阵地猛轰。在两昼夜的激烈战斗中，我军虽处于极端不利的境地，但我第六十九师岿然不动，我军官兵仍以英勇顽强的精神和“瞄准打、死不退”的英雄气概，击溃敌军十数次冲锋。敌军损失惨重，嚣张气焰渐渐低落下来，形成进退两难、停滞不前状态。其中最使人们欢欣鼓舞的是：在我第二营撤离鹤坡阵地时，四连某班班长（姓名失记）将两颗四号卡雷压在石头下，然后撤离阵地。之后十几个敌人蜂拥而上，我掩护部队予以有力射击，敌人纷纷躲藏隐蔽，正好踏上两颗威力很大的四号卡雷，一声震天动地的巨响，把十几个日军炸得血肉横飞，他们的步枪和轻机枪都炸得七扭八弯，我官兵拍手称快，士气大振。敌人经此惨重伤亡，有两个多小时再没有向我攻击，双方一直对峙到天黑。这时我军又从蒲县黑龙关调来第四一四团增援，守军士气更加旺盛。

战斗到第三天，日军的步、炮、空更加紧密地配合，敌机肆无忌惮地低空盘旋，以轰炸和扫射来掩护其步兵进攻。这时部署在山顶上的我团第六连，集中了五六挺轻机枪，猛烈地向盘旋山腰间的敌机射击，密集的子弹穿透敌机油箱，顿时浓烟冲天，机身翻滚，栽到六郎庙山沟里，其驾驶员也同归于尽。我军官兵欢声雷动，人心振奋，更加强了我守军战胜敌人的信心，而敌机再也不敢像以前飞得那样低了。

战斗到第四天已近尾声，敌人已无力再向我发动猛烈的攻击了。我守军突然发现敌骑兵三四十人，掩护接济驮骡六七十头。在其浩浩荡荡行进到腰里山沟时，遭到我第四一六团杨营的猛烈狙击。敌人慌乱一团，仓促应战，企图突围，经过两个多小时的激战，敌军一再顽抗，终因被我居高临下的火力所控制，前后悉数被歼。当时我动员后方勤杂人员，奔赴前线，赶的赶，拉的拉，共虏获驮骡、战马四十多匹和许多枪支弹药，还有卫生器材等。

敌人已经精疲力竭，遭此袭击后，后援难济，不得不改变原定计划和进攻路线，遂一面牵制我军追击，一面越山跨沟向南山迂回，妄图向我军后方窜扰。可是经过三天三夜的激烈战斗，我后方早有充分准备，做了很好的部署，沿路伏击，分段截阻，又狠狠地打击了敌人，迫使敌人不得不溃退而去。日军第五次进攻乡宁、吉县的狂妄行动就这样被粉碎了。

这次战斗为期虽仅四昼夜，由于我军官兵英勇奋战，使敌人遭受惨重损失而告终。我军伤亡较重的是第四一六团第四连，共伤亡官兵三十多人，特别是该连有九名班长英勇牺牲，为全军官兵树立了光辉的榜样。事后，第二战区长官部通令全军予以表彰，并对阵亡官兵的家属优予抚恤。

马首山战斗

丰佩瑶※

在抗日进入到一九四三年间，敌人已无力向驻守在晋西的晋绥军发动全面的进攻了。但是敌人为了防止晋绥军到晋西南建立政权，便强迫大批老百姓在从汾城、乡宁与晋西南平原相接的地方挖掘又宽又深的所谓封锁壕，妄图把晋绥军困死在晋西山上。阎锡山为了生存下去，就派部队驻守在通往晋西南的山口地带，命令伺机出击，破坏封锁壕，使之不能挖成。当时暂编第四十四师马壮师长所属第一团团长王维桢驻防小峪口，第二团团长张天赐驻防黄花峪口，第三团团长祁国超驻防柏山寺。马师各团经常派便衣潜入敌区，向老百姓说明："在被敌人强征去挖封锁壕时，一听到枪声就赶快四下奔逃。"各部队并曾多次在敌人押着老百姓正在挖封锁壕时，突然潜进到其附近，枪炮一齐射向天空，那挖壕的老百姓，便一哄四下奔逃。有的地方，白天敌人强迫老百姓挖，在夜间我方动员上老百姓填，迫使敌人挖壕工程毫无进展。据当时传闻，有敌一少佐负责挖封锁壕，几次逾期完不成任务。在一次遭到我小部队袭击中，被强迫去的老百姓便一哄而散，而他的日本士兵也都隐蔽起来，唯他一人站在高处，挥舞着指挥刀，破口大骂，结果被我击毙。

一九四四年三月底，敌人为了摆脱窘境，纠集步兵炮兵千余人，由新绛县泉掌公路向我马璧峪山口进发，在飞机大炮掩护下，于四月一日开始，向我马首山1573防地及其左右山头阵地发动猛烈攻击。

马首山是马璧峪山口的屏障，是乡宁、吉县通往晋西南的门户，是由晋西南向晋西输送粮棉的必经之路，是敌我多次争夺的要隘。当时防

※ 作者当时系第三十四军暂编第四十四师司令部中校参谋。

守马首山的是暂编第四十四师第三团，该团是游击第五纵队第十五支队改编的，兵员缺额太多，当时全团实有人数五六百人，实际能够参加战斗的不足三百人，而且分守在各个山头阵地上。在兵力和武器大大劣于敌人的情况下，第三团凭借地形优势，顽强阻击敌人进攻，经终日激战，我方伤亡士兵十数人，遂奉命放弃1573高地，意欲引敌深入。不料敌人在占据了该高地后，除加固我原有工事外，又连夜快速修筑了一个大碉堡，企图阻止我军下山活动。这对我沿线守军威胁很大。

四月二日，天降大雪，第三团团长祁国超奉马师长命令，选派第一营营长张永和率官兵百名，利用夜间向1573高地之敌进行偷袭未遂，退向马首山以西山地掩蔽。三日晚再度偷袭未成。两夜往返，官兵棉衣被丛生树枝剐破，棉絮外露，与大地积雪一色。四日拂晓前，团长祁国超亲自督率官兵二百人，迅速向敌阵地前进，当接近到距1573高地百余公尺处的马鞍形地带时，天已破晓，已被敌之哨兵发觉了，该哨兵即立刻鸣枪逃跑，我官兵便乘机分路扑向敌碉。这时睡在碉内的敌人，从梦中惊醒，盲目地把重机枪架在碉堡门口，向外乱行射击，我许德应班长迅速从撬掉碉砖的孔中，连续捅进去几颗手掷弹，几声巨响，碉内乱成一片，残敌企图冲出碉堡，却为自己重机枪所阻，瞬时碉内军用物资起火，浓烟火光四溢，至此敌人一个加强排三十多人全部死亡。我掳获重机枪一挺，掷弹筒两具，步枪二十余支。

四月五日，敌机一架向我守军阵地进行疯狂的轰炸和扫射，当被我军击落其挡风板，该机便慌忙向临汾方向一头栽去。七日，敌人又纠集大批兵力向1573高地我守军进行报复性的猛攻，我守军因敌众我寡，悬殊不敌，激战数小时，我伤亡官兵十数人，遂向后转移。旋奉命将马壁峪防地，移交给第六十六师李修礼部防守，暂编第四十四师集中到小峪口、黄花峪口一带休整。之后，第六十六师师长李修礼曾组织精干老兵五百人，向1573高地进行反攻，终因地形易守难攻以及敌人炮火猛烈没有成功。

在这次敌人向马首山开始进攻时，防守在马首山右翼云邱山防地的第二团第一营代理副团长的马志良，不但没有支援防守马首山的我军，而且没有与敌激战，便把部队撤到小峪口的陈家山。战斗结束后，以规避战斗罪，将其就地正法，以肃军纪。

闻喜五龙庙战斗

梁月如※

一九四四年我在山西保安第二团第二营任中校营长，归山西省第七行政区指挥，经常活动于汾南地区。那时阎锡山进行整军，让接受整训的部队集中在晋西南的乡宁县城西。我团计一千余人，于一九四四年一月份奉命北上乡宁县接受整训，整训时间是半年。七月中旬整训完毕后，部队由乡宁县出发，经柴家山稍事休息，在夜晚渡过汾河来到稷山、闻喜、新绛交界一带活动。

一九四四年十一月下旬，我团住在闻喜五区五龙庙以西。保安第四团活动在稷山瓮村一带。五龙庙是日军的据点，人员只有十数名，敌兵不敢远出。夜晚十时许，接到报告说，日军由新绛、稷山、河津集中了兵力，今晚住在万安一带，据说由清水师团的一个联队长指挥，配合伪军共有两千人，带有迫击炮、平射炮各两门，明天有可能对稷山、闻喜等地进行扫荡。

当晚我们团长、营长们召开紧急会议对敌情进行了研究。从敌我双方兵力对比来看，是敌强我弱。敌人不论人员素质、武器配备均占优势。在人和、地利方面，我们占优势。闻喜五区地形复杂，由北向南愈走愈高，而且沟很多，敌人对我们无法形成四面包围，特别是人民和我们是一条心。五龙庙是敌人常驻据点，判断敌人不会集中大兵力在这个地区，我们应派小部队严密监视起来。最后我们共同决定：要尽军人天职相机歼灭敌人。并将我们的决定告诉了保安第四团，保安第四团也同意我们的决定。

※ 作者当时系山西保安第二团第三营中校营长。

保安第二团战斗实力是以第二营为主。原计划以第二营全部加上第三连，共四个连兵力隐蔽于五龙庙西侧，以第一营的其他部队为左侧卫，以第三营的一个连从北面引诱敌人向西南方向渐打渐退，其余两个连为预备队，由第三营担任后卫。

次日拂晓前听见保安第四团北面发生战斗，逐渐激烈，持续到天明，枪声渐渐稀下来。敌人由我团北面分三路向我进攻，我们团长张鹏飞对第三营放心不下，亲赴第三营阵地视察。敌人以迫击炮向我纵深轰击，张鹏飞团长中弹阵亡。敌人即和第三营展开激烈战斗，我方伤亡很大，第三营营长姜凤舞失踪。我即将第三营全部交第七连连长统一指挥，边打边由左侧向第二营方向移动。正在紧张时刻，西面的第一连也和敌人接触上了，战斗很快地激烈起来。营长、连长们因团长阵亡都要求我统一指挥全团。这时候北面、西面敌人向我缩小包围圈，东面五龙庙有敌据点，实际上我团已三面受敌。当时我从第二营挑出五十个士兵用了五挺轻机枪集中使用，其他兵员均用步枪、手榴弹。步枪分了两个组，由第四连连长裴耀庭指挥第一组，第五连连长谢德汉指挥第二组。第二营其余部队由第六连连长统一指挥，随团的部队全由第一营营长庞景山统一率领，迅速向南撤退。正在这个时候，西面上来一股敌人，距我们有三百多米，全穿白衬衣绿裤子，跑向我南撤部队，包围上来。这时我集中使用了五挺机枪，向敌人进行了猛烈的袭击，当场击毙敌人二十余人，击伤有四十余人。敌人迅速卧倒，我团部队撤走了。这时接到报告说北面的敌人已向我包围上来，我即以最快速度向南撤走。这次战斗是我们在汾南活动四年时间内伤亡最大的一次。撤到闻喜县上丁村后，稍事休整即相随专署和特务营转战到了万荣县。

第二章

晋南作战

综　　述

一九三八年二月至一九四一年十月

晋南地区位于太行、太岳、吕梁三条山脉南麓。中条山东西横贯，其山东北与太行山相联系，西北与吕梁山相掎角，瞰制豫北、晋南。西面与南面背靠黄河天堑，屏障陇海铁路及中原与西北，历来为兵家必争之地。

自一九三七年十一月太原失守，山西广大地区陷于敌手。当局对防御晋南地区极为重视，要第一、第二两战区协力据守，并派有较强的部队驻守，把中条山阵地视为中国的“马其诺防线”（第二次世界大战前，法国在法德边境为阻止德军入侵而修筑的防线，誉为坚不可摧）。日本侵略军于太原会战结束后，不时向晋南中条山地区进行“扫荡”。自一九三八年初至一九四一年五月大举进犯中条山前，日军曾有“八攻中条”。每当日军进攻时中国军队都做了坚强有力的反击，许多城镇和据点，得而复失，失而复得，进行着不间断的拉锯战。日军终以兵力不足，每次进犯后，在中国军队的坚强抵抗下，都恢复了原态势。该地区战事长期形成犬牙交错局面的胶着状态。

一九四一年五月上旬至六月上旬，在中条山终于爆发了一次重大战役，称晋南会战亦称中条山战役。日本侵略军认为中条山驻守的中国军队两个集团军牵制其三个师团兵力，如将这两个集团军消灭，则该三个师团可以作为机动部队，好强化华北治安，确实控制黄河北岸地区，又可进窥中原、西北。

日本侵略军于一九四一年三月至五月抽调徐州、赣北、开封之第二十一、第三十五、第三十三师团和骑兵第四旅团，及原驻山西的第三十六、第三十七、第四十一师团和独立混成第九、第十六旅团。总兵力十八万至二十一万人，加上陆军航空兵第三飞行集团有飞机三百架，独立山、重、野炮兵约五个联队，瓦斯部队，降落伞部队若干，伪军一个师和伪军大汉义军等，准备进犯。第一战区在晋南中条山部署有两个集团军和两个军，在中条山西部，以平陆县的茅津渡以东至垣曲（现城关镇）一线以北驻有曾万钟的第五集团军和孔令恂的第八十军，从垣曲至孟县以东的贾营、南庄一线以北驻有刘茂恩的第十四集团军和裴昌会的第九军。总兵力概为十七万人。

日本侵略军在第一军司令官筱塚义男指挥下，于五月七日由东西北三面开始向中条山中国守军进犯。绛县、横关岭方面第四十一师团及独立混成第九旅团以中央突破战法指向垣曲，八日占领，割断第五与第十四两个集团军联系。闻喜、夏县东南第三十六师团主力、第三十七师团及独立混成第十六旅团各一部向张店镇以东猛攻，突破第三军与第八十军接合部，对第五集团军进行了双重包围。沁阳、博爱第三十五师团、第二十一师团及骑兵第四旅团一部向孟县、济源进攻，八日占领两地，第九军一部被迫渡至黄河南岸。阳城第三十三师团主力在董封东西线向第九十八军猛攻，董封失守。到五月十一日，西路日军独立混成第十六旅团与东路第三十五师团在邵源会师，黄河渡口亦被封锁。中条山守军被迫于五月十三日开始突围，曾万钟率第三军及第九十四师越过同蒲路，渡过汾河、黄河，到达陕西，再转至洛阳、新安。第九十三军、第十七军向西转至稷山和乡宁。第九十八军突出重围，到达北面太岳山区。第四十三军转至外线后，从浮山、翼城之间西进，渡过汾河，到达晋西。刘茂恩率第十四集团直属队与第十五军在日军进攻结束后六月才到达黄河南岸。会战至五月二十七日结束。

此次战役，由于中日双方力量过于悬殊，日军总兵力为十八万至二十一万，中国军队概为十七万，武器装备差，众多兵力部署在东西一百五十公里、南北约五十公里的半圆形防区，又都在第一线上无预备队。晋南山地贫瘠，粮食缺乏，各地给养全靠后方输送，背后是黄河天堑，又无一定数量桥头堡，无以保障水上交通运输，致遭此失败。第三军长唐淮源、第十二师师长寸性奇、新编第二十七师师长王竣及副师长梁希贤、参谋长陈文杞等均壮烈殉国。第三十四师师长公秉藩、第九十四师师长刘明夏、新编第二师副师长赵奎阁、第三军参谋长谭善洋、第十七军参谋长金醒吾、第一战区游击第六纵队司令毕梅轩、河北第一游击支队司令刘荫轩、第一战区司令长官部少将高参李杰三等八名将官被俘。损失兵员达七万。

到九月日本侵略军又向突围后仍在中条山坚持战斗的中国军队发动进攻。在战斗中第九十八军军长武士敏、第七十师师长石作衡均英勇牺牲。

日本侵略军遂于十月间强渡黄河，占领中牟及黄河桥头堡，黄河防线出现一大破绽，为日后日本侵略军进攻中原打开一扇大门。

第四集团军在中条山抗日经过

孙蔚如※

一九三八年七月余调任第三十一军团长，领导第三十八、第九十六两个军。赵寿山任第三十八军军长，下属第十七师师长耿景惠、独立第四十六旅旅长孔从洲。李兴中任第九十六军军长，下属第一七七师，师长陈硕儒（式玉）；独立第四十七旅，旅长王振华。教导、骑兵两个团仍属军团部。参谋长陈子坚，秘书长李百川。余率在陕各部由朝邑渡黄河，驻永济县之六官村。该地前面强敌，后背大河，势甚艰险，但中条山为陕东屏障，为敌我必争之地。八月间敌即犯我永济阵地，我主阵地右起尧王台，经东西姚温，左接黄河岸，守备部队为孔从洲旅，王振华旅在右前方成子埒一带担任剿袭敌后，乃因兵分力单，未能达成任务，致敌将我西姚温阵地突破。我张希文营向该处逆袭，肉搏一昼夜，该营全部殉国，我主力及炮兵安全转移，厥功甚伟。敌乘胜迫进我韩阳镇第二线阵地，我教导团凭已做工事与敌激战七日之久，因芮城失陷，遂逐步东移，一面令赵寿山（该军此时已由高平调来平陆附近），率部夹击芮城之敌，战于陌南镇、曹村一带。此时我主力已进至芮北安、西沟等处，敌仓皇北窜。我即安然东进至安邑以南地区，我各军已陆续集结（第五二九旅由晋城开到），对防务另作调整：军团部东移东延村，留第四十七旅于虞乡、永济一带作运动战；张茅路（张店至茅津）以西由第一七七师及第四十六旅担任之，张茅路以东由第十七师及直属部队担任之。

一九三九年初，本部改编为第四集团军，除原有部队外，配属第四十七军李家钰部，即令该军接第十七师右翼担任防务。此段阵地面临同

※　作者当时系第四集团军总司令。

蒲铁路南段，敌人交通极为便利，我方则沟岔错杂，运动至感困难，横广三百余里，纵深三四十里，后背黄河，毫无回旋余地，以故各部作战皆是独立任之，不望增援也。

一九三九年二月，敌两万余人分六路围攻王旅阵地，激战七昼夜，卒以众寡悬殊，粮弹不继，难以持久。我王旅长集合全部出其不意，突破敌军正面，经虞乡、猗氏、闻喜、夏县境内，自我阵地右翼安全归来，为战术创一先例。三月间敌五千余沿张茅大道向我进犯，我放弃大臣村，逐步后退，诱敌深入。第十七师主力埋伏圣人涧一带，一面令第四十七军派重兵占据转峤，断敌后路。敌进至我埋伏地带，经我军猛烈逆袭，敌大溃退。惜转峤部队未能达成任务，致敌逃逸。

一九三九年六月六日，敌第二十师团全部（师团长川岸）、第三十七师团一个旅团、野炮第二十六联队、山炮第一联队、山口集成飞行队一队（战斗机、轰炸机共三十八架），分九路向我第一七七师及独立第四十六旅阵地进犯，战斗激烈，我军逐步后退，集结于平陆附近，敌两翼包围，李兴中军长率陈硕儒（式玉）、孔从洲等部由敌正面冲入，歼灭敌步兵一大队、山炮一中队，获山炮五门，由敌军官死尸中捡得敌作战命令一件，枪械马匹甚多。绕出敌后，安全转入我阵地。敌因伤亡过巨，不能立足，我军由后侧压迫，敌狼狈溃窜，我乘胜恢复战前全部阵地。是役我伤亡六千余人，敌更倍之（据报敌在运城追悼士官以上阵亡者亦列灰罐一千七百余只），先后激战十昼夜，卒打破敌扫荡中条山之企图。

一九四〇年四月十四日，敌一个师团由张茅路分两路东向我阵地进犯（六月六日战役后，张茅路以西地区破坏特甚，我只留少数部队游击，主力全移张茅路以东，总司令部东移郭原）。我军按预定计划逐步后退，诱敌深入至望原，我正面部队凭已设阵地，坚强抵抗，我右翼主力向敌后侧猛烈剿击，敌仓皇溃退，我斩获甚众。此役敌之动向完全被我测知，惜剿击部队动作失时，未能予敌更重打击为憾，先后激战两周，仍恢复原有阵地。

一九四〇年十月，本军奉命调豫西，计本军守备中条山三年之久，大战如上所记。敌先后进犯者共十一次，皆予敌沉重打击。此数年为敌焰方张之时，敌不敢西越雷池一步，陕西得保安全者，本军实有力焉。我军以劣势之装备与兵力，处险地当强敌而达成任务，厥有数因，兹记于后：

一、“两军相遇勇者胜”，“上下同欲者胜”，“置之死地而后生”。我全军同人皆能认清环境，人皆有与阵地共存亡之决心，故能久战不殆，再接再厉。

二、“兵在附民”。我军纪律良好，军民融洽，敌与我对战三年，敌我两指挥部相距不及百里，而敌不知我指挥部之所在（一九三九年六月六日战役中，及一九四〇年四月十四日战役中，均获得敌人全部命令，其附图所记我总部、军、师部地点，完全错误，且敌机经常轰炸我阵地，而从未在我高级指挥部投弹，是为明证）。这全由军民一体，共保秘密，敌探不得进入之效。

三年中本军伤亡两万余人，而敌更过之，后由庞炳勋部得敌文件中（是《阵中日记》），记有敌第二十师团在中条山与本军对战时期，先后补充十九次之多，其数已可概见矣。

一九四〇年十月本军渡河后，驻偃师、巩县、汜水、广武一带担任河防。

平陆抗敌记

孔从洲※

一九三八年八月，永济战役结束以后，我率领第三十八军独立第四十六旅沿中条山经芮城转移到平陆，归建赵舢将军率领的第三十八军。当时，第三十八军和第九十六军（军长李兴中）统属第三十一军团建制，孙蔚如任军团长。这支部队是由杨虎城将军领导的原第十七路军组建而成的，除辖第三十八军和第九十六军外，李家钰军也归其指挥。部队的配置情况是：第四集团军总部驻东延，第三十八军军部驻茅津渡以东数里的沙涧一带。独立第四十六旅在张（店）茅（津渡）公路以西的中条山设防，占领二十里岭、黄草坡、前砖窑至柏树岭作为第一线阵地，旅部设在旧平陆县城，三个团部分驻张村、大臣村和马村。我旅的右翼是第三十八军第十七师，师长耿景惠。该师位于张茅公路以东的茅津渡、涧东村、南村和中村一带，其一线部队在晴岚村，与占据张店的日军相对峙。我旅的左翼是第九十六军第一七七师和独立第四十七旅。这时第四集团军都分驻在中条山一线纵深布防，任务是阻止运城之敌南下，掩护黄河两岸，确保陇海铁路的安全。平陆是晋南重镇，北面有连绵起伏的中条山脉作为屏障，南临黄河，隔河与陕县相望。这一带山高谷深，地形险要。几万人的部队摆在平陆这个狭窄地区，面山背水，很少回旋余地，加之日军居高临下，步步进逼，形势十分险恶。然而这里的群众基础很好，中国共产党领导下的牺盟会极为活跃，人民群众的抗日情绪极为高涨。在当地牺盟会负责人干玉梅、刘景修、刘少白等领导下，群众纷纷组织起来，侦察敌情，宣传鼓动，运送给养，安置伤员，给予部

※　作者当时系第四集团军第三十八军独立第四十六旅旅长。

队以极大的鼓舞和帮助。

从一九三八年八月至一九四〇年十月（第三十一军团改为第四集团军），我旅在坚守平陆两年多的时间里，和日军相持于中条山，先后十余次粉碎了日军所谓的“扫荡中条山”的军事行动。战斗异常激烈残酷，阵地往往失而复得，数易其手。官兵们目睹日军的凶残，激发起无比高昂的爱国热忱，人人浴血战斗，奋不顾身。很多官兵身负重伤不下火线，上尉连长余福生、王保才等壮烈牺牲。其中尤以一九三九年六月六日开始的反扫荡战役最为激烈。是役，日军东起太行山，西迄中条山，全线出动，进行了空前规模的大“扫荡”。由于我军经常袭扰运城之敌，日军将中条山视为其进行军事行动的“盲肠炎”，必欲除之而后快。此次“扫荡”，敌对中条山地区使用了第二十师团、第三十七师团之一个旅团，配属第二十六野炮联队和第一山炮联队，并附有三十八架轰炸机之山口集成飞行队。敌人倾巢而出，沿张（店）茅（津渡）公路南下，兵分九路进攻，突破了我军的防线，隔断了第三十八军和第九十六军的联结。从张店南下之敌，自东向西进行“扫荡”，芮城方向之敌由西向东实行两面夹击，将第九十六军军部，以及第一七七师和独立第四十六旅、独立第四十七旅共数万人包围压缩在旧平陆县城太阳渡和大涧北、赵家坡、关家窝、后湾一带的谷地。日机白天轮番轰炸，使我军伤亡很大。六月九日黄昏后，第九十六军李军长在县城东门外的野地里召集师、旅长们开会，研究突围问题。会上，大家对突围的方向议论纷纷，一直讨论到夜里十时许，仍然没有做出决定。我看再拖延不决，天明将有束手待毙的危险，遂对李军长说：“我军现在三面受敌，一面临河。敌占锅边，我在锅底，恰如釜中之鱼，形势十分危急。我军的东西两翼都有敌人的重兵集团，向东突围和第三十八军靠拢已不可能。北边虽有敌人，但据情报仅有伪军两个连，还有日军几个炮兵和步兵中队，兵力空虚。我拟向北突围直插敌人后方，出敌不意，攻其不备，将敌北引，造成有利于军部和兄弟单位向东突围之势。否则天明以后，不是被飞机炸死，就是跳河淹死，或者当了俘虏，后果将不堪设想。”最后我说：“时间紧迫，不能再拖了。”说完，我就立即回到旅部，组织部队突围。

深夜，月暗星疏。远处不时传来枪炮声，夹杂着狗吠声。我将部队迅速收拢，集中了十几挺机枪交前卫连连长张玉学打开通路，向北突围，直插车村（现杜马乡的东车村）。当部队到达车村时，只见日军都在地窝里睡觉，只有伪军懒洋洋地抱着枪放哨。因我军侦察员平时和伪军有联系，遂很顺利地将一连伪军缴械。两个日军炮兵中队二百多人，大部被集束手榴弹炸毙，有的惊醒后被战士们用绳勒死，缴获了十二门山炮。

山炮带不走，我命令卸下瞄准镜，将它推下深沟。部队行进到我军原来防线的布雷区，工兵连连长袁俊生和唐排长熟悉雷区情况，当即予以排除，开辟了通路。部队突围以后，迅速地摆脱了小股敌人的追击，顺利地翻越了中条山，通过了七片圪塔（位于张店西南约十公里处）。途中又解决了敌人的两个后方医院，切断了通往运城的电话线。部队前出磨河村（现归运城县东郭乡管辖），沿着山间小路走到南吴村（现归夏县庙前乡管辖）时，天已微明，只见村西头就是公路，于是立即掉头向东进入山区。部队行进到夏县井沟、史家峪、西村、通峪，派出警卫，就地宿营，电台静默。四天后，部队继续在中条山区向东迂回，经夏县和垣曲边界折向西南，终于在中条山娘娘庙和窑家坡一带（均平陆地境）和第三十八军军部会合。大约是六月二十日，日军退回运城，我军又回到平陆，恢复了原有的阵地。部队一回到平陆，立即对群众进行救济和慰问，受到热烈的欢迎。乡亲们纷纷将溃散部队丢弃的近千条枪，以及电台等军用物资交给我们。这次突围，我旅仅以伤亡一百多人的代价，毙伤日军四百多人。突围成功的原因，首先是我旅从牺盟会和稷王山山西新军第二一二旅处获得了准确的情报，从而选择了正确的突围方向，因系深夜突围，敌人不摸虚实，突围以后迅速摆脱了敌人。其次，军民关系密切，使伤病员得到了妥善的安置。第三，部队驻平陆期间，第三十八军全军学习抗日民族统一战线、游击战术和抗日政治工作，并按照八路军的政治工作内容，制定了三大禁令（禁大烟、禁赌、禁嫖），提出了四大口号（自我教育、自觉纪律、经济公开、人事公开）。这对教育和改造部队，提高官兵的觉悟，起了很大的作用。同时第三十八军军部在茅津渡开办干训班（后改为教导队），赵寿山军长亲任主任，普遍地轮训了全军连以上干部，使干部的军政素质有了很大的提高，部队的战斗力得到了显著的增强。

一九四〇年十月，第四集团军奉命从中条山南渡黄河到洛阳、郑州一线接守河防。我部也随之撤离平陆，移驻广武县苏楼，担负邙山至汜水口一线的河防。这时部队已改编为新编第三十五师，我任师长，孙子坤任副师长。辖三个团：三团团长张履迁，四团团长尚武杰，五团团长程靖舟。

一九四五年八月十五日，日本无条件投降。新编第三十五师改为陆军第五十五师，我仍任师长。

风陵渡保卫战

李振西[※]

一九三八年八月，日军川岸师团的一个步兵联队，配属着炮兵、骑兵、战车，集中在山西虞乡县城郊，准备突破我们在永济县的国防阵地，占领风陵渡，威胁陇海铁路。当时我军的阵势是：第一军第七十八师担任着由陕西郃阳至朝邑的防守任务；陕西警备旅担任着由朝邑至潼关及黄河西岸的防守任务，并由陕西警备旅派了一个团守备永济城关（今新胜），作为桥头阵地。第三十一军团的第三十八军独立第四十六旅担任由永济东关向东至约十华里的中条山西麓姚温台之线的守备，第九十六军第一七七师担任中条山西段虞乡、王官峪、水峪、解县、直岭、二十里岭等地的守备；独立第四十七旅集结在永济县栲栳镇一带机动控制猗氏、临晋；第三十八军第十七师集结在芮城附近；第三十一军团教导团集结在永济县韩阳镇、匼河镇、风陵渡等处；第三十一军团总部驻于永济县韩阳镇东南十多里的中条山上的六官村。

中条山由东向西到永济城郊就到了头，姚温台在中条山西麓的山腰。由姚温台经万古寺至六官村这一段，除有两条山路可上中条山外，其余山势陡峭，单人都上不去。宝玉台、雪花山是中条山西段最高的地方。由姚温台向西至永济城只有十华里。永济城西门紧靠黄河，敌人要由虞乡到风陵渡，必须沿同蒲铁路，通过狭长五十多华里地区。如果迂回，势必由虞乡以东的王官峪、水峪钻进中条山北部，翻过中条山分水岭，绕上一百多里的极复杂的沟道地区到芮城，再沿黄河经永乐镇才能到风陵渡。可是这一路进军极不利，只要在风陵渡西北七八里的首阳山头摆

※　作者当时系第三十一军团教导团团长。

上一个营，就够敌人受了。因而永济防线是保卫风陵渡的屏障，这个作战计划是：以第三十八军独立第四十六旅配合永济城的陕西警备第一旅第一团，守备永济至姚温台之线，在阵地以外还挖了宽约三丈、深约四丈的一条外壕，把黄河水引进壕内，构成障碍。同时把第九十六军第一七七师摆在中条山上，防守王官峪、水峪、直岭、二十里岭，防止敌人迂回。还把该军独立第四十七旅集结在永济以北栲栳镇一带，牵制敌人，策应永济阵地的作战。大家都认为敌人没有一个师团以上的兵力，简直就不敢问津，因而对保卫风陵渡蛮有信心。

第三十一军团教导团是第三十八军教导团改隶的。一九三八年七月，蒋介石免去第三十八军军长孙蔚如的陕西省主席的兼职后，就把第三十八军扩充为第三十一军团，以孙蔚如任军团长，辖第三十八军、第九十六军及骑兵团、教导团两个独立团。永济、姚温台阵地于一九三八年夏初就开始构筑，第三十一军团部和教导团于同年七月东渡黄河时，永济、姚温台的阵地已基本上完成，山炮野炮的强固掩体已经完成。敌人只有虞乡城及火车站上驻着一个中队，也不出来活动。教导团渡河后，就驻在韩阳镇、匼河镇、赵村等处整训。由于我们担任军团部警卫，为了军团部的安全，我们在韩阳镇以南三华里的地方，西临黄河，东靠中条山，布置了一条临时抵抗线。还在前边挖了一条三角式的外壕，这就给我们保卫风陵渡帮了大忙。

平静无事的永济前线，忽然于一九三八年八月中旬的一天早晨，川岸师团的一个大队由姚温台钻进了我们的阵地，沿中条山腹向南延伸，先后占领了万古寺、解家坟、西姚温村，跑到我们的阵地后方，致使永济坚固阵地完全丧失了作用，一下打乱了我们守备部队的阵脚。当时第三十一军团军团长孙蔚如一方面叫驻栲栳镇的第九十六军独立第四十七旅樊雨农团，就近攻击敌人后路，牵制敌人的深入，掩护独立第四十六旅重整旗鼓；一方面叫我带上两个营收复万古寺、解家坟、姚温台，协助独立第四十六旅恢复原阵地。情势急迫，我怕堵不住，如果敌人冲过韩阳镇，我们转移都来不及，于是就派团部直属连队和第二营进入韩阳镇以南预备阵地，我带第三营、第一营向万古寺攻击前进。当日下午四时左右，我第三营收复了万古寺，并将我军配置在该处被敌人缴去的山炮两门夺回，因为那里到处是竹林、敌人靠竹林的掩蔽向后撤退，究竟退到什么地方，我们当时没有弄清楚。同时我第三营被一时胜利冲昏了头脑，没等后续部队到达就追击敌人，既没有弄清敌情，又没有调整部署，就那样漫山遍野地追击前进，过了杨侍郎坟天已薄暮，到解家坟已经漆黑了，又下着毛毛雨。我同第一营到杨侍郎坟后，据第三营营长张希文当面报告：杨侍郎坟、解家坟的敌人，均已撤到西姚温村，该营追击部队到达了西姚温村的南端，准备稍为整理一下，连夜向该敌攻击。当时据独立第四十六旅的通报：西姚温村不是敌人，而是该旅郑培元团的一个营。可是我们第三营反复侦察，不像是我们的部队。其实这时不但西姚温村是敌人，连我们驻的解家坟内大树顶上都布着好多个手持轻机枪的敌人。解家坟、杨侍郎坟各占地十顷，坟区以内古柏参天，坟区以外到处是竹林。敌人由万古寺撤退后，乘夜间我们看不清楚的机会，在解家坟内设下了伏兵，由于树叶遮蔽，就是月光下也看不出来，何况当时下着毛毛雨，天空又漆黑，更是不容易发现。距解家坟不到二华里就是西姚温村，西姚温村处于凹地之中，靠敌人的西面坡度倾斜，进出比较容易，而东面、北面、南面都是阶梯地，跳下去倒没啥，爬上来就困难了。独立第四十六旅的一个营，黄昏前的确一度进入西姚温村，但是黄昏时分全部撤到花园村，由于没有及时向旅部报告，因而独立第四十六旅说没有，我说有。来回在电话上分辩了好几点钟，吵得不可开交的时候，第三十一军团长孙蔚如在电话上责备我说：“人家的部队明明在那里，你硬说没有，你还不赶快行动，现在天快明了，收复不了姚温台，那就不堪设想了。”我说：“好吧！你给通知独立第四十六旅，叫他们西姚温村的部队不要打枪，我们马上通过西姚温村进攻姚温台。”由于我有些负气，便对站在我旁边的第三营营长张希文没好气地说：“怎搞的？闹了一夜，连敌情都没弄清楚，现在天快明了，姚温台的敌人驱逐不了，天明后敌人飞机来了，在飞机掩护下反攻，我们就死无葬身之地了。”张希文转过脸对他的副官说：“是敌人也罢，不是敌人也罢，通知各连涌进村再说。”转过身就走了。

当夜四点多钟，我第三营开始向西姚温村进攻，敌我都一枪没打。我们有四个步兵连和一个机枪连全由阶梯地跳下，到入村时敌人打出了绿色信号弹。这时，不但西姚温村枪声四起，就连解家坟地内我的临时指挥所附近也发现了敌人。这时我正依靠着解家坟中间大塚旁的一棵柏树，而敌人一挺轻机枪正架在这棵树上，被我的卫士打下来后，我们才知道中了伏兵。我身边只有一个童子军队，就和敌人在这树林里混战起来了。直到我的第一营赶到，总算把我解救出来了。这时第三营与敌人正在西姚温村进行着你死我活的剧烈巷战，我方虽想撤出，但难以摆脱敌人。我手中虽然还有几个连，在当时的情况下就是全部牺牲了也救不出第三营来。这时天已大明，独立第四十六旅已全部撤下来了。孙蔚如又叫我赶快回到韩阳镇固守，确保风陵渡。我第三营因孤立无援，与敌巷战至上午十时左右，第三营营长张希文及全营官兵全部壮烈地牺牲在西姚温村。敌人结束了西姚温村的战斗后，即将攻击目标转向永济城。当时下午一时许永济沦陷，守永济城的陕西警备第一旅第一团团长张剑萍出西门乘坐早已预备好的渔船逃过黄河，部队溃散。这时独立第四十六旅由韩阳镇东北钻进了中条山，我带第一营到了韩阳镇以南的三家店。下午四时左右，敌人先头部队到达了东阳镇，被我第二营迎头痛击后，才停止追击。

永济县城沦陷后，能够屏障风陵渡的只有韩阳镇附近的地形比较适宜，上级命令第三十一军团在韩阳镇、匼河镇一带部署阵地，阻止日军前进，保卫风陵渡，掩护陇海铁路的交通。这样保卫风陵渡的责任，就落到了教导团的身上。按韩阳镇以南的地形来说，东靠中条山，西连黄河，正面也不过六七华里，一个团防守这里问题不大，可是教导团的一个营在增援永济时全部殉国了，只剩下两个营，虽然在阵地前挖了一条外壕，但是没有堡垒，在敌人步兵、炮兵、及空军联合攻击的情况下，困难就多了。假如当时敌人在攻占永济城后立即进攻韩阳镇，猛烈攻击不后退，教导团也早就垮了。可是敌人在永济西姚温村作战中知道我们就是半年前在娘子关与他们作过战较量过几次的教导团，所以敌人不敢太藐视我们，因而在韩阳镇被我们挡了一下后，就没有继续前进，停止在韩阳镇以北地区重新调整部署。三四天内只是以飞机侦察和几辆战车伴随着少数步兵向我们阵地火力侦察而已。这样就给了我们从容部署和加强工事的机会。

韩阳镇在同蒲铁路线上距风陵渡只有三十多华里，沿途有的是铁轨、枕木，给我们修盖堡垒提供了有利条件。我们的主阵地在韩阳镇以南三华里的地方，韩阳镇只是我们的警戒据点。为了争取加强工事的时间，由团部直属连队组成了强有力的便衣队，由中校团附魏鸿纪带上，潜伏在韩阳镇内及其附近的竹林里，当时敌人由空中侦察，也知道我们的主阵地在韩阳镇以南，可是我们在韩阳镇内的便衣队由于受到当地民众的掩护，敌人地面部队始终没有侦察出来。在永济县城沦陷后的第三天，敌人的一个步兵中队和几十个骑兵，还有三辆战车，大模大样地开进了韩阳镇内。这时我们在镇内的便衣队在民众的协助下，有计划地藏到楼房上和地窖内以及草堆下，镇外的便衣队潜伏在竹林中。所有侦察、联络、通信的事均由当地的老婆婆和老汉自动来担任，因而敌人的一举一动，我们了如指掌，而敌人对我们却是两眼漆黑。敌人开始到韩阳镇后，也在各家各户搜查了一遍，当他们认为没有我们的部队后，就架起枪来，到处杀鸡宰牛，大吃大喝，根本没有准备作战。这时我们的便衣队，由房上、地下，四面八方向敌人开枪，打得敌人晕头转向。敌人的战车被我们炸毁了，马匹被我们打死打伤了，成百的敌人躺在街道上不动弹了。巷战大约由上午九时开始到下午三时，等敌人的部队赶到时，钻进韩阳镇的敌人大部已被消灭了。敌人的增援部队约有步兵八九百人，战车十几辆，刚到韩阳镇附近又遭到我潜伏在竹林里的便衣队迎头痛击。镇内镇外都发生了激烈的战斗，直到黄昏时分，韩阳镇内的残敌，在他们增援部队的掩护下逃回了永济城。虽然在战斗中我们的中校团附魏鸿纪阵亡了，还有三百多个战士伤亡，可是总给了敌人当头一棒，打得敌人四五天内没敢再向韩阳镇前进。我们赢得了几天的时间，修好了韩阳镇以南阵地的全部工事。后来敌人的飞机轰炸了几次，我们阵地上的地洞没有被炸毁，这就更增强了我们战士坚守阵地的信心。

一九三八年八月二十日前后（此时第三十一军已改为第四集团军），敌人又开始进攻韩阳镇，先一天自晨至晚有十几架飞机连续轰炸，还有十几门山炮野炮向我们主阵地射击。虽然我们阵地上落下了数不清的炮弹、炸弹，但是除将我们用草木埋成的伪装堡垒炸毁并燃烧了以外，真正的堡垒却连一个也没有炸毁。由于我们伪装的堡垒被敌人的烧夷弹燃着，烟雾满天，致使敌人错误地认为我们主要堡垒均被炸毁，怕我们连夜赶修，于是彻夜用炮火向我们阵地射击。当夜敌人的烧夷弹和照明弹像雨点一样地落到我们阵地上。其实我们的真正堡垒根本没有破坏，用不着抢修，阵地上的守兵，除少数监视敌情外，其余都在堡垒里面挖的地洞里睡觉。一夜的炮火就没有断过，天刚亮敌机六架凌空扫射，在我们阵地上空有敌人一个气球停留着给炮兵指示目标，敌人的各种炮火打到八点多钟，敌人的步兵开始伴随着战车，密密麻麻地冲锋上来了。根据我们同日军作战的经验，日军的战法是死板地按照他们步兵操典上开宗明义的第一条："以火力压倒敌人，然后以冲锋摧毁之。"因而当敌人的飞机、炮兵轰炸的时候，我们除派少数监视哨外，其余人都在掩蔽部休息。一发现敌人炮兵不集中射击了，我们的部队马上跑出掩蔽部做好战斗准备。敌人刚到我们阵地前沿五十公尺处，我方一排子枪就把冲上来的敌人消灭在外壕外边。敌人第一次攻击没有奏效，剩下的步兵又退回到攻击前的位置上，而炮兵、飞机又集中轰炸，来做第二次火力压倒我们的工作。第一天敌人反复攻击了三次，但是每一次都被我们打得头破血流地滚回去了。入夜后敌人照例不敢活动，这时却是我们自由活动的好机会。我们的阵地，以堡垒为基干，以散兵壕、交通壕联系起来，堡垒里边又挖有地洞。一个班一个堡垒，粮食、弹药、饮水都搁在地洞里。黄昏以后，敌人停止活动，我们就把后方送上来的粮食、弹药分别给各班充分补足。阵地守兵在堡垒里充分休息，准备应付第二天的攻击。

而预备队分别编成好多突击小组，跑到敌人后方，扰乱敌人一夜休息不安稳，天明前退回到阵地后方睡觉。在我们坚守韩阳镇的二十多天里，敌人照例每天先以火力攻击，然后用步兵冲锋，至少反复两次，我们就以上述方法对待。敌人炮轰时，我们休息；敌人冲锋时，由哪里来，我们就把他们消灭在哪里。潼关、朝邑地区黄河两岸的民众，天天一到黄昏给我们纷纷送肉、送菜、送锅盔（一种很厚的烤烙饼），每天吃不完，因而我们阵地里用不着再准备熟食。由于民众对我们物资方面的供应，还有精神上的鼓舞，增强了我们坚守阵地的信心。战士们自豪地说："只要别的方面不出毛病，守它一年也不要紧。"尤其是我们阵地对岸平民县富民村的渔民，一到天晚就架小船过来，把我们的便衣队偷偷地送到韩阳镇后方，由敌后民众引路袭击敌人；天明前又回到河西，转到我们后方；有时干脆就不回来，白天食宿在渔民家里，夜间继续执行骚扰敌人后方的任务，搞得敌人穷于应付。

敌人天天猛攻，我们天天坚守，炮火连天，杀声震地。虽然潼关方面连机枪声、步枪声都听得很清楚，但陇海铁路仍照常通行。不但战地民众给我们以极高的评价，就连一向看不起杂牌部队的胡宗南也很惊奇。胡宗南指示他的守河防的第七十八师派作战参谋住到我们的团部来，调查我们防守的战术，看我们究竟怎样以一个团而把敌人挡了好多天。重庆军事委员会政治部部长陈诚还对记者说："敌人一个旅团，被我们风陵渡桥头阵地的一个团挡住好多天，打破了敌人想占领风陵渡，炮击潼关，威胁陇海铁路的企图。"陈诚这是拿了杂牌部队的粉给胡宗南的脸上擦。至于西安、洛阳派到战地来采访战地新闻的记者们天天都有人来。尽管敌人的攻击日益猛烈，敌人的伤亡天天增加，但我们的伤亡却是对日作战以来最少的一次。连长以上的指挥官在坚守阵地的半月时间内，一个也没有伤亡。

敌川岸师团在起初两个星期的攻击中，地面部队使用的重武器，只是山炮、野炮，飞机也不过带些轻型的炸弹，满以为这样就足够对付我们了。可是尝试了两个多星期后，才觉得错了。于是就调来了十几门重炮，二十多门平射炮，飞机也带来了重型炸弹，企图从天空、地上集中火力，一下子彻底摧毁我们的阵地后，集中绝对优势的步兵和战车，撵跑我们。这一次敌人的步兵连续三天都没有前进，专门使用空中、地面的各种重火力摧毁我们的阵地。战地的民房大部分都打垮了，连战地内竹林、树木都烧焦了，我们阵地上摆的草人和伪装的堡垒都被敌人炮火摧毁了，炸弹把黄河的鱼也炸得浮在水面上。就这样，还没有摧毁我们的堡垒，人员方面也只是少数的哨兵遭到伤亡而已。第三天的上午八时左右，我们阵地上忽然发现敌人的催泪弹，我们知道敌人的地面部队快开始进攻了。于是我们阵地守兵赶快戴上防毒面具，跑出了掩蔽部，准备着痛歼进攻的敌步兵。一点多钟后，敌人的烟幕弹一个接一个地落到我们阵地的前沿，接着有约两三千步兵和二十多辆战车向我们阵地全面进攻。这一次的来势比任何一次都凶猛。激战了两个多小时后，敌人战车四五辆冲过了外壕，摧毁了我们一部分散兵壕，但是我们的堡垒始终没有被突破一个。敌人伴随战车来的少数人进入阵地后也被我们全部消灭了。到中午十二时左右，敌人停止了进攻，狼狈退回。炮兵再没射击，飞机在我们阵地后方滥事轰炸一阵后也停止了。从此以后，敌人的飞机虽然仍然不断地来轰炸，重炮也不断地射击，步兵有时也攻击过这一点或者那一点，可是大规模的进攻再没有出现过。在二十多天的战斗中，敌人使尽了各种手段，终未达到目的，于是又采取恫吓的手段，企图用迂回战术来把我们吓跑。

敌人深知中国军队在侧背的感应方面很锐敏，对正面攻击有时还能支持，但是一听说侧后出现了敌人，那就不顾一切争先恐后地跑开了，最怕受到包围。所以敌人派了一部分人采取了远势迂回的战术，从虞乡、解县间的王官峪爬上中条山，翻过中条山的分水岭，经芮城沿黄河通过永乐镇，直接进攻风陵渡口，企图吓跑我们。当敌人进了王官峪后，第九十六军第一七七师的一个营转移到山上扼守，由于王官峪的风景很好，那里又是清朝户部尚书阎敬铭的别墅，第九十六军军部就住在这个别墅内。没料想敌人一冲，同第九十六军发生了战斗，第九十六军没有撑住就下了中条山。第九十六军军长李兴中夸大了敌人的兵力，向孙蔚如要求增援。我们虽然知道敌人翻过中条山，通过无数的大沟，不能携带重武器，绕上一百多里难走的山路，跑到我们的后方风陵渡，敌人没有相当长的时间，是很难达到目的的。我们也不会尽等着敌人跑到我们后边，把我们包围在韩阳镇的河滩里受歼灭。风陵渡距我们只二十华里，风陵渡北边的赵村一带，地势极其复杂，尤其是附近的首阳山地势险要，摆上一个营就够敌人受了。所以敌人的行动对我们的影响还不怎么太大，万不得已时，我们可以就近向中条山上一撤，敌人也没办法对待我们。不过当时我个人另有一种想法，因为敌人天天进攻，我们天天多少总有伤亡，三千多人只剩下一千多人了，兵员又不能得到随时的补充，照这样下去，迟早全被敌人攻垮，到那时候，恐怕连老本都丢了。倒不如乘敌人迂回我们后方时，第九十六军军长喊叫增援，集团军部也有些动摇的时候，我把这个团带下去算了。于是我在当日黄昏时分，将第二营营长李成德、副营长党举初叫到我的指挥所里，说明当前情况及我们迟早会丢掉阵地的理由，以及我决心撤退的计划，指示他们秘密地制造撤退的借口，叫他们连夜实行。

当日午夜，我第二营副营长党举初秘密组织了些进行放火和打信号枪的亲信官兵，分布在该营阵地内部各个方向，点着了老百姓场上的好几处麦秸，信号枪由不同的地方射出。一霎时，阵地内地面上烈火熊熊，半空中红绿黄信号弹纷纷飞舞。这时救火声、抓汉奸声乱成一片，而黄河西岸的胡宗南部，以及潼关县、朝邑县、平民县各机关及在中条山上六官村的第四集团军部都看到了这种情况，电话一个接一个地来询问，我趁机使出了我的巧计，答复他们说："汉奸潜伏在我们后方，到处进行扰乱，根据火光堆和信号弹的数目来判断，潜入我阵地后方的汉奸为数很多。虽然今晚并不会影响我们的主阵地，可是我们伤亡过大，兵力分配不来，对以后的作战，增加了无法克服的困难。"当时第七十八师的作战科长正在我们团部，据他说他们师长打来电话，愿意派一个营过河来归我指挥以维持后方。我怕他们过来后，妨碍我的行动，我答应他到必要时再说。我的这种行动，不但搞得我们的人摸不着头脑，就连敌人也搞得莫名其妙。敌人错误地判断我们是烧毁辎重，准备连夜撤走，因而没有等到天明，敌人派骑兵二三百人大模大样地沿河滩来了。我第二营营长李成德因为心中有数，一发现情况，知道敌人发生了错觉，于是将计就计地命令靠河岸的第七连有计划故意把敌骑放进来，集中了轻重机枪二三十挺，做好准备。当敌骑进入我们的火网后，各种火力一齐射击，经过两个多钟头的激烈战斗，等到敌人步兵和战车赶到时，钻进我们阵地的敌骑除一部分逃脱外，大部被我歼灭了。气得敌人向我们阵地泄愤，当日敌人步兵、炮兵、空军各种子弹真是像雨一般落到我们阵地上，结果除炸毁了我最右翼靠山的一个堡垒外，其他一无所获。当我们正在沿河与敌激战的时候，第七十八师的联络人员和他们河西岸的河防部队，都拿着望远镜观战。他们的作战科长自言自语地说："我们部队恐怕撑不住这一仗。"从此再也不提派兵过来归我指挥的话了。

一阵激战过去之后，阵地上又恢复了平静。孙蔚如派他的参议严守约来慰问我们，适逢第一线的守兵正在抢修被敌炸毁的最右翼靠山的一个堡垒。因为这个堡垒靠近我的指挥所，被他看见后，就错误地认为敌人冲到指挥所附近，连最后的堡垒都摧毁了，他急急忙忙回到集团军部向孙蔚如报告，怕我们不能继续守下了，要求孙蔚如赶快考虑。孙蔚如问我问题大不大，我又添油加醋，提出了许多困难，最后孙蔚如说："我看倒不如早些儿撤退了吧！最好你们今晚先撤到六官村再看情况。集团军部第一步是撤到麻沟。"当晚十二时左右，部队正在撤退的时候，忽见严守约又来了，据他说："在你们撤退前，我要参观一下阵地工事怎样修的，怎么能挡得敌人好多天过不来。"这是因为战区命令继续坚守韩阳镇，确保风陵渡，不能随便撤退。孙蔚如叫严守约秘密来看我们是不是还能维持些日子。严守约看了一遍后，没有见我，他就回去了。因为他在阵地最右翼看了一下，被打毁的堡垒已修复好了，部队很镇静，就向孙蔚如报告："维持几天不要紧。"于是孙蔚如就下命令："战区来电，要继续坚守，非有命令不能撤退。"这时已经午夜一时左右了，沿河的部队已撤退到山麓，我重叫他们回去各守原防。由于根本上我不愿意继续守下去，因而进入阵地的动作就不那么迅速，直到天明还没有部署好。敌人因为前一天吃了亏，为了泄愤，一天明就来势凶猛地进攻开了。几架飞机低空扫射，步兵、骑兵、战车涌进了阵地，一下子把我们冲乱了。当我下令撤退时，部队已被敌人分割成好几块，无法有组织地撤退。指挥机关被破坏，部队各自为战。我的指挥所也被二百多敌人包围了。此时集团军部用无线电给我命令叫我们竭力支持，掩护集团军部先撤走后，我们再撤走。其实我们已被敌人包围了，根本就不可能早撤。激烈的混战进行到上午十一时左右，第一营由于靠山，总算比较有组织地冲上山来了，第二营还在黄河滩里苦战。虽然是白天，所幸由于敌我交插，敌人的飞机大炮都无法发挥其威力，这样就给我们以有利的机会。下午一时左右，第二营突出重围，到了中条山腹，当时我带少数人在三家店被二百多个敌人包围，适逢第二营营长李成德带着一个排路过这里，给敌人一个冷不防由后边打了一下，打开了一条缺口，才把我解救出来。我只臂部受了些轻伤，而李成德带的那一个排，排长何文献及全排士兵都壮烈地牺牲了。我同第二营营长李成德只带八九个人，到了六官村，时已下午四时左右。我刚进村西口，看见我们的部队满街满巷地躺着休息，也分不出是哪一连哪一营。我正在叫他们集合整理时，敌人的步兵已经到了六官村口，两门山炮在六官村西南山头上开始射击。这时想抵抗已来不及了，只好命令各部各自选择路线到麻沟集合。敌人追击我们的同时，骑兵、炮兵、战车沿公路于当日下午五时左右到了风陵渡。从此潼关段的陇海铁路一直被风陵渡的日军用大炮控制着，没有通过车。风陵渡这次战役中，教导团先后伤亡共两千多人，据芮城一带的老百姓传说，在风陵渡战役中日军两个大队长阵亡，还有几个中队长受伤或阵亡。

晋城天井关战斗

马栋华※

一九三八年二月间，东北军第五十三军在山西省晋城、高平、陵川一带与日军作战。二月二十七日，第一三〇师第三八八旅第六四五团和第六四六团奉令以一个团防守晋城以南大口、小口，堵截豫北之敌；以一个团在晋城以北地区对长子、潞安、长治之敌实行警戒。旅长刘元勋根据上述命令，做了如下的兵力部署：以第六四五团（团长徐荣奎）进驻大口、小口，对豫北之敌严行戒备，如敌来犯，竭力堵击而歼灭之。以第六四六团（团长刘占宾）在晋城以北地区（巴公、高都一带）构筑工事，对长子、潞安、长治方面之敌，严密警戒，旅部位置在高都。

三月三日午前十一时左右，驻守大口、小口之第六四五团，突然遭受敌人猛烈攻击，激战半日，双方伤亡惨重，第六四五团在优势敌人压迫下实难支撑，向旅部频频告急求援。旅长刘元勋在战况危急无兵增援的情况下，不得已于当日午后五时，抽调第六四六团第三营星夜急往驰援。出发前旅长在全营官兵面前向我说："你是副营长，你们的营长患病，现在你就是营长，让旅部刘副官来当副营长（这位副营长后来在天井关开仗不多时，就吓得跑回旅部了），马上随我出发，增援徐团。"

在驰援途中，旅长又向我说："据徐团长报告，敌由孟津渡等处，偷渡黄河，突击大口、小口。军部已得到大本营的指示，敌人企图由豫北窜增援山西，令我军在此务要阻敌三日。我们无论如何，要和敌人来犯劲旅拼命干一下，予敌重创，以壮军威而振士气，这是我无上的光荣！"我说："来犯师团虽然是日军著名的劲旅，我并不怕，军人就是要打仗

※　作者当时系第五十三军第一三〇师第三八八旅第六四六团第三营副营长。

的，‘养兵千日，用兵一时’，我是决心和敌人拼命干一下。”

山西气候寒冷，时已仲春，冰雪犹存，天阴夜黑，山路崎岖，坎坷难行。时已拂晓始抵天井关，距大口、小口，尚有二十五华里。正准备在此早食，闻前方炮声不绝于耳，电话已叫不通，判断是第六四五团退下，旅长决心在此占领阵地截击敌人。令我营赶紧在现地构筑掩体，阻止前面之敌，并收容溃退的散兵。我即率各连长及小炮排长等，就地选择抵抗线。旅参谋长王冠英问我：“你的防线如何选择？”我说：“此处有前、中、后三道防线可以利用，但我采用第二道防线。”参谋长问：“理由安在？”我说：“第一道防线前面地形隐蔽，射界不开阔，敌人容易接近，利于攻，不利于守。第三道防线又过于在后，我方火力不能达到有效射击。唯第二道防线不前不后，正为适中，尤其射界开阔，敌人一露头，正好被我消灭于阵地前方。在山地作战，不能打死仗，尤其在兵力悬殊时，更要灵活运用战术，进可攻，退可守，须应付四面，所以我决心采用这条防线。后边那条防线，作为第二线，即最后决战之线，我的预备队放在那条线后，以应付不意之敌。”参谋长又问：“前面二里地那个小馒头山，我看很有价值，你当怎办？再看右前方那个秃山，不但高而且向北蜿蜒，你又当怎办？”我说：“前面那个小馒头山，做我的警戒阵地，右前方那个秃高山，派出战斗斥候监视敌人。”参谋长点点头又问：“你再判断一下，敌人若是迂回，能从哪翼迂回？”我说：“敌人兵力大我数十倍，重炮、野炮五六十门，若迂回我后，当然是用大迂回，必从我右翼迂回，因该地地形隐蔽，山岭平坦，笨重武器易于行动，所以敌人必从左翼来。我的兵力单薄，又无重武器，我如迂回敌人后方，须用小迂回，也取道左翼，即敌之右翼。”参谋长望了一下地形，又接着问：“在第一线你打算使用多少兵力？”我说：“使用两个连，由第一线抽出一个排，占领前面小馒头山为警戒部队，并由该排派出战斗斥候，在右前方那个秃高山上监视敌人。”我刚说完，第七连连长李贵兴说：“营长！咱们是独立营作战，战术上说，独立营作战，第一线要节约兵力，多设置预备队，以防不意之事变，第一线应使用一个连，第二线应留两个连。”我听着李连长说出这项建议来，就知他的用意所在，我知他战术颇有修养，但作战胆小，第一线使用两个连，他第七连是少不了的，因而我批驳他的意见说：“我也知道独立营作战，第一线应力求节约兵力，但是要把战术活用，不能拘守成法。军语常说：死操典活战术，敌人偌大的兵力，一个完整师团，向来称为敌之劲旅，如果第一线我使用一个连，敌人几炮就可把我第一线毁灭，你想一想，这个仗还能打吗？”参谋长接着说：“栋华就这样吧！这一回单看你的啦，全仗你们第三营啦！”

我说："错不了，请参谋长放心吧！"遂令各连急速早食，听候命令进入阵地。

午前九时许，前方的溃兵陆续退下，旅长指示我："徐团已溃退，你们急速进入阵地，第一线要使用五个排。"我立即召集各连长及小炮排长，下达如下的口头命令：

一、我第六四五团在大口、小口一带，遭受优势之敌猛烈攻击，正在抵抗中。

二、旅部为阻止当面敌人北进之目的，令我营在现地阻止该敌。

三、第七、第九两连为第一线。

第七连配属重机枪两挺，占领××至××之阵地，对北进之敌，竭力歼灭之。

第九连配属重机枪两挺，占领××至××之阵地，全力歼灭进犯之敌，左与第七连接合，并由第九连派兵一排，占领前面小馒头山为警戒部队。

警戒部队在发现敌人时，须在最有效的射距内开始射击，受敌压迫时应竭力抵抗，不得已时由××退归本连，参加战斗。

在右前方秃高山上，由警戒部队派出战斗斥候监视敌人。

四、迫击炮排，在预选之阵地，寻敌之重点猛烈轰击之。

五、第七、第九两连之战斗地境，为××至××一线，线上属第七连。

六、第八连、机枪连（欠两排）为第二线，位置在×高地之棱线后。是营的预备队。

七、我的位置就在此地。

各连进入阵地后，我令第八连连长杨克功，强制收容溃兵。此时敌之追击部队马上即可与我接触，当令各连严阵以待。未几我警戒部队发现敌人，战斗于是开始。

午前九时三十分，敌之追击部队，先头约一个中队（一连），用行军队形向我前进，并未派人搜索敌情，可谓轻敌太甚。我警戒部队隐蔽未动，瞄准以待，约抵我一百米处，出其不意骤然猛射，敌伤亡二十余人，当呈混乱状态，惶恐之间向我还击，二十余分钟。后进之敌约一个大队（一营）陆续到达，向我攻击。警戒部队不得已退归本阵地，我第一线开始射击。我当将情况报旅，旅长令我勇猛应战，沉着射击。开火约一个小时，敌攻击不利，于午前十一时，又增加一个大队，步炮联合向我猛攻。我官兵勇敢沉着，应战约两小时，敌未占上风，遂用十余门炮火，向我阵地实行摧毁射击，支援步兵进攻。我官兵利用敌炮弹坑作掩护，精确射击，敌未得进一步。正在战斗激烈之际，旅长电话问我："战况如何？"我报告："当面之敌约两个大队，炮十余门，现正激战中。"旅长又问："怎样，能不能支持住？"我说："如敌不再增加，我蛮有信心绝对能支持住。"旅长说："好！要给敌人以致命打击，并要随时报告战况。"

午后一时许，我左翼第七连阵地，被敌炮火摧毁过甚，我令该连冒敌人炮火匍匐前进，与敌相接，使敌炮火失效。敌仅以步枪、机枪向我疯狂射击，我以稳扎稳打的办法，使枪不虚发，发必命中，敌对我感觉棘手，乃以轻重机枪掩护向我冲锋。我以举枪齐放的妙诀，予敌以致命射击，敌伤亡数十人，冲击受挫。此时旅长不闻炮声，以电话问我："前方战况为什么沉寂？怎么听不到炮声？"我说："第七连已前进一段，和敌仅隔一谷，不过百米左右，敌炮不敢射击，恐炮火自伤，所以旅长未听到炮声，但步枪、机枪射击异常激烈。"旅长说："好！你们要抱牺牲的精神！要死守天井关！要同天井关共存亡！马上把命令转给你的各连长，你听明白了吗？"我说："听明白了。"参谋长王冠英紧接着拿起电话问我："刚才的命令，你听明白了吗？你们要死守天井关！"我说："请参谋长和旅长放心！我一定服从命令。"放下电话即到各连下达命令，各连长都摩拳擦掌决心同敌相拼。

午后二时三十分，敌全面向我猛烈攻击，双方枪声响成一片，敌向我强冲数次，均未得逞。我正向旅报告战况时，第七连连长李贵兴，头部负伤下来，当将李连长负伤情况报告旅长。旅长问："伤势轻重？"我说："头部用裹腿绑扎，看情形似很严重，是否叫他下去？"旅长说："叫他在你的营部以安军心。"我立即告知李连长。那时我左侧五百米处山岭上发现少数敌人向我蠢动，即令第八连射击之，敌只隐蔽而不还击。情况很显然是敌人向我正面屡攻未逞，企图使用重兵包围我的左翼，实行侧面攻击，以期奏效。刚才左侧少数之敌肯定是迂回队的搜索兵，我即令第八连严密监视，不得疏忽。

李连长见情况危急，用手捂着头，很难忍受的样子问我说："营长我头痛得很，实在支持不住，我还是下去吧！"我看他这种情形，我便许可了他的要求。我拿起电话将刚才的敌情和我的判断及我的处置报旅，旅长要我注意全面情况，不要忽视任何一方面，紧接着以担心的语气问我："怎样，能否支持住？"我说："能支持住。"旅长又用严肃的语气说："无论如何要死守天井关！"我毫不犹豫地以坚定的决心回答："我决心与天井关共存亡，只要有我马栋华在，决不叫天井关落于敌手！"旅长说："对！希望你拼命地干！"我又将李连长头痛难忍已令他下去的事报告旅长，旅长问："他下来了吗？"我说："我已令他下去了。"旅长说："已经下来就下来吧!”

午后三时左右，正面之敌仍攻击不懈，而左侧之敌已增到五百多人向我猛攻，同时我右后方又发现便衣队百余人，遍布山野向我袭击。我以营部通信班、传达兵、勤务兵、司号兵等组成一个机动班，由营部传达长率领，应付便衣队，此时战斗异常激烈，我已处于被动势态。

我以一营之众，除伤亡者外，仅余三百余人，应付三面强大之敌，兵单力薄，实感棘手。处于此种紧急危难的情况下，决心以忘我的精神和敌拼斗到底以报祖国。正在激战残酷之际，敌炮又向我猖狂射击，支援其步兵攻击，但炮弹均落于我后方，未生效果，仅可予我以威胁，而我们的精神仍然振奋。未几敌机一架来我上空低飞投弹，并往返俯冲射击，致我方伤亡惨重。我九连班长李得胜真红眼了，抱起轻机枪仰卧而射，敌机命中数弹，仓皇飞逃，不敢再来，全面攻击因之稍缓。在敌机向我投射时，敌曾两度向我冲锋，幸我官兵勇猛投掷手榴弹与敌相拼，敌未得便宜。

午后四时二十分，敌又向我右翼实行重点攻击，我第九连招架不住，出现动摇势态，我急往督战，连长冯云祥已负重伤，士兵溃下，眼看要垮。我说:“这是为国家为民族的战争，我就死在这个地方，你们能忍心吗?”第二班班长王新志感动地说:“我们不能退，我们要听营长的话，要和敌死拼，把敌人打回去!”士兵们不约而同地齐声喊道:“对!”全返回了原阵地拼命地打，一阵手榴弹把敌人炸跑。我鼓励他们说:“要用劲干!”趁着这点空隙，我令轻伤者将冯连长送到后方，令排长刘福山代理连长，将死者掩埋，重伤者退下。我又见弹药不多，遂指示该连用沉着精巧的要诀对付敌人。敌不猛攻时我不射击，射必有效。我又转到第七连阵地，官兵见我来到，精神振作，勇气倍增，一个兵边射击边说:“营长来了什么事都有办法，仗就容易打，我们是豁出来啦，营长你放心吧!”我说:“对!你们真是好汉子!”我向贾代连长说:“好好干，使劲打，要打巧仗，不要打笨仗!”像指示第九连那样，指示了第七连。

我回到指挥所，正要旅部电话时，敌将我的指挥所，用两挺轻机枪的火力封锁。敌炮又向我射击，炮弹落我指挥所附近，而旅部电话老叫不通，令电话兵赶紧变换位置，但敌火力封锁甚密，不能移动。令机动班赶紧用齐放的方法，将敌火压住，才逃出敌人火力，向左移动五十米处的棱线后。再叫旅部电话仍叫不通(旅部在距我两华里的一个独立房屋中)，急忙派人向旅报告战况，不料连派三人，都是去而不返，使我焦急万分。

哪知当午后三时许，正在战况残酷的时候，旅部已被敌人便衣队袭击，旅长臂部负伤。副旅长李焕荣、参谋长王冠英、副官主任李敬贤等都感到旅部空虚，主张后撤（原因是仅掌握一个特务排，不足警卫之用，旅部有被歼可能）。旅长说："旅部不能后撤，我给第三营的命令，死守天井关，我们若是退下来，岂能对得住第三营！"其实旅长因敌我兵力相差太多，也知道这个仗不好打，副旅长等都看出旅长的心意，所以都说："不是旅长无故扔掉第三营不顾，实因旅长负伤，并且旅长是高级指挥官，关系重大，第三营是会谅解的。"边说边上前推拉，旅长仍向后坐，口说不能走，但两条腿也随之而走了。

午后五时许，左侧之敌乘炮火掩护下，又行向我强攻，节节逼近。我以猛烈火力压住，敌伤亡惨重。距我一百米左右敌突然向我冲锋。我第八连阵地被敌占领，我亲率机动班增援第八连反击，将阵地强行夺回，迫敌后退二百米处的死角地带，转瞬间，各方面之敌又行猛烈齐攻，已成混战状态，激烈战斗达半小时之久。敌虽伤亡不在我之下，但敌兵力雄厚，我官兵伤亡殆尽，不堪久战。我在此情况下，誓与阵地共存亡，决心用最后一着，与敌白刃相接。乃令号兵吹出击号，准备全线冲锋，实行肉搏。敌闻我出击号音，攻击稍缓，火力稀薄。敌人原来是个银样镴铊头，也是怕硬的。我便在原地未动，窥其动态，迨日已西沉，枪声寂然。

我判断敌人，闻我出击号音，攻击稍缓的原因有三点：一、准备应付我的冲锋；二、疑我有增援的生力军；三、非必要时敌不夜战。我将敌情判断告知各连长，严加注意，不容稍懈，并检查全营战斗力量，计官兵除伤亡和生死不明者一人，排长中亡三人，伤八人，而士兵伤亡及生死不明者，在仓促时间尚难分清，而弹药数量又所余无几。兵寡弹缺，后援无望，敌如再行顽强攻击，我何以应付？在尴尬之际，只有向师部联系。花费了许多时间，才把师部电话叫通，把全盘情况报告师长朱鸿勋，并请示办法。师长不信我营仍在天井关原来阵地，师长听刘旅长说，我们在午后三点多钟，即和敌成混战状态，已支持不住，判断我们不可能仍在天井关，说我是敌人打诈语。这是师长故意推托，我的声音、我的语气，师长满可分辨出来，无论我如何恳切地说，师长总是假装不信，不予指示。最后给我的指示，还是要我自己设法向旅长联系，听从旅长的指示。我心里叨咕："如能和旅长联系上，又何必请示师长呢！真是成了笑话。"

在这紧要关头，我自己叫着自己的名字说："你真的输给敌人了吗？不，只要有我这腔热血存在，决不教敌人越雷池一步！敌不夜战，我偏夜战，用疑兵之计，打扰敌人，以待援兵，不成功便成仁，誓与敌人以死相拼，宁死于战，不死于罪。”我令各连开始射击，全面枪声大作。巧得很，这时团长令我相机撤退的命令送到了，我便令各连各留一个班，在原阵地猛烈射击，掩护撤退，掩护班要在主力撤出十分钟后，自行节节撤退，撤退目标为交道口，撤退集结地点为天井关北端附近，撤退时，注意迅速脱离战场。

部队完全撤下后，清查人数全营官兵只剩八十七人。这时第二营第五连连长黄公辅前来，我问：“黄连长有事吗?”黄向我道了一声辛苦说：“奉团长命令在此占领阵地，掩护营长撤退，已派人将撤退命令送给营长。”我带着队伍行不多远，副团长陈树蒲前来，握住我的手说：“你太辛苦啦！安全吧？撤退的命令，黄连长已带来多时了，你怎么才下来?团长非常关心你们，所以我来看看。”我说：“奉到命令时间已经不早了，所以才下来。”我们边走边谈，到达团部时团长已在门外等待很久，当面奖励我一番，并给我准备饭。我将战斗经过情形，做了详细的口头报告，团长说：“总算给了敌人一个严重的教训。在我师的战史上，这是最光荣的一个战役。”让我好好休息休息，让各连长们把部队收容整理一下，准备明天再干。我将应办理的一切事宜告知各连长从速办理，听候明天接受新的任务。这是我一个营在天井关和敌人的部队拼了一天的战斗经过。第二天以全师的力量，拼了一天，仍旧抵抗不住，第三天全军都使用上去，又拼了一天，勉强阻止了敌人三天日程的前进，完成了阻滞敌人的任务。

在太岳区游击战的情况

高建白※

第十七军于一九三七年在沙城、火烧岭、平型关，连次抗击日军，损失严重，到山西离石整顿时，每团仅余三百多人。经过整补后，我第二五一旅，算是人枪恢复。第十七军高桂滋军长只有原来的第八十四师，高桂滋兼任师长，下设两旅四团。第二五〇旅旅长李少棠，辖任子勋的第四九九团、艾亚春的第五〇〇团。第二五一旅旅长高建白，辖吕晓韬的第五〇一团、艾捷三的第五〇二团，在离石经过两个月的整训，即开到沁源，继续抗战。

一九三八年二月二十八日，第十七军开到晋南沁源县，我第二五一旅奉令守备绵山至王和镇一带山区地带，我们的主力，即配备在这一线上。一九三七年十一月，太原沦陷，日军疯狂南下，连续占了太谷、祁县、平遥，同时不断到交城、文水一带活动，威胁汾阳。一九三八年二月间，日军部队向北撤退，放弃平遥，祁县城内只留少数部队，连驻子洪口的骑兵，也向北开去。这时第二战区司令长官阎锡山派去平遥党政人员很多，与各军的游击队、采购员以及各单位谍报员，还有一些散兵游勇，都集中在平遥城关，彼此摩擦，常出事故，那种混杂现象，真是一言难尽，弄得地方行政人员，大伤脑筋，无法维持。这时，平遥一带划归第二战区范围，卫立煌是第二战区的前敌总司令。就在这个阶段，军部得到卫立煌的指示，令派一部分兵力，进驻平遥，与地方行政人员联系，维持秩序，同时认真侦察敌军动向，随时具报。军部令第五〇一团团长吕晓韬率军部的史殿丞骑兵营和第五〇一团张敏达的步兵营，进

※ 作者当时系第十七军第八十四师第二五一旅旅长。

驻平遥城关，担负平遥守备责任，随时详侦敌情，以便转报。过五日，高军长亲来电话说："卫长官对平遥的情况非常重视，尤其对敌人的行动特别注意，你最好亲自到平遥安置一下，看看敌人的企图是什么。安置好就回来，咱们的主阵地是绵山至王和镇之线，平遥是我们的临时前进据点。"我于二月二十二日下午四时到达平遥。据骑兵营长史殿丞报告，他连日派骑兵到祁县游击，直至祁县的南郊，城内的敌人仅百余名，城门紧闭。祁县代表来讲，祁县人民立盼收复县城，敌人无多，保证马到成功。祁县电灯厂的工人亦派专人送信，如果收复祁县，最好在晚间进攻，电厂工人暂时停电，一片漆黑，敌人势必恐慌，然后里应外合，活捉敌人。祁县人民希望迅速收复县城，是可以理解的，我们很愿满足人民的要求。唯一的问题是：敌人兴师动众，得到晋中最富饶的十县，他们为什么要撤退呢？此中大有文章，值得研究。除派多人到太谷、太原和榆次多方面了解，敌军有没有向东移动的模样，火车站是不是仍有大量的辎重运来，有没有向地方征集民夫，一般日本人的表现怎样？只有候得各处谍报人员返回，才能判断敌人的企图。我当天下午先看了伤兵，决定次日六时为官兵讲话，十时召集地方有关单位开联席会议，共同商谈维持地方的办法。不料二十三日拂晓，敌一千五百余人，炮十门，战车八辆，装甲车二十余辆，骑兵四百来人，向我进犯，与我五里庄部队接触，展开激战。这时电话报告军部，不多时军部转卫立煌的指示说："敌来袭平遥，是游击性质，绝对不是整个南犯，我已令第八十三师驻张兰镇的一团（张兰镇距平遥三十华里）马上出发支援平遥，平遥务须固守，不能放弃。"敌又以汽车六十多辆运送大批辎重和部队，增加骑兵千余名，后续部队源源而来，敌机多架在平遥上空指挥，并投弹轰炸。这时电话已断，敌以战车数辆冲入东关，装甲车二十来辆，又断我各路联络，于是平遥陷于孤立。下午三时，敌将我东南城角轰破，我们抢护数次，均遭炮火轰杀，敌乘虚而入，在炮火烟雾弥漫中，我指挥巷战，处处敌我肉搏，死尸遍地，血流遍地。这时城外敌包围数层，四面向我城内射击，我部因血拼剧烈，伤亡惨重，我史殿丞营长亦壮烈牺牲。这时，我已弹尽粮绝，无兵可战，为调动劲旅、反攻平遥计，于是乘马闯出西门，弹如雨下。我想敌人是由北而来，这里可能空虚，他们不防我们会往北走，于是冲过铁路，因为路基高，给我作了掩护，仍向北冲进，深入敌区，然后向西南折返回旅部驻地王和镇，沿途衣裤都被子弹穿成乱孔，同时出城的骑兵二十余人，都遭伤亡，只留下我和少校副官李梁国、书记艾蔚章和一个参谋，两个卫士，共六个人。我路过张兰镇，那里原驻的第八十三师那团，早南开介休，并未去平遥支援我部。半夜吕团长亦突围返防。此役敌死伤达千余名，消耗枪炮弹药四万余发，被毁坦克车两辆，敌香月清司司令为平遥地方伪组织讲话说：“我们原先计划当日直下韩侯岭，想不到竟在平遥打了一天，我们这次伤亡太多了，从来没有见过这样顽强的军队。”敌人的报载有“平遥大捷”：“敌旅长高建白战死，以次伤亡三千多名。”其实我们只有步骑各一营，伤亡四百八十余名。《大公报》记者秋江先生撰《全面游击的山西》一文说：“敌人突然攻击，我军忠勇抵抗，固守交通便利平遥据点，完成任务。就是以顽强的战争，暴露敌的企图和兵力，使韩侯岭主力有充分的准备。这种牺牲有重要的战斗意义。”（见一九三八年六月十八日《大公报》；此文收入《抗战丛刊》第五集，商务印书馆出版。）又李辉英根据我的口述，将史殿丞营长的殉国事迹，写成小说，题为《石老么》（见《文学月刊》第一卷第五期）。

这年三月，第十七军仍驻太岳山区的沁源县境，临时归第十八集团军指挥，从此改作游击战。但我旅对于游击战术，一窍不通，完全外行，很感无处下手。后来第十八集团军总司令部召集有关军队官长到总司令部学习游击战术，我旅去的官长较多，总司令部副参谋长左权将军亲自讲游击战术各种要点。西安翠华山举办游击干部训练班，高军长指定我旅张敏达营长前往受训。从此我旅各级军官士兵，渐渐懂得怎样运用游击战，保存自己，消灭敌人，必须确实联系地方群众，才能活跃于沦陷区域。我旅游击地区是霍县、赵城、洪洞一带，县长都是牺盟会会员，给我们很大的帮助，使我们懂得怎样做到军、政、民三位一体，共同抗日。通过总部各种教育方式，提高了官兵的政治思想，坚定官兵的胜利信心，增强了战斗勇气。比如我经常能得到中国共产党办的《解放》杂志，受到很大的教育。特别我读了毛泽东主席著作《论持久战》一文，使我思想上起了很大的变化。我在抗战开始，具有一腔爱国热情，抱着满怀胜利热望，但是听到了国民党军南京的放弃，经过忻口的撤退，尤其是在汾河无计划、无纪律地抢拨溃败，使我对抗日抱悲观情绪，也产生了抱怨，我国大炮太少飞机太差，一切装备不够精良，这怎样能取得胜利呢？自看了《论持久战》这篇文章，改变了我的悲观情绪。第十八集团军总司令部还派火星剧团到我旅为官兵演出宣传抗日的优秀节目，使官兵受到了爱国思想教育。还派联络人员到第五〇二团视察。

高军长素日对于军民的联系，看得极为重要，因而在离石整训阶段，成立了第十七军战地服务团，团长是韩一帆，全团计有男女工作人员四五十名，一方面进行民运工作，一方面考察部队官兵纪律问题，同时配合旅团搜集情报，歼灭敌人，做了很多工作，起了很大作用。

一九三八年三月下旬，我旅驻在沁源县绵上村。四月初，敌九路围攻晋东南。敌川岸第二十师团第七十七联队乘虚窜入沁源，企图打通白晋公路，完成九路围攻的迷梦。九日晨六时，军命令吕晓韬团长率队截击，吕团长正在军部驻在地的郭道镇训练士兵，仓促受命，拒敌于小章村，正在观察地形，敌两千余名向沁源移动，忽然敌机多架，凶恶轰炸，吕团长振臂指挥，不幸被敌机炸伤，当即殉国。这天是一九三八年四月九日，是永远难忘的日子。吕团长和我相处十年有余，他的诚朴英勇作风，是我衷心敬佩的，我听到他的噩耗，痛心极了，我旅全体官兵都是垂泪难过的。即抽调三营兵力，奋勇收复沁源。二十二日与敌激战全日，夜十一时沁源胜利光复了。朱德总司令有电嘉奖，敌余众向南逃窜。

我旅自一九三八年二月十四日到五月二十一日在平遥、介休、霍县道上破坏交通五十余次，五攻马壁村，两袭张兰镇，七袭霍县城，两烧敌营房，给敌以重大打击。完全根据“保存自己，消灭敌人”的原则，力求主动、灵活、有计划。同时我们要求每次游击都要达到歼灭战与消耗战的目的。七月五日我旅用钻穴战夜袭辛置车站，杀敌四十余人，伤敌八十余人，获昭和三年式重机枪一挺，机枪子弹三百五十粒，布帐篷、手榴弹、步枪弹等战利品。九月八日我旅在什菼歼敌大捷。九月九日我旅截击敌火车二十余辆，并入火车内肉搏，两天之内毙敌二百多人，毙马三十余匹，辎重和其他物资，都为我们所有了。我伤亡三十余人。霍县敌酋来一封信说：“贵军与我皇军作战，应正大光明，约定时间地点，决一雌雄，方为大国风度，若不此之，而行偷偷摸摸之袭击，犹名之曰游击，有何意义？以后贵军作战，应先期示知，我皇军决不爽约……”等语，实在可笑。不过也可看出他们对我国的游击战术是非常害怕的。

我们打游击如飘风一样，忽然就来了，忽然就走了。来了就是要达歼灭敌人的目的，走了就是要达保存自己力量的目的。所以了解敌人真实情况，善于“乘敌之隙”，攻其不备，出其不意，是进行游击战的重要关键。这就必须同群众打成一片，同广大的农民打成一片，一定要做政治工作，这道理，如果没有共产党的领导是办不到的。由于我旅在朱德总司令的指导之下，并且通过左权将军的教导，才能做到了官兵一致，军民一致，认识了战争的政治目的，所以才能取得游击战的胜利，敌对我无可如何。在霍县、赵城、洪洞一带领导牺盟会的裴丽生先生，经常驻在霍县东乡石门峪与我旅联系，也常看到他们的刊物，他在我旅的威望很高，因为他一贯主张军政民三位一体共同抗日。他总是让各县县长协助军队，解决抗日军事中困难问题。霍县县长孙新人，年轻能干，对我旅帮助很大。例如配合第五战区台儿庄作战，第二战区命令靠近同蒲铁路的驻军彻底破坏同蒲路，阻止日军抽调晋南日军援应台儿庄，我县得到霍县孙县长的协助，配合军队做了七天彻底破坏铁路，每晚派农民多则一千人，少则六百，不唯做得彻底又快又好，而且干得特别起劲，使同蒲路二十一天没有通车。虽然每晚与敌激战，终于完成任务，炸毁桥梁涵洞二十余处，焚烧和抛弃枕木五百余根，收回电线三万余斤，铁轨螺丝钉结合板九千多斤，其余东西，因战事关系，被埋荒野，所带回的东西，给了参加的农民制造农具。在每次战役胜利之后，县政府、社会团体以及人民群众，携带大批慰劳物品，巡回赴各军队驻扎地区进行慰问，表演救亡话剧。军队在农忙阶段和空室清野时间，协助地方，以全部驮骡和士兵做两星期的秋收和搬运掩藏。军、政、民之间，相处颇洽。一般官兵深感游击战比较灵活，收效大，比绑在山头阵地，遭受大炮和飞机轰炸好得多。在太岳山区这个期间，所有官兵精神振奋，干得特别起劲。但在这种活跃情况下，也产生了一些不应有的现象。在军队中，有国民党派的政工人员，他们是国民党的耳目，见军队和第十八集团军来往，和牺盟会接近，军部的战地服务团工作人员不买他们的账，因而疑心产生。这些人一方面对部队进行严格的考察，另一方面与牺盟会发生摩擦，影响了地方和军队共同抗日的任务。后来军部令我在霍县杨家庄召集霍县地方机关人员，军部战地服务团工作人员和我旅营长以上人员，以及我旅两团政工人员，开了一次联席会议，划分职权，加强协助，共同抗战。经过这个会议军民关系又好转起来。但政工人员对上报告说我军内部思想不纯，接近异党。后来国民党当局来电不许军部成立战地服务团，命令撤销。因为我军民运工作开展，与地方人民建立了良好关系，情报来源，四面八方，都可得到，差不多每县的伪维持会里，都有我们的情报员，接近敌区的村庄，都有我们的情报员，敌人所召集的会，重要情形很快都能知道，所以敌人的活动，我们了如指掌，自然不难打击他们了。

因我旅在霍县、赵城一带进行游击战，敌辎重被截，援军被阻，食粮被封锁，敌乃四次进攻，欲除心腹之患，但都遭到惨败。敌矢野旅团第一次围攻在一九三八年八月七日。敌我在柏乐决战，毙敌指挥官田野大队长以及一百三十余人。获敌炮车五辆以及枪弹、帐篷、白米罐头等。我伤亡上尉连长以下官兵七十余人。第二次围攻在十月二十二日，决战于源头，毙敌大尉队长高树方三郎等三人，分队长二人，敌伤亡士兵二百余名，我得步枪弹、呢大衣、军毯、文件等。我伤连长排长各一人，亡士兵二十一名，伤四十三名。第三次围攻自十一月十九日至二十五日，共血战七天，战于杨家庄，我旅用空舍清野、战地迷惑的策略，向敌巧攻，又得第二五〇旅任团黄、杨两营支援，敌大败，退回霍县（此役日军参战一千五百余人，伪军两千余名），毙敌指挥官一人，军官七人，士兵伤亡三百余名；敌烧我村落三十余处，我牺牲三十余人，伤二十一人（详一九三八年十一月二十五日《大公报》载《游击铁军战绩之一页》）。第四次围攻是从一九三九年一月二十八日开始的，共计十天，这是我旅和日军在霍县、赵城最后的一次大战。霍县日指挥官是矢野旅团长，因迭次受到我旅破坏交通，夜袭霍城，截击火车，封锁蔬菜食粮，火烧营房，近又三次围攻遭到失败，新怒旧恨加在一起，所以要决心歼灭霍（县）、赵（城）境内的游击队伍。在南北抽调日军，附野炮、山炮十余门，集结霍县城关，并在霍县修建飞机场，加强营房和车站防御工事。矢野旅团长于一九三九年一月二十八日晨，指挥敌军两千余附炮四门，东犯我沙窝艾团防地，血战三日，终被我击溃。谷口师团长抵霍，大举进犯我旅游击根据地杨家庄，鏖战一周，杨家庄失而复得数次，经时整旬，打破以往游击纪录，战斗之激烈，尤为历次所未有。逐日略记如下：

一、沙窝里战役。元月二十七日晚，我旅接得各方面的情报，证明敌大举东犯，立即做缜密部署。二十八日拂晓，敌步骑炮两千余，分两路向我艾团驻地沙窝里进犯，一出上乐坪，一出青郎坪，我预伏要道之高维云便衣队当仁不让，予以猛烈侧击，首挫敌焰。八时敌抵辛庄，我设伏之张大义便衣队，不失时机，突施袭击。十二时敌主力抵偏墙，向义城运动，一部盘踞于居沟、观堆，遭我岳团张营全力袭击，敌无法立足，下午一时与义城敌会合，三时敌一部入沙窝里，主力盘踞孔涧、义城，敌飞机多架轰炸，同时炮击我艾团阵地。四时许，我王、关两营分别袭击义城、孔涧，敌即时展开血战，机炮声不绝于耳，五时敌势不支，主力向刘家庄、义旺溃退。我仍以小部队彻夜扰击。二十九日晨八时，敌乘浓雾以全力向我阵地进攻，剧战又开始，敌因遭我近击，伤亡颇重。为报复计，以含催泪喷嚏性之毒瓦斯弹向我阵地猛烈施放，我士兵一部中毒，仍猛烈抵抗，十时敌在炮火掩护下，以机枪向我山巅守兵剧烈扫射，一度占据东山阵地，我官兵仍奋不顾身，拼命抵御，我王、关两营分由南北侧击，全线反攻，激战至午后六时，敌不支退据沙窝里、孔涧，我及时恢复原阵地，当晚以便衣队向敌袭击。三十日晨四时，我王、关两营分别向孔涧、刘家庄、义旺之敌猛烈攻击，敌顽强抵抗，经一时之剧烈血战，敌全线崩溃。五时半敌狼狈西窜，我各部队猛烈追击，直尾追至南杜壁、南王村，敌狼奔豕突，辎重遗弃遍野。敌在青郎坪复遭我高维云、张大义两便衣队夹击，胆魂俱落。下午五时战斗结局，敌分别退入霍县城关附近。是役激战三日两夜之久，敌伤亡奇重，闻某小队四十余人，仅生还十一人，敌指挥官受重伤，被毁山炮两门，毙敌战马驮骡二十余匹，我伤亡官兵二十余名。

二、杨家庄战役。一月三十一日，敌由北运到霍县弹药数百箱，分发城关敌人各部，并用汽车向大张、下乐坪运送给养弹药，大张增加敌兵七八百名，谷口师团长抵霍坐镇，城关集结敌三千余人，拟于二月一日分四路进犯我旅根据地杨家庄，进一步窥伺霍山。当日，我王德亮、高维云、张大义三个便衣队，分别在大张、上下乐坪一带竟日袭击敌人，以消耗敌之战斗力量。我主力乘时秘密部署，大川数十村落人民群众在我部队掩护下，开始做清野空舍工作。二月一日晨，敌两千八百余人，并附山炮八门、野炮二门，向我分四路作大规模之进犯。一股千二百名、山炮四门，由大张、靳壁、板涧向我石鼻右翼迂回侧击；一股三四百人由靳壁犯源头与犯石鼻敌主力会合；一股四五百人，在敌野炮掩护下，出下乐坪向我正面佯攻；另一股八百余人，附炮四门，经韩壁、上下王村向我左翼猛冲。我节节抵抗，至峪里、杨家庄、小涧之线，猛烈抵御，展开剧烈血战，敌机也来配合轰炸。敌伤亡奇重，午后二时敌为挽回战局，又用毒瓦斯弹向我阵地狂射，我中毒官兵三十余人。当晚敌分头占领小涧、峪里、关崖底等村。我以便衣队潜入敌空隙，施行战场迷惑。一日晨八时二十分，柏乐敌炮兵向我杨家庄及龙虎山阵地猛轰，同时盘踞小涧敌六七百人，在炮火掩护下，分两路向我杨家庄及刘家山进犯峪里，敌亦侧击我龙虎山阵地，时值浓雾漫空，我官兵在浓雾中奋战竟日，直至下午敌炮兵集中火力向我龙虎山阵地疯狂轰击，杨家庄四时陷落。当晚我以消耗战目的已达，主力固守山线，以零星部队及便衣队活跃于敌后，施行奇袭，四野都有枪声。三日晨三时，夜幕未卸，乘敌不备，正面岳团及田营开始全线反攻，杨家庄敌主力惊慌失措，放火焚烧民房，仓皇西遁。小涧、峪里之敌，大形动摇，在我官兵英勇奋击下，夺路西逃。我即收复杨家庄、关崖底、小涧、峪里等地。敌主力溃退至韩壁、源头间，复遭我关王两营及便衣队包抄截击，激战至下午一时，在南堡、杜庄、窑底、范村各村敌掩护下，始脱围逃出，遗弃尸体及辎重甚多。我追击至大张一带迅速回师，包围南堡、杜庄残敌，并进占柏乐。敌有四五百余，死守据点，利用优势武器，顽强抵御，我数度猛冲入南堡村与敌战斗，自晨至晚十一时，机枪炮声连珠不绝，响彻云霄，四日晨七时退回大张。下乐坪敌会同霍县增敌一千五六百名，分两路向我再度进犯，十时许窑底敌炮向我龙虎山、杨家庄猛烈轰击，敌机二架，在我阵地低空指挥敌军进犯南堡、杜庄，敌蠢蠢逞动，与大张敌一部会合，在敌机指挥下，向我龙虎山、关家山、峪里、杨家庄疯狂进犯，机枪四射，战况至为激烈。午刻敌一度占领龙虎山、关家山、杨家庄等地，并二次放火焚烧杨家庄以泄愤。我官兵愤敌暴行，奋不顾身，英勇反攻，于下午二时经一场恶战，杨家庄复入我手中，并进占至关崖底。敌全线动摇，分路逃窜，沿途遭我便衣队袭击。至午后三时李曹、杨枣、靳壁等处，枪声仍极为剧烈。五、六两日南堡、杜庄敌拼命赶筑防御工事，我不分昼夜轮流袭击，于六日我并进占至李曹，断敌归路，南北之敌，已成瓮鳖。此役毙敌大队长铃木一人，分队长酒井一人，骡马死者无算，并得大批弹药、给养。

我旅游击部队，活跃于霍县、赵城、洪洞一带，数度粉碎敌人的围攻企图，敌人有时紧闭城门，不敢出来，非常害怕。比如敌宣抚官张朝士、何国璞先后投诚，就足以说明他们的军心正在瓦解。先是张朝士说："日军总吃败仗，非常狼狈，昼不安食，夜不得眠，朝不保夕。我们老跟着混下去，如何得了？我是中国人，再不为虎作伥，残害同胞了。而且日寇暴戾凶狠，惨无人道，凡事稍不如意，连打带骂，我实在受不了这种侮辱和蹂躏。因此我带来手枪两支，越城来降，请求收容，我一定立功赎罪。"何国璞也是受不了敌人之气，携手枪一支，跳城出来，到我旅部投降。由于我们不断地给敌人以惨重打击，由于我们的宣传工作，汉奸纷纷投降。为敌效力的汉奸，我们调查得很清楚，不断给他们警告，动员他们反正，回到祖国的怀抱，为祖国尽忠。警告三次他们还不回头者，我们严厉处罚了数名，情况为之一变。伪霍县县政府的科长、职员分头向我投诚，并愿为我们做义务情报员。因而敌人的消息，源源而来，而且非常确实。伪霍县公安局长张某曾向我们报告情况达四月之久，后来敌以高价收买，张某对我们渐渐冷淡，我们再给以严肃的警告，不到三天，这个伪公安局长又自动投诚，瓦解了汉奸的秘密组织。霍县有一个法政大学毕业生董承恩，在敌维持会和伪县政府任重要职务，我们的民运工作同志，通过一系列工作动员了他的妻子，使她帮助丈夫觉悟，做一个爱国志士（他妻住在我们的区域），我们同时也给他们家中生活上的照顾。结果董承恩给我们做了许多重要情报工作，并保护我们在霍县城内情报人员的安全。因此敌人处于四面八方、里里外外的照妖镜的笼罩之中，敌一举一动，我们都能知道。因此我们能活跃于霍（县）、赵（城）、洪（洞）等县，敌人非常畏惧，把我们叫小偷干活的军队，又叫神出鬼没的军队，也叫铜墙铁壁好打仗的军队，使他们时时不能安心。因而才能粉碎了日军每次的进犯和围攻。

我们在太岳山区游击战，整整一年的时间。在此阶段，我旅在第十八集团军朱总司令的指挥下，在左权将军的教导下，我们接受了抗日军事教育、政治教育，学会了打游击战的方法。我们得到牺盟会的帮助，做到军、政、民三位一体，共同抗日。同时我们高军长不断亲到前方讲话，一面鼓励英勇抗战，一面告诫官兵重视纪律。军部战地服务团工作人员，都能配合军队，供给真实情报，有利于我旅对敌的措施。同时我们第八十四师第二五〇旅不断策应支援。因而在太岳山作游击战，我旅未受到重大损失，却给敌人以沉重的打击。

一九三九年三月二十五日，我部奉令改任中条山的防务，将离开太岳山区，由洛阳第一战区直辖指挥。接我们防务的是第九十八军武士敏部。三月二十七日，我旅从霍县老根据地杨家庄、宽坪一带出发，人民群众，都因同我们相处一年，有些感情，老老少少都来送行，一旦分别，非常难过。但军人以服从为天职，只有向中条山迈进。就在这时敌侦知我们换防，派七架飞机，向我们进军部队轰炸，同时敌以大炮向接防部队示威轰击扰乱，颇为紧张。我们暂时隐蔽后，形势稍定，我们继续前进，经过北平镇、和川镇、阳城，我旅于四月十一日到达中条山区朱家庄，结束了整整半个月的长途行军。

第二十七军在晋东南作战经过

陈伯鹏※

抗战初期，以范汉杰为军长的第二十七军，副军长刘进，辖第四十五师，李用章任师长；第四十六师，黄祖勋任师长；预备第八师，陈素农任师长。当时我任第四十六师第一三六团第二营营长。一九三七年这个部队在上海抗战中损失较大，一九三八年初开到河南兰封一带整补，一九三九年初进入山西作战，历经四个寒暑，大小战役三十余次，给侵华日军以沉重打击，而我军伤亡亦重，我本人也两次负伤。战斗之惨烈，参战官兵之英勇，为我中华民族抗敌御侮写下了光辉的一页。

一九三八年侵华日军进占山西正太铁路和主要交通线后，继续进军晋东南各重要城镇，此时其战略意图是：妄图长期固守山西阵地，并以大军强渡黄河。

垣曲、沁水之战

一九三八年十二月，我们第四十六师奉命开往西安以南集结检阅，旋即开赴大荔，担任黄河南岸警戒，分驻龙门、赣城、禹门口、朝邑、风陵渡之线，阻止敌军西渡。这段黄河由北急转西南流，河面宽达四公里，两岸均为沙洲，无险可守。且时而沙洲，时而深渊，既不能徒涉，更无法行船。日军虽多次利用橡皮筏或机船偷渡或强渡，均被我军击沉，将敌人消灭于水中。黄河流到潼关，则急转东流，河宽不到二百公尺，水势凶猛，深不可测。潼关守军，驻有一个炮兵旅，沿河还有两个步兵

※ 作者当时系第二十七军第四十六师第一三六团第二营营长。

师防守，敌军未敢妄动。

一九三九年六月，第四十六师奉命开往山西，准备作战，唯陇海铁路两个涵洞和大营至灵宝桥梁被敌人以重炮击塌，不能通车，我军只得采取强行军，步行四十天赶到渑池。五月中旬，全军在渑池口进行渡河，以第四十五师、第四十六师、预备第八师，三个梯队北进。第四十六师奉指定目标须经古城直抵垣曲，第四十五师则向左推进，预备第八师为后卫随军部跟进。第四十六师开进古城，已经进入山西境地，准备直取垣曲，因侦知各入山通道要口，均有日军少数兵力把守，我军为避免打草惊蛇，不致暴露我军作战计划，乃采取迂回办法，绕道通过鳌背山到达梁村集结。但该山山势笔陡，树木稀少，既无饮水，更无居民，骡马大行李则无法通行，官兵只能像猿猴一样的攀登，经十二小时的艰苦行军，才抵达梁村、王村宿营。此处距垣曲六十多里，侦知城里驻有日军两排兵力。翌日，我营奉命对垣曲之敌展开攻击并占领之。我营赶到垣曲附近时，已经黄昏，官兵赶快吃了饭，准备夜间战斗。我率连、排长侦察地形。当晚十二时，以第四连进攻北门，第六连攻击东南门，同时开始行动。敌人仓促进行抵抗，战斗持续到第二天拂晓，垣曲城被我占领。敌人北遁曲沃，途中被我击毙六名，生俘一名。我军准备第二步攻取阳城县，因而须途经沁水县。沁水城临沁水河畔，连日大雨连绵，引起山洪暴发，沁水河宽陡增到二百公尺以上，原有简便桥梁均被冲垮，使我军三昼夜不能前进。范汉杰军长见此情景焦急万分，限令工兵营长姜庠璧在十二小时内完成架桥任务，否则军法从事。姜营长率全营官兵日夜奋战，泡在水中与急流搏斗，因水流湍急，不能立足，三次架桥均被冲走。我工兵营官兵，不畏艰苦，继续与洪水搏斗，终于在限期内完成架桥任务，使我军迅速安全通过，一举攻克沁水城，敌军逃窜高平。

一九三九年夏，第二十七军全军已进入晋东南太行山部署作战，第四十军庞炳勋部、第九十七军朱怀冰部亦奉命进入晋东南指定的作战地区。

国共合作、协同作战

第二十七军进入太行山后，连克三城，在作战途中发现有军帽无帽徽、服装不整齐的官兵招待我们，送茶水和引路。他们有秩序，有礼貌而态度谦虚亲切，当时我们还把他们看作是地方保安部队，经询问了解，才知道他们是与我们协同作战的友军——八路军。他们这种真诚团结的精神，很使我们感动。尤其对我来说，有一件事，更使我终生难忘。那是九月六日，我军进攻长子县，误中敌人圈套，以致四个连长阵亡，我身负重伤（作战情况详见第五节），所有受伤官兵须转运后方一〇三兵站医院治疗。九月十三日伤员们被送到晋城县属的南村、石榴村，既不能医治，又无处换药，伤员痛苦不堪，尤其各要路出口，均有敌军岗哨，难以通过。必须排除许多障碍，深夜偷越，才能完成往返的护送任务。而这个艰巨任务就是完全依靠八路军来担当的。我被送到石榴村时，天将黄昏，即在庙堂中住宿，不一刻，当时边区的政委特来慰问各受伤官兵。当时我因伤重动弹不得，只有伏身在担架上答以谢意。政委立即派人将我抬到他住所。深夜，政委特别为我们做了面条、稀饭、油饼（当时面粉是很难得的），并向我解说许多革命道理，还送给我两捆宣传品，嘱咐伤愈早日归队，一同打击日本侵略者。翌日三点，催我起床，已给我备好早餐，然后亲自送我上路，亲切之情，使我至今记忆犹新。

当时，八路军在山西作战，主要是采取游击战术，保卫农村人民安全转移，扰乱敌军后方补给线，打击敌人哨所，保护我军后方运输交通要道，协助友军向民间购买粮食。部队时而集中，时而分散，把敌人搞得晕头转向，无可奈何。即以粮食补给一事来说：作战部队不可一日无粮，我们原来是由当地政府补给，后来各交通要点及较大城镇多被敌军占领，所有县、市各级政府机构，均转移到大山区，部队粮食补给，只好自行向当地人民购买，机会好，能买到就多吃，买得少就少吃。自有了八路军协助，才买到够吃的粮食和蔬菜。

攻取晋城

我军攻克沁水城后，稍事休整，计划南进攻取晋城，再北取高平县。后作战计划稍有变更，攻取高平的任务，改由第四十五师单独执行。晋城守敌力量比较雄厚，则由第四十六师集中主力攻击，迫使敌人投降。这时是七月份，天气比较炎热，沁水距晋城约一百三十华里，途中须经阳城，时阳城已被我军第四十五师收复，我师以两天行军赶到晋城附近。经侦察地形，城东南依靠山岭，形势险峻，仅有羊肠小道可通，北通高平公路。城西山势起伏，易守难攻。城内驻有敌军骑兵两个大队，炮兵（山炮）一个中队，共约两千人。

七月十九日黄昏，我军集中两个团的兵力，从城西南开始攻击，因敌凭借坚固的城墙，并用四门山炮向我炮击，而我军无炮还击，进攻不能奏效。后从博爱调来第四十军的一个炮兵营，协助我攻击，压住敌人的炮火，我军乘势猛攻，一举攻克晋城。经过两昼夜的苦战，敌军弃尸北逃，缴获敌大炮一门和许多军用品，我军亦伤亡百余人。晋城、高平两县乃相继被我军攻克。第四十五师、第四十六师齐集高平胜利会师，并召集营长以上军官开会，总结此次作战经验。会上对八路军纪律严明善于协同作战，一致表示钦佩。经过一个星期的休整后，即各自分赴指定的作战地区。

此时，第四十军庞炳勋部和第九十七军朱怀冰部，均自河南边界逐步向北推进，沿晋东南边线攻占古郊，直抵平顺县石城。

在这次晋城战斗过程中，还发生了一场意外的战斗。即我军于收复高平县后，每天由各连队派士兵三人至五人到邻近乡镇购买粮食，距城北约三十里的大寺庄和小寺庄，各有一千多户人家，成为我军购买粮食的集中点，前来购粮的士兵往往在这里聚赌。八月一日，号兵赵得钦在该庄山洞内聚赌，参与赌钱者三十多人，突然发现日军押着骡马、小驴驮着军用品经过寺庄。正急行通过时，被聚赌的士兵发现，一拥而上，号兵用信号枪连发四枪，这些士兵急中生智，大家用所带的手榴弹和刺刀，向敌人猛投乱刺，敌人猝不及防，骡马突闻爆炸声、吼杀声，惊得到处乱窜。敌人在慌乱中也东奔西逃，但无一逃脱。结果活捉敌中尉尚见运荣等官兵十三名，缴获骡马三十余匹及全部驮运的军用品。

在我驻守平城，还有一件是我记忆很深的。一九四〇年五月，八路军朱德总司令由晋东南经过平城，再过河到洛阳回延安，我奉命率领全营迎接。朱总司令到达平城，随行人员有康克清、唐天际、陈赓等，还有一个营的护卫官兵。范汉杰军长率第四十五师师长李用章、第四十六师师长黄祖勋、预备第八师师长陈素农前往晋见。翌日朱总司令南行去洛阳回延安。

长子县的战斗

第四十五师与我第四十六师并肩作战，同时北进，连续攻克安泽、良马，先头部队已抵王村。我师集结长子县城周围，于九月六日攻取县城。日军见我师主力来势勇猛，即诱我深入，妄图采取袋形战术，以伏击作战歼我主力于阵地。

九月六日晨六时，我师以第一三六、第一三八两团兵力攻取长子县，待我攻进县城，发觉敌军在一夜之间已全部撤走。城北约十里之大王村、东北面之留庄等地之敌亦结队作逃跑之状，但敌军出村后，又由地穴返回原阵地，轮番骗我追击，致使我军陷于被动作战。那时，我师指挥所已进至离城十里的土门店，估计敌军与我屡次对峙败北，这次想利用长子、长治、屯留三面之敌来夹击我军，打一次规模较大的歼灭战。到十二时，大雨倾盆，地面积水数寸，敌军仍继续作逃遁状，但我师部队已经展开，这仗非打不可，而打又恐中敌计，当即召开连长以上指挥官战地临时会，讨论作战方案。认为：一、敌军见我北进节节取胜，乘我士气骄傲，预设诡计；二、利用有利的作战地形并有飞机大炮支援；三、乘我军数月连续作战疲惫不堪之机，予以伏击。因而决定：我军先进行佯攻和试攻，不作正面作战，能进则进，不能进则退守阵地。

午后一时，我军开始行动，我前进到村边并没发现抵抗，我命第四、第五两连进到村内，见房屋门窗紧闭，发觉有异，即令部队迅即撤出。不料敌人即将各楼口窗户设置的枪眼推开，用机枪向我官兵猛烈射击，我军无法摆脱，被敌咬住不放，短兵相接，进行肉搏，直到天黑，得友军增援，才撤出战斗。这次战斗，我军伤亡奇重。我自己背部连中三枪，血流不止。连长三人阵亡，伤亡官兵三百六十四人。攻大王庄的第一二八团第二营营长程运群阵亡，连长二名负伤后被俘，士兵伤亡近三百人。这次战斗是我军到山西后遭到的最惨重的损失。

九月七日，雨后路面泥泞难行，但受伤官兵必陆续向后方输送，乃集中全师担架及当地民兵组织的担架队，夜以继日地向洛阳白马寺第一〇三后方兵站医院运输，行程五百多里。山路崎岖，行走艰难，还须偷越敌人四道封锁线，这只能在夜晚和拂晓通过。沿途得到八路军供给茶水，代购食物，晋东南的父老兄弟热情帮助，披星戴月，爬山越岭十八天，帮助将受伤官兵七百多人运送到黄河渡口。

当受伤官兵抵达黄河渡口时，细雨蒙蒙，因黄河水急，行船不易，又只有两只渡船，每渡一次需四个小时，每船仅载五六十人，一整天只渡过百余人，余下的留在渡口过夜，等待第二天再渡。但没想到有些重伤员伤痛不能行动，又没有自卫能力，被恶狗拖走十三人，吃掉了。闻此噩讯，我悲痛万分。我虽负伤，仍立即赶赴现场，组织轻伤官兵手持棍棒，担任巡逻。经过两天抢运，才算把伤兵运到医院。

马家庄阻击战

一九四〇年四月，我到西安养伤，住院八个月。时山西战事愈见紧张，师长黄祖勋电召：“伤愈急速归队，任务紧迫。”我的伤虽未痊愈，但想到国家民族处此存亡关头，身为军人，义无反顾，乃于月底赶回陵川平城报到，仍任第一三七团第二营营长，奉命赴韩店接受1764高地的防御任务。我阵地右翼1580.8高地是第四十军第三十九师的一个排防守，属潞城县境长治盆地制高点，是敌进攻要道。

六月中旬，日军三百多人，由长治开来，从早晨即开始向1580.8高地三次猛攻。守军排长李春茂沉着应战，激战至下午二时，排长李春茂及全排士兵三十五人全部英勇壮烈牺牲。待我派兵一连前往助战时，见到满山遍野都是敌人遗弃的尸体（二百余具），说明敌人的伤亡重大。我营在清扫战场时，将我军阵亡官兵掩埋，并竖立木牌，以志纪念。

一九四〇年八月，长治、高平两县被敌侵占，并配有飞机三架，重炮一个大队，离高平三十里设有前进阵地。红庙是一个独山高峰，周围筑有电网障碍，庙内挖有战壕，围墙扩成机枪掩体，内驻有日军约二百人防守，阵地坚固。我第一三七团奉命攻取高平，主要切断敌方补给，以两个营攻高平城。我营先取红庙据点，以一连兵力先占领红庙北面的公路线大宋庄，阻止长子的敌军增援；以两个连配重机枪一挺、迫击炮六门，进攻红庙。但敌恃工事坚固，死守不出应战，整天派来飞机侦察和扫射，用重炮向我阵地轰击。我团白天无法进攻，改为夜战，组织突击队持大刀、手枪和手榴弹猛攻，经三次强攻，才将红庙据点拿下，高平亦相继被我军攻克。此役共历十九个昼夜，夺得敌汽车五辆，俘敌军三十余人，缴获战利品很多。我团伤亡百余人，我营第五连连长张国平阵亡，第六连连长王绪元负重伤。敌军逃长治一带，我军因高平是要道，不易防守，即转移高地之线，我营驻峰头村，山下即水南、水北两个较大村庄，驻有敌军一个大队，距我六里，每天与我军不断发生小战斗。时间打久了，彼此疲劳，不愿多打。相持了三个多月，第四十五师已攻克安泽县，先头部队占领丈八庙，距屯留三十里，准备进攻该县城。第四十军已到达石城，因与后方补给线遥远，弹药和军用补给日渐困难，准备转移向河南边界发展。军长庞炳勋因身体健康关系离职，由马法五继任。由于第四十军的转移，第二十七军全部靠东南移动，第四十六师驻平城至树棠之线，第一三七团驻树棠，我营驻芳岱、马家村等地。此时由洛阳转送来新兵一千二百人，充实了部队战斗力，但粮弹补充仍很紧张。

一九四〇年十一月，天气寒冷，日军以两个旅团配合骑兵、炮兵分三路向我师阵地进攻。师侦得敌情后，即命四个团分别后撤五里至八里，到四周丘陵地带，诱敌深入进行包围，以期全歼敌军于深山之中。敌军疯狂前进，以密集队形对我阵地实行突破，再行展开，敌先头部进入我阵地前沿，并没有遇到我军的有力抵抗，即派飞机对我阵地进行侦察。发现我军有作战准备，乃停止前进。但另有一辎重联队担负日军的补给任务，所有补给物资全靠大车、骡马输送，从长治出发即进入太行山脉，到达店上镇后，再无大路可通，只能利用山谷河沟弯曲前进，对日军向陵川推进的大部队忽然停滞不前的情况，尚不了解，更没有发觉树棠的东北地区驻有我军一个团的兵力。而我军的任务是准备渡漳水河攻取涉县和攻占东阳关，阻止邯郸的敌军向晋东南增援，我军步步为营，到处山头都建有碉堡和工事。敌辎重联队误认为陵川已被彼大部队攻占，只顾埋头前进。与此同时，十一月十七日下午，我团获悉日军有骑兵部队由店上镇向马家湾山沟前进，到处奸、杀、抢，我部侦察兵根据当地人民告知，日军确实已到张王庄，先头部队大约一个骑兵连，后续部队还在继续前进，大概八点钟可到达我阵地前。这时，我团部驻树棠，我营驻芳岱、马家庄，而马家庄是敌必经之路。我奉命集中全营轻重机枪三十四挺，迫击炮四门，六〇炮十八门，并抢修机枪掩体。机枪、炮分布在马家山两侧高地，尽量隐蔽，决不能使敌人发现。待敌人进入山口，在大部队走完后，即将马家山山口全部封锁，第一、第二两营分布在马家山谷前后山腰，以防敌狗急跳墙。到十二时左右，敌人果然来到，下午一时，敌人已全部进入我伏击圈，我军机枪、步、炮齐发，敌军仓促应战，战至十八日晨，敌人尸体遍布河谷，许多敌兵缴枪投降，中午战斗结束。计俘获敌官兵二百六十四名，缴获战防炮四门、军马三百余匹，其他军用物资不计其数。击毙敌少佐大队长薮内敬沿一名，官兵三百余人。只有少数敌酋（如大佐联队长永清一郎）侥幸逃跑，致使妄图扫荡陵川的日军大部队，闻此噩耗，亦很快龟缩到长治，再也不谈什么扫荡了。此次战斗，我团第三营营长余克锡负重伤，阵亡官兵一百二十余人，乃在平城建立公墓，开会追悼，纪念为国牺牲的烈士。

固守陵川

一九四二年元月，第二十七军军长范汉杰调西安任第三十四集团军副总司令，副军长刘进升任军长，第四十五师师长李用章仍任师长；第四十六师师长黄祖勋升任副军长，以苏狄若升任师长；预备第八师师长陈素农调重庆另有任用，以刘××（忘其名字）升任师长。此次将领的更迭，对部队战斗力影响不大，但因作战时间太长，加以生活艰苦，官兵有疲惫之感。后来，日军纠集河南涉县、林县、潞城、晋城之敌约二万兵力，分四路向我壶关、陵川进行围攻，妄图将我师全歼于太行山脉。我师侦知敌情后，当即采取迅速转移，命第一三八团退出壶关进入山区，以阻击河南来犯之敌；第一三七团转移古郊山区，第一三六团和补充团均转移至山地与敌在外围作战，使壶关、陵川均成空城。军部并急令第四十五师和预备第八师强攻潞城、长治敌之巢穴，并诱使敌军东进至我军作战地区，以期全歼敌于山区。敌军果然移师东进，将进入我军作战地区时，发觉陵川、壶关均系空城，知道我军早有准备。又见龙山一带山势险峻，补给困难，吃水不易，炮兵骑兵难以发挥协同作战的优势，唯恐遭受我军伏击，乃畏缩不前，企图等待河南方面之敌增援，再行会攻。

我营奉命从古郊以东迅速开回陵川东北一百二十五里的大屹老郊，占领阵地，确保军、师的军械仓库，并限定在当时十二时前以电话报告。军令如山，在半小时内须开饭完毕，整装出发，乃以两个通信连架设有线电话跟进，全体官兵一律轻装，连马匹也不准带。我率部前进，往返行军二百五十里，途中骤遇七级北风，雨雪交加，衣履透湿，寒冷彻骨。于十二时半抵达大屹老郊，发现敌人已先我占领阵地，并派有哨兵警戒。当即召集连、排长讨论如何夺回阵地，最终决定派第六连王连长率二十名敢死队员，反穿大衣，各持大刀、手枪，出敌不意，猛烈冲杀，夺回山头。守敌十五名逃避不及，均被我用大刀砍死。我占领阵地后，已是三点多钟，各连立即埋锅做饭，五时前开饭完毕，赶筑战壕三百五十余米，完成机枪掩体三十四座，准备天明战斗。我军判断当前敌情，日军此次纠集河南方面援军三四千人，分两路攀登太行山，求战心切，企图一举扫荡晋东南我军根据地陵川。于是我军决定采取外线作战，诱敌深入我阵地，进行迂回和反包围战斗。敌果不出所料，十八日晨，正大雪纷飞时，我正面敌人报复心切，派来敌机两架在我阵地上空盘旋侦察扫射；到八时左右，敌炮兵向我阵地纵深发射炮弹二百余发。由于我战壕及机枪掩体均被大雪覆盖，敌无法观测我阵地确实位置，只是做盲目射击，故我未受多大损伤。但敌军误认为我阵地已被其摧毁，即以步兵分三个梯队（两百余人）向我阵地发起冲锋，当敌人进入我火网时，我一声令下，轻、重机枪齐鸣，将这伙敌人悉数歼灭于我阵地前。这是我军采用机枪防御战取得的有效战果。我明知敌众我寡，但为了完成坚守军、师仓库的任务，只得采取这样冒险的果断行动。次日风雪更大，气温降到零下三十度，太行山冰雪封山，日军见我右翼大军包围过来，恐其归路被切断，急得把皮鞋都脱掉，赤足滚下山去，逃回河南林县。是役除灭敌二百余名外，并缴获敌用牛车拖来而在撤退时无法拉走的平射炮四门，及军用皮鞋数以千计。我军损伤甚微。

战斗甫告结束，我军又侦知敌人蠢蠢欲动，企图夺取我晋城到焦作的公路线，再次打通晋豫通道，以两个联队兵力直扑槐树岭一带高峰，于是我师奉命折回，再拒槐树岭之敌。第一三八团堵击敌军东进，第一三七团直取阳城截断敌人的供给线。经过三昼夜的战斗，敌不得逞，抱头窜回晋城。此次战斗时间虽短，而战斗之激烈，为我在晋省作战以来所未有。敌我双方伤亡均极为惨重，我军第一三八团团长冯济安负重伤，我右腿亦负伤，由于我在战斗结束前就下了火线，故对战果无法详知。

当时在全国流行的一首抗战歌曲——《在太行山上》反映了我抗日大军在太行山的战斗生活实况。歌词有一段是："我们在太行山上，我们在太行山上。山高林又密，兵强马也壮。敌人从哪里进攻，我们就要叫他在哪里灭亡。敌人从哪里进攻，我们就要叫他在哪里灭亡！"这豪迈雄壮的歌声，激励着战斗中的人们，鼓舞我们杀敌的勇气和决心。

垣曲团城之战

姜庠璧※

一九三九年六月，第二十七军军长范汉杰率领该军第四十五师、第四十六师及预备第八师，从陕西韩城、朝邑，经河南灵宝、渑池，渡过黄河进入山西。攻克垣曲后，我工兵营奉第四十六师师部命令，随同师部苏参谋长（名字记不清了）及各团团长，赴距离垣曲城约二十公里的团城一带侦察地形，选择前沿阵地。团城是垣曲北面的门户，地势险要，小丘陵连绵起伏，是敌军必经的要道。师部为了确保垣曲，让部队暂时能安心休整待命，命我营按选择的地形，星夜赶筑野战工事，再另派部队前来驻守。师部苏参谋长命我营全部留下立即行动，限一日一夜完成构筑野战工事的任务。

奉命后，我召集全营连排长宣布命令，下达任务，划分地段及工区。此时已是下午三时左右，为避免敌人发觉我军意图，命各部队迅速做饭，就地暂时休息，俟黄昏立即动工。按师部通知：目前前方暂无敌情。但我为了慎重起见，命各连仍应做好战斗准备。现在我营是单独在此执行任务，虽我营属于技术兵种，不是常规作战部队，但不能不防止意外的情况发生。我率领各连长侦察地形，划分工区，并命第二连抽出一个排的兵力，至团城前沿高地一带设置前哨，监视敌情，掩护构筑工事的任务。第一连在右翼一线构筑工事，第三连在左翼一线构筑工事。第二连（欠一个排）和营部直属班担任正面一线构筑工事，营指挥所设在正面一线。部署完毕后，我让副营长迅速绘制工事构筑、兵力部署、火网分布要图，派传令兵速呈师部，请求指示。另请求师部指示师通信连，迅速

※　作者当时系第二十七军第四十六师工兵营营长。

完成架设通信网的任务，以便与师部及团部保持联系。

全营官兵从破土动工之时起，虽经一整夜的奋力赶筑，因工程浩大，当我率领各连连长检查时，工事尚未完成。这时已经是拂晓，闻远方传来炮声，继而敌人向我阵地做盲目射击。炮声是由正北方向来的，前哨排也发射信号弹，说已发现敌情。我即命令各连连长迅速赶回各自的阵地指挥战斗，并命令各连连长要沉着镇静。在敌人炮击时各自进入掩蔽部内掩蔽，阵地上只派少数兵力监视。如发现敌人步兵攻击，即进入阵地坚守，俟敌人进入我火网有效距离时即猛烈还击，不准乱放枪，注意节省弹药。敌人的盲目炮击是不可怕的，它并没有发现目标，只是在作威力侦察，我们一定要沉着应战。另方面我即派传令兵飞速向师部报告，并表示一定要坚守阵地，誓与阵地共存亡。如果我战死了，由副营长指挥，请各连连长迅速回阵地传达。敌人从早上五时左右，开始向我阵地炮击，时断时续，将近数小时之久，延续到上午八时左右，敌步兵即猛烈向我阵地攻击。我当即传令各连进入阵地严阵以待，准备严惩来犯之敌。我部从上海抗战转战至晋东南，这次又接受严峻的考验，全营官兵都能沉着应战。敌人发动了三次猛烈进攻，我们都把它一次又一次地击退了。敌人尸横遍野，我营损失也很严重，官兵死守阵地，寸步不动，两个连长受伤，三个排长阵亡，士兵死伤三分之一。前哨排只剩下十二名士兵，仍在排长的指挥下坚持战斗。这次战斗中，前哨排立了大功，敌人射击时，他们不动声色地打击来犯之敌。到了敌人进攻我营主阵地时，前哨排在敌人背后对敌人进行夹击，打得敌人晕头转向四散飞奔，如丧家之犬，故我营在阵地得以坚守稳如磐石。我虽负了轻伤，仍坚持指挥战斗，不幸的是副营长阵亡了。直到下午三时左右，师部才命令第一三六团派了一个加强营来增援，此时敌人已溃退回原地。

交接任务完毕后，我集合全营官兵，看到我营伤亡惨重的情景，面对跟随我多年、躺在战场上的官兵们，我禁不住失声痛哭。我率领全营幸存者向光荣牺牲的官兵们举行了简单庄严的告别仪式。回到师部后，我请求师长指派人员将阵亡官兵的忠骸就地进行了掩埋。

当我营回到垣曲时，第四十六师师长黄祖勋率师部官佐在大路上等候我营回来。我向师长敬了一个礼，说："报告师长：任务完成了。"眼泪夺眶而出，往下再也说不出话来了。师长当即慰勉说："战争是残酷的，为了国家，为了民族的生存，牺牲的官兵是光荣的。"师长随即传令对我营进行表彰，我晋升为中校。

第四十五师歼敌长子

王宏模※

第四十五师这支部队，原是河南的息县、汝南、固始、潢川等县地方团队改编的。早期师长是戴明权，该师兵员充足，也有战斗力，但毕竟未经过大的战争。蒋介石为了加强该部队实力和指挥便利起见，已先期派他侍从室第二组组长刘进，为该师少将副师长，派我为该师少将参谋长。

后戴明权师长荣膺为万福麟军的中将副军长，刘进晋升为第四十五师师长。

一九三七年十二月，第四十五师奉令归汤恩伯指挥，他为了充实第四十五师实力，即将该集团军所属的两个旅，编归第四十五师。刘国明的第一三三旅，辖第二六五苏建民团和第二六六万幹民团；林茂华的第一三五旅，辖第二六九霍锦堂团和第二七〇张福赓团。汤恩伯并派刘先令为该师副师长。经过这次整补，第四十五师实力较前大为加强了。一九三八年九月，第四十五师编入范汉杰的第二十七军建制。

一九三九年夏，范汉杰军长、刘进副军长率领第二十七军奉令开入太行山地区游击。因此，第四十五师奉令进入山西垣曲，经由阳城、晋城等地，八月底到达长子以南浊漳河南岸地区，准备进取长子县城。

部队进抵浊漳河南岸后，得知长子城内约有日伪军三千余人。砖城不大，但攻攀不易。外围有几个零星据点，兵力单薄，只河头村驻敌数百，一般都是白天四出骚扰，夜则龟缩城点，群众恨之入骨，极盼我军早日来歼，以解蹂躏之苦，因而他们热情地帮助我军一切。

※ 作者当时系第二十七军第四十五师少将参谋长。

范汉杰军长决定我军渡河围攻长子城。我第四十五师奉令后，八月三十一日，由第一三四团先派一个营，以偷渡和夜间奇袭方式，先派一个有力的排，由老乡引导，偷偷绕过河头村，很快用刺刀消灭了巡哨敌兵。紧接着全营登岸，由几位青年老乡带路，分路奔赴敌兵各个住处。恰敌人正在酣睡，杀得敌人措手不及，丧魄落魂，全部被歼灭，遗尸百余具。这是我军进入太行山的第一个胜利，大大鼓舞了我军士气。我师乘胜于拂晓前全部渡河完毕，到长子以西地区隐蔽待命。

三十一日，第四十六师和预备第八师陆续到达端氏镇东北地区和仙翁庙附近一带，范汉杰军长命令各师于九月二日拂晓围攻长子。兵力部署如下：一、第四十五师为主攻，由长子西、北两面进攻，主力指向北门；二、第四十六师为助攻，由长子南面进攻；三、预备第八师在长子以东，利用青纱帐分散隐蔽，完成伏击准备，对长子和长治方向特别注意，以便截击敌人逃窜或增援；四、攻击开始时间定为凌晨四时三十分。

第四十五师的部署是：第一三三团为左翼队，向北门进攻，重点指向北门；第一三四团为右翼队，向西门进攻；第一三五团为预备队，在第一三三团后跟进；补充团在第一三五团后，集结隐蔽待命，并对屯留方向注意警戒。

二日凌晨四时三十分，我师即开始攻击前进，因敌不在城外抵抗，我一举而进抵城下，敌将城门紧闭，据守城墙，向我射击。师的作战方针是避免攻坚，进攻长子城只是为了灭敌人的凶焰，长自己的威风。因此，攻城是相机的，决不进行爬城或发起毫无希望的冲锋。迫击炮也只向城墙上敌人射击，避免向城内居民区射击。至此已形成了敌我对峙状态。

相持到午后三时许，补充团发现屯留方面增援之敌正向我前进中，城内敌人也打开北门，一部分敌人已出城，妄图配合屯留之敌向我夹击。我炮兵营也来电话问我说："北门外有一部分密集部队，是否系我军?"我观察了一下又了解了一下，回答说："是敌人。"当即命令该营迅即向北门外之敌进行迅猛的歼灭射击。同时我用电话，告第一三三团，速派兵向出城之敌进行攻歼。经我出击部队向敌猛击后，敌已大乱，溃散而逃，遗尸数十具。残敌仍逃返城里。这次总算引蛇出洞，杀伤大部。

由屯留方面窜来增援之敌，经我补充团利用青纱帐的隐蔽向敌侧击，使敌停顿不能前进约半小时后，由原路返回。其增援解围之目的，丝毫未能达到。

此时我向师长说，我判断敌人决不会弃城而逃，我们没有攻城重炮，城墙是攻不破的，若用迫击炮向城内发射黄磷弹，使城内到处起火，乘烟雾弥漫中夺城，也得不偿失。城内居民众多，而且哪能忍心将黄磷弹加诸同胞头上。既不能破城，在平坦地区与敌较量，对我们很不利，建议转入山区，进可以取，退可以守。师长赞同我的意见，经请示范军长同意后，我立即打电话给各团，命令他们迅速开始转移。薄暮时，全师已转入长子以西东峪村附近一带。

同时，预备第八师转入东峪村以东山区，第四十六师转入端氏镇与仙翁庙之间的山区。

事后，据侦察人员报告，夜袭河头村的翌日凌晨，日伪军个个惊慌失措，有些已将行李或驮或载，有的已经出了东门，有东窜长治的迹象，后见我军未继续进攻，所以待了下来，仍回长子城内盘踞。还说九月二日我军围攻长子时，出北门外之敌，被我猛烈炮火杀伤，伤亡甚大，城内大街上有很多敌伪伤兵。说明这次围攻长子城，使敌人受到了重创。

我师围攻长子城后，即转到长子以西三十余里的山区，暂等机会，与敌周旋。驻下后，即按部队行动常规，进行了侦察附近地形，分配了各部警戒区域，并设想了应急的方案，以备应付敌之袭扰。初步的方案是：师为阻击长子方向之敌西犯，必要时即占领要隘右之144高地，居高临下，歼敌于要隘之东；第一三三团在要隘右，补充团在要隘左，分别选择地点，占领预想阵地，还应做些简单的工事；炮兵在第一三三团后方，选择预想放列线，应先测定前方各要点之距离；第一三四、第一三五两个团，为诱敌深入，有情况即向后转移，做二线准备，并担任掩护我师侧背。这个设计方案，已传至营级，不过因时间关系，师尚未做全部演习，只由团在构筑工事时，进行了现场指导。

十月八日晨八时许，师长接到紧急情报说，有步炮联合之敌三千余人，以川岸师团之一部为主力，配合大批伪军，于今早五时左右，出长子西门，向我方疾进，其先头部队已窜至距此十余里途中。

师长当即命令第一三三团和补充团，抢先按设想方案规定进入阵地，以备阻击。炮兵营即刻上山随时接应。第一三四、第一三五两团，亦按计划转移。不多时敌之炮弹，已向我高地和师部频频飞来。在高地上已望到敌之步兵，蠕蠕向我后方移动。

九时许，我接第一三三团张世祯团长电话报告说："因敌来得迅猛，现敌正在激烈炮火掩护下，以密集队形，向我阵地前要隘，反复冲锋，我重机枪被击毁数挺，阵地上已是烟尘弥漫，如浓雾笼罩，弹石横飞，似冰雹暴下，各机枪射手，在瞄准射击时，头上必罩以军毯，不然睁不开眼。并说幸我官兵，英勇沉着，以炽盛火力，封锁要隘，敌未能越隘西犯。但敌尚不死心，仍一次又一次地波浪式地冲锋，敌之火力也很猛烈。”他要求左翼补充团和炮兵，加强火力支援。我当即用电话通知补充团和炮兵分别执行。

我炮兵是意造卜式山炮，有效射程五千公尺，比敌炮远两千公尺，威力亦大。经猛烈射击后，敌炮之声逐渐消沉，我军官兵见此，士气大振。此时闻得 144 高地枪声炮声非常激烈，师长即亲到第一三三团阵地督战。

午后，敌见攻势不能得逞，弃尸数百具，向东狼狈逃窜。这时我炮兵延伸射程，给敌以火力追击，同时派步兵追击，并清扫战场，俘获无数，我军亦伤亡官兵百余名。敌经受这次重创，以后很长时间，未敢狂妄地出来骚扰。总结这次的胜利，关键在预有设想方案的准备，否则，会遭到措手不及的危险。当时友军誉 144 高地战斗，可与“湘北大胜利”相媲美。

由于我军在这里驻的时间较长，在友军、军民、军政各方面，相处极为和睦友好，得到相互支援。晋东南专员戎子和、长子县长卫某（名忘记），多次同我们部队联络，并给予大力援助。我们对上党银行发行的钞票，也全力支持。所以太行山区的主动权完全掌握在我们手里。

十月下旬的一天，彭德怀将军来到东峪村，召集第二十七军营级以上军官训话。首先祝贺了我部在 144 高地战斗的伟大胜利，继对我官兵给以亲切的鼓励，这也是对我们的鞭策，接着给我们讲了游击战的要领。这些都给了我们很深的印象。

第八十五师晋南抗战回忆

陈鸿远※

原第八十五师师长陈铁是黄埔军校及陆军大学学生，所属第二五三旅旅长陈鸿远是贵州讲武学校及陆大将官班学生，第二五五旅旅长刘镇清是保定军官学校学生。该师原是独立师，驻徐州、蚌埠一带。一九三七年抗战开始，即奉令调河北省抗战，即编入第十四军序列。第十四军并辖有第十师及第八十三师。

第八十五师奉令调河北，即由驻地乘火车至沧州集结，徒步向河北前进。行至宛平县后，于抓吉山与日本军队接触，激战二日，又奉令调山西省。第八十五师到达忻口时，在左翼先以第二五三旅进攻麻港村和水油沟之敌人。敌人工事坚固，又有飞机大炮协助，我军伤亡很大。旋奉令与友军共守忻口，与日军大战半月，使敌人不能越雷池一步，已达到阻止敌人目的。我军放弃忻口后向南撤退，本师退至黄河边的平陆一带休整，部队第二五三旅只剩下两营人，敌人目的在占领铁路线，也未向我进攻。此时升陈铁为第十四军军长，陈鸿远升任第八十五师师长，第五〇五团团长谷熹升任第二五三旅旅长，第五〇六团团长麇藕池升任第二五五旅旅长。

一九三八年，第八十五师到晋南一带游击并袭击同蒲路线闻喜等县，后转至晋东南垣曲、阳城等县，与敌作战。在侯马与敌激烈战斗三日，不分胜败，双方均有伤亡。

后有蒲掌村大战，日军由封门口方向向我进犯，本师向敌出击，于蒲掌村遭遇，双方一面作战一面做工，激战半月，阻止敌人不能越雷池

※ 作者当时系第十四军副军长兼第八十五师师长。

一步。敌我阵地最接近处，不到百公尺，敌人退后，总司令卫立煌亲到阵地视察，叹为奇迹，双方伤亡也大。

攻打高平城前后

一九三九年，我任第十四军（军长陈铁）第八十五师师长，驻在晋东南。上级传来消息说，日军驻晋城部队不强大，令本师乘机攻取晋城。本师到达晋城后，发现敌人工事坚固，我军围攻不下。我认为攻坚代价过大，但陈铁军长坚持围攻，于是形成了屯兵于坚城之下的形势。敌已侦知我师部所在地，遂绕道百里，于夜深进袭我师部，并以小队潜入我阵线内，把各团与师部的电线切断，使我内部联络中断。师部驻地乃“凹”字形，左、中、右都是大山，不能行动，只有前面可出入。我于夜间将师部移至右侧方，并不料敌将进攻，只是心机忽动而移转师部。敌于深夜潜来围攻，因师部已移，敌人扑了个空。敌很惊奇，逼村民带路，向师转移处进攻。时各团与师部失去联络，师部只有一连兵，只得后退，但因是在夜间，地形不熟，向导又不在。正徘徊间，忽来一大白须老翁，年约七八十岁，自称来为带路，因得通过一条荫蔽小径，徒涉一小河安全退走。各团以失去联络，也自动转移后撤，无有损失。战后寻思，是役师部若不预移，敌人围封袭击，为地形所限，必被敌歼。后来在新驻地撤退，若无白须老翁带路，亦不可安全退走。这一惊险过程，给我印象很深，至今不忘。

五福涧之战

一九四一年第十四军已调驻黄河南岸，我已调升第十四军中将副军长，军部驻渑池。后来上面又命令第十四军到黄河北岸。军长陈铁不愿到北岸去，一面电请辞职，一面命我率军北赴。我只得遵令北调，令第八十五师先行，我率军继进。第八十五师已渡河两团，军主力在南岸北进中，上面又电令停止北调。后续部队遂停止不进，而已过河之两团已进至北岸的五福涧。敌军发现我军行动，乃以主力进扑第八十五师的两个团，先以飞机大炮轰击，继以重兵猛攻。第八十五师初到五福涧，既无工事又未布置阵地，未经有力战斗，即被敌歼。除第五〇五团团长陈德明及其营长廖云魁得了葫芦游水过河外，第五〇六团团长欧阳朋及团附陈新民、张祖龙以下，全部牺牲。我率余部安全返还。

中日战争，敌军武器优良，尤以飞机大炮为助，日军训练亦好，尤以武士道精神而勇善战斗，指挥亦少犯错误。我军只凭爱国血气之勇，一切都处于劣势，作战很艰难困苦，第八十五师官兵能本我作战三原则——有敌无我、有胜无败、有死无生的精神，故能杀敌致勇。又我用拼死接近敌人，使其飞机大炮的威力无能施其长，作战数年，虽伤亡巨万，卒使敌人重视第八十五师乃其劲敌。据战地老百姓说，敌人遇到本师，都惊叹道，又遇到第八十五师，但我居于杂色军官之类，终未得重用而尽其长。

此次抗日战争，表现中华民族爱国图存、牺牲奋斗、英勇战斗之精神。其间有许多可歌可泣、慷慨壮烈之行为，我在抗战八年中，亲身经历曾作了些战诗，可以表示出来，特录三首于后。

河北抗战

冀北关山险，军行忘日月。忽见长城雄，为惊金瓯缺。满洲万里图，五载交颜色。赫赫名故都，又生寇猖獗。陈师古战场，军心齐壮烈。敌忾愤同仇，誓不共天日。扫荡东瀛潮，推翻大陆策。恢复古神州，挽回东亚劫。二十四千秋史，光荣出锦册。

抗战中赴温泉浴

飞骑小队破尘来，笑指温泉洗劫灰。父老儿童欣向语，将军新退寇军回。

山西抗战

万里中条太行万叠山，四面黄河长城四塞关，青天旷宇浩日无云望漫漫，大风扫尘肃杀寒，剩雪残冰乱壑间，地险径绝岩巉巉。山不毛兮尽赤顽，穷荒巨野无垠际，都是沙场争战地，枪烟弹雨点颜色。飞机大炮轰雷厉，万军散在万山中，混战不分南北与西东，浩气欲吞赤日吐长虹，直将热血洒遍山河红。

日本投降日，予驻军重庆，值中秋佳节，晴空无云。大好中华庆复兴，两洲敌焰一澄清，涂山宇水中秋节，万里晴空看月明。

一九八五年十月时年九十岁

中条山战场见闻

吴相和※

抗战初期，我在军事委员会总政治部工作。因正在中条山作战的第三军第七师政治部主任张庭玉被日本飞机炸死，我被调往山西接替该政治部主任之职。我赴任时，首先到第七师后方训练新兵的驻地——河南渑池，住了一段时期，然后带领接收的新兵部队由渑池过黄河进入中条山。

当我们部队来到黄河边时，黄河渡船完全控制在北边，北边无船过来，南边就无船过去，如果北边吃紧，南边的船就被封锁不能过去了。此时，天色已晚，我们只好在黄河滩上披着大衣过了一夜。第二天北边有船开过来了，我们才得以过河。我们到达第三军第七师防地时，军长曾万钟、师长李世龙率部队驻防在同蒲铁路以东的一个山上，靠近已被日军占领的闻喜、新绛。当时日军控制着同蒲铁路，但我们游击队却不断对铁路进行破坏，因同蒲铁路是轻便铁路，铁轨用汽车一拉，就可以翻转过来，日军不察，不断遭到翻车事故，日军伤亡很大，我军曾获得日军不少的军械和军需物资。

我们奉命进驻闻喜乡村，要通过同蒲路，必须夜行军，不能随便使用照明手电，马匹都套上口罩，以免有声响惊动敌人。当我们走过铁路时，见那里有一块地面上全是焦黑痕迹。经询问带路的老乡得知：有一次日军在此翻车，死伤官兵甚多，日军清扫战场，不让一个伤亡人员落在我军手中，就把受伤的人与死尸一起洒上煤油，投入燃烧的火堆柴火中一起烧掉，闻之令人心寒。

※ 作者当时系第三军第七师政治部主任。

我到达驻地，立即开展工作。当时政治部的主要工作是对官兵进行“抗战第一，胜利第一”、“国家至上，民族至上”的鼓动宣传，还举行各种文娱活动。当政工队员以歌舞形式演出“流亡三部曲”时，到会的官兵莫不号啕痛哭，表现了爱国思乡之情。

当我们部队驻在新绛、闻喜一带的山上时，对驻在城里的日军不断进行攻击，日军也对山上还击，战斗常常进行得很激烈。当时我军有不少刚入伍的新兵，无作战经验，因而牺牲很大。师长李世龙亲自在前线督战，我身为政治部主任，也随他一起上最前线。几次激战，我均身临其境，见到许多激烈的战斗场面和我军官兵誓死浴血奋战的情景。一次，我军由山上向山下敌人打，日军炮火猛烈，我军势不能支。一个团长向师长报告：“顶不住了，请示撤退！”师长掏出手枪，大声疾呼：“要么死在战场上！要么死在这里！就在这里打死你！”于是，团长二话没说，当即跑步返回阵地，激励全团官兵拼死决战，终于顶住了日军的进攻。还有一次，看到许多担架运送的都是满身血淋淋的士兵。据说这批伤兵大多是新兵，在这次战斗中与敌人在房屋里拼搏，因不会劈刺，就只得用枪托子砸，因此，我军伤亡极大。这些幸存的受伤士兵，都是敌人刺刀杀伤的。我军不畏强敌，英勇拼搏，说明当时的士气是奋发昂扬的。

一九三九年五月，我被调到洛阳第一战区政治部袁守谦处任职，我利用与袁的关系，把第七师的主要骨干，都请调当了各师的政治部主任。其中李石安被派到第十二师担任政治部主任。一九四〇年四月至五月间，日军对中条山进行大扫荡。一天早晨，由汉奸引路，把我军各师、团、营的电话线剪断，以致我军彼此失去联络，无法进行兵力部署，不到几天，部队被打垮，最后突围时，各师的高级军官，也有不少人遇难。第十二师政治部主任李石安及其妻室、婴儿等一起被俘而壮烈牺牲。一个早晨，日军官审讯我被俘军官及家属，询查我军军情。在审讯室中，日本士兵调戏李的妻子朱淑君，李取下墙壁上挂的一柄斧头，向日军卫兵和审问官砍去，日审讯官仅伤脚趾，日军一拥而上，将李石安刺死。其妻拼死去救，同被刺死，她手中抱的只几个月的女婴孩，也被日军摔死在地下。日军又将其余受审官兵，集合在一个空场上，用机枪扫射，我被俘官兵，全部壮烈牺牲，悲壮情景，可歌可泣。

第三军战斗在中条山

车学海※

第三军（军长曾万钟）下辖两个师，即第七师（曾万钟兼任师长）和第十二师（师长唐淮源）。第七师辖第十九旅（旅长李世龙）和第二十一旅（旅长沈元镇）。第十二师辖第三十四旅（旅长先为马昆，后为寸性奇）和第三十五旅（旅长朱淮）。每旅两个团，全军共两万人左右。

第三军在抗战前驻甘肃和陕西，后调开封，七七事变后，奉命北上邢台、定县、涿州、房山，后退至保定、石家庄、娘子关、阳泉、子洪口，一九三八年五月转移太行山。八路军朱德总司令曾在沁县史北镇集合第三军全体官兵，举行庆祝台儿庄胜利大会。朱总司令在讲话中阐述了毛主席的持久战战略方针，说明日军必败抗战必胜的道理，大家听后士气大振。此后第三军即与八路军协同作战于晋东南的武乡、襄垣、长治、潞城、榆社等地。

在晋东南地区的战斗中，第三十五旅朱淮曾于武乡、襄垣之间遭遇敌之辎重部队，有敌之骡马数百匹，地形对我极为有利，但该旅竟坐失良机，任敌顺利通过。后闻这股敌之辎重部队为八路军追击歼灭。

我军与八路军并肩作战将及半年，在晋东南一带，先后打过日军的第八师团等部。但在此阶段中，重庆政府对我军的武器装备和经费的补充接济一再刁难。同时因部队的流动性大，后方交通也时通时阻，迫使我军离开太行山地区。到一九三八年九月间，电令我军由长子、沁水一带，经翼城向同蒲路的侯马、新绛出击。我军在猛袭侯马控制车站后，敌人退据新绛和南关纱厂顽强抵抗。虽然我军集中火力突破纱厂，冲入两连官兵，唯

※ 作者当时系第三军副官处处长。

敌之工事坚强，火网炽盛，冲入官兵几全部牺牲。相持将及一周，由曲沃和临汾增援之敌已达，我军始放弃侯马，向闻喜方向转进于中条山扼守。此役计阵亡第六十八团的营长一人，伤亡其他官兵三百余名。

中条山地理位置的重要性

山西表里山河，四塞险阻，素有华北脊梁之称。惜在抗日战争开始后，晋北、晋东、晋南等地县城，均次第沦陷。为保持以后反攻的前进基地和牵制晋南敌军，就不能不扼守中条山地区。中条山位于山西南部、同蒲路的东侧，南起平陆县的茅津渡，向东北斜行，绵亘于平陆、运城、夏县、闻喜、侯马之间，北与太岳山衔接，南临黄河北岸。山岭起伏，而山峪里村落棋布，田畴交错，在战略价值上，是黄河北岸的桥头堡。同时如能确保中条山，随时可以进出于晋南一带，也就屏障了豫西以及陕东门户的潼关，西与稷王山、北与太行山互成犄角之势。

中条山历次战役（一九四一年五月以前）

战斗序列和军的编成

一九三八年十月，第三军转进于中条山后的战斗序列：最初隶属于第三十三军团司令部指挥，第三军军长曾万钟兼军团副军团长。为时甚短，旋即调升第五集团军总司令，我军改隶第五集团军总部指挥。曾万钟升任第五集团军总司令后，以第十二师师长唐淮源继任第三军军长，以原第三十四旅旅长寸性奇升任第十二师师长。第七师师长李世龙升副军长仍兼师长。

军的建制，虽仍系第七和第十二两师，但经一再缩编，已废除各师的旅和独立团，每师编制，仅步兵三个团。师直属部队除增设搜索连一连外，其他炮兵、工兵、辎重各一营，特务连和骑兵连各一连的编制仍旧（此时第七师仅有山炮连一连的编制），每师官兵约六千人。军部除原有的特务营一营外，增设辎重、通信各一营，骑兵一连，还有补充兵两团。军部直属部队较前扩大，同时配属卜福斯山炮一营。

战斗经过的片段

一九三九年五月，我军由闻喜方面，出动第三十四、第三十五两团，先以第三十五团指向稷王山的天井关，袭击日军一个联队，接触后该团即向侯马方向转进，诱敌深入。第三十四团预先在禹王庙一带占领阵地，伏击尾追之敌，第三十五团亦回师反攻，曾给敌重创，歼敌尤多。

一九三九年九月，日军向我中条山进犯时，向我军左翼孙蔚如所部攻势甚锐，已占领毛家山一带，孙军的部分部队已退就司徒庙。经我军抽出五营的兵力，以第三十四团团长杨玉昆率领驰援，由左侧出击，驱逐了占领毛家山之敌，到敌侧背，控制了张茅大道。孙军亦奋勇反攻，使敌狼狈溃退，恢复了原阵地，追击至张茅大道，敌之伤亡甚大。当时，孙军的第三十八军军长赵寿山，曾驰赴第三十四团慰劳，并犒赏面粉五百袋。

一九三九年冬，闻喜县小岭之役，我军第十二师正面，小岭和关王庙之线已被敌突破，退至上下太田一带。正在顽强阻击中，师长寸性奇即驰赴前线指挥，激励士气，曾枪决失守小岭的营长浦剑，奋勇反攻。同时得我军右翼第九十八军武士敏部第四十二师的增援。该师师长王明钦亲率两团之众，由上下横榆向敌侧出击，和我军第七师的干部大队，由该队队长戚崇仁率部死守西交口左前方的一带高地，阻止了深入之敌向左扩张，卒将敌击溃。尤以卜福斯山炮配合步兵作追击射击，命中敌密集部队，发挥了更大威力，使敌死伤尤大。

一九四〇年，我军于五月的攻势中，曾在闻喜的埝掌镇获敌之文件，有敌对这次小岭战役的攻势检讨，所印发的《冬作战教训》的小册子，亦承认此役损失惨重，内有“敌人战力顽强，机动果敢”和“皇军不能把握战机、扩张战果”的记载。

以上举例，均系战斗的片段经过，可见当时各部友军能以互相信赖，团结对敌，指挥裕如，协同动作。当时我军装备素质尚比较良好，士气亦尚旺盛。无论敌由正面或侧面进犯，即使敌已深入，我亦能稳扎稳打，收夹击之效。自一九三八年十月，扼守中条山至一九四一年五月以前，与敌相持将及三年，主要战役先后计十三次，均能将敌击溃或予敌重创。至其他局部的遇机出击或敌后游击和破坏铁路等战斗，几无日无之，不遑列举。

一九四一年五月中条山最后战役概述

战　情

在中条山当面之敌，计有清水师团部驻临汾、安达师团部驻运城。战前调来敌之精锐部队一个旅团（番号已记不清）和华北的一个旅团等部，由临汾以南，沿同蒲路线至运城，再沿张茅大道至茅津渡一带集结。

我第五集团军的战斗序列：最左翼由茅津渡黄河北岸起，计有第八十军孔令恂部（两个师）、河北民军乔明礼部（兵力不详）、第三军唐淮源部（第七师、第十二师和这次战役前编入第三军建制的第三十四师公秉藩部）、魏凤楼纵队（两个团）、第十七军高桂滋部，以上均为第五集团军指挥系统。本集团军右翼，还有第十五军武庭麟部（原刘茂恩部）、第九十八军武士敏部（原冯钦哉部）、第九十四师刘明夏部和毕梅轩纵队等部。

第三军的作战地境：左翼由夏县的坡脑上起，我军第七师与第八十军的第二十八师衔接，迄闻喜县的唐王山东北，第三十四师与第十七军衔接。

我军建制有第七师、第十二师和第三十四师。配属部队有魏凤楼纵队和卜福斯山炮与晋军山炮兵各一营。

情况判断与兵力部署

日军为了迷惑我军视听，曾虚张声势，故做渡河准备，有向洛阳进犯模样。洛阳是当时第一战区长官部所在地。敌人每天都有一些渡河材料，如橡皮船之类，南运风陵渡和茅津渡，但至深夜，又将这些东西用帆蓬盖好，向北运一些回去，翌日又复南来。至其兵力部署，集结重点完全指向中条山地区。其真实企图，已昭然若揭。我军迭将已暴露和判明的情况，向军令部和长官部电报，但他们的复电都是坚持说敌人企图是由茅津渡和铁谢渡河进犯洛阳。故于决战前夕，即将我第五集团军的总预备队、其嫡系第十四军陈铁部调过黄河南岸沿陇海铁路守备。

我军唐淮源军长于一九四一年四月下旬，应召到洛阳参加军政部长何应钦所召开的会议时，又将当时敌情和敌向中条山进犯的动态向会议报告，并强调说：中条山和太岳区还有这么多部队拉着敌人的后腿，在敌人还没有把这些部队解决前，日军是不会没有顾虑的。根据已判明的情况，和这次集结于中条山当面之敌比过去进犯时增加很多，这是将要大举扫荡中条山的信号。现在敌人决不会渡河进犯洛阳。请求仍将第十四军迅速调过黄河北岸，仍作为第五集团军的总预备队，厚集兵力，以备万一。

因情况日急，唐军长和第三十四师师长公秉藩提前于四月三十日由洛阳回防。军部即于五月一日召集第七师师长李世龙和第十二师师长寸性奇开会。公师长已直接返回防地所以没有参加会议，我曾参与这次会议。唐军长除将洛阳开会概要作简略传达外，他说：这次长官部对当前敌情判断和决策都大有问题，最近增加上来接替孙蔚如部防地的第八十军及河北民军，以及配属我军的魏凤楼纵队等，对地形、敌情尚不熟悉，同时装备素质也差。第十四军调走后，总部又无一点预备队。这次我在洛阳与第八十军孔军长见面后，彼此交换了情报，当询及孔部情况时，孔军长说，第八十军的老底子早已没有了，现在组成的，是杨虎城的警备旅和由几个补训处拨来的一些补充团队，装备和素质都不好，意志也还欠统一，前方地形尚未去看看，就赶来洛阳开会了。唐军长继续说：根据上述情况和当前敌情，毫无疑问日军是大举进犯中条山，而我军对左翼顾虑很大，应该把军的重点，保持在左侧后。现在我们的部署，把军预备队第二十一团归还第七师建制，控制于黄家窑门一带，加强左侧后的防御。第七师和第三十四师，仍守备原阵地。遵照上级部署，以魏凤楼纵队接替第十二师第三十五团防地，用第十二师的番号和旗帜。以第十二师为军预备队，控制在野猪岭一带，军的前进指挥所，推进于张家后。此外还应该如何调整部署，怎样打法，希望云峰（李师长别字）和念洁（寸师长别字）各抒己见。

当时李师长曾建议说：兵力部署，我们就照军长的指示实施，万一第一线被敌人突破，我的意见，想以帽儿疙瘩为枢纽，卜福斯山炮阵地以第十九团固守阵地，其余部队向敌后转进，与敌作推磨式的打法。因总部没有预备队的控制，希望军部和总部，都向前推进一段，这样我们就可以前后照应、一致行动了。唐军长同意这样的办法，并建议如果向敌后转进的话，还应保持一些机动部队在山区，利用复杂地形，截击窜入之敌，与出山部队相呼应，以收夹击之效。寸师长也无异议。唐军长最后说：综合敌我情况及长官部的决策，这次作战我们困难很多，稍有疏忽将不堪设想，大家应提高警惕，加强战备，激励士气，沉着应战。

战斗经过

唐军长于一九四一年五月三日，即率必要的幕僚人员和特务营的手枪连，赴张家后前进指挥所，并到前方视察阵地。军预备队第十二师原决定推进到野猪岭一带，但因第七师的野战医院一时迁移不了，故又推进至张家后，这样使军的重点，未能保持于左侧后，事后非常遗憾。

五月七日上午三时，日军突袭左翼坡脑上两军接合部，突破我军阵地后，即钻隙深入，全线战斗亦激烈展开。我军控制于黄家窑门的第二十一团（团长毕选文）突破由第八十军当面窜来之敌，该团副团长张永安和营长李志远等官兵多人阵亡。敌人拂晓后即窜至通道要点的泗交村，直接威胁到我军的左侧后。军指挥所虽立派第三十六团由张家后迎击窜入之敌，反复冲杀，将敌压迫回窜黄家窑门，恢复泗交村要点。唯窜抵泗交村之敌，已先有一股约两个大队，竟沿野猪岭向下唐回第三军军部挺进，与由黄家窑门沿马桃沟窜犯军部之敌一千余人，会合于柳河及上唐回村，与我军特务营一连和通信营，激战于上唐回、窑底村一带。众寡悬殊，我军仓皇撤退，行李辎重委弃无余，即向东靠拢马村总部。敌人跟踪追击，与军通信营、特务连和总部增援的特务营等又激战于马家匣。此时敌机三四架，亦低飞投弹和扫射，我军旋亦不支，被迫撤退，总部和第三军军部，即向涧南沟一带转进。此时前后联络中断，指挥失灵，影响了整个战局。

当我和军参谋长谭善洋于上午十二时抵总部时，总司令曾万钟和参谋长周体仁，即将前方情况用电话向长官部报告，接到长官部参谋长文朝籍的电话指示说："迅速制止第八十军渡河，决定新的作战部署是：缩短一线，呈马蹄形，退守第二线阵地。"电话旋即中断。当时的情况是：第八十军和河北民军于拂晓后已全线崩溃，不知去向，无线电和电话都联络不上，左翼已敞开了很大一个缺口，总部又无预备队，怎么还能调整部署成为马蹄形的第二线阵地，真是纸上谈兵！

与此同时，我中央部队的魏凤楼纵队已情况不明，在军指挥所的右前方韩家岭和土岭一带已发现敌踪，唐军长即令第三十四团奋勇出击，幸占领韩家岭和土岭阵地，暂时解除了军指挥所的侧翼威胁。唯于争夺土岭时，该团副团长潘尔伯等官兵阵亡，伤亡惨重。

第七师当面之敌虽以陆空优势，数度猛攻，但我军凭借既设工事，火网炽盛，消灭敌军甚多。午后成了拉锯式的短兵相接，再接再厉地把敌人顶住，阵地尚无动摇，至晚仍在胶着中。

敌人窜犯了马村的第五集团军总部后，在第三军方面，所幸唐军长尚坐镇于张家后前进指挥所，得以沉着指挥，鏖战至暮夜，我军第七师始放弃第一线，转移至韩家岭至上下桃沟一带，军指挥所移驻樊家河。当此之时，唐军长亦拟按照原订计划，向敌后转进，但又顾虑集团军总部和军部均已被敌遮断，与曾总司令已失去联络，情况不明。他和第七师李师长拟暂退第二线阵地，俟与曾总司令取得联络后，再另作决定。

与敌相持至五月九日晚，唐军长指派第三十四团，于十日拂晓前向东南面的小南京和温峪之敌攻击前进，相机占领徐家大山，掩护本军通过架桑镇和朱家庄向五福涧突围。当时该团团长张正书曾说右翼情况尚不明了，因山地狭隘，运动极感困难，不如现在趁敌后薄弱下山较好。唐军长则说：现接长官部电令，已派得力部队和船只到五福涧突围，我们不唯有责任要去营救总司令，同时也不能丢掉总部和军部这么多官兵，所以向五福涧突围无论如何困难也在所不计。

第三十四团于十日拂晓向东出击，旋进旋退，伤亡枕藉，激战至午后始攻占小南京和温峪一带，将敌驱逐至徐家大山和铜沟一线。争夺徐家大山时，该团团长张正书负伤，营长向国贤等阵亡。我军正向架桑镇挺进中，适遇第三十四师师长公秉藩经过这里，说架桑镇已被敌人占领，当时将近暮夜，我军即停止前进，警戒宿营。我军这时已放弃西北的韩家岭和上下桃沟转移至上下黑蟆沟、小南京和温峪一线，军指挥所移驻张家坪。

第三十四师在唐王山一线与敌激战后，转进至上下太田一带抵抗敌人。五月十日下午，唐军长率参谋主任戚崇仁，驰赴该师阵地视察，并与公秉藩会商以后行动。见面后，适战况吃紧，公秉藩即去指挥，唐军长亦转赴东西交口第三十五团阵地指挥，迎击窜入之敌。并进占大士坪和县山一线，巩固外围阵地。唯魏凤楼纵队自第一线溃退后，即失去联络，不知去向。

此时敌之包围圈一再缩小，情况急转直下，益趋恶化。我军向五福涧突围的企图已势所不能，官兵已苦战四五昼夜，不但伤亡惨重，而且补给中断，人困马乏，疲惫万分。但士气仍极旺盛，短兵相接，前仆后继，仍在浴血苦战中。处此严重关头，唐军长与各师会商后，始决定以团为单位，化整为零，各选目标，向敌后转进，越过晋南平原向稷王山一带，与晋军会师。当日深夜，我温峪和张家坪等地的各部，即向县山、大士坪一带转移。

突　围

突围命令下达后，第三十四师除第二〇四团由闻喜方面的夹沟突围损失较少外，其余各部多与敌胶着，团长薛经吾等阵亡，损伤奇重。

第七师师长李世龙率特务连亦出夹沟突围，适与第三十四师第二〇四团团长陶学渊相遇，陶学渊正率领该团在运动中。幸守敌不多，两支部队协同冲出山口，经过闻喜城郊时城关紧闭，敌人仅于碉堡中以火力封锁交通线，证明敌人这次进犯中条山是倾巢而出，县城并没有多少敌人守城，其他部队通过夏县城郊时亦证明是如此。

五月十一日拂晓，第三十四团向关王庙、第三十六团向下太田一带攻击敌人，均与敌相持，无法脱离敌人。当晚唐军长和寸师长均在大士坪指挥，继又转移至马家沟。唐军长本可趁各团正与敌胶着之际，选择薄弱环节冲出去，但他抱着与中条山共存亡的决心，故又趋赴第三十五团的县山阵地指挥，坚持战斗，旨在吸引敌众，借以掩护突围各部顺利脱险。血战至五月十二日午后，已弹尽粮绝，颓势无法挽回。官兵死伤的惨烈，更使唐悲愤填膺，痛不欲生。他屏弃随从的官兵，于县山西南隅，用手枪自戕，壮烈牺牲。及左右发觉，已无法救治。适第十二师副师长杨玉昆亦到达县山，在战况万分激烈中，会同第三十五团代团长卢培基等，匆匆殓埋唐军长于原地。其余部队反复冲杀，于翌日拂晓前，由县山东北突出重围，营长吴景桐等阵亡，副师长杨玉昆等负伤。

十二日寸师长亦率第三十六团由上下太田向水泉沟突围，亦被敌重重包围。山路狭隘，运动极感困难，致伤亡甚重。寸师长右肩负伤，仍裹伤指挥。适第三十四团亦于傍晚向水泉沟转进，加入战斗，该团团长张正书即以唐军长的滑竿将寸师长护送走，几经冲杀始将敌击溃，突出重围。到达胡家峪，已是十三日黎明，继续向毛家湾攻击前进时，寸师长不幸阵亡，当时遗骸下落不明。第三十六团团长黄仙谷、营长李秀林、李秀峰和小炮营长李振武、骑兵连长何阶等人先后阵亡，第三十四团团长张正书再度负伤。沿毛家湾冲出山口的部队已伤亡过半。这次我军突围各部，所遇战斗之激烈，官兵牺牲之惨重，在抗战中是很罕见的。

第七师各团，除第二十一团于黄家窑门溃退外，其他各团自第一线转进至樊家沟后，因伤亡较大，只得暂时休整。到突围命令下达后，相继开始行动，脱险各部下山后，都得到当地人民的大力协助，得以顺利地越过晋南平原敌人的封锁线，相继到达稷王山。经第七师师长李世龙向晋军商洽得到一点粮食和经费，稍事收容和休整后，奉命西渡黄河，到陕西华阴集结，旋即奉命全部调赴洛阳整补。

这次战役的经验教训

日军这次大举进犯中条山，动员兵力达六个师团以上，还附有一些伪军，比过去历次攻山的兵力都多。敌人系采取外线作战，正面之敌多属佯攻，其主力以钳形攻势，首先突破我集团军的左右两翼，即钻隙迂回，左右席卷，同时遮断各军的补给渡口。其攻击重点，侧重于左翼的第八十军当面。敌得以长驱直达马村总部外，由张茅大道沿黄河北岸向东挺进，遮断尖坪渡口（第八十军和河北民军的补给渡口），直捣白浪渡（第三军和魏纵队补给渡口）。在左翼方面，亦于五月七日拂晓前，突破第十七军与第十五军接合部的东、西桑池，径沿臬洛大道前进，占领了垣曲县（第十七军和第三十四师的补给渡口），并迂回至五福涧。至此，南北隔绝，补给中断，我军腹背受敌，加以背水为阵，而山区狭隘，运动更感困难。

当战斗开始后，我第五集团军除左右两翼被敌突破深入外，其他正面各军，尚与敌相持，虽然于第二天放弃了一线阵地，但尚在第二线与敌鏖战中。如果总部还控制着总预备队第十四军，则无疑会配置于第二线的各要点上和马村总部的附近地区，即使来不及增援左右两翼（因垮得太快），最低限度也能于左右两翼的司徒庙和臯洛镇一带，掩护收容溃退各军，协同占领第二线阵地，制止敌之深入。同时，也有力阻击窜向唐回和马村的少数敌人。这样，可与正面各军连成一线，才有可能执行长官部所指示的“缩短一线，呈马蹄形”的部署。即使难能挽回颓势，但战局暂时可以稳定一下，从而调整兵力，决定趋向，决不至于这样一败涂地，不堪收拾。

令人痛心的是在决战前夕，第一战区长官部强调敌将进犯洛阳而将总预备队第十四军等部调过黄河南岸，加强陇海路的守备，而补充上来的几支部队，很不得力，因而造成了无法补偿的严重损失。当唐军长赴洛阳开会时，军政部长何应钦问：“你们第三军现在什么地方？”可见何应钦身为军政部长，对军以上的位置，而且是扼守中条山长达近三年的第三军位置还闹不清楚。这充分表现了统帅部的无能，对战略要点的中条山与第三军不够重视，所以配置于中条山和太岳区的部队都是非嫡系部队，不关心他们的生存。这是招致这次失败的主要原因，以致整个中条山和太岳区的十几万大军几致全军覆没。牺牲军长和师长各两员（第三军军长唐淮源，第十二师师长寸性奇，第九十八军军长武士敏，第八十军新二十七师师长王竣）。其他伤亡和被俘的官兵简直无法统计。失败的次要原因是：中条山各军的补给向无实际的兵站设备，都系就地运输，各部队还须抽出一部分兵力，且各军的补给渡口山路崎岖，全靠战士肩挑背负。不但储备有限，同时也分散兵力不少，战斗开始后，粮运即绝。加以各团的正面担负过宽，兵力单薄，空隙又大，授敌以可乘之机。有的部队警惕不高，竟将与强敌对峙的状态，看作平时驻防一样，还携带家眷，高枕无忧，以为敌人向来进犯都没有采取夜袭。这次敌人突于深夜进攻，致有一些部队竟措手不及，还没有来得及进入阵地，即被包围歼灭。麻痹大意，咎无可辞。

第三军的尾声

第三军在中条山失败后的脱险部队均集中于洛阳整补。连同第三十四师残部，合并整编为第七师和第十二师。自抗日战争开始，至这次整编完竣时止，先后补充兵员四万人。由第五集团军参谋长周体仁继任了第三军军长，李世龙仍兼第七师师长，以第十二师参谋长吕继周升任师长。一九四二年春，由洛阳调赴汉中一带，归第三十四集团军胡宗南指挥。

第三十四师在中条山抗战纪实

公秉藩※

奉调中条山

晋南的中条山，是保卫西安和洛阳的屏障，守军号称十五万，归第一战区司令长官卫立煌指挥。一九四〇年我率领第三十四师从第五战区（鄂北）调入第一战区（洛阳），参加了中条山战役。

一九四〇年二月，我任第三十四师师长时，属于第五战区（司令长官李宗仁，驻鄂北老河口），归第十一集团军（总司令黄琪翔，驻鄂北枣阳）第三十九军（军长刘和鼎，驻鄂北枣阳）指挥。该军是参加了第二次鄂北会战后调到后方整补的军队。第三十四师正要在枣阳县开始整补的时候，接到了军长刘和鼎层转重庆军事委员会蒋介石的电令，要旨如下：着第三十四师开赴洛阳，归第一战区司令长官卫立煌指挥，脱离第五战区建制。当时不光是第三十九军军长刘和鼎莫名其妙，就是第十一集团军总司令黄琪翔和第五战区司令长官李宗仁也不知道底细。我把第三十四师开拔的计划做妥之后，部队交由副师长王自强（陕西华县人）指挥，我乘汽车绕道老河口，去向第五战区李司令长官辞行。李设宴款待，并邀该战区司令长官部政治部主任韦永成（留俄学生，李宗仁的外甥，蒋介石的侄女婿）和该战区军风纪视察团团长王陆一（陕西省人）及团员等作陪。席间李宗仁说："第三十四师自一九三八年十月武汉沦陷后就参加第五战区，作战得力。第一次鄂北会战后，公师长还得了青天白日奖章，不知道什么原因要把这个师调到第一战区去呢?"还说，"我

※ 作者当时系第五集团军第三十四师师长。

看不可能是为对付八路军吧?”谈话中表示了惜别之意。过了两天,我接到别动总队长康泽从重庆总队部来电说:“奉委员长命令着新编××师师长刘元塘(西康省主席刘文辉之侄),率领该师从成都出发,俟到达洛阳后,以第三十四师为基干,合编为新编第十二军。以刘元塘任军长,公秉藩兼任副军长。”我才知道第三十四师调洛阳是康泽呈请蒋介石发布的命令。康泽这样做是一举两得:第一,抗日战争期间,四川的队伍躲在大后方不肯出去,是重庆政权的心腹之患;第二,第三十四师与刘元塘的新编师合编为新编第十二军,能加强康泽的政治资本。

一九四〇年二月下旬,第三十四师从鄂北枣阳县开拔到达洛阳后,按第一战区司令长官部通知,暂驻平乐镇休息。两天之后,接到司令长官卫立煌的命令,派第三十四师接替第一九六师(师长刘超寰,江西省人,胡宗南嫡系),驻防地东起汜水,经孟津、铁谢,西至渑池,担任黄河守备任务,防御日军,防止异党活动,防止走私贩毒等,办法另有详细规定。师部位置在吕家庙,一面担任河防,一面进行整补。我三月一日率领第三十四师进入河防位置,按照第一九六师兵力部署情形,从师部到团、营、连、排、班,都按照原来的位置接替下来。只有该师师长刘超寰在吕家庙给胡宗南特别修建的一座别墅,是专供胡宗南来洛阳时用的招待所,这对第三十四师来说,没有同样的用途,因为胡宗南不会来到第三十四师居住的,这个地方就交给眷属工厂使用了。第一九六师交代河防完毕,开到洛阳驻了几天,就被胡宗南调到陕西去了。

一九四〇年五月,八路军朱德总司令从太行山经过洛阳去重庆开会。第一战区司令长官部临时打电话给铁谢渡口第二〇一团团长林崇轲,嘱警戒两岸,并派仪仗队准备迎接。林团长打电话报告我,要我赶快去铁谢欢迎朱总司令,还说司令长官部参谋长郭寄峤率领欢迎人员和车辆已经到铁谢渡口。我考虑长官部为啥没有通知我呢?是怕我接近朱总司令就会赤化,或者因为我以往参加过五次“围剿”,怕对朱总司令不敬呢?正在考虑的时候,林团长又打电话来,说朱总司令已经过河了。朱总司令检阅仪仗队时,问这是哪个师。答:第三十四师。又问师长是谁。答:是公秉藩。朱总司令说:“公师长是老朋友。”我听了林团长这段话,更感觉惭愧失礼。朱总司令到洛阳后,第一战区司令长官部警卫森严,三步一哨,五步一岗,马路上不许行人来往,听说是为朱总司令的安全。朱总司令还带来一连卫队,长官部事前准备好一所房屋像隔离病院一样,生怕别人受到“传染”。这一连卫队从来到去,几乎没有人看见。

一九四〇年十一月中旬,第一战区司令长官卫立煌发布命令,要旨如下:一、着第三十四师开上中条山,归第五集团军总司令曾万钟指挥,接替第十四军防务，师部驻闻喜县胡家峪（现属垣曲县），担任东起凤凰山（与第十七军高桂滋部第八十四师衔接），西至唐王山以西（与第三军唐淮源部第十二师寸性奇师长衔接）。二、第三十四师现在河防的任务，交第四集团军（总司令孙蔚如）第九十六军（军长李兴中）第一七七师（师长陈式玉）接替。三、第三十四师交接完毕后，集中在洛阳车站，由火车送往渑池。我把河防任务交代完毕，部队集中洛阳车站候车时，到第一战区司令长官部，向司令长官卫立煌报告担任河防期间整补经过。第三十四师八个月以来虽然接收过军政部兵役司拨补新兵两千多名，但由于逃兵过多，缺额仍未补充起来。逃兵多的原因：一是兵役人员贪污腐败，从师管区到乡镇保甲长买卖壮丁，由秘密变成公开，价值昂贵（当时洛阳附近一名壮丁可卖棉花一千斤，或小麦三十石），第三十四师在接收的壮丁中检查出有反复逃跑被买卖过十次以上的兵。二是豫西民性强悍，各乡镇保甲均有武装，士兵一逃出营门，就被保甲组织收容窝藏起来，部队不敢深究。三是中条山部队士兵的生活太苦，士兵自己打柴、背粮、推磨子。后方部队的士兵，一听要开上中条山，就争相逃跑。卫立煌听完我这些报告之后，很神气地说："你说的这些话，我是第一次听见，其他各部队没有这种情况，你是行伍出身，反而不如中央军校毕业的学生会带兵。"其实其他各部队的逃兵缺额比第三十四师的情况还要严重，只是他们不肯讲罢了。卫立煌还自我陶醉地说："中条山是抗日战争中的'马奇诺'，防御工事坚强，守军士气旺盛，这是我使用背水战的成功。别人都不敢使用这个战术，只有我使用它成了大功，你去中条山一看，就会明白。"我听完卫立煌这段谈话之后，十一月下旬率领第三十四师进入中条山接替了第十四军的任务。第十四军是中央的嫡系部队，辖第九十四师（师长刘明夏）和第八十五师（师长谷熹）被调回黄河南岸去了。

一九四〇年间中条山敌我形势

中条山东起太行山西至稷王山绵延三百余里，南至黄河，北至晋南平原仅一百二十里，是一个浅山。守军凭借北麓高峰向北防守，共分三段，都是单线配备，没有纵深配备。东段绛县地区归第十四集团军刘茂恩部防守，中段闻喜、夏县地区归第五集团军曾万钟部防守。第五集团军辖第三军（军长唐淮源）的第七师（师长李世龙）、第十七军（军长高桂滋）的第八十四师（师长高桂滋兼任）以及新编第二师（师长金宪章，副师长赵奎阁）。第三十四师受第五集团军直接指挥，东起横岭关以东与第十四集团军衔接，西至凤凰山是第十七军第八十四师防守。凤凰山以西至唐王山是第三十四师防守。唐王山以西至夏县是第三军第十二师防守。再西是第八十军防守。第五集团军总司令曾万钟率第七师驻夏县马村，南距黄河北岸白浪渡三十里，北距胡家峪六十里，都是空白地带，没有军队。西段平陆地区原系第四集团军孙蔚如防守，该部调洛阳整补后，由第八十军孔令恂部接替。该军辖第一六五师（师长王治岐）和新编第二十七师（师长王竣）担任上郭村至潭峪之线，东与第五集团军第十二师衔接。日军利用同蒲铁路和曲沃到高平的公路沿中条山北麓，在山外各要路口占据要点，强迫村民把山凿成堡垒，外围绕以铁丝网，分兵驻守。经常用炮轰击山口，向我阵地示威。

中条山主峰大部是石层组成，构筑工事非常困难，历来守军都仅有站跪卧三种防御工事，十分简单。第三十四师自接替防守任务后，不断加强工事，在凤凰山至唐王山一段，从一九四〇年十一月到一九四一年三月，经过四个月时间，士兵为修工事把器具都磨秃了。并在全线增设交通沟，加以掩护，择要地设据点，构筑堡垒。自认工事比以前强固多了。后来苏联顾问来视察时却大加批评，说中国军队太不注意防御工事，还要把中条山誉为“马奇诺”，实在可笑。现代防御工事需把大山都要掏空，能使汽车炮车都可以通行。中条山的防御工事太儿戏，希望赶快加强。

士兵生活特别苦，第五集团军前线部队距黄河渡口白浪渡一百二十里，第一战区后方勤务部（部长杲海澜）在这里设立粮食供应站，让前线士兵在这里背粮，遇着好天气披星戴月往返需要两天多，遇着刮风或雨雪天，就要三四天才背一回。士兵要自己推磨，把原粮变成面粉，还需上山打柴，才能有燃料。没有副食，油、盐也很困难，士兵营养不够，劳动繁重，疲惫不堪。中条山气候寒冷，士兵在高山放哨，冻手裂足，只有一套棉衣，日夜不脱，夜间睡草铺，遍身生虱，虱子传染病，名曰回归热，或曰阵地热。师医院在前线设立灭虱站，用蒸笼把士兵的棉衣脱下蒸过一次，不久虱又重生，疾疫流行，重病号送至师医院，缺少医药病床，医院附近尽成坟墓。士兵把中条山视为活地狱，强壮者争先逃命，乘夜间放哨之际，放下武器，逃至黄河边，乘当地人的牛羊皮筏渡河。前线各师缺额日增，每连士兵多者七八十名，少者五六十名，甚至三四十名者也有之。

日军的阴谋诡计

日军把中条山守军情报了解得很详细，对驻地兵力、指挥官姓名都知道。中条山守军对日军的活动则一无所知，或知之不真。

一九四一年三月上旬，日军先在中条山东段绛县地区第十四集团军（总司令刘茂恩）阵地前活动。驻在临汾、侯马等地铁路沿线的日军，派遣骑兵为前卫，汽车载上伪装粮秣、弹药箱，马车伪装炮兵拖拉树枝扬起尘土，扬言将大举进攻中条山东段第十四集团军阵地，白日开往第十四集团军阵地前，故作疑兵，夜间又开回原地，飞机也在第十四集团军阵地上威胁侦察，连续不断地搞了一星期。听说该集团军被日军阴谋诡计所迷惑，到处设防，因而兵力分散，到处显得薄弱。日军集中兵力向第十四集团军薄弱地点进行攻击。战斗激烈的时候，第一战区司令长官部命令第五集团军派兵支援。曾万钟派遣第三军第七师一个加强团，支援第十四集团军，路过胡家峪，我去路旁亲眼看见该团士兵行起军来还雄赳赳气昂昂有英勇杀敌的模样。数了数该团每连只有战斗兵六十多名，轻机关枪六挺，每营有重机关枪四挺，团部有迫击炮四门，士兵携带子弹饱满。为啥只派一个加强团，不派一个师呢？说明当时是各自保存实力，互不愿支援。过了三天后，该加强团又从原路折转回来，听说到达目的地时，第十四集团军已放弃了中条山东段全部阵地，溃退到中条山以南平原。日军的目的已达，没有向山外追击。

中条山东段绛县地区被日军占领后，听说第十四集团军总司令刘茂恩和第一战区司令长官卫立煌为推卸责任，硬说中条山东段的失败是由于八路军的捣乱。接着把第一战区游击第六纵队（纵队司令毕梅轩，陕西高陵人）和河北民军游击第一支队（支队司令刘荫轩，河北省人）派到绛县地区打游击。同时第二战区司令长官阎锡山还派第八集团军副总司令楚溪春率第七十师开进了绛县地区。

日军占领中条山东段绛县地区第十四集团军刘茂恩阵地之后，停顿了一个多月，五月上旬又开始蠢动，使用惯技，故作疑兵，声东击西，每天从同蒲铁路临汾、侯马等站，开出两三列火车，满载士兵和渡河器材、架桥材料，到达潼关对岸风陵渡卸下来。到夜深人静的时候，又装上火车，开回原站，第二天又开到风陵渡，反复循环了一个星期之久。日军声言渡河进攻西安。对中条山西段平陆地区守军第八十军孔令恂部新编第二十七师（师长王竣）阵地，和对付中条山东段绛县地区刘茂恩第十四集团军一样，用汽车、马车伪装大炮和运输粮秣，派骑兵拖拉树枝扬起尘土，不断地在阵地前眩惑，声言将大举进攻。对中条山中段闻喜、夏县地区第五集团军（总司令曾万钟）阵地，则派飞机不断侦察，并在侯马通横岭关到垣曲的公路上照相，强迫农民修筑横岭关公路，声言从铁路沿线调来了有力师团增加兵力。敌机还在第三十四师阵地唐王山附近用小型降落伞投下无线电收发报机，看起来这里还有日军潜伏侦探或汉奸组织，但在山林中经过搜索没有发现什么可疑的人。我把以上这些情况随时反映给第五集团军总司令曾万钟，还直接电报洛阳第一战区司令长官卫立煌，他们都完全不信，硬说是敌企图渡河，所以卫立煌他们调集后方可能调动的部队加强河防，特别是西安第八战区副司令长官胡宗南把潼关河防一再加强，对中条山防守问题则置之不理。

何应钦到洛阳视察

正当中条山日军第二次蠢动，洛阳西安震惊的时候，重庆军政部长何应钦飞到洛阳视察。第一战区司令长官卫立煌当时已去重庆，第一战区司令长官由参谋长郭寄峤代理，通知第一战区军长以上在洛阳开会。参加这次会议的有第四集团军总司令孙蔚如，第五集团军总司令曾万钟，第十四集团军总司令刘茂恩，还有孙连仲（驻南阳）、庞炳勋（驻豫北）、曹福林（驻郑州附近），还有第九军军长裴昌会、第三军军长唐淮源、第十七军军长高桂滋、第八十军军长孔令恂、第三十六集团军总司令李家钰、第三十八军军长赵寿山、第九十六军军长李兴中等，第三十四师师长公秉藩被邀列席，还有第一战区司令长官部各处处长等，共四十多人。四月二十日在洛阳第一战区司令长官部开会，由第一战区副司令长官冯钦哉致开会词，对何应钦推崇备至，说何部长是国民党的元勋，是常胜将军，这次亲临指导，我们一定能战胜强敌。接着请何应钦训话，大意是我们对日抗战已经进入第五个年头，由于军令不统一失掉好多国土。今后要寸土必争，不能再跑了，再跑就无处容身。中条山是洛阳、西安的屏障，必须确保。还说第十四集团军失掉中条山东段地区，是由于军令不统一所致。何应钦讲完话后，让各总司令自由讲话，没人应声。由第一战区参谋长郭寄峤把何应钦的讲话解释了一下，就算收场了。接着就在大礼堂欢宴何应钦，各总司令和军长纷纷敬酒，午后何应钦与各总司令、军长分别谈话。第一战区司令长官部把我的名字和第三军军长唐淮源排在一起。唐淮源把中条山单线配备的危险和士兵生活太苦疲惫不堪的原因，报告得很详尽。何应钦听得不耐烦说：“我令后勤主管部门研究改进办法。”何应钦问我：“公师长有什么意见?”我答完全同意唐军长的意见。何应钦命令我说，战事将要开始，把第三十四师拨归第三军唐军长指挥。我接受命令后和唐军长一同辞出，第二天和第五集团军总司令曾万钟、第三军军长唐淮源一同回到中条山防地。这次会议对中条山防御没有新的部署，也没有新的防御计划和作战方针，令人感觉失望。

中条山作战的失败

黄河以南属于第一战区指挥的部队和黄河以西属于第八战区指挥的部队，凡是可以调动的部队，都集中到了潼关左右，在第一战区代理司令长官郭寄峤和第八战区副司令长官胡宗南指挥下，构筑工事防备日军渡河，对防守中条山都漠不关心。日军认为诡计已经发生效用，时机已成熟。五月七日下午起，中条山刮起大黄风，黄沙弥漫，天昏地暗，对面看不见人，气候突变寒冷。日军利用恶劣天气，分兵三路，向中条山发动进攻。一路进攻西段平陆地区第八十军孔令恂部，新编第二十七师（师长王竣）第八十团阵地一触即溃。据该团第一营营长刘汉卿说，日军午夜接近步哨线后，驱使伪军喊话，大叫该团营长连长姓名，还说该师第七十九团和第八十一团业已投降，日军已经包围第八十团，如不赶快投降，就要做俘虏了。该团官兵莫名其妙，恐惶之余转身就向后方逃跑，第七十九团和第八十一团听说第八十团向后方逃跑，也就跟上向黄河边茅津渡逃跑。十二日黎明，日军飞机扫射轰炸，我军官兵四百多名被炸死在茅津渡以北某地。日军没费吹灰之力，占领了中条山西段平陆地区。一路向夏县、闻喜交界处第十二师阵地进攻，随即突破，向东直驱第五集团军总司令部驻地马村，与第七师战斗。一路进攻唐王山第三十四师阵地，该师第一九九团守兵一连被击溃，团长薛金吾闻讯即率该团反攻。十二日黎明我率师预备队第二〇一团（团长林崇轲在重庆受训，团附鲁平阶代理团长）和临时配属的山炮兵一连（有卜福斯山炮四门）以及师直属部队特务连参加反攻。从早到午，激战甚烈，唐王山周围阵地业已夺回，敌已退据庙内。眼看快要收复唐王山的时候，第五集团军总司令部参谋长周体仁打电话说：“总司令部驻地马村守军第七师阵地被敌突破，总司令部危急，你师应该放弃唐王山，驰援马村，限四小时到达，不得有误。”我说：“马村距离唐王山八十余里，敌前撤退困难很多，四小时如何能到达呢?”周说：“情况紧急，若有延误，由你负责。”我没奈何只得命令各团一面掩护一面撤退，转向马村疾进。经过胡家峪时，天已黄昏，细雨蒙蒙，午夜抵架桑镇，遇见第三军军长唐淮源率第十二师寸性奇部，退至这里。第七师师长（李世龙）也从马村撤退到这里，李说："马村已被日军占领，第五集团军总司令部不知去向。"十三日早，马村之敌跟着第七师尾追而来，唐淮源命令第十二师和第三十四师同时投入战斗。据第八十四师的艾捷三团长溃退到架桑镇附近在电话上和我联络时说："十二日清晨，敌炮击横岭关，略有战斗，第十七军军长兼第八十四师师长高桂滋不知去向。"

十三日上午敌乘大雨攻击更猛，炮声机枪声震耳欲聋，第七师、第十二师、第三十四师凭借山地与敌激战，伤亡惨重，山谷流水被人马践踏和伤亡官兵的血染变成红泥浆。夜间站在高山上看见唐王山之敌已经占领胡家峪，焚烧房屋火光熊熊。听说敌占后，在这里杀人很多，因为这里驻过师部。

十四日上午大雨不停，敌仍攻击猛烈，包围圈越来越小。官兵冒雨激战两三天没有休息，没有吃饭，浸在大雨中，外无援兵。唐淮源召集第七师师长李世龙、第十二师师长寸性奇和我，在架桑镇附近山谷中一座大庙内开会，命令晚间化整为零，以团为单位向外突围，渡过黄河后集合。各单位用无线电联络，把伤兵自行设法藏匿在山洞里。我回到架桑镇附近一座高山上，召集团长以上的军官传达了命令。

当晚，我率领第三十四师师部直属部队特务连、工兵连、输送营、通信连等和第二〇一团一起，开始突围。第二〇一团因战斗伤亡以及平时缺额关系，实际兵力不足两营。但原系荣誉团改编，官兵久经战斗，士气旺盛，战斗力强。冒着大雨，忍着饥饿，向南摸索。战斗一连三日，两天多大雨不停，包围圈日益缩小，没有情报来源，只凭臆断。南来敌主力已进至架桑镇附近，正在前线激战。我想黄河北岸势必空虚，乘敌战斗三日，夜间休息之际，我们突击其后，接近黄河北岸就能取得接济，渡过黄河。这是我从眼前形势决定的方向，其他各团由团长自行决定。晚间当我冒着大雨率领这支部队经过架桑镇附近高山上的交叉道路时，看见第三军军长唐淮源坐着一顶大轿，由八名士兵抬上高山向北行进，身边带着一支队伍，其他各团也有向北走的，也有向西走的，也有向东走的。我率领的这支部队整整走了一夜，十一日天刚亮，到达一个小镇（忘记地名），镇上居民逃避一空，我命部队宿营做饭吃，利用河水洗脚，休息后再看情况行动。想不到炊烟一起，被周围山上的日军发觉，大举来攻，机枪大炮齐发，飞机轰炸扫射，直属部队仓皇应战。第二〇一团距离我们二三里宿营，我命令加入战斗。又同副师长王自强（陕西华县人）、参谋长唐汝昌（四川安岳人）、政治部主任欧阳瑛（湖南省人）等爬上附近高山，欲谋选择指挥所。登高一望，各山口均有敌兵活动，一时周围高山均被敌占。看见我们业已误投强敌怀抱，勉力支持至夜，利用日军休息，又转向西北方向摸索。此次战斗伤亡惨重，溃不成军。我就和副师长王自强、参谋长唐汝昌、政治部主任欧阳瑛和卫士刘荫学、赵学仁等七八人走上逃命的道路，在高山丛林中摸索了两天，总是钻不出日军的重围。十八日上午日军步兵带领山西省伪军二三百名搜山，发现山头上有人便包围上来，王自强、唐汝昌、欧阳瑛等钻进密林，我和卫士刘荫学、赵学仁三人被俘。

第八十四师在中条山战役中

高建白※

中条山和黄河是保卫西安和陇海路的屏障与天堑，坚守中条山在军事上有重要的意义。一九三九年四月十一日，我们第十七军第八十四师由太岳山刚刚开到垣曲县的朱家庄，就奉到了反攻日军的命令，于是投入了晋南全线的反攻作战。经过十天的战斗，反攻得了胜利，收复了一些地区。以前我军在太岳山打游击，行将一年，现在又改为阵地战，很感死板不灵，加之情报工作未能开展，对敌方情况不够明了，因而一切工作，都得重行布置。第十七军高桂滋军长为了增进军民感情，散发赈粮，救济饥民，修筑道路，补修民房，帮助收割，通过种种工作，群众和军队才接近起来，得到人民很大的协助。

一

沉闷了两个月的时间，终于在平陆燃起了战火。平陆失陷，紧接着便是茅津渡的放弃。敌兵在黄河北岸奸淫掳掠，种种罪恶暴行，令人发指。这也是日军进犯中条山的先声，这说明残酷激战就要开始。这时我军第八十四师担任垣曲县西北店上、曲家沟、焦家庄、结山一带的防线。一九三九年六月十五日，武装敌探五名，各携手枪一支，与我部情报工作员同时进入中间地区。由于我们得到群众的援助，在军民合力奋击下，敌探二名被擒，获手枪两支。十七日敌兵一百余名放火烧村来泄愤。后得到情报："十九日敌将以四个联队兵力，分道犯我。"我第二五一旅当

※ 作者当时系第五集团军第十七军第八十四师第二五一旅旅长，后任该师副师长。

即拉开战线，因我战线长人数少，所以全旅开入阵地坚守，准备给敌人以迎头痛击。十九日闻喜敌军七八百名，窜入山内我第二五〇旅李少棠部马营防地，敌我战于婆婆岭、镇风塔一带，炮声彻夜清晰可闻。

六月二十日晨，正面敌因受李旅马营守军迎头痛击，未能得逞。续由闻喜增来步兵千余名，分由桃沟、店上包抄而来。于是马营全部陷敌重围，敌开始向我旅阵地进犯，同时敌机六架结队飞来，轮流轰炸，敌我在东沟一带我旅前进阵地中展开剧烈血战，因为敌机纷纷投掷烧夷弹，致使店上、东沟、上阴里一带村落都起了大火，烟火熊熊，乌云滚滚。我令艾捷三团长九时率两营兵力，进入结山阵地，向敌迎击。这时敌由闻喜不断增援，机枪声、大炮声、飞机炸弹声，混成一片。我正面敌步骑炮兵两千余名，鼓噪犯我阵地。我守兵竭力抵御，激战至五时，敌伤亡三百余名，敌焰顿减，前线转趋沉寂，间有零星枪声。但是到了六时，天将黄昏，敌炮又狂吼起来，敌向我猛攻进犯，我旅沉着坚守，敌竟夜疯狂来攻，曾一度以主力冲至我旅结山阵地的山腹，这是全线阵地的最高峰，一时情况颇为危急。艾捷三团长率两连战士猛扑敌群，经半小时拼杀肉搏，敌不辨我多寡，纷纷窜溃。夜十一时，敌攻陷我下阴里、前焦，续向余元下、上玉坡、下玉坡之阵地猛烈进犯。此时敌兵数倍于我，我们工事亦都被敌轰毁，全线进入紧张状态。所幸士气旺盛，在余元下、红石山、白石山展开激烈血战，时已至二十一日晨五时。敌见我战士英勇肉搏，敌我双方死亡惨重，敌又派飞机两架，低飞轰炸助战，我战士愈益与敌紧密接触，挥刀交锋，白刃与赤血齐飞。此时我正面牺牲惨重，李旅任子勋团黄营亦加入战斗，枪声如雨，炮声震耳欲聋，为战斗中最激烈的一日。那时我旅指挥所设在石门督战业已三日，忽然东西北三面山头炮声杂响，黄营阵地一度陷落，黄营长督率第七、第九两连誓死反攻，苦战半小时，立即收复原有阵地。我随即命令北战线之岳团长在后焦、上玉坡、下玉坡一带加强战斗严阵固守。当时敌三次攻陷我白石山主要阵地，均经我们反攻夺回阵地。那时第二连张国栋连长患回归热，卧病在床，虽已有人临时代理他的任务，但他关心战斗，抱病指挥该连守御白石山阵地。敌首次攻占白石山时，他在山脚下服药，听说白石山失陷，勃然色变，一跃而起，右手在腰间拔出手枪，指挥该连战士四五十名，直扑该山。他首先冲上山顶阵地，立刻用手枪扫射打死敌五六名。该连六班以手榴弹连续投掷，出敌不意，毙敌二十余人。盘踞山头敌人，一时大乱，纷纷逃窜，我乃夺回白石山。张连长因病中过分激动劳累，晕厥倒地，经士兵扶之下山。这天正是端阳节日，我们官兵只有以英勇的战斗来纪念祖国伟大的爱国诗人屈原。这时，忽然得到电话说我右翼第十五军阵地被敌压迫而放弃了，于是我侧后被敌截断，使我军陷入重围。不料军部传来上边命令，让我旅转移阵地，改守中条山西南峰，以保证中条山全线优势。二十二日晨三时，我旅离开了战场，冲出了包围线，向西南峰山区前进。

二十二日我们冒雨急行军，夜雨愈下愈大，又奉令向西南最高峰布防。夜雨如注，淤泥没膝，直至天色将曙，才彼此看见都成了“落汤鸡”了。每人泥浆满身，互相调笑说：“你成土地爷了。”我们在转移行进的当中，敌区跑出一个青年农民，状极悲惨，啼哭着说：“我是闻喜人，家住在乡间，我家里有老母，不能走路，有哥哥，有妹妹。这次日本鬼子来到我家，我哥哥被鬼子杀了，我妹妹被鬼子欺负了，我妈大概也不能活，把我打得满身都是伤痕，还要把我拉去当差。因为汉奸老找我的麻烦，我是不敢回家的。这次打仗，鬼子兵来得可多啦，让我带路，我乘机就跑，爬山越岭，寻找中国队伍，请求为我报仇，这里一带的路我很熟悉，我愿意给咱们的队伍帮个忙，只要咱们的军队能多杀几个鬼子，我死去的哥哥都要感激你们的大恩。凡在有鬼子兵驻的地方，没有不受害的，要花姑娘，要鸡，砸毁家具，刺杀儿童，每次打仗，火烧老百姓的房子。老百姓最痛恨鬼子，能不能给我一杆枪，让我狠狠地去打鬼子。这次打仗，鬼子没有得到便宜，我亲眼看见抬下去的伤兵可多啦，有的重伤顾不及抬，活活架火烧了。”我除安慰他以外，留他在旅部，让他随情报员侦察敌情，他的名字叫赵福全，人甚老实诚朴，身上确实有伤，并令情报员详细调查赵福全家中情况。

二十五日晚，我旅离开大山，向前挺进，追击敌军，艾捷三团王营直追至马家山，与数百残敌相遇，整整打了一天，占领了马家山、上玉坡、下玉坡。二十六日晚我主力部队收复店头、北峪、石门、下阴里、店上、东沟。二十八日我旅再向敌各据点攻击，并扫清战场。一旬来的战斗，又告结束，粉碎了日军欲肃清中条山我国部队的企图，给了敌人一个沉重的打击。

八月八日王礼锡、宋之的两先生领导的文艺作家参观团曾来我军防地访问，我曾经招待过他们，并行座谈。叶以群先生对这一席座谈有真切生动的描写，题目是《中条山——游击》。这篇文章收入《我们十四个》一书，第一三三页至第一四二页。

二

一九三九年九月，第一战区对于中条山兵力部署，另行分配。第十七军担任防御中条山的大门横岭关，右翼是第十五军武庭麟部（是属于刘茂恩集团军的)，再右系毕梅轩司令的游击部队。左翼是唐淮源的第三军，再左系孔令恂的第八十军。在这一阶段，第五集团军总司令是曾万钟，指挥第三军和第十七军两部，总司令部设在马壁村。在中条山的后期，在第三军和第十七军的中间加入公秉藩的第三十四师。第十七军第二五一旅担任横岭关的正面，经常与左右两翼友军联系着。自一九三九年六月二十五日日军败退后，敌方将中条山主要有利地形，全数占据，并做有坚强的工事，横岭关的主要高地，早被敌占领，我们只得在关下平坦地面设防，这是一个艰巨任务，这就必须构筑坚固工事。但是古堆山的敌人距我们的前进阵地，只有八百多公尺，我们在敌炮火之下构筑工事，非常困难。因为白天受敌人炮火的压制，不能做工事，所以全部工事都是白天考察决定工作位置，夜间秘密构筑的。假如没有月亮就更困难了。我旅就在这种艰苦条件下，坚固周密的工事计划一天天地逐步完成。我旅前次中条山痛击敌军，粉碎敌欲肃清中条山我国部队的企图，敌败退回，但我们兵员损伤，也是很惨重的。

因为横岭关是中条山的大门，十月苏联顾问查理和特来我旅视察，同我谈话，我把部署情况向他说明。查理和用右手指着地图说："我们要把来犯的敌人黏在这里，预备队从这里出击，就是敌人侧后方，我们来个夹击战术，把敌人在这里全歼。"他说的是非常正确的，他只知各部队的番号，却不知其中的实力。防线这么长而兵力这样单薄，这么大规模的夹击战，不能有一处弱点，但是这个线上的弱点太多了，仅仅守着脆弱的一条线，怎能御敌，连个雄厚有力机动的预备队都没有，还谈什么夹击战呢？这种情况迭次上报总部和长官部，都没有答复。我们在横岭关正面筑成三道坚强的石坝，可以阻止敌军战车，我们的官兵，还有作战的信心，可是右翼友军的地势平坦，又不构筑工事，而且还是两个军的接合部，敌人会从这里突进来的，我们只好准备三个连，作为友军紧急时刻的后援。我陪着查理和顾问先看我旅的阵地演习，又看了我们构筑成的防御工事，他很满意。查理和顾问说："你旅阵地全盘情况，我很明白，现在请你先回旅部，我还要到艾团团部和团长谈谈，请旅部参谋主任留此就行了。"我离开后，查理和要求尹参谋主任和艾团长到前方的走马梁阵地看一看敌人的工事位置和敌我对峙的情况。他们走了几段散兵壕，不凑巧被敌人发现了，先是一阵机枪声，接着步枪声开始了。他们立刻往回走，在两峰山没有停，一直回槐店。这时枪声已止，艾捷三团长集合了三个营长，要求查理和顾问发表视察后的意见，并请加以指导。查理和顾问很高兴地说（经翻译官给我翻译）："我到中条山看了许多阵地，只对你们的阵地有特别满意的印象。你们的工作成绩是出乎我的意料的……你们能同敌人保持接触，而且有控制敌人的力量和信心，这是以前战役中少有的。你们能在敌人炮火控制的面上构筑工事，来对抗敌人的铁爪工事，反映了你们的勇敢和勤劳踏实的作风，把争取胜利放在了可靠的基础上，这种勤劳踏实的作风是目前中条山区阵地首先需要的。……从战术上来说，两个部队接合处总是弱点，你们各级指挥官对联系和协助友军的计划，是非常周密的，这证明中国的军队有飞跃的进步。……还有一个好现象，就是在第一线看到你们紧张地演习，这证明你们能把学习和战斗结合起来，你们能天天抓紧战斗训练，这样就会不断提高增强你们消灭敌人的力量。……我们认为你们有很好的经验，是很宝贵的。横岭关是中条山的大门，希望你们负起这个守御的责任。”查理和观察毕，直接返回军部。

一九四〇年，我改任第十七军第八十四师副师长。一九四一年五月我军正面之敌是清水师团。在四月底和五月初敌在各战线上抽调部队，运输频繁，集中在闻喜、夏县、绛县一带向中条山全线进攻。这次的来势，与过去几次有些不同。有些人认为没有啥，有些人认为是要占据垣曲县和其他黄河渡口，敌人不会和过去一样，打打就走了。我们认为横岭关是通垣曲的道路，无论怎样，我们的防线，是敌人必争之地，我部就得认真准备，好在工事坚固，不断鼓励士气。唯恐右翼出问题，他们的兵额很少，又不做工事，敌人进攻，无险可守，曾将敌人动向、友军情况详报上级，请增加兵力。直至五月七日才听说第九十四师过河，七日后半夜，与敌接触，同时总部通报说中条山全线，敌军展开了向各军阵地进攻，形势紧迫，万分紧张。刘明夏的第九十四师是八日下午五时许，经我军军部赶赴前线的，第十五军被敌一击，即溃退下来。七日后半夜，我正面敌人开始向我军进攻，官兵奋勇抵抗，敌未得逞，敌用战车来冲，被我石坝所阻，我部击毁坦克车两辆。正在激战中，不意左翼的第三十四师、第三军和第八十军的两个师各部阵地同时发生大战，阵地被敌突破。第九十四师因为长途行军，疲惫不堪，道路不熟，开赴前线与敌遭遇，一击而溃散，连第五集团军的总司令部驻地的马村，也受到威胁。敌又以三进合击的策略，它的唯一目的是抢占沿黄河各口，不使中国军队渡河，企图一网打尽，截断了我第十七军军部与部队的联系。此时我军奉令转移第二线（胡家峪南边的山地）还未到达新位置，即与敌一部发生混战，这时中条山处处都入于混乱状态。因为我国军队事前没有计划，指挥上又不统一，互相协助更谈不到，试想这么大的根据地，预先没有预备队，第九十四师是临时抽调来的，仓促应战，怎能行呢？正因如此，敌军一打，乱成一团，连第五集团军总司令曾万钟和他的总司令部，都被敌冲散。第三军军长唐淮源自杀，第十二师师长寸性奇阵亡。第八十军新编第二十七师师长王竣战死。第三十四师师长公秉藩、第九十四师师长刘明夏、游击司令毕梅轩都被俘，其他副师长、参谋长将官以上人员更是很多的。我和高桂滋军长、刘祁祺副军长、金醒吾参谋长、王秀泉副官长、韩一帆秘书长在一起，也和队伍失了联系。

三

五月八日全线被敌突破，我部奉令转移第二线，我军部由柴家圪塔出发向西南转移，规定第十七军军部驻马村，那天晚间住在架桑村。九日晨四时许，总司令曾万钟派联络参谋对高军长说："西南方向我第三军阵地被敌突破，都退下来了，敌人距总司令部马村不远，现在总部已经转移到别处了，顾不得通报，候总部驻地驻好，再行电告，特派我来通知你们。"这时天已黎明，出村展望，见敌人部队向马村方向用炮轰击，这时架桑村被各军各师的后防杂色部队后勤人员以及各军眷属挤得满满的，都不知怎样才好。高桂滋军长和我决定向北寻找自己的部队，掌握了实力，以便应付当前混乱局面。走了七里，高军长主张休息吃饭，耽误了两个多钟头，这时望见敌人已进入马村了，约半个钟头，敌炮即向我们休息的地方轰击，这时我们向北翻过大山，至南沟接到岳英贤团长的报告，说他们已占领第二线指定的阵地，目下尚无情况。高军长很觉高兴，就在高沟休息了两个钟头，忽然敌机七架，大行轰炸，这时东北方向，发生枪声，南沟的南山枪炮声很密，各军各师后方人员、眷属、杂役兵勇和当地的人民群众，都逃过山来。敌尾随攻击，这时东北南三面敌人包围而来，情况紧迫只有向西而逃，寻找自己的部队。行至申家沟地方，正问讯道路烧水休息之际，后边敌人攻击上来，我们军民往西逃跑，意欲寻找我军的部队，不料西边大山开枪射击，紧接着机枪扫射，前边跑的军民和眷属，都转头退回，紧接着东南北三面的敌人，也包围上来，高军长认为是四面敌人合围而来，因而大家密藏于密林之中。其实西边山上发枪并非日军，正是艾捷三团打的。他们认为去西山的散兵和老百姓，是日本的便衣队，因此打枪，倘若大胆冲进，可以找到三个团，再遇日军，也能抵御一气。艾团早应派武装小组，一方面强力侦察敌情，同时寻找军部进行联系，不出此图，竟然不分敌我，开枪射击，这是大错特错。如果沿途少休息，在南沟跟着岳团送报告人同行也会顺利地与各部队联系在一起。就在这种危急情况下，敌军已包围上来，即与西山我军发生战斗。敌人一步一步前进，我们在密林中看得清清楚楚，我们也来了个准备，万一敌人搜查进来，只有一拼，生死置之度外。到了天黑，枪炮声齐停，敌大部队集体经过这里，大皮鞋在石头路上走的声音很响亮，计有一千多名，向西山前进。这时推断艾捷三团和其他各团一定向西退走，敌人是向西追击去了。到了次晨侦得南沟一带没有敌人，只好向后转，再回南沟去，设法吃饭。但是成千的隐藏军民聚集满村，不意西边又发现敌人向东搜来。我们决定向东南到河西村去。刚刚到了河西村，正要休息，敌军四处又包围上来，枪声很密，眼看快到村边了，我们大家隐藏在河西村的南小沟里。这时高军长看见形势危急，向副官要过手枪，是要做自杀的准备。恰好大雨如注，枪声少了，侦知敌人已退，我们才回到屋子里，烤衣服，烧水，休息了一宿。次日高军长听说敌人退了，很高兴地向大家说："我们要寻找部队，同时应设法与长官部、总部报告。"正在这时，敌又包围上来，大家分开隐蔽，又分散了，敌军一部即驻扎在河西村。在深夜互相寻找，我和高军长、韩秘书又遇在一起，在山中小土窑待了一天，于五月十四日我们和刘礽祺副军长、金参谋长、王副官长会于金圪堆。这时知道敌人主要的目的是先行占领黄河沿岸各渡口，严密封锁，要将中条山的中国部队，一齐消灭净尽。敌人分二十余个支队，划区搜山，寻找掩藏的中国的官兵，选定据点，建修工事，做久远的打算。到了次日早晨，不料敌机又临，敌军一部又渐渐活动起来，五月十五日我们隐蔽于北大坡，这里树木茂密，总算安全地度过了一个整天。夕阳西下，大家都走出树林，望远镜向皋落镇一望，看到敌人大队正在集中，一部分向横岭关方向前进，认为敌军大队退走，情况好转，决定本晚即住在山下的村子金圪堆。正在烧水做饭之际，敌军来到，在山顶射击，大家分散奔藏，敌机枪不断扫射，我和贾真一队长，同时负伤，因流血过多，行走不便，后来决定必须离开此村，如能到武家沟一带，宿吃休疗，即有办法，因为那里我曾住过。我和贾真一彼此互相拖拉，黑夜逃生，幸遇陈老头和王兴富关照，住在他北沟。五月十六日到庙湾。十七日巧遇刘礼和刘义两人，在他家住了两天，对我们特别照顾。十九日住焦家沟。二十日到曲家沟，敌人包围上来，我们经后山离开此村，得到胡振江、温存和、张礼三人的帮助换药。通过敌人的封锁线，五月二十二日抵马鞍桥。五月二十四日到达寺底，才和我军警卫连连长齐天然相遇。据齐说："我军第四九九团、第五〇一团、第五〇二团，这三个团损失不大，在申家沟西大山与敌战后西退，已经安全渡过汾河，进入马蹄沟与晋军取得联系，曾在马蹄沟与敌激战一天，得到当地人民的支持，敌未得便宜，因而东退。一战区催令速渡黄河，开驻河南新安县整顿。艾雅春团（即第五〇〇团）与军部失了联系，在焦家沟被敌包围，团长阵亡，余都壮烈牺牲。现在军长究在何处，传说不一，我已组成武装小组，化装起来，找到许多关系，再入东山，无论如何一定要把军长接出，完成我保卫长官的责任。”我们到了郝庄休息，听说金醒吾参谋长、王秀泉副官长在郝庄西的一个小村隐藏，我随即派人约他们一同西行，以便追随部队，不料他们两人不愿同行。在北大坡隐藏阶段，思想上极为悲观，最后被俘。六月二日我们在薛店，住了五天，敌人每搜索村庄，形势甚为紧张，后来找到郝青山为我们引道，专走小路，决定在日军碉楼附近偷渡汾河，随行者计七人，我们刚刚渡过汾河，被敌发觉，鸣炮乱击，瞎射一阵。那晚即住余章镇，八日进入马蹄沟口子（亦叫马蹄峪口子），已到安全地带，逃出死亡圈，到了吉县，由小船窝渡过黄河，巧遇高军长亦脱险归来，悲喜交集，不知话从何说起。

高军长在中条山指挥作战，热心帮助地方公益事业，关心群众生活，因而得到群众好感。在这次被敌冲散的危急情况下，得到很多爱国农民的援救，得以辗转找到自己的队伍。高军长说：“我和你们分散后，过了二十多天的难民生活，使我难忘的是郑忠义义士，他将我和牖夫（即副军长刘礽祺）、一帆（即韩秘书）隐藏在石头圪塔天主教堂内，后来郑忠义又联系郭金声，托郭金声由小道送我们到曲沃城关，敌人没有发现，终于我和牖夫等过了黄河，今日大家才能见面。我们迅速赶回河南新安县，整顿部队，继续抗战，以尽军人的天职，挽救民族的生存。”

中条山战役中的第一六五师

史镜清※

一九四〇年秋至一九四一年五月，第一六五师在山西平陆县东北张茅大道与日军展开激烈的战斗，现将当时战斗概况记叙如下：

日军攻占太原以后，派片山旅团牛尾国成大队乘胜南下，沿平陆县张茅大道占领八政村、圣人涧一带，以火力瞰制茅津渡与会兴镇车站，阻挠破坏我陇海铁路的通行。一九四〇年秋，第一六五师由陕西郃阳县开往山西平陆县东北中条山张茅大道以东地区，接替第三十八军第十七师的防务。

第一六五师隶属于第八十军，军长孔令恂。第一六五师师长王治岐，副师长何番，参谋长朱耀武（已他调，接任者未到职），参谋长业务由蓝蔚代理，副官处长张叔宝。师辖三个步兵团，第四九三团团长王灏鼎，第四九四团团长史镜清，第四九五团团长潘乐伯。师部直属部队有工兵营（营长张炯堂）、输送营（营长朱某）、警卫连（连长刘醒亚）及通信连、卫生队和无线电排等单位。

部队开到后，由第四九四团担任从黄河北岸（含河面）经占庄、计王村到南北桥子之线（团部驻计王村）的防务；第四九二团担任庙湾、尧店、桥堡到中村之线（团部驻桥堡）的防务；第四九五团为师的预备队，位于过村、岳庄附近；师部及直属部队，位于望原村附近，卫生队与野战医院在洗耳河西岸。新编第二十七师的阵地为第一六五师的右翼。我师接替防务以后，当面之敌牛尾大队似有觉察，除炮兵不断向我阵地作扰乱射击之外，并派少数部队，以火力向我阵地进行威力搜索，收买

※ 作者当时系第八十军第一六五师第四九四团团长。

当地居民刺探我军情报。我师为巩固阵地，亦不断派小股部队，绕敌侧背进行威力搜索，并派出部队掩护阵地内居民，利用夜间越过张茅大道到运城敌人封锁之盐池背盐。一九四一年一月，第四九四团第一营营长潘盈汉带第一连潜伏在敌人经常通过的八政村至茅津渡之间要道两侧，伏击敌人一个小队，激战一小时许，击毙敌人十名，缴获掷弹筒一具，三八式步枪七支，子弹背包若干，晋南五万分之一地图若干份，步兵操典两本，日本小太阳战斗旗一面。这次战斗的胜利，大大鼓舞了我军士气。敌人为了报复，于二月上旬集中火炮数门，向我阵地射击，次日凌晨敌部队在炮火掩护下，向我南北桥子之前进阵地猛力冲击。我防守该阵地之第二营营长张贞带领第四连和第五连竭力与敌激战。在众寡悬殊下，且战且退，略有损伤，最后放弃了前进阵地。敌占据南北桥子后，居高临下，运用各种兵器不断向我主阵地射击，对我守军威胁很大。师部为了巩固主阵地的防守，令第四九四团设法反攻夺回前进阵地。第四九四团组织兵力乘夜进行反攻，敌在牢固的碉堡以外又架设铁丝网数层，虽经数次反攻，均未奏效，遂成敌我对峙状态。三月间，第四九五团奉命接替第四九四团防务，交接后第四九四团即移驻过村、岳庄附近，构筑第二线防守工事，以支援第一线战斗。

一九四一年五月八日凌晨，盘踞晋南张店、侯马等处之敌结合八政村之牛尾国成大队，由张茅大道向我全军及第三军第十二师之线发动进攻。敌以优势兵力，在步、炮、空军的协同及日伪便衣队的配合下，首先突破我右翼新编第二十七师防线，新编第二十七师全线溃退，师长、参谋长等人战死。敌人企图席卷压迫我师于黄河北岸而歼灭之。在此同时，我第一线阵地当面并未发现敌人的活动情况。上午十一时许，师部用电话令第四九四团迅速进入第二线阵地，竭力支援第一线两个团的战斗。此时敌人飞机数架开始反复向我师阵地全面轰炸，各团与师部之间通信与交通都受到影响，但第一线阵地前面仍无敌人步兵活动。十三时，师部令第四九四团掩护第一线的第四九三、第四九五两团向望原以东地区撤退。十四时许，敌人由我右侧突击望原师部，师部在直属部队与敌激战中仓皇向军部驻地太寨方向撤退。各团之间，因联络被切断，各不相顾。第四九三团在转进中与侵望原之敌展开战斗，该团以一部掩护，主力得以安全转移。第四九四团亦乘夜绕道向东转移。第四九五团遭到敌人层层截堵，团长潘乐伯脱离部队逃跑，各营连遂分散向东撤退。五月九日上午十二时许，各部队先后到达太寨军部附近同师部会合。师长王治岐派副官处长张叔宝传达口头命令：各部队暂时休息，派人到南沟第三军仓库领粮并侦察地形，构筑工事，准备在此固守。这期间，敌人飞机数架向我部队狂炸，混进我军之敌伪便衣队，穿着新编第二十七师士兵服装，在各部队之间进行扰乱射击，河北民军到处乱窜。一时间敌我阵营无法分辨，所有部队都各自跑散。配属我师之炮兵连因目标暴露，受敌轰炸较重，该连王连长负伤。我第二营营长姚汝崇奋不顾身，率兵抢运火炮，与敌便衣队激战，不幸身负重伤，因无人抢救而殒命。傍晚，跑散的各部队陆续集中在南沟附近（南沟与河南岸白浪渡口遥相对峙）。当时新编第二十七师、河北民军之溃兵仍与各部队混杂在一起，少数人造谣生事，扰乱军心。军长孔令恂目睹此情，束手无策，竟率军直属部队，争抢船只渡河逃跑，并令第一六五师师长王治岐跟随渡河。此时师部直属部队尚未跑回，王师长乃令第四九四团第三营营长赵承志率领该营护送他们抢渡黄河。河上拥挤不堪，新编第二十七师与河北民军散兵千余人，争抢船只，鸣枪怒吼之声震撼人耳。亦有抢夺不到船只而寻找门板、木头漂浮过河者，淹死的不下百余人。谚云：将是兵的胆，兵是将的威。此次敌我双方尚未正式交战，将领即首先逃跑，影响士气，罪责不谓不大。

五月十日上午，敌步兵分两路向南沟进犯。第四九三团副团长孙铁峰指挥该团第一营在西山头抗拒敌人。第四九四团团部和第一、第二两营在东山头及公路两侧对敌进行阻击，战斗甚为激烈。我方伤亡较重，第四连连长施国治负伤，排长陈占海、杜如林阵亡，团部副官柯芳国重伤，军需黄国政阵亡，负伤士兵约五六百人。下午五时许，敌人停止反扑，逐渐退走。第四九四团副团长张贞即往南沟向第四九三团王灏鼎团长和师部工兵营张炯堂营长通报战斗情况并研究渡河部署。王、张主张另行整编部队，以王灏鼎为支队司令进行游击战。张贞副团长坚持遵照王师长临渡河时指示各团设法渡河的规定。因意见分歧，第四九四团在深夜自行离开南沟，沿黄河北岸向西绕敌侧后转移。五月十一日晨，敌步兵飞机协同再次侵犯南沟，战斗极为激烈。王灏鼎带兵两名，坐在门板上渡河逃到南岸。副团长孙铁峰率一部兵力在东北山头指挥战斗，不幸背部负伤，遂绕道撤离南沟。五月十四日，接到师部情报队长蔡剑峰转达王师长口头命令，着各团及直属部队即日设法在槐坝渡口渡河。第四九四团第一、第二两营及新编第二十七师与河北民军①散兵约四五百人，于是日晚陆续渡河。敌侵占南沟后，除封锁附近渡口及由渑池至晋南之公路要口外，没有大的扩展。我师跑散之部队，多由槐坝渡口先后

---

① 河北民军系由河北、河南两省一些人组成，有三个团，负责人叫乔明礼，隶属于第一战区，在山西中条山一带归第八十军指挥。

渡河返部。在这次战斗中，我们既不知彼，又不知己，仓皇逃散，实堪痛心。

战后部队在整补期间，第八十军军长孔令恂被撤职，以王文彦继任军长（军政部派），第一六五师师长王治岐调升第八十军中将副军长，遗缺由副师长何番升充。第四九四团团长史镜清升充少将副师长，遗缺由副团长潘盈汉升充，第四九三团副团长孙铁峰调升为第四九五团上校团长，第四九三团团长为孙铁英（由第一师调来），师部上校参谋主任为孙伯泉（由副旅长任内调来），上校参谋长为雷声远（由陆军大学特别班调来）。

第一六五师第四九三团在中条山

孙铁峰※

一九四〇年农历九月九日，第一六五师接替第三十八军赵寿山部在中条山西段的防务，师部驻平陆望原村。当时我为第一六五师第四九三团中校副团长，我团驻守由庙凹经尧店、中村到坑东之线，团部驻桥堡。第四九四团驻守左翼古王、计王之线，第四九五团驻师部附近和淹底一带，新编第二十七师接我师右翼，第三军等部在新编第二十七师之右。

同我对峙之敌为驻在张茅大道八政村的牛尾大队。敌在每次行动前，先搞唱戏等活动以麻痹我部，并不时派遣汉奸潜入我防区内活动。另外，敌还用气球向我放过小型收音机，被我收回。我接防不到一个月，敌牛尾大队即首次向驻在中村的我团第二营第四连侵犯，在我团营的指挥下，连长冯占彪和战士们奋起还击，给予敌人以猛烈的打击，打死敌人十多名，伤二十余人，敌拖着尸体狼狈败阵。这次战斗中，我上士班长张东有等三人不幸牺牲，负伤十余人。此后很长一段时间，敌人没有向我进攻。一九四一年春季，我团第一营第二连连长白学回，抽调战士组成游击队向敌后袭扰，转战于张茅大道以西的敌后方。后因地形不熟，群众工作不深入，在黑窑受到敌人包围，连长白学回、排长张永宽以及士兵二十余人不幸牺牲。这是我接防后的第一次大损失。

一九四一年五月八日，驻在山西的日军以铁脚闪击战术，向我方全线进犯。敌利用我各军师衔接处的弱点，分段突进，进行各个击破，形成若干段的战斗。五月八日凌晨，在我右翼的新编第二十七师和驻守庙凹的我团第三营，遭到日军飞机的轰炸。我第三营同日军进行了肉搏战，

※ 作者当时系第八十军第一六五师第四九三团副团长。

新编第二十七师阵地首被突破。师部命令我团和第四九五团向望原师部附近集中，我团即命第一营掩护第三营由狮子沟向望原转进。下午五时左右，我率第二营到达望原。此时敌已由望原北山向师部进攻，我第二营随即加入战斗，狙击来犯之敌。战至半夜，我接到传令兵李耀堂送来团长王灏鼎的命令，命我率第二营随部队向东转移，拂晓时沿路有第四九四团及我部其他营均向太寨前进。

五月九日，新编第二十七师和我第一六五师大部在太寨集中，军长孔令恂、师长王治岐亲自指挥准备向日军进攻。敌人飞机四五架开始轰炸扫射，步兵在大炮掩护下，携带轻重武器向我进行迂回攻击。我与敌展开肉搏，混在民夫内的日军便衣也加入混战。新编第二十七师王竣师长和参谋长、我师姚汝崇营长等十多名军官不幸牺牲，我士兵伤亡一百多人。战至日暮，当敌人被击退后，我即向后勤基地南沟集中。十日凌晨，在南沟北山上发现敌人，我师第四九四团团长史镜清，率该团和我团高竟成营长、刘志寿副营长之营分向两个山头的敌人进攻，从上午战到下午，始攻占山头。半夜，第四九四团大部和其他小部队陆续在槐坝渡过黄河。十一日上午，我团大部和师部工兵营、辎重营及炮兵营官兵一千多人由团长王灏鼎率领，在黄河北岸下坝滩集中。集中后共同编成一个战斗支队，举王灏鼎为支队长，我为副支队长，下辖三个营，准备迎击进犯之敌。十二日倾盆大雨，大家在茅林中坚持，同时派团部副官王汉山（天水人）和排长谢进民在黄河南岸征得小船一只，拟将军部和师部军佐人员及家属输送过河。中午，我率部队进攻侯家岭，渡口无人指挥，大家蜂拥上船。船到河心，因超载倾覆。船上人员全部落水，包括王、谢在内，实堪痛心。十三日，下坝滩的北山侯家岭发现敌人。我以团长王灏鼎体弱让其先渡河，部队由我指挥分两路向敌攻击。排长朱玉林带人从西面山梁击败了敌人，我和连长宋庆元率队由正面进攻，来往拉锯与敌展开了肉搏战。敌用机枪、掷弹筒向我猛烈轰击，我伤亡百余人。我和特务连的班长丁意同将牺牲的士兵草草掩埋后，继续组织力量与敌战斗。敌人死伤甚多。黄昏前到了侯家岭的山凹，敌人在两边山头上用石块居高临下向我投掷，我肩头被石块击中，退入梢林继续战斗。随后我腰部又被敌枪弹击伤。此时我部弹药告罄，负伤的亦不少，已失去战斗力，遂率部队转移到了黄河岸边。十四日，为防止敌人继续向我进犯，我命连长宋庆元将大部官兵布置在敌不易接近的岸边崖畔险道上。当时南岸我军输送连连长王正乾绑了一只羊皮筏驶过河来，战士们一致提出要我一人渡河，我即与军政治部王主任及排长朱玉林一同过河。敌人的飞机大炮继续向我北岸轰击，部队未受损失。而后各部陆续渡河，但仍有部分部队遭敌包围，二百多人被俘，后少数被释放，大部被送往敌后方当了矿工。作战中第四九五团与师部失去联络很长时间，及至部队转移到了黄河南岸，潘乐伯团长仍无消息。师长王治岐乃于六月十九日宣布任命我为第四九五团上校团长。

中条山战役后突围记

石中立※

夺回唐王山

一九三九年，第十四军团军团长冯钦哉升为第一战区副司令官，第一六九师师长武士敏升为第九十八军军长。我仍留在第一六九师师部。在严冬大雪纷飞中我们由运场沟向南出发了，经阳城县以西的董封镇往南上了雪泉岭，师部驻在雪泉岭的西庄。我们在西庄过了抗战后第三个春节。师长职务由副职郭景唐接替，我师到中条山的任务是：阻击敌人由晋南沿黄河北岸山区向东进犯，占领沿河据点截断我后方补给线。敌大部兵力集中在侯马、运城一带，曾由夏县附近不断向山区进攻，第五集团军曾万钟部、第九十三军刘戡部、游击第六纵队华梅轩部，均未能守住山区，致使敌军由夏县攻上了中条山的最高点唐王山，并占领了附近关帝梁等山头。第九十三军在关帝梁损失两团兵力，战斗之激烈在关帝梁可以看出，山头上关帝庙完全被炮轰平，周围交通壕都被击成高低的坑或丘，炮弹破片和子弹壳遍地皆是，简单掩埋的士兵尸体难以数计。我师奉令派两个团，再配合曾万钟部两个团，由我郭景唐师长率领，即日向唐王山进攻，必须夺下唐王山占领高地，我和参谋处长蔡画一随同前往指挥作战。我一个团占领唐王山以东高地，向唐王山敌据点用迫击炮轰击，一个团向山上进攻，未费多大工夫即夺回了唐王山并占领了高地。因唐王山被敌占以后，敌人仅留少数兵员据守，大部队已退去，故未费力即被我夺回，守据点之敌百余人，除被击毙者外，逃出者不多。

※ 作者当时系第九十八军司令部机要室秘书。

我两个团各派一个营，一个营游击至埝掌附近，一个营游击于夏县附近，并击毁敌开进村中的坦克车一辆，消灭敌数百名，逼使敌退回铁路线。埝掌一带之敌则用野炮向我山上轰击，我指挥所已至山半腰，敌炮弹均落在后山坡上，对我毫无威胁。在此次战役中我师部中校参谋朱建中带便衣谍报人员与敌搏击阵亡。我师部队即驻于徐家沟、岔车、大爻、唐王山附近，监视敌之行动，军部也开来大寺坪驻扎。后敌人无甚行动，于一九四〇年夏季，我师仍回西庄师部，军长亦回李圪塔军部驻地。我们在西庄又度过了抗战后第四个春节。

部队突围敌后游击，我过河至接兵处

我于一九四一年调至李圪塔军司令部机要室，我至军部后，敌人又在晋南分十四路向山区进攻，在这黄河北岸中条山区狭窄地带驻着很多部队，如第五集团军曾万钟部、第九十三军刘戡部、游击第六纵队毕梅轩部。我第九十八军武士敏军长有誓言坚决抗敌到底，于是决定突围到敌后打游击，目的地仍突至北面原防地太岳区一带。当时我及妻刘鸣珊和儿子均在西庄时染患疥疮，行动困难，军长让我暂在南山黑尾村留守，并着刘熙副官留下照顾我们，并将军部其他老弱病号和留守处人员要我负责领导，一俟突围驻定后再派部队来接。部队刚刚突围出发后，我即带同一些老弱官兵近三十人至黑尾村，随将这些人分散居住，此时有其他各部的散兵，没有完全渡河，他们没吃的就来我留守处借粮食，将留守处及我们的食粮全部借完，留守处只剩了一些被服鞋袜工具等物。又几经敌人来搜山焚烧，我们在山里无物可吃，我即着各人想各人的办法。起先尚能用钱买居民点玉米，以后居民的玉米也被敌人挖出烧光，沿沟道已成熟的麦子亦被敌放火烧完，我们和当地的居民大部都断了粮食。于是我们买羊吃羊肉，羊也被敌人赶跑了，我们吃野葱、野韭菜，吃桑树的桑葚子，葚子没有了吃野香椿，以后甚至吃桑叶子。我们在这敌占区也时刻与敌周旋，有时在其他山沟打几枪，使敌人向那里去盲目射击，在这边打几枪即引其在这边乱射一通，使敌人不得安宁。不过也有汉奸向雪泉岭敌大队部报告，说有第九十八军石秘书带有数十人在附近山里打游击。敌人也不断来搜山，而只是在山下乱叫一阵，乱打一阵枪就跑了，实际他们也不敢到山上来，因为这一带林深草密他们也有所顾虑。我们在山里驻了三个多月，敌人对我们也无办法。最后他们向村子要人，这时各村都组织了维持会，敌人通知李圪塔维持会，要该村三天内将在该村附近山里隐蔽的第九十八军官兵送上雪泉岭大队部，否则搜山搜出来就烧村庄杀村民。这样维持会没主意了，有该村头面人达建三让他儿子进山和我商量，要我们能走尽快走，实在不能走就暂先转到其他山沟，等敌人搜山后再回赤红沟。我说我们就要走了，不走也要饿死在这山沟里了，你回去告诉你爸爸并转告乡亲们，我们决不连累乡亲们，请他们放心。就这样我们打点了行李翻过山去，到了第九十三军的留守处，该处也有四五个人要跟我走，天黑下山到了龙上铺，原来敌人刚由此村退走，烧毁了村中几院房子，我们即住在扫家沟口的一户破院子内。次日早晨进了扫家沟，这里就是毛毛山。扫家沟沟窄山高，人们建议在这里打打游击，但因没吃的无法停留，天黑出了沟口来到大路上，这里经过作战死人死马死牛甚多，因为正是六七月间，天气炎热，沟内臭气熏人。各村都烧光，找不到居民老乡，于是在夜间急向南行，白日在山坡大树林里休息找老乡买吃的，夜间又走，经王屋山区至河南邵源街到小沟渡过了黄河，到达铁门的接兵处。又去洛阳办事处给我们军长发了电报，报告了我们的行止。接到军长回电说：已派了一个营去接你们，但未找到，你们既已到接兵处就暂在王宏业师长处住着，以后随新兵回前方。我们就住在铁门，不几天就见到了刚从前方回来的苏聚和，一见面第一句话他就告诉我说：军长阵亡了！我于是请他到我家来谈了详细情况，又带他去见了王宏业师长，不几天陆陆续续回来的人就更多了。刘希程接任第九十八军军长，随后我辞职去了西安。

第四十三军参加中条山抗战的概况

岳寿椿※

一九三九年十二月事变以前的晋东南

一九三八年十一月八日太原失守后，八路军第一二九师和决死第一纵队与第三纵队，以及卫立煌统辖的中央军，共三十余万人，在南同蒲线以东、太行山以西、正太路以南和黄河以北进行抗日战争。当时八路军和决死第一纵队以武乡、沁县、沁源为中心，以太岳山区为根据地，扼守子洪口要冲（决死第三纵队在阳城、沁水一带），中央军则驻防阳城、沁水、翼城、绛县、平陆、芮城，以中条山为根据地，处于第二线。垣曲为晋东南的总枢纽，进则攻，退则守，必要时可南渡黄河入豫。

一九三九年初，卫立煌升任第一战区司令长官，晋东南划入第一战区，但地方政权仍属山西省政府领导。当时避居山西吉县的山西省政府在晋东南设立了第三行政公署（驻阳城岩山一带），下辖第三、第五、第七三个专署，管辖各县。行署主任由第八集团军总司令孙楚兼任。第三专区（驻沁县沁源）专员薄一波；第五专区（驻阳城沁水）专员先是张慕陶，后为戎伍胜、续汝楫；第七专区（驻平陆芮城）专员先是关民权，后为刘涵森。后来日军占领了晋东南的大部分县城，但广大农村仍在中国人民手里。

一九三九年阎锡山制造了十二月事变，在晋东南的决死第三纵队受到一定的摧残。这除了对日军有利以外，还给卫立煌扩张势力造成了可乘之机。最后，孙楚在晋东南人民的反对声中和卫立煌的排挤之下，撤

※ 作者当时系第四十三军暂编第四十六师第一九六旅第二团第四连第二排排长。

出了晋东南。

中条山战役前的形势

十二月事变后，决死第三纵队转移沁源一带与决死第一纵队会合，八路军和决死队仍在第三专属的武乡、沁县、沁源一带坚持抗日。

晋东南南部原来的第五和第七两个行政区所属各县，除日本人占领县城（垣曲在外）和重镇外，都为卫立煌的军队所占据。计有：刘戡的第九十三军驻芮城地区，曾万钟的第三军和孔令恂的第八十军驻平陆地区，第三十四师和河北民军驻夏县地区，高桂滋的第十七军驻绛县地区，刘茂恩的第十五军驻翼城地区，陈铁的第十四军驻阳城、垣曲地区，武士敏的第九十八军驻沁水地区，范汉杰的第二十七军驻壶关、陵川、高平地区，庞炳勋的第四十军驻晋城地区，与山西接壤的河南新乡、沁阳、济源、博爱靠太行山一带，驻有高树勋的新八军和孙殿英的暂五军。

阎锡山发动十二月事变，搬起石头砸了自己的脚，既失掉了牺盟会和决死队的支持，又失掉了在晋东南的大部分政权。但他并不甘心于自己的失败，仍然梦想恢复十二月事变以前的政局。第一步，他重用十二月事变时在决死第三纵队中以屠杀共产党人闻名的赵世铃，将他的第一九七旅和原驻晋东南的独立第三旅（旅长田树梅）合编为第七十师，并以赵世铃为师长；接着又将在晋西的暂编第四十六师（师长孙瑞琨）调到垣曲，师部驻歇马店，与第七十师（驻歇马店以东跑马池一带）合编为第四十二军，提升赵世铃为军长。第四十三军军部驻垣曲杜村河川的上涧底，是阎锡山在晋东南的基本力量。第二步，派敌工团委员傅海云为中央宪兵学校太原宪兵分校第二支校（贾宣宗的第一支校和李国枢的第三支校在汾南）教育长，率一个团的干部（班长以上），又让他兼任敌工团第三、第五、第七区办事处处长，率校尉级队员（将来的县长区长）六十多人，前往晋东南扩军和开展政权。傅海云率部由秋林经韩城、潼关到河南渑池。由于卫立煌以十二月事变为借口，胡说第二战区的人有共产党嫌疑，不让过河。滞留半年，几经交涉才渡过黄河，驻于垣曲峪子村、南北堡头、谭家沟、石家沟一带。

由于垣曲当时是晋东南的交通枢纽和总后方，特别是中央军的后勤供应都要通过这里，所以第一、第二两战区协商决定，不在垣曲招兵，只有驻垣曲的民大第五分校（驻胡村）可以招生。傅海云的宪兵第二支校带去一个团的干部架子，实际上就是去招兵的。他在那里仿照民大第五分校的做法，贴出招收学兵的广告，但报名者寥寥无几。于是只好派出武装人员在垣曲至同善镇的大路上，拦截从阳城、沁水一带潜逃而欲渡河的逃兵。这引起中央军与宪兵第二支校的矛盾。当时各县一般都有三个县长，一个是日伪县长，一个是中央军派的，一个是阎锡山派的。发生矛盾后，中央军便把第二战区派的县长撵了回来。傅海云走投无路，于一九四一年春被调回吉县担任了阻击队的总队长。不久，阎锡山将宪兵第一、第二、第三三个支校合编为独立第一九六旅，由原宪兵第一支校教育长贾宣宗任旅长。宪兵第二支校被编为该旅第二团，由教务主任陈惠民任团长，军事主任杨元璐任副团长，团部驻垣曲峪子村（地图标为峪平）。敌工团第三、第五、第七区办事处处长则由原第三行署田粮处处长翟大昌担任。

第三行署在十二月事变后退居垣曲同善镇，形同虚设。阎锡山为了扭转局面，改派陆军大学毕业而与卫立煌关系较好的第八集团军副总司令楚溪春为第三行署主任，李冠洋为副主任。楚、李二人先到洛阳与卫立煌洽谈后，于一九四一年阴历正月下旬到达垣曲。从此，第一、第二两战区在这里的矛盾始有缓和。

中条山战役中晋绥军的溃败情况

中条山战役是从一九四一年春开始的。日军一个联队及伪警备队共千余人向垣曲和绛县之间的横岭关发起攻击。横岭关为第十七军的防地，守军为一个团，制高点华山驻有一个连。双方在横岭关前展开激烈的争夺战，第十七军伤亡甚重，增兵至一个师，仍未扭转形势。横岭关为日军占领。

这时，楚溪春正到垣曲不久，当即命令晋绥军的第四十三军参加战斗，并以该军暂编第四十六师孙瑞琨部为第一线，命令夺回横岭关；以第七十师在东西桑池、跳马池一带为第二线；以第一九六旅第二团（共七百多人）由峪子村进驻涧底和平原村，为暂编第四十六师的预备队。暂编第四十六师投入战斗，一鼓作气夺回横岭关，日军及伪警备队虽经数次反扑，但未能再度抢占。暂编第四十六师坚守一个多月，大大挫败了日本人的疯狂气焰。

日军恼羞成怒。五月，日军以华北方面军司令部的名义调集山西、河北和河南的日伪军共数万人，分五路对垣曲县（古城）发起进攻。一路由绛县出发，一路由平陆出发，一路由道清路而来，这三路是主攻。阳城和陵川的两路是佯攻。采取的战术是重点突破，长驱直入。

五月上旬的一天拂晓，日军首先突破横岭关暂编第四十六师阵地。

赵世铃随即命令第一九六旅第一、第三两营上去迎战堵击。经过两三小时的战斗，第三营二百多人，只留下三四十人。接着就接到日军各路均已突破我军防线并由刘张、同善深入后方实行包围的情报，又接到赵世铃已率第七十师向阳城方向撤走的消息，第一九六旅第二团遂决定后撤。除第一营随暂编第四十六师不知去向外，团部机枪连、第二营（副营长孙士林带走第五连独立行动）和第三营残部共二百多人于中午撤到马村和陈村一带。从同善和皋落下来的日军随后跟进。我们又向峪子村转移，准备靠近黄河岸边。谁知日军空降伞兵已经占领了垣曲县城（古城），并将猬集在黄河滩的中央军溃兵、后勤人员和家属都俘虏了（据我团被日军俘虏于战后回国的第五连卫排长说，这次俘虏被送往日本下煤窑的即有一千多人）。团长陈惠民又决定向河南济源蒲掌方向转移。当天下午夕阳西照时接近白鹅镇，即遭到从济源方向来的日军的拦截，第二团残部只好边打边退，上了白鹅北山。在山上困守一夜，官兵以麦穗充饥。第二天拂晓，日军发起攻击，我排（第四连第二排）担任掩护，全团撤入阳城东西峰一带原始森林里，以战马耕牛野草为食。第三天越过公路，转入沁水的南北板桥与日军发生遭遇战，晚间又遭到中央军在该县建立的武装部队的袭击。北上不行，于是又决定西折绛县渡汾河而回晋西。不料在绛县刀把沟又与日军巡逻队遭遇，拼了刺刀。敌人人数不多，被我们打退。第四天拟由绛县回马岭翻山进入绛县平原，早八时由第九连郭振纪连长率余部七八人为尖兵，我第四连为前卫，一字长蛇阵向山上爬去，结果遭到山头上日军据点的机枪扫射。第四连连长李春茂和第一排排长郝守温腹部中弹，不能行动，被迫自杀。队伍只得全部撤退下来，又北折向翼城方向转移。到翼城刘家渠，遇到了暂编第四十六师和我团第一营。这时军心才比较稳定下来。后来打听到第四十三军军长赵世铃已率部逃上浮山塔儿山，暂编第四十六师和第二团又向塔儿山转移。

在塔儿山见到赵世铃后，赵命令暂编第四十六师和第一九六旅第二团就地待命开展政权，当即遭到暂编第四十六师师长孙瑞琨和第二团团长陈惠民的拒绝。孙、陈指责赵世铃不顾大局保存实力，要到阎锡山那里去打官司。原来赵世铃听说暂编第四十六师在横岭关被打垮以后，即把他的基本部队拉到阳城县东西哄哄山上，然后经过沁水和翼城，躲到浮山去了。

两天后，孙、陈率部下了塔儿山，一夜急行军越过同蒲路到了汾河岸边，但河深水急不能徒涉。第二天托人向伪保安大队长（战前是杨澄源的马弁）说妥掩护渡河，当晚由陶寺出发至赵曲抢渡汾河，于一九四一年七月七日回到吉县。稍作休整后，奉命回到陕西宜川县秋林镇与旅部会合。原来的七百多人此时只剩下二百多人。

余　闻

中条山战役开始时，前线无统一指挥。第一战区长官部远在洛阳，敌情不明，也谈不到有效的指挥。第二战区的阎锡山坐观失败，不予策应，所以造成各自为战盲目行动的混乱局面。实战部队则因派系复杂，为了保存实力，各有各的打算，都不愿进行决战，所以不是闻敌远避，就是一触即溃。第二战区的赵世铃率第四十三军的第七十师由垣曲拉入阳城后又转移到浮山。刘戡的第九十三军拉到浮山后，由临汾渡河经禹门到陕西。范汉杰的第二十七军拉到林县，第八十军军长孔令恂渡河到河南，刘茂恩和高桂滋只身渡汾河逃到吉县，孙殿英和庞炳勋把部队拉上太行山。真正作战的部队就不多了。这是中条山战役失败的两个主要原因。

战役结束后，日军占领了垣曲县城（今古城），切断了黄河两岸我军的交通，击溃了两个战区近十个军。第一战区司令长官卫立煌以“失职”罪名被撤职。阎锡山没有受到处分，却与日军达成密约，派杨澄源率第六十一军梁培璜部和五专区专员续汝楫，公开通过日军防线，前往浮山一带，在八路军的根据地里进行所谓“开展汾东政权”的罪恶活动。

第 三 章

绥 远 作 战

综　　述

一九三七年九月至一九四〇年三月

绥远指抗日战争时期的绥远省，即今内蒙古西南部之乌兰察布盟、伊克昭盟、巴彦淖尔盟等地，省会归绥（今称呼和浩特）。较大城市有：包头、五原、陕坝（今称杭锦后旗）等。

一九三七年七七事变后，绥远省政府主席兼第七集团军总司令傅作义率所部第三十五军东进抗日，转战冀（河北）察（察哈尔）晋（山西）。日本侵略军乘隙向绥远进攻，于九月二十三日陷丰镇，二十六日陷集宁，十月十四日陷归绥，十七日西犯包头。至此，包头以东终陷于敌手。

一九三八年三月末，傅作义将军率第三十五军由晋西临县三交镇出发，经过兴县、岢岚、五寨、偏关向绥南挺进。四月中旬收复清水河县，二十六日收复和林格尔，设司令部于和林。后在归绥以南地区与日军展开激战，呈胶着状态。

一九三九年一月，傅作义将军率第三十五军经由山西河曲转进绥西河套地区，就任第八战区副司令官，仍兼任绥远省政府主席。六月至八月傅作义将军在百川堡（现临河新华镇）主持抗战建国讨论会，统一军政干部思想，为坚持绥西抗战打下坚实的政治思想基础。

傅作义将军于一九三九年十二月至一九四〇年三月指挥第三十五军、第八十一军之第三十五师、骑兵第六军之骑兵第七师等部进行了包头、绥西、五原三个战役。

进攻包头计划是：首先对包头城内日军一部进行蒙蔽，将其调动到城外；二是包头战斗开始后，打击固阳、安北向包头增援的骑兵第十三和第十四联队。十二月二十日晨，日军骑炮兵联队由熊川长治率领由包头出城向西“讨伐”。正在此时潜入包头城内中国军队击杀日军哨兵，占据民房，后续部队源源入城，扩大战果，进攻日军各据点。位于包头以北七十公里固阳日军骑兵第十三联队由小原一明率领和离包头约九十公里的安北骑兵第十四联队由小林一男率领驰向包头增援。当其进入三和号和毛鬼神窑子伏击圈后，中国军队立即展开快速、猛烈、连续的攻击，骑兵第十三联队大部被消灭，联队长小原一明被击毙，骑兵第十四联队遭到重大损失，联队长小林一男被击毙。二十一日有日军两个步兵大队向包头增援。中国军队于二十日、二十一日、二十二日三天在城内与日军展开巷战。由于歼灭敌人任务已完成，于二十三日撤出包头，战斗至此结束。

包头被攻击后，日军集中主力攻击绥西河套地区，欲摧毁这一抗日根据地。一九四〇年元月二十八日，日军分两路进攻河套地区，第二十六师团由包头向西北，攻向五原以北之万和长，然后向南迂回，骑兵集团及独立混成第二旅团沿黄河两岸，企图歼灭中国守军，然后攻占五原。北路日军在水泉、万和长，南路日军在西山嘴的黄河两岸均遭到中国军队有力抗击。日军先后占领五原、临河、陕坝等地。此时中国军队仍在河套地区采取机动游击战，消耗日军有生力量。日军于二月十五日撤离河套，放弃陕坝、临河，留水川伊夫在丰济渠以东指挥日伪军布防。

傅作义将军得知五原日军主力撤回，仅留少数日伪军和特务机关，于三月二十日夜，对五原进行合围攻击。至二十二日夜，五原新城、老城全部被收复，日伪军全部被消灭，击毙水川伊夫中将（此事在日本防卫厅战史室所编《中国事变陆军作战史》中未有记载）、桑原荒一郎中佐。骑兵集团和第二十六师团赶往五原，进入五原遭到中国军队有力反击，与日军展开游击战，并将乌加河河堤掘开，造成大片泛滥区，道路被水淹没，日军无法行动，被迫撤回。中国军队遂进驻五原，绥西河套地区全部收复。

五原大捷当时震动中外，国民政府特授予傅作义将军最高级奖章——青天白日勋章。

绥南作战简记

王雷震※

一九三八年四月，我第三十五军第二一一旅第四二二团在傅作义军长领导下，于临县三交镇略事整顿后，即向绥远挺进。四月二十五日，到达绥南和林格尔县（简称和林县）之大红城。据报告，喇嘛盖驻有敌军，乃着我团郁传义营（欠第五连）向喇嘛盖挺进，以牵制该处之敌，不能增援和林日军。我则率安春山营及王德臣连和山炮连，协同第四二一团进攻和林县城，并以我团宋海潮营为攻城预备队。

克复和林县血战喇嘛盖

我第二一一旅第四二二团（欠第二营）与第四二一团于二十六日拂晓前抵和林城附近，当即部署开始攻城。激战至十时许，城内日伪军二三百人，以受我两个团的步炮兵联合进攻和压迫，并有我突击队一部已突入城内，遂狼狈出北门，向城西北之石灰窑子山上溃退，又以有我宋营之追击，该敌始向西北方向窜去。是时，接到郁营长报告，喇嘛盖战斗激烈，情况危急。乃一面回示郁营长坚持到午十二时，我即率队赶到；一面留安营协同第四二一团肃清城内敌人，清理战场。我则急率本团宋营与王德臣连及炮兵连驰援喇嘛盖我郁营，期歼灭该处之敌。

原来，当我郁营长率所部由大红城向喇嘛盖分进途中，于二十六日上午一时许，即先与樊家窑所驻之敌人接触。经激战约两小时，赖我杨善庆第六连官兵奋勇猛冲，将敌人击退，并占领该村。在此处击毙击伤

※　作者当时系第三十五军第二一一旅第四二二团团长。

敌人二三十人，俘敌四人，获步枪六支、子弹五百多粒。

此后，我阎沧第四连与杨善庆第六连在郁营长指挥下继续前进。及至喇嘛盖与敌接火之后，经冲击四五次，亦未奏效。敌人之机枪火力及炮火甚为猛烈，激战至天明，始知该敌为伪蒙军骑兵第五师之全部，兵力胜过该营十倍。此时我阎沧连长已几处负伤，仍坚持指挥杀敌，后因伤势过重，为国牺牲。我郁营长在被敌包围形势下，沉着应战，指挥其少数兵力，牵制了多数敌人，一直坚持到我增援部队到来。我由和林带领部队于当日午间十二时赶到喇嘛盖，即刻参加了战斗。该敌见我后续部队上来且已展开进攻，我炮兵也开始攻击，即仓皇撤退，蜂拥而窜。遂为我郁营解了围。喇嘛盖之战，缴获敌之文件、给养、械弹甚多，毙伤敌一百余人。我官兵亦伤亡五十名。

克复和林，击溃喇嘛盖之敌后，傅军长即进驻和林县，当夜下达指示：

一、董其武第一〇一师由和林向归绥进发；

二、第四二二团以一个营（安春山营）附山炮二门留和林担任警备；

三、王雷震团长率本团两个营附山炮一门，经凉城县以西之西沟门、五道窊向旗下营挺进，截击敌人。

我在出发前向傅作义军长请示，如果我后方路线被敌截断，不能返回时，应如何行动。傅指示：依靠大青山，由后山取道到河套去。

旗下营阻援与厂圪洞战斗

第四二二团（欠第三营）于四月二十七日上午二时由和林出发，昼宿宵行，向旗下营挺进。二十九日，我郁传义营进驻得胜窑子，准备应战。三十日，我宋海潮营附山炮一门到达旗下营南山上，当即以一部至厂合少村戒备。继按我们兵力和阻击敌人的需要，酌量开启本团于一九三六年在此处构筑之国防工事，准备利用它截击日军。一面派战斗组掩护爆破班便衣队破坏桥梁、砍倒线杆、剪断电线，一面派兵袭击旗下营火车站。当时，有两名日本人在车站厕所里，自缢而死。余敌数人窜至车站西南之水磨村，也被我消灭。后来，由东开来增援归绥的铁甲车一列，载兵约五六百名，由于铁路和桥梁被我破坏，不能通过，即停在旗下营以东铁路上，并数次向斗金山我阵地攻击，均被我击退，计击毙击伤敌四五人。这段路数日之内未能通车。

我团这次来到旗下营，一些老战友异常激奋，都认为能据守当年自己亲手构筑的国防工事，犹如回到老家，誓要凭借此坚固阵地，歼灭日军，报仇雪恨。因为我董其武师克复清水河县，经和林县向归绥进攻时，在一间房、莎尔沁与日军激战陷于胶着，伤亡过重，郭景云团长负重伤。当时，还枪毙了作战退缩、影响战局的邵得禄营长。董师即转移至清水河，本团在五月三日，也奉傅军长电令，开回清水河。在撤离阵地时，官兵多有依恋工事不舍之意。并且说："眼看绥垣近在咫尺，未能和兄弟部队会师归绥，深觉遗憾！"

又当我董师在一间房、莎尔沁与敌激战之时，归绥日军竟以岩田骑兵联队，绕袭我和林。二十八日为我安春山营与第四二一团张进修营阻击于厂圪洞，歼敌甚多。次日，敌又来攻，我安营协同刘景新第四二一团，再阻敌于厂圪洞，几将敌全歼，缴获军马及其他战利品颇多。仅安营正面之敌，被我打死打伤一百余人。我安营战士李贵金于敌我激战之际，在战友们配合下，利用地形绕到敌背后，连续夺得敌人轻机枪两挺、马枪一支、子弹数百发。此役，安营伤亡官兵四十名。第四二一团及其张营官兵也很有伤亡。

大双墩诱敌阻击

我军转移到清水河以后，东北军何柱国骑兵第二军之骑兵即驻在清水河县东南韭菜庄。为时不久，有日军步骑炮混合约一旅之众，直向韭菜庄何军进击。傅作义军长为分散敌进犯兵力、消灭该敌、解救何军，遂派王子修新编第六旅于大双墩阻击来犯之敌。激战一日，顾念该旅兵力较弱，伤亡甚大，傅军长又命令孙兰峰第二一一旅加入战斗，接应新编第六旅歼敌，并令我先派一个营支援新编第六旅。及我派郁传义营上去，接应新编第六旅参战之后，不料敌已增兵约两个团，以致我军在此未能实现歼灭该敌之计划。

五月三十日上午，傅军长再命令孙兰峰旅长："以诱敌深入，施行歼灭之计划，着第四二二团掩护全军向偏关转进。"我团接受任务后，即指挥郁传义营且退且战，诱敌深入。至此时，我郁营已击毙击伤敌三四十人。尤其是第五连中士班长史得功，他率领全班战友掩护撤退，在敌人猛袭新编第六旅之炮兵的情况下，他机智勇敢地指挥全班战友掩护该炮，使其得以安全撤退。完成掩护任务后全班安全归队。

这次战斗，本团官兵伤亡十九人。

和林厂圪洞争夺战

张进修※

一九三八年三月下旬，傅作义将军为了配合我台儿庄作战，牵制华北日本侵略军，率第三十五军（自兼军长）和骑兵第六军第七师（军长门炳岳兼师长）等部队，北上恢复绥远省归绥（今内蒙古呼和浩特市）及包头等地。同年三月底，由晋西临县三交镇附近驻地出发，经过兴县、岢岚、五寨、偏关等地向绥南挺进。四月中旬，我军一举收复绥南清水河县城。四月二十六日拂晓，收复绥南和林格尔县城。随之傅作义将军总司令部进驻和林格尔县城指挥作战。

当我一〇一师董其武师长带领全师，由和林格尔附近出发北进归绥，在一间房村，与日本侵略军主力第二十六师团遭遇，展开激战。狡猾的日军派出骑兵部队一个团，从归绥出发，绕托克托向我后方迂回过来，企图袭击我和林格尔城——傅作义将军的总司令部所在地。该敌进至和林格尔城西之前后厂圪洞村时，被我第四二二团第三营（安春山营）阻止。但敌人凭借飞机大炮的优势，包围了我安春山营，双方展开了争夺前厂圪洞村的激烈战斗。

歼敌解围

一九三八年四月二十八日上午九时许，第二一一旅旅长孙兰峰，命令我率四二一团第一营（欠机枪连，是时我任该营营长）并指挥守卫前厂圪洞村的邱子林连，打退包围安春山营之敌人，夺回我山炮，并相机

※　作者当时系第三十五军第二一一旅第四二一团第一营营长。

全歼该敌。我营奉命后，即按第一、第二、第三连的顺序，呈一路队形顺着地边洼道，持枪向前厂圪洞村跑步前进（此时敌人从厂圪洞村上空射来的子弹如同飞蝗）。我带领全营跑步进至前厂圪洞村东门外大土墩东侧洼地集结后，一面派出警戒，一面请来邱子林连长，向他传达了旅长着该连暂归我指挥的命令。邱连长报告说，炮兵阵地仍在激战中，山炮还在我手，没有被敌人夺去……我随即带领各连长去前厂圪洞村邱子林连阵地附近视察敌人情况。该连当面之敌约有三百人，距我阵地前沿，远者二百米上下，近的六七十米左右，敌人的掷弹筒可以打到我阵地前，我方手榴弹却投不到敌人跟前。同时，我发现敌人官兵均穿着马靴，原来是下马徒步作战的骑兵。曾记得战术上说，见了骑兵先打马。打徒步作战的骑兵，要先袭击其马桩子，待发现敌人第一线官兵，转头后顾，无心恋战之时，要大吹冲锋号，大喊杀声，并即发起适当的佯冲，威胁敌人，一举即可打退敌人。

视察敌情后，我决心先袭击其马桩子，待敌人从第一线撤退时，跟踪追击并歼灭之。于是我令王纯刚连长，率第一连向西绕出几华里，转向西北占领某高山及以南东西两山，选择地形，构筑工事，适时向沟底的敌人马群发起猛烈攻势，勿使该敌逃逸。其他各连排亦均于下午二时三十分到达攻击准备位置，向敌人发起进攻。及至三时四十分许，瞭望观察所和邱连长均报告，敌人官兵不时地向后转头，似有后顾，无心恋战。

同时，第一连王纯刚连长报告说，该连占领了指定的高山后，一面构筑工事，一面对守卫马桩子之敌人开始猛烈射击，正在战斗中。又说，高山南侧东西山沟里，有敌人六个马群，每群有百几十匹马，现正在饲喂草料中。看样子该敌已知被我包围，似有固守待援的企图。

我们根据以上敌情，决心于翌日拂晓，敌增援部队到来之前，全歼该敌。我下达了夜袭歼敌的部署，命令第一、第三两连在原地迅速加强工事，以防敌之逆袭和突围逃跑，并要不断地向敌第一线阵地突袭攻击。同时，第一、第三连应各选拔勇敢善战的士兵三十人，编成十五个突击爆炸小组，由一名精明机警的排长指挥，乘夜从敌人步哨间隙中潜进，一人持枪掩护，一人专向敌马群投手榴弹，袭炸敌马。

四月二十九日凌晨二时许，我听到突击爆炸小组向敌人马群投弹的爆炸声渐渐激烈起来，即令号目，吹起冲锋号。第一、第三两连第一线部队的突击班，向掩护马桩子之敌发起猛攻，以猛烈的火力制压敌兵，支援爆炸小组的战斗。顿时，火光冲天，声震地颤，炸得敌人乱作一团，人仰马翻，东逃西窜。他们没有想到大日本皇军还会遭此惨败！

四时许，我营各连捷报频传，有的已完全控制了敌人马群，有的占领了敌人外围山头阵地。战斗结束时，天已放亮。我即令第二连宋文周连长，率领该连预备队占领高山阵地，加强工事，监视敌人增援部队，捕捉敌人的零星逃兵，掩护本营打扫战场。

正当我们清理战场之际，忽发现西北托县方向，有汽车灯光闪动，我判断，可能是敌人增援部队。即令各连迅速占领高地，准备战斗。刚布置就绪，敌人就到了。在炮兵掩护下，步兵向我攻击前进。我除监视哨兵之外，其余官兵均隐蔽山后，沉着应战，敌人数次攻至距我百米以内，均被我以炽盛的火力击溃。一直战斗到是日（二十九日）下午二时三十分左右，敌人没有越出我山头的雷池一步。此时，孙兰峰将军看到我营已连续战斗两天一夜，即命三营张振基营长率全营接管了本营阵地。

我营回到旅部驻地后，即将这次战斗中缴获日军的三百九十六匹高大洋马，连同全套鞍具（每匹马身上备有新牛皮洋鞍子和新黄军毯两条，以及饭包、饭盒等）上交旅部上尉副官令狐理验收。

坚守阻敌，掩护大军转进

我第四二一团第一营，旋又奉命死守前后厂圪洞村及附近山地，掩护第三十五军全军向清水河安全转进。

四月三十日上午七时以后，敌人飞机两架，轮流侦察，掩护其步兵向我攻击前进。九时许，敌机开始向我各连阵地俯冲轰炸和低空扫射。同时，敌人七五野炮向我各村阵地猛烈射击，掩护敌兵进攻。我营官兵严阵以待，直到敌人进至我阵地前百米以内，敌人飞机和炮兵不能发挥作用时，始集中火力，突然向进入我火网之敌猛烈齐射，使敌人死伤惨重，不支溃退。敌人步兵在飞机和大炮轮番轰炸扫射的掩护下，数次冲杀肉搏，但均被我军奋勇击溃。如此反复争夺的激烈战斗，达四小时之久。十二时三十分，我接到第二连齐振海排长的报告，说该连士兵伤亡甚多，宋文周连长和芦秉忠排长在与敌人拼刺厮杀中，已为国捐躯，要求营部火速增援。我即命令齐振海为第二连连长，严守阵地，奋勇杀敌；同时，命令第一连确保二连的左侧安全，并相机歼灭入侵该村之敌人。此时，又接第三连蔡玉庆连长报告，该连已伤亡士兵二十多人，敌人借燃烧柴草火烟的掩护，从村西北角阵地突进，现正在激烈肉搏战中，请求火速增援……我即命令他要坚决歼灭入侵之敌，不得动摇影响全局。至下午一时许，突然刮起大风，霎时尘土飞扬，天昏地暗，几十米之外，看不清人的脸面。因而，敌人飞机大炮的优势失掉作用，致使战斗逐渐缓和下来。我营就这样借天之助，完成了掩护我抗日大军安全转进的任务。于下午六时许，撤离前后厂圪洞村附近阵地，向去清水河大路以东的山麓转进。

夜袭黑田师团司令部

我营由和林格尔转进到清水河以后，经过整训补充，战斗力已基本恢复。

五月三十日敌黑田师团一部，在大小双墩东西之线与我王子修旅激战了一天。黄昏后该敌撤至东南二十五华里外的韭菜庄附近地区宿营，准备翌日再向我军进犯。四时许，孙兰峰旅长命令我营夜袭韭菜庄日军黑田师团司令部。

我率全营前进到韭菜庄以北山头（约距韭菜庄三华里），即下达了作战命令，向全体官兵说明这次夜袭的目的，要少射击，多投手榴弹，不要呐喊，以免暴露我部队的位置。各连到达袭击准备位置以后，各选拔机警善战士兵若干人，编成几个战斗小组，并派一名排长指挥战斗。按照部署，我军重机枪彻夜未停地从韭菜庄东西山头上向敌扫射，制压敌人，进庄的各战斗小组到处投掷手榴弹，搅得敌人乱作一团，有的上房乱行射击，有的乱喊乱叫，使敌人一夜未能休息。我营胜利地完成了袭击敌人司令部的任务。

但是，在与敌人脱离战斗撤退之时，由于我三连郗连海连长擅自移动了预备队的位置，未能在拂晓前及时占领韭菜庄西北的一个高山，掩护撤退，因而敌人得以先我占领高地，居高临下，向我猛烈射击，使我营在撤退中伤亡官兵二百多人。我本人也身受重伤，一时不能动弹。幸亏几位长期跟我的老班长把我抢救出来，护送我回到旅部。以后又辗转到陕北佳县城二战区医院、西安军医院等处治伤疗养。

刘桂五将军殉国记

于鹤龄※

刘桂五将军，热河省朝阳县人，幼年家境贫困，无力读书，年龄稍大，即投奔到热河地方团队，入伍当兵。由于屡有战功而为上官所重视，由军士、下级军官升到团长。这支队伍由东北军改编后，暂转属骑兵第二军指挥，番号为骑兵第六师，刘为骑兵第六师第十八团团长。因为他作战勇敢，有胆有识，不怕牺牲，遇战总身先士卒，得到他的老师长白凤翔的重视和提拔。西安事变后，师长白凤翔另调他职，刘桂五接替白凤翔，升为骑兵第六师师长，王景阳为副师长。

一九三七年抗战开始

一九三七年七七前夕，马占山由天津赴南京，后又转往西北，奉命组织东北挺进军参加抗战。当马占山在南京临行前，向蒋介石当面请准，把刘桂五的骑兵第六师调归马指挥（事前马已同刘说好）。同年八月下旬，马依靠刘桂五的骑兵第六师为基础，以招募敌伪官兵及反正部队为目标，在大同建军。此刻，日本帝国主义已经占领平津，乘胜利之威，沿平绥线向西进犯，直指绥包。其时，山西骑兵部队沿大青山向西急撤，刘桂五的骑兵师在绥包一带抗击日军，连续作战，疲惫已极，亟待整顿，便随马占山将军退到后套五原一带休整。不久，又奉命转进伊克昭盟，加强黄河南岸防务，稳定伊盟局势。

一九三八年三月末，北路军总司令傅作义将军为配合台儿庄战役，

※ 作者当时系东北挺进军总司令马占山的机要秘书。

牵制华北日军南下，率部向绥南挺进。至四月中旬进抵绥南，马占山将军奉令配合傅作义反攻归绥战役，率刘桂五等部从高龙渡口渡过黄河，在绥包铁路线上陶思浩附近与伪蒙军激战后，进出大青山，多次袭扰，牵制敌人，威胁敌人后方。当转战到绥西安北县境内黄油杆子的地方时，敌装甲部队趁夜将我军包围。是时马的总部住在一户民房院内，敌人的机枪对准总部住院不断射击，窗户都被打毁，我军不得不伏在炕沿下边还击，战斗至为激烈，形势异常危险。敌兵逼近院墙，与我短兵相接。总部卫队营的两个连长带领士兵猛烈反击，未几即全部壮烈牺牲。最惨痛的是卫队营里有王姓父子二人，这天在向敌军阵地冲击时，均牺牲于敌兵阵地的前沿。中校营长张悦新，为了保卫总部，亲自带着卫队营的两个连冲锋，不幸阵亡在村子西边一个土地庙的左侧。

刘桂五师部的宿营地，距马占山的总部约有三华里之遥。刘桂五闻到枪声，立刻率部来援。为了解除包围，刘率三个连的兵力，向敌人的左后方一侧，勇猛冲杀，以图打开缺口。由于刘的突然袭击，敌腹背受敌，因而对总部的攻击火力减弱，加上突围的总部卫队营攻势猛烈，敌人的火力遂被压了下去。马占山乘硝烟弥漫、敌人攻势稍减之际，出房门转向房后，越院东北角的短墙走出敌人的火力射程之外。刘桂五骑着他平素最喜爱的槽名“草上飞”的军马，驰骋于战场之上，指挥部队，往返冲杀，直到把总部外围的敌人扫清，他才策马西驰。马占山虽已突围，而战斗在前院的卫队并不知道。当刘桂五骑马西行时，总部卫士队长徐洵喊了他一声：“师长，不能走，将军（指马占山）还未突围出来呢!”刘听到喊声，勒马一愣，刚说了声“噢”，就在这一刹那间，敌人的掷弹筒炮弹，击中刘的坐马脊背，战马立刻倒地，刘的臀部也受重伤，卧地不能起动。就这样，刚毅豪爽、临危不惧、视死如归的刘桂五将军，在绥西的战场上，壮烈地以身殉国了，终年不过五十岁。时为一九三八年四月二十二日。

刘桂五殉国之后，刘的卫士连立即冲上去抢救尸体。但这时敌人已经看出刘桂五虽穿一身便服，但几次在战场往返冲突，料定是位指挥官，所以用几挺机枪严密封锁现场的尸体，以致夺取尸体的六七位战士中弹牺牲了，不得已马占山遂下令停止抢救烈士尸体的行动。结果刘桂五将军的尸体被日军抢走（按：另据抗日时期曾在马占山部工作的杜海荣同志回忆，刘桂五牺牲后，尸体运回伊盟，并开追悼会设祭，并未被敌人夺去）。

刘桂五的作风和胆识

刘桂五虽然出身行伍，但治军有方，纪律严整，赏罚分明，他的部队不扰民，守纪律，爱祖国，作战勇敢。他之所以为张学良将军器重，在西安事变中用他来做活捉蒋介石的先锋，就是因他遇事“敢”字当头，大义凛然，胆大心细，足智多谋，在东北军中又是有名的神枪手。全国解放后，党和政府对刘桂五将军英勇杀敌、壮烈殉国功绩给予很高评价，定为革命烈士。刘的妻子也被安排为西安市政协委员。

笔者从七七开始，随马占山将军战斗于绥西，担任他的机要秘书，对刘桂五将军抗战殉国的事迹，甚为了解，谨书志如上。

绥西抗战中的傅作义先生

王克俊[※]

傅作义先生是一位反帝抗日的爱国将领，在他前半生的戎马生涯中，曾与日本侵略军周旋十余年。尤其自一九三九年进驻绥西以后，整军经武，艰苦奋斗，坚持抗战，打退了日军一次又一次的向绥西的进攻，粉碎了敌人西犯的阴谋，为祖国为人民立了功。

傅作义先生原属阎锡山的晋军系统，经过长期历史现实的教育，使傅作义先生认清了阎锡山的面目，并与之分离。但是，由于当时他思想上把抗日胜利的希望寄予蒋介石和国民党中央政府，才到第八战区赴任。

一九三九年春，傅到五原正式组建第八战区副司令长官部。这时傅的战斗序列确定为：除由河曲带来的各部外［第三十五军之第一〇一师、第二一一旅（后扩为新编第三十一师）、独立新编第十团（后扩为新编第三十二师）和炮兵第二十五团］，还有宁夏马鸿宾部、门炳岳部（骑兵第七师后扩编为骑兵第六军）、游击旅（游击司令马秉仁）、新编第四旅（石玉山部）、新编第五旅（安华亭部）、新编第六旅（王子修部）（这三个旅实际兵力均各为一个团）以及马占山部和阴山敌后的鄂友三部、绥南的乔汉魁部（地方游击队），还有白海凤骑兵旅。作战区域是原绥远省全境。

抗日建国讨论会

傅部到了绥西之后，虽然在对日作战方面取得胜利，在军队补给方面也有了改善，但在政治方面情况却大为复杂化了。反对蒋介石的中统、

※ 作者当时系第八战区副司令长官部机要室主任。

军统特务控制与瓦解部队的“政治斗争”也日益强化起来。此时，国民党绥远省临时政府自榆林迁回陕坝（现杭锦后旗）；国民党的省党部也加强了，派来了书记长。中统、军统人员不断增加。这里还有早在后套的阎锡山的屯垦军，他们走私贩毒，对当地残酷盘剥，无所不为，风气极坏。

傅先生在绥西，继续贯彻发展在柳林、河曲时期建立的进步的政治工作，以此作为建军治军的根本。

一九三九年六月至八月，傅先生在百川堡举办了三个月的“抗日建国讨论会”。“抗建会”旨在合力抗战建国，人人献计献策。傅先生也借此轮训干部。所有傅的基本部队的党政军干部分期分批均参加了讨论会，以达到统一意志、统一行动、团结一致、共同抗战之目的。

抗建会一共举办了三期。成员以傅部队的官佐为主，行政方面也多数是跟傅的干部。第一期搞得很好，成员中有不少共产党党员，国民党省党部的人只是少数。共产党员在这期讨论会中起了骨干作用。傅先生很钦佩共产党军队的革命精神与作风，羡慕其作战勇敢、纪律良好，因此十分重视爱国思想教育部队，十分重视在部队内建立新型的民主的上下关系、官兵关系。提出废除打骂制度，实行说服教育，无论是官还是兵都有向他直接通信、反映情况和提出建议的权利和义务，而他保证必定复信，有所答复。傅先生在会上发言时常说：“国家兴亡，匹夫有责。我们的部队，不分官兵，不分上下，都是为抗日建国服务的，都要为抗日建国而奋斗牺牲。为抗日建国服务，总得有一个头头。我既不是什么副司令长官，又不是什么钧座，就算个‘工头’吧！”因此，傅的部属在谈话中也常常称傅先生为“工头”，道说“工头”的长短。在傅部中没有旧军队中那套繁缛森严的礼节和称谓。除了简单的军礼外，上、下级之间相处很随便、亲切。讨论会上关于抗日建国的问题，人人畅所欲言，大会小会，饭前饭后，常常展开激烈的辩论。辩论的情况是一边倒，抗日、民主的势力占压倒优势，国民党省党部的人一开口说话即遭到批驳。抗日的歌声、壁报、简报亦十分活跃。生活上自傅先生起，上下均穿一样的布军衣，大家围在一起吃大锅饭，官兵融洽一致，处处是民主抗日的高昂气氛。“抗建会”每天有“朝会”，每天早上出操完毕，必得有一个干部和一个战士登台讲话，分析抗战形势、国情，提出抗日救国的办法，共产党员的干部以自身的模范行动宣传抗日，令人口服心服；省党部派来的几个人穿着黑制服，讲话言之无物，遭到大家的冷遇。第一期讨论会的情况引起国民党中央党部的指责，先派了国民党中央委员苗培成与傅接触，随即又派来张彝鼎、苏寿余等十余人来做政治部的正、副主任等职务。

第二期讨论会斗争就更激烈了。苗来后，即要求傅清除傅部内的共产党员，建立了国民党为中心的政治部（傅部内一直不设国民党特别党部），并要求任张、苏为第八战区副长官部的政治部主任、副主任，连红色的第三十五军臂章也不准再戴了。这是在后套地区傅和蒋矛盾分裂的开始。和苗谈判的结果，师旅以上政治部主任由国民党中央政治部委派，团以下仍由原来的政工人员担任，政治部的秘书主任周钧以及各科室亦仍为跟随傅的人。但是，傅的这一让步，使大部分共产党员表示不能再在傅部工作了，要求离开。在国民党中央的压力下，傅先生不得已只好送走了部内大部分共产党员。其中重要的、公开的共产党干部（如潘纪文等同志），傅先生均派车和派专人护送到西安八路军办事处；团以下的共产党员则发给路费，提供交通工具，指定安全路线送回延安。这时，部内很多人才了解这些为人所钦敬、楷模的同志的身份，分手时莫不依依不舍。傅先生还费尽苦心在部内留下了一些共产党员（如杨子明等同志），直到北平和平解放。

第三期讨论会的主要教育内容和前两期相同，特点是着重军事训练。这期军事干部占多数。傅先生常说：“官不离兵兵有主，兵不离阵阵必胜。”严格要求干部在战斗中必须“身先士卒”，而且自己身体力行。在军事训练中尤其加强二百米内的攻防演习和五百米内用几种武器打坦克的训练，空室清野、撤离、反攻的训练等，使部队在作战技术上也有很大的提高，破除了对敌人的机械化、现代化武装的惧怕。经过训练，干部、战士很有信心，说“敌人的坦克不可怕，飞机更不可怕”，能以最简陋的步枪对付敌人现代化的坦克的进攻。这期讨论会结束时，成立了新编第三十二师。

抗日建国讨论会确立了军、政、民一体的领导体制。实行全民总动员，团结一致，共同抗战。整编了地方部队，克服了阎锡山早在后套搞的屯垦军和一些地方军对当地人民的盘剥和危害，扭转了其遇敌就跑的怕死风气，严肃了纪律。对国民党嫡系的骑兵军则加强联络，明确指挥系统。

在抗建会达到思想一致的基础上，傅在自己的部队内开始搞了一些较好的工作制度和条例，如军政干部条例、军政干部考核办法等。其对军政干部的要求是：艰苦朴素，热诚积极，工作负责，要为国家、为民族、为人民、为整体而奋斗牺牲。由此发展并实施的制度、措施和办法，一直坚持到抗战胜利。这些是傅先生在河曲接受共产党民主抗日的进步主张的进一步发展。

频繁激烈的战争，紧张艰苦的生活，连年在荒漠地区纵横驰骋，傅先生的部队若没有这样坚实的思想基础和政治工作，是不能坚持抗战、持之以恒、立于不败之地的。抗建会后，旋即进行了持续数月的三次大战役。正如傅先生后来所说："……所部官兵，连年转战，实极辛劳。塞上荒漠，冬尤苦寒，运输给养，皆为不易，而官兵全体……（均能）踊跃奋发，甘受一切穷困劳苦以与暴敌相周旋。战斗意志，愈久愈强；作战技术，愈穷愈进。士兵等在今日，已绝不畏敌人飞机、坦克等威胁，并可用各种方法，以摧毁敌人摩托化之工具。至于临难不苟之精神、勇于杀敌之意气，则殊多可歌可泣之事实。"（见傅作义先生一九四〇年五月二十三日致蒋介石的公开辞勋电）这都是和傅先生百川堡抗建会政治、军事训练分不开的。傅先生的部属直到现在依然深深怀念这个时期的生活，特别是抗建会中民主、进步的政治气氛，民众的热情、奋勇精神，给他们的教益和滋补，使他们终于能认清历史潮流，与人民一道前进。

袭击包头和绥西大捷

傅部一到五原，立即引起日本侵略军的注意，因而即加紧对后套进犯。日军进攻的路线大体分两路，北路自包头沿公路经大佘太从乌不浪口进犯，南路从包头南沿黄河南岸西进，攻击目标是马七渡口。敌人这样的钳形攻击不断加强。开始，马鸿宾部守乌不浪口，但日军两次进攻则后撤至三盛公（即现巴彦淖尔盟磴口县）。傅部不断反击，经过约半年的拉锯战，南路傅部推进至距包头三十里的昆独仑召（现包钢所在地），敌人则龟缩在包头城内以及附近几个孤立据点内。

日军不甘失败，一九三九年下半年，继续加强对后套的进犯，屡次沿上述南、北两路来攻，并疯狂轰炸五原。一次傅先生几乎遇难，随身的一名卫士牺牲了。敌机的滥炸，总部无法办公，因此转移至乌兰淖，但是五原仍设临时指挥部，与敌相持、拉锯、推磨。南路始终巩固，北路虽有些损失，阵亡两将（游击队队长赵伯铭和政工干部李冰泉。李系第一〇一师第三〇三团政治主任，高台梁战役壮烈牺牲），但敌亦未能取得进展。

一九三九年九月、十月，日本侵略军南犯长沙。为牵制日军，蒋介石命令傅先生进攻大佘太。为了使策应发挥更大效力，有力地打击华北敌人的有生力量，策应南方作战，傅先生决定不打大佘太而全力奔袭包头。自此开始了持续数月艰苦壮烈的包头、绥西、五原三个大战役。战斗一开始，国民党中央党部派来的政治部主任等便都躲到石嘴山去了。

与之成鲜明对照的是，傅部的干部与政工人员，在战斗中始终起着带头作用，冲锋在前，撤退在后，成为部队的中坚。

包头战役

此役的作战方针是：突然袭击，以少胜多，迅速结束战斗。一九三九年十二月，傅表面上佯作在五原过元旦，让本地剧团大事准备元旦的庆祝演出；又先将大军集结于河套大门，大做防御工事，以迷惑敌人。然后，秘密神速地自五原南急转向东，全力奔袭包头之敌。部署如下：以孙兰峰新编第三十一师担任主攻，董其武第一〇一师担任扫清昆独仑河至包头之间守敌并打援，袁庆荣新编第三十二师阻击固阳、大佘太方面之敌。在各部队到达预定的攻击位置之后，突击部队出敌不意，突然围歼城外守敌，随即向城内发起总攻。十二月二十日凌晨，总攻开始。这时正值隆冬，气温零下三十八摄氏度，天寒地冻，枪栓冻得拉不开，战士十分着急。有人跑来问："怎么办?"傅先生回道："尿尿，尿了再打。"部队迅速攻入包头城内，一举尽歼守敌各要点。这时天色未明，傅先生正在城郊昆独仑河边的五分子村总部外高处察看军情。当前线捷电传来时，在傅总部从枪声中也能听出城内已转入巷战。傅先生当时十分激动，向着城内振臂高呼："胜利万岁!"总部的人员也纷纷走出来，同声高呼。严寒的原野上，沸腾着热烈的胜利欢呼声。我军将士以雷霆之势突然出现，令敌人惊慌失措，损失惨重。但是由于骑兵第六军未完成在磴口与萨拉齐之间破坏铁路线以阻止平津方面援敌之任务，我军在歼灭守敌有生力量之后便撤回五原。在战斗中傅亲临前沿指挥，有一次他离开总部到孙师督战距敌不过二百米，几乎被敌包围。在撤出包头时，有七个战士在城外一个娘娘庙为掩护部队阻击追敌，坚守到底，全部壮烈牺牲，后被誉为娘娘庙七英雄。此役来往行程八百里，历时月余，歼灭包头之敌两个团，击毁日坦克四辆，又阻击由固阳方面来援之敌，毁敌汽车八辆，毙敌百余，其中两名骑兵联队长丧命。事后军委会下令奖励是役有功的人员。

绥西战役

日军企图报复，叫嚣要"膺惩傅作义"，妄图依仗其军事优势一举扑灭傅部，一面狂轰滥炸，一面仍分由南、北两路扑过来。另外，还有狼山后的两个伪蒙师自千里庙口对我后方进行袭击。一九四〇年一月底，傅总部刚回到五原，敌人便开始了对五原的疯狂进犯。我部在乌不浪口和乌加河折桂乡桥进行抗击，激战几天后，且战且撤。以后，傅总部转入黄河南沙漠区内的圣旦格尔庙。部队化整为零，坚壁清野，开展游击战，与敌推磨周旋。这时，环境虽然变得十分险峻艰苦，补给很困难，但是经过了一个月的不断战斗，实行了毛泽东主席倡导的“敌进我退，敌驻我扰，敌疲我打，敌退我追”游击战十六字方针，予敌重创。一个月内，击毁日军卡车四十余辆，击溃了由千里庙口进犯的两个伪蒙师，肃清了后套西部之敌，收复临河，形成了自乌加河以北的四意堂，五原以西的五分子桥、新公中、蛮可素、郝敬桥到黄河边的对峙线。傅先生很善于指挥运动战。早在河曲时期，傅先生对毛泽东主席的战略思想极为推崇，一有空暇，便研读毛泽东主席的著作和共产党、八路军的文件，特别注意研读毛泽东主席的军事著作。一个来月的绥西游击运动战收获很大，消耗了敌人，保存了自己，扭转了战局。

正当傅部化整为零在沙窝中坚持抗敌、相机收复五原、彻底粉碎日军对绥西进犯的时候，蒋介石发来一个电报，任命傅为第八战区代司令长官，要傅即到兰州赴任，部队在石嘴山收容。当时，部队内多数有资历的高级人员都主张部队后撤，傅去赴任，说这是蒋的关怀，但是部分年轻干部认为这是蒋吞并异已的一种手段。“赵孟能贵之，赵孟能贱之”，只有不离开自己的部队，坚持打击敌人，才能壮大自己，相机收复失地。后一意见正合傅先生的主张。傅先生谢辞了蒋的任命，坚持在绥西抗日。

收复五原之役

一九四〇年二月下旬，傅总部踏冰过河，到了黄河北面一个只有三五人家的小村落亚马来。傅在这里召开各部队的主官会议，为收复五原做准备。这次会议对包头战役和绥西战役的得失、部队的教训和指挥官的功过奖惩等进行了总结和民主评议，并讨论了收复五原的部署。

当时，五原守敌有一万余人。在旧城驻有乌古廷（伪蒙军总司令兼伪五原行营主任）、鲍贵廷（副总司令兼参谋长）率的两个师（计四个团），在新城驻有汉奸部队王英、安恩达的两个师和日本皇族水川中将和大佐以下日军军官、宪兵八百余人，而这时傅的第三十五军已不足三千人了。根据敌我力量的对比，我采用了掏心战术。在民众协助下，出敌人不意，直插城内。傅以第三十五军为主力以及游击旅的一部，并动员了一个屯垦旅（兵力七百到八百人，团长贾晏如）加入战斗。部署如下：以新编第三十一师安春山团（只不过百余人）组成突击队，准备好浮桥渡渠。其任务是沿黄河东进，然后向北突入城内占领五原南门的一座学校（这是敌人的后勤补给仓库与合作社）；新编第三十一师其余部分以及贾晏如部和游击旅，统由孙兰峰指挥从敌人的间隙插入新城；董师先占领梅令庙，然后随总部驻守梅令庙并相机支援；新编第三十二师通过梅令庙进攻旧城；此外，要求门炳岳部监视蛮可素方面的伪蒙第六师（穆克登宝部），刘春方骑兵团监视乌加河北的伪蒙第八师（宝音格勒德尔部）。此外，部署了王子修、安华亭与石玉山三部在五原以东、乌梁素海和四柜一带，准备截击溃逃之敌。会后，部队立即迅速行动，分几路秘密神速地猛扑五原城。

战斗在三月二十日夜十二时打响，激战到次日晚，城内的敌人全部解决。傅先生亲临前线指挥，指挥部就在一条水渠沿上，当攻城部队陆续打出了表示攻城胜利的三颗信号弹时，傅先生高兴地鼓起掌来。克复五原之役，击毙日酋水川中将以下日伪官佐级军官计四百余人。俘虏日兵三百余人，获大小炮二十多门，汽车五十余辆，城内敌仓库的物资使我军得到了一次极大的补给，补回了在包头、绥西两役的损失还有余。五原战役的胜利，大长了中国军队的士气。在攻城的战斗中，团长贾晏如、营长赵寿江不幸阵亡。赵营战斗异常英勇，大部殉国，克城后仅余十一人耳。赵屡立战功，勇敢能战。由于安华亭和石玉山演了个“华容道”，有意纵敌，让乌、鲍、王、安只身逃掉了。自此，由于整个战争形势的发展，敌人再无力发动进攻了，只在乌梁素海东面西山嘴上建立据点。以后，这些据点也只能换驻伪军了。

“这一个除夕夜最好!”

三大战役持续数月，在沙漠中与敌人周旋、拼杀，条件十分艰苦。傅先生运筹指挥，和将士一起辛苦辗转，许多情景使我至今仍深铭难忘。

一次，傅部在沙窝中与敌人周旋，在一个叫小站的地方的小树林里休息，遭到敌机轰炸，傅先生被落在附近的一个炸弹埋了起来，大衣被弹片穿了好几个孔，身边的马也惊跑了。卫士赶忙前去护卫，只见傅先生毫不理会，就势躺卧在沙窝边，处之泰然。我们被他这种镇静情绪所感染，不知谁想起今天正是除夕，于是大家议定赶移圣旦格尔庙过夜。敌机过后，我们继续前进，渐渐天已完全黑下来。在茫茫沙海中，竟迷失了方向，转来找去，不见目的地。这时又刮起狂风，风卷黄沙，打得人睁不开眼，脸上也冻出疙瘩，部队十分疲惫。傅先生命令就地休息。战士们从沙窝中采来马棘、干草，点火取暖，还比赛谁点得快、点得旺盛。聪颖的战士又发明了一种“火炕”，在快燃尽的干草、马棘草上面盖上黄沙，躺在上面睡觉暖烘烘的，十分舒服解乏，有如农家的火炕。篝火熊熊，映红天际，大家围在火堆旁吃锅巴，睡“火炕”，祝贺节日，情绪热烈。傅先生十分高兴地说：“一生没有过这样的除夕夜。满山荒沙满山火，比外国人的圣诞节还美。这一个除夕夜最好!”天明一看，圣旦格尔庙原来就在前面那个大沙梁的后边。

在组织三次战役期间，傅先生处置军机，检查部队，督促补给，每天往返几十里至上百里路，十分劳累紧张，早上吃上一碗泡面糊，随即出发，一天跑一两个点。黑夜回到总部，第一句话总是“给我喝口水”。连续一百多天的跋涉，傅的鞋底磨穿了。勤务兵天天缝鞋，鞋还总破。傅先生怨勤务兵缝得不好，勤务兵埋怨他穿鞋太不当心。后来实在破得没法缝补了，傅先生只好用麻绳绑住，继续穿用。那时傅先生和大家一样，身上也长满了虱子。有一个时期，部队每顿吃的都是豌豆，偶尔勤务兵把豌豆碾成粉做给傅先生吃，便算是“特殊照顾”了。

在紧张的战争中，傅先生从不避艰险，不怕牺牲，在生活中和战士们保持一样水准，艰苦朴素，忍饥耐苦。从这当中也可以见到傅先生的人品和风貌。

给蒋介石的公开辞勋电

傅先生率部在后套坚持抗战，英勇杀敌，艰苦卓绝。部队的伤亡要靠自己救护安置，部队的给养和装备补充要靠自己战胜敌人去夺取。不要说衣被粮草，在荒漠中连吃水都很困难。但是对于部队的生存，国民政府很少过问，给予的支持与补给极不够。

收复五原后，四月中，傅总部迁回陕坝。这时，作战时走开的国民党中央党部派到各级的政工干部也陆续回到了部队。

傅先生在陕坝得了伤寒病，隐蔽在陕坝北十多里的一个小村庄中养病，以避开敌机的轰炸。虽然在三次战役中取得了胜利，但是想到阵亡的将士、伤残的官兵，联想到国民党的腐败无能和蒋介石对本部的吞并的企图，傅先生常常在病中暗自流泪，十分痛心。傅先生记忆力极强，对部队排以上干部、警卫连所有战士，均能叫出姓名。病中，傅先生常常呼唤阵亡将士的姓名。病愈后，他命用白布把阵亡将士的姓名、年龄、籍贯、阵亡时间一一写上，挂在办公室墙上，整整布满了三间房，以志祭奠怀念之情。

五原光复得到了中国共产党和全国人民的慰劳。四月六日，蒋介石也来电，宣布授予傅以青天白日勋章。对此，傅先生于五月二十三日发表了辞勋呈文，公开予以辞绝。辞勋呈文义正词婉，寓意深刻，明里推诿功微，不敢拜领，实则对蒋的政策的不满和对蒋欲吞并异己的企图的愤懑，希望借此唤得国内外舆论的支持。

傅公开辞勋之后，蒋为了缓和傅的不满，几次来电嘉勉慰劳以示关怀、安慰，并邀傅在病愈后到渝商议部队的整编和补给问题。五月中又把傅接到渝养病，答应给傅三个军的建制（除原第三十五军外，成立暂编第三军，并把傅的骑兵扩编为骑兵第四军），此外还给了一个小炮营。当然，实际上蒋只是给了番号，并没有给增加枪械，后来（一九四四年）蒋借口整编部队，又把骑兵第四军的番号取消了。在整编部队时，傅把安华亭与石玉山两部人员编入暂编第三军，对安、石二人令其复员。

傅作义将军绥西整军抗战的回忆

袁庆荣※

一九三七年七七事变以来，傅作义将军率部转战于察、晋两省，半年之中人不歇脚、马不停蹄，虽不断予敌重大打击，但自己也付出了沉重的代价。尤其太原之战损失更为惨重，亟须休整补充，方可再战。为此，傅将军遂以败而不馁的坚强意志，在石楼、柳林、军渡一带，积极大事整军，力争部队得以尽快投入新的战斗。

经过三个月的休整，初见成效后，为了打击日本侵略军并在战斗中继续锻炼提高部队的战斗力，傅将军率部反攻绥远，进占绥南的清水河、和林格尔县。在向凉城、归绥进攻时，与日军调集的强大快速阻击部队在一间房村附近遭遇。经激战终日，予敌重大杀伤，并俘获日军及战马各三百多，然后乘夜脱离战斗，转回清水河。一九三八年初秋，又返回偏关、河曲从事休整。

在河曲、偏关，傅将军为了更好地统一抗战，遂与驻在晋西北岢岚、五寨一带的八路军第一二〇师贺龙部进行联防。其间，信使往来，交换情报，从而受到很大的教益和启发。以后，又在河曲总部邀请了八路军负责同志程子华、南汉震、罗贵波、续范亭等前来联欢，共同交流抗战的体会和经验教训，从而大大地提高了傅将军的思想境界，同时也使傅将军对今后的整军抗战，有了新的更深远的认识和思考。

其后又邀请八路军选派一批政治干部来加强所部的政治工作，并接受了毛泽东主席赠送的论述抗战的著作和其他政治书籍。这样，更进一步扩大了傅将军的抗战视野，并为而后指导本部的抗战，起到了积极、

※ 作者当时系第三十五军新编第三十二师师长。

深远的影响。

秣马厉兵，绥西百川堡整军抗战

一九三九年春，傅作义将军奉命任第八战区副司令长官兼绥远省政府主席，遂率领部队进入河套地区。傅将军认真总结了抗战以来的经验教训，深刻认识到：由于全国抗战不能协调统一，全军抗战也不能协同一致。我军过去军事训练又都学的是日、德的那一套，这样，敌人对我军战法了如指掌，而在战略、战术的运用、掌握上远比我军成熟。因此，我军如再运用那一套旧战术与敌作战，势必处于不利地位。而且敌军武器精良，军队素质及训练都比我军强，又有武士道精神（这虽然是一种蒙昧的愚兵政策，但在战场上却能起到顽强、宁死不降的作用），因此，在两年的作战中，我军虽不断予敌重创，而自己亦付出重大的代价。为了寻求克敌制胜的新途径，进一步提高部队的作战本领，遂决定于一九三九年六月在绥西百川堡（现临河县新华镇）组织抗日建国讨论会（简称“抗建会”），对军政干部分期分批进行组训。

在傅将军的亲自领导下，“抗建会”下设几个组，分别负责各方面的研究和组训工作。

一、政治工作组，由总部政治处长周钧负责。主要任务是：加强部队的政治工作，统一思想认识，提高部队的战斗精神、战斗意志，加强团结，协同一致，以适应抗日作战的新形势、新要求。

二、地方行政组，由“动委会”书记长于纯齐负责。几年浴血抗战的经验教训，使傅将军深切体会到：要想取得抗战的胜利，光凭军队是远远不够的，必须军政、军民密切合作，共同努力，才能取得彻底的胜利。

因此，组织了“绥远战地动员委员会”（简称动委会），并大胆起用从延安来的共产党人及有进步倾向的潘纪文、崔载之等人拟定动委会的各级机构、具体工作项目和工作内容。并研究如何组织宣传群众、动员参军参战，将一切人力、物力、财力统统用在抗战上，并且组织群众建立通信网、盘查哨、救护站、担架队、运输队等，配合军事供应，发挥地方行政效能，帮助群众生产救灾，解除群众的疾苦困难。从而把原来军队的单一抗战，变为全民的统一抗战。

三、军事训练组，由总部参谋处长袁庆荣负责。主要是根据两年来抗战的经验教训，废除旧框框，改变旧打法，按敌我的具体条件，针对当前的实际情况，扬长避短，找出一套新的切合实际的作战方法。从而变被动为主动，制敌而不再受制于敌。

如进攻中如何加强各兵种（主要是步、炮、工、通）和步兵各种兵器的密切配合作战，特别是步炮兵的配合作战。以扭转以往作战中，由于炮火配合不利，以致久攻不下造成部队伤亡过大的情况。

怎样奇袭敌人，怎样进行攻点（主要）、截援（次要）、攻点（次要）、打援（主要），怎样进行掏心战术，等等。

防御中，为了尽力避免过去那种被动挨打、人地俱失的惨痛教训，改为积极防御的灵活战法，从而保存自己，并能最大限度地歼灭敌人。如采取了“退出来，打进去”等战法。

组训中，各组既有分工，各有侧重，又要密切结合，从而完成统一抗战的目的。但集训的重点仍在军事方面，要求军、政现职干部和预备干部，都要分期分批轮训，每期一个多月。

傅将军对这次组训非常重视，对军事重点讲课，每课必听，并参加讨论。在战术的实施演练中，重点项目不仅亲临现场指导，而且自己也认真参加学习讨论，一丝不苟。在实兵实弹的演练中，和学员一起冒着炮火硝烟，亲身体验，发现问题及时阐明、纠正。演练结束还要做出详细、明确的总结。

通过干部整训，不仅掀起了空前的练兵高潮，使军队学会了一套克敌制胜的灵活战法，而且进一步激起了全体将士烈火般的报国抗战热忱，为而后袭击包头、绥西阻击、攻克五原打下了坚实的基础。

奇袭包头

当时包头的形势

包头系平绥铁路的终点站，也是敌人控制绥西的一个重要枢纽，构有坚固的防御设施，常驻日军万人左右。并在外围主要据点如固阳、安北（大佘太）、昆独仑召等处分别驻守日、伪军数百以至千余人，以资拱卫，借以确保绥包铁路沿线，并随时准备向外扩张。因此，它的存在不仅是对绥西、宁夏的一大威胁，也是继续依此向外扩展的一个重要基地。

奇袭包头的决心和部署

傅作义将军根据当时国内外的作战形势和所处的地位现状，经过周密的分析研究，认为为了扭转战局、恢复国土、推动全军的抗战、解放水深火热中之民众，及时袭击包头是非常重要和可行的。在部队经过整顿，精神面貌、物质条件都已改善的情况下，遂于一九三九年十二月中旬，对包头发起进攻。

为了克敌制胜，减少损失，决定采用长途奇袭，掏心与攻点、截援、打援相结合的战法。着骑兵第七师门炳岳部（此部系军事委员会的直属部队，临时归傅指挥）按时在包头以东、萨拉齐东西沿线破坏铁路、桥梁，确实截断敌人东来的增援，保证进攻部队的顺利进行。着新编第三十一师孙兰峰部，乘夜避开中途敌军外围据点，直插敌人西面奇袭包头，并组织一个强有力的突击团，利用掏心战术直捣敌人指挥中枢，乘乱分别围歼敌人。着第一〇一师董其武部，直插包头西北面，阻止前口子等外围据点敌军之增援，并协同新编第三十一师从北面进袭包头。着新建的新编第三十二师袁庆荣部，截击从安北、固阳方面前来增援包头之敌，并及时支援攻城部队。各部都要以迅雷不及掩耳之势，乘夜猛袭敌人，使其措手不及，以期大量歼灭敌人，攻占包头。

战斗的实施和结果

第三十五军各部队在傅作义将军的亲自指挥下，都依计划准时到达进攻准备位置，完成进攻前的各项准备工作。攻击命令一下，各部队即迅速发起攻击，我攻城部队个个奋勇当先，乘敌深夜不备，在城门和其他地方迅速突入城内，与敌短兵相接进行巷战。掏心部队则猛插直冲敌指挥中枢，直捣敌司令部，险些捉住敌酋小岛吉藏。其他部队亦迅速冲入截断敌人，分片围歼。勇猛激烈的夜战打得敌人晕头转向，尸满街巷，在夜幕的混战中，城中的老百姓也向敌人打枪，并呐喊助威，使敌人心惊胆丧，大大助长了我军的作战气势。经几小时的浴血苦战，到天明，除给敌以大量杀伤，并占领了大部城市。残敌只得逐步龟缩在互不相连的几个据点中进行顽抗。

上午八时左右，发现安北、固阳方面之敌约千人，经昆独仑召西北乌拉山沟的捷径赶来增援。我立即派出一个团将敌阻止在山沟里，并居高临下顺沿山势迅速将敌包围在山谷中。经予大量杀伤后，残敌退至一山沟村庄负隅顽抗，只待我逐步围歼，已无力再冲出山口威胁我攻城部队的侧背了。

攻城部队奋战到午后，当我主力部队逐步围歼城内顽抗之敌的紧要关头，敌人大部增援部队从东乘火车源源赶来。傅将军痛感萨拉齐东西间断路截援的骑兵部队未能按时完成预定任务，致使战局逆转，难克全功，遂下令全军撤退，另图再战。

绥西战役和五原大捷

敌人进犯绥西，侵占五原的概况

奇袭包头不仅给敌人大量杀伤，亦使敌人大为震惊，因而深感傅部的存在是一巨大威胁和隐患。遂从平绥、同蒲沿线纠集起小岛集团、黑田重德师团、小林角太郎联队等日军连同伪军三万余人、汽车千余辆、坦克数十辆、各种火炮约百门，并在飞机的支援下，于一九四〇年一月末，主力从乌不浪口，一部从西山嘴分两路大举向绥西进犯，企图彻底消灭傅部所有军队，并侵占我绥西地区。

为了阻击敌人侵犯，傅作义将军先着第一〇一师防守乌不浪口，步骑兵一部防守西山嘴先进行积极防御，其余两师控制在五原附近。

战斗打响之后，我防守乌不浪口的部队与敌人展开浴血奋战一昼夜后，旋即感到这样硬顶硬拼消耗战适中敌人的诡计，遂即改变战略部署。着新编第三十二师乘夜转向乌加河以北狼山南侧的空旷地区进行机动，着新编第三十一师、第一〇一师分别放弃五原和乌不浪口，乘夜转到五原至陕坝、临河的公路两侧分散潜伏，与敌周旋。这样先使敌人的大举扫荡落空，疲劳奔命，找不到目标，得不到收获；然后联合群众，加强侦察袭扰，窥寻时机，看准弱点，主动打击敌人。

敌人虽侵占了我五原、临河、陕坝等村、镇，但寻歼我有生力量的目的却未达到，锐气渐衰。临时抽调的东线部队也深感旷日持久，唯恐后方空虚再出纰漏，于是将东线调来的部队陆续撤回。只留日军一个旅团、伪蒙军六个师及宪兵队等数千人，和从雁北调来的五个警备队，由皇族水川伊夫中将指挥，据守五原及其以东地区。

清扫五原外围，逐步逼近敌人，为大举进攻创造条件

当侦知以上情况之后，傅作义将军深感敌人在五原的存在，不仅是插入我绥西的楔子，威胁着我部的生存和发展，亦为敌人进犯大西北敞开了大门，必须予敌以重大打击，逐出河套地区。为此，遂着各部加强侦察，在部队集结过程中，先积极打击五原以西外围之敌，打击敢于外出窜扰之敌。对五原外围的小据点逐步分别清除，扩大我军的占领地区。到三月二十日左右，已将敌人压缩在五原新旧两城及以东地区，其他大部地区又为我军所控制。这就为大举反攻五原创造了条件。傅作义将军适机在亚马来召开了高级干部会议，研究了当前的情况和反攻五原计划。

进攻季节的选择和地形时机的利用

绥西每年十一月河水开始封冻，十二月渐渐冻实（日军就是利用此季节大举进犯绥西的），翌年三月中旬解冻开河，此时河水迅急，渠道溢满，土地翻浆，道路淤陷。通过乌梁素海与黄河相连的乌加河，届时便在五原东、北两面自然形成一道天然地障，限制了敌人汽车和机械化部队的增援，形成了关门打狗的有利局势，便于以速战速决的战斗方式痛打据守五原及其以东之敌。

在确定进攻的时间时，考虑到拂晓进攻，很快天明，敌人便可依据既有的防御设施，据点顽抗，飞机亦可及时支援，这样进展较慢，伤亡亦大。遂确定在拂晓前三小时乘夜猛然插入，在夜幕混战中利用我对五原城中情况熟悉的优越性，直插敌人心脏。同时勇猛分割，分点围歼，待天明后，再依进展情况对据点顽抗之残敌在步炮联合和各种兵器（包括爆破）的密切配合下（如抗建会所预演的那样）迅速、坚决地破点歼敌，不使敌有喘息、增援的时间。这样即使敌人飞机天明再来支援也无济于事了。

进攻的实施和战斗的成果

傅将军根据上述情况的分析和考虑，决定于一九四〇年三月中旬进攻五原，坚决、彻底打掉守城之敌。

着骑兵部队于早三时前到达五原以东、乌梁素海南北一线，防止东来增援之敌，并准备截击五原溃逃之敌。

着新编第三十一师孙兰峰部进攻五原新城。

着新编第三十二师袁庆荣部进攻五原旧城。

着第一〇一师董其武部直插五原东北，在乌加河畔阻击从包头、安北、固阳前来增援之敌。

各部要在拂晓前三小时到达进攻准备位置，完成临战准备，依信号统一发起进攻。

战斗发起后，攻城部队便以勇往直前、决一死战的精神猛扑敌人。新编第三十一师首先着一部化装后混入城内作为内应。担任主攻的突击队则直捣敌人指挥中心。同时，其他部队也与内应部队里应外合乘胜扩大战果，激战到天明，予敌大量杀伤后，遂将顽抗之敌分别割裂包围于几个孤立据点。

战斗打响后，敌增援部队约一个旅团，从五原东北乌不浪口、乌加河桥方面迅速赶来增援，遂与我第一〇一师在乌加河畔展开激烈鏖战。

在反复拉锯式的残酷血战中，敌我双方都伤亡惨重，但是我部在团长郭景云、宋海潮先后负伤的情况下，仍顽强阻击，终于打垮了敌人，保证了我另外两师顺利攻城。

新编第三十二师除以一部强攻诱敌外，主力编成三个突击队，由五原城西面、北面、西南三个方向（西南面为主攻方向）向敌中心勇猛冲击，后续部队随后紧跟，猛卷两翼，顿时把敌置于万火齐发的火海之中。这时城中的人民亦纷纷呐喊助威，部队士气大振，乘夜混战到拂晓，突击部队先后在市中心点会合。敌人被打得不知所措，有的开始溃逃，有的仍在据点顽抗。天明了解情况后，重新调整布置，集中兵力、火力再次向据点顽敌猛攻，战斗异常激烈。营长杨延璧、师长袁庆荣先后负伤，但仍坚持指挥直至全胜。

天明后，敌机临空助战，但在双方激烈混战的情况下，已无计可施。只能在外围狂轰滥炸，略以助威。激战到中午前后，敌因伤亡惨重，知已无力挽救残局，最后据守新旧两城之顽敌亦突围逃窜。我步兵各师迅速组织追击部队乘胜追击直达乌加河畔。继又组织起步骑兵联合的强大追歼部队，一鼓作气连续向东横扫残敌直达包头近郊。

此役，先后计歼敌三千五百多人，俘敌三百余人，缴获大炮十六门、汽车近五十辆和其他大批武器弹药。在打扫战场时还发现遗尸中有敌水川中将、桑原特务机关长等高级将领的尸体。敌损失的惨重、逃跑的狼狈，于此可想见矣！

这一胜利成果，不仅改变了绥西敌我之态势，同时亦给国民以振奋，为今后全国军民奋起地积极抗战，起到了重大的转折和推动作用。

忆包头、绥西、五原抗日三战役

董其武※

傅作义将军是驰名中外的抗日名将。从一九三三年的长城抗战到一九四五年日本投降，十二年间，他率部对日本侵略军进行大小战役三百余次。在长城抗战时，我任团长，负责正面阻击日军西义一师团的战斗任务。以后历任旅长、师长、军长，傅作义部在抗日烽火中的历次战役，我几乎都亲与其役。绥西三战役是傅部抗战中较著名的三个战役。当时我任傅部第三十五军第一〇一师师长，我师的作战经过，是我所亲历，其他友军各部，则系我闻知，有待当时亲历者撰文补述。

三战役即：一九三九年十二月中旬至翌年一月的包头战役，一九四〇年一月下旬至二月的绥西战役，同年三月至四月的五原战役。三战役先后历时四月余，三战三捷。

一、三战役前敌我形势及我之战备概况

三战役的胜利，都是傅作义将军详细研究了当时国内外的形势、敌我情况，运用适当的战略战术取得的。是“未战而‘庙算’先胜”，“先胜而后求战”，运筹于帷幄，制敌于机先的胜利。

当时世界形势：一九三九年九月初，德军侵入波兰，英法对德宣战，第二次世界大战全面爆发；美国宣布对欧战保持“中立”，暗中则伙同英国欲搞“东方慕尼黑”以牺牲中国对日本妥协。而日本阿部内阁也宣布“日本帝国致力中国事变的解决，而不介入欧战”。

※ 作者当时系第三十五军第一〇一师师长。

敌我间形势：一、经过两年多的战争，欧战又起，敌已感兵力不足。虽然在华中进犯长沙，华南占领南宁，而在战争全局开始形成战略相持的局面，敌人企图暂时执行保点守线、搜刮物资、以战养战的策略；二、敌人两年来侵略的矛头所指，自以为是所向无敌，渐起了骄傲轻敌情绪，以为我们无力也不敢对他们反击；三、由于日本对美、英欲搞“东方慕尼黑”存有幻想，国内又引起南进北进的争吵，对侵略中国的战略策略一时有些犹豫莫定；四、更其重要的是，我八路军于一九三八年冬在大青山建立起抗日根据地，九月间在晋冀边区灵寿、阜平一带围歼敌第八混成旅团水原（少将）部后，接着在晋察冀抗日根据地又粉碎敌人的“北岳区大扫荡”，击溃敌独立混成第二旅团与第一一〇师团各一部，蒙疆国驻屯军司令官兼独立混成第二旅团长阿部规秀中将亦被击毙，迫使敌在华北各线据点采取保守之势，一时不敢有所行动；五、绥西当面之敌，以小岛吉藏中将为首的骑兵集团司令部驻包头，所属有独立第二混成旅团迁村部和骑炮步联队熊川长治部等，另有驻萨拉齐县的片桐茂骑兵第一旅团、驻固阳的小原一明骑兵第十三联队和驻安北的小林一男骑兵第十四联队。此外还有驻乌拉山前后的伪蒙军约五个师。从外表上看对我们说可谓大军压境，咄咄逼人，但实际上是敌士兵不知为何打仗、为谁打仗，潜伏着厌战的暗流。敌军官则骄傲狂妄，认为我无力攻击他们，另一面为了保点守线，又不敢轻举妄动。

傅作义将军一刻也没忘记，把握时机，主动杀敌。我们听到他常说的一句平凡而力重万钧的话是：“我只有一个心眼，就是打日本！”

傅将军以他多年来积累的抗日丰富经验，结合中共中央毛泽东主席的高明抗战理论，形成如下的抗击日本的指导思想：一、在一定条件下，可以把战略防御转变为战役战术的进攻；二、在一定条件下，可以把整个战线的内线作战变为一个地区、一个局部的外线作战；三、避免阵地战，运用运动战，机动灵活，在敌人运动中狙击歼敌；四、对敌之据点，以强袭之准备，作奇袭之行动，袭入据点，予以歼灭性打击。

傅将军根据他对形势的分析判断，得出结论是：寻求适当的时间地点，采取适合的战略战术，主动攻击敌人，歼灭敌人的一部或数部，给敌以重大打击，不仅是必要的，而且是可能的。

实践证明，这些指导思想是正确的。

我在傅作义将军的指挥下，历经抗日各战役，深刻地体察到傅将军善于充分发挥主观能动性，无时无刻不在加强战斗力，不失时机地打击敌人。

一九三九年初，傅将军率部由山西回到绥西河套地区，在五原成立第八战区副司令长官部后，便立刻整顿军队，将第三十五军补充为三个师，自兼军长。辖第一〇一师，我任师长，第三〇一团，团长王建业，第三〇二团，团长郭景云，第三〇三团，团长王赞臣；新编第三十一师，孙兰峰任师长，第九十一团，团长刘景新，第九十二团，团长郁传义，第九十三团，团长安春山；新编第三十二师，袁庆荣任师长，第九十四团，团长杨新钊，第九十五团，团长张世珍，第九十六团，团长黄纯烈。另有军直属的刘春方骑兵团、刘振蘅炮兵团，以及由国民兵改编的游击军两个旅，共六个团。是为主力部队。此外，属第八战区副长官部序列，归傅将军指挥的部队还有：中央军门炳岳的骑兵第六军（只有门兼师长的骑兵第七师一个师），原属晋绥军的徐子珍五临警备旅，属宁夏马鸿宾的第三十五师（师长马腾蛟）和骑兵旅（旅长马彦），以及由反正部队改编的一些游杂部队。

部队整顿刚刚就绪，就积极开展训练部队、整饬地方、加强战时动员等等一系列的活动。这种种活动，主要是利用“抗战建国讨论会”进行的。

一九三九年六月至八月间，“抗战建国讨论会”在百川堡（今临河县新华镇）开始，傅将军亲自主持。军队排级以上、地方乡级以上的干部全部轮流参加。讨论会首先完成的一项带有根本性的任务是：经过大会报告，小组反复讨论，最后由傅将军总结，树立起抗战必胜的信心，加强建国必成的信念，全军上下树立起一个奋斗的总目标。军事方面：傅将军对军事训练，一向是要求极严，极为重视，并有其独到之处。这次训练，在原有的军训团训练的基础上，扩大讨论范围，加强训练内容，通过反复研讨、实施演习和讲评总结，结合以往对日作战的经验，针对日军的战略战术及其长短条件，从实际出发，制订了一套对日伪军作战的新战法。如机动灵活地在运动中歼击敌人，奇袭、夜袭、围城打援，退出来打进去，掏心战术，软顶硬打，正顶侧打，甩开各路专打一路等等。这种训练，这套战法的制订，为而后历次战胜日伪创造了坚实有效的条件。战时动员及地方行政方面：傅将军不但长于治军，而且善于为政。几年来，他在同八路军合作抗日中，懂得了非动员民众，全民抗战是难以取得胜利的。他整顿军队后第二件大事就是仿照中共在晋西北建立动员委员会的办法，在“抗战建国讨论会”时就筹组了绥远省战地动员委员会。它是战时动员兼办地方行政工作的机构，分省、县、区、乡四级。通过这个机构，主要做了如下种种战备工作：一、利用各种形式，如戏剧、歌咏、报纸、集会、讲演等做广泛深入的抗日动员宣传；二、与各地驻军政工人员配合进行民众组训工作，如组织空室清野演习、宣传军民合作、组编担架队、救护伤兵医疗队、支前运输队等；三、在全河套地区广泛掀起生产运动。傅将军一向极端关怀和扶持民众生产，尤其是战时的粮食生产。在春天给河套农民发放种子，令各驻军积极协助扩大春耕，秋天积极帮助秋收。那时，我第一〇一师驻在五原一带。我常督促部队大量投入人力、物力，春天修疏渠道，协助农民春耕，秋天帮助农民收割打粮。此外，我们军队自己也开垦荒地，种粮种菜，养猪养鸡。这样，入套的第一年，我们就争取到一个好收成，基本上保证了绥西地区的军粮民食。从下述的三战役中，我们处处可以明显地看到上述战备工作的伟大作用。

以下依次叙述三战役。

二、包头战役

包头战役，是变战略防御为战术进攻，利用日军骄傲轻敌、疏忽无备，我出敌不意，突然以强袭之准备，对敌进行奇袭的成功的战例。

在我军整军经武、生聚教训、积极备战、相机攻敌的同时，通过各种方式和渠道，对当面安北、固阳、乌拉山前后、包头、归绥、大同以至张家口的敌军情况基本掌握。诸如上述地区敌军之配备、装备、作战意图，官兵战斗意志、情绪等等，并密切注视其变化。

一九三九年九月末敌进攻长沙，十一月末又侵占南宁，南线形势吃紧，重庆军事当局为牵制北线敌人调兵南下，命令傅将军出兵袭击乌拉山后大佘太一带之敌。傅将军认为袭击该地区之敌起不到牵制华北敌军的作用，只有进攻敌军重点防守的据点包头，方能收此功效。同时，傅将军已清楚掌握了包头的敌情，必须趁此有利机会予敌以沉重打击。乃不计牺牲，自请加重任务，决然进击包头。傅将军的决心下定之后，乃召集团长以上指挥官，详确地分析检查了敌我情况，听取各部队长的意见，补充修订自己的腹案，制订了进击包头的战略战术方针和各项具体措施。

为了制造种种假象，迷惑欺骗敌人，在行动之前，傅将军特命令我第一〇一师，以及北起狼山南麓经乌梁素海至西山嘴一线与敌对峙之各部队，大举构筑防御工事。日夜锹镐并举，人喧马叫，使敌认为我在冰冻封河之际，赶筑防御工事，只图加强防守，绝无进攻之意。另外，让话剧团、京剧团前往接近前方的五原等城镇，以慰劳军民、庆祝新年的名义，大张鼓乐，白天锣鼓喧天，夜间灯火通明，造成歌舞升平，毫无军事行动之假象。同时，在这些假象的掩盖下，一方面积极发动民众，做种种支援前线、保卫家乡、共同杀敌的准备；另一方面，傅将军令将大批粮秣弹药埋藏在黄河以南一带的沙窝里和乌加河北岸、狼山南麓之间。因为傅将军事前已估计到我攻包头后，敌人很可能向绥西反扑。事前埋藏下大量粮秣弹药，如果敌来攻我，我即可从容应付。正是傅将军走了这一步棋，才能有未来的五原大捷。这是后话。

十二月中旬，总部参谋长下达了命令，我军各部行军序列和作战任务大致是：门炳岳的骑兵第七师，沿黄河南岸运动，进至平绥铁路萨拉齐至归绥一带，破坏铁路，并相机占领萨拉齐县城，以阻击增援包头之敌；孙兰峰的新编第三十一师附五临警备旅于霖瑞团及一个山炮营为主攻部队，在新编第三十二师掩护下，沿乌拉山南麓的包五公路，向包头隐蔽前进，至昆独仑召之线，超越新编第三十二师疾进，奔袭包头城；袁庆荣的新编第三十二师附山炮一个营，出发时为前卫，掩护攻城部队；我的第一〇一师为总预备队，沿前山红柳滩隐蔽前进，以一部监视固阳、安北回援包头之敌，发现后进行阻击，就地歼灭；后山有王子修新编第六旅各部，袭扰日伪军，阻击向包头增援之敌；宁夏第三十五师在乌镇一带守备后套。

各部均于十二月十五日开始行动，沿途严密封锁消息，昼宿夜行，务于二十日前到达指定地点。

我攻城的先头部队孙兰峰师所属第九十一、第九十二、第九十三三个团及五临警备旅于霖瑞团、炮兵第二十五团，以急行军速度，于十九日凌晨到达指定位置——包头以北黄草洼附近。这时，傅将军得知门炳岳部于十八日已进抵萨拉齐县以东地带，破坏了萨拉齐至归绥之间的铁路，并与遭遇的伪军一部发生激战。傅将军为争取贯彻预定的作战意图，于是当机立断，紧急命令攻城部队指挥官孙兰峰率新编第三十一师及马逢辰旅、于霖瑞团，快速前进，提前于十九日夜开始攻城。孙即命刘景新的第九十一团及于霖瑞团为主攻部队，由包头北城墙东西两侧分别登城；安春山的第九十三团，向包头城东进展，阻击东来增援之敌，掩护攻城。

安春山的第九十三团在进抵包头西北城门时，看到守敌毫未发觉，碉堡工事有的无人把守，有的敌人在熟睡，认为机不可失，立即组织突击队登城。时近冬至，塞北气温已降至零下三十度左右。一弯下弦月，几点寒星，我军战士，冒着呼啸的北风，在微弱的星光下，越过冰冻的城壕，架设云梯，争先爬城。城上只有几名伪蒙哨兵，发现我军登城，竟与我军搭话："你们是中国军队吗？中国人不打中国人。"并告以城上无日兵守备。第九十三团一个营由伪蒙军哨兵引路，迅速全歼守西北门的日兵，打开城门，于霖瑞团冲进城内。在沉睡中的日军，突闻枪炮声，仓促应战。我进城部队有的直指日本侵略军驻包头司令部，有的与敌小股阻拦部队进行巷战。一时枪炮和喊杀之声，响彻夜空。我军士气高昂，人人争先恐后，战斗异常激烈，在分割围歼中，敌军有的被消灭，有的被压缩至敌司令部所在地——绥西屯垦督办公署大院内。

可惜的是我军后续部队未能大量攻进城内。而驻在城内的日伪军，有日军两个联队、伪蒙军一个师，还有宪兵队、守备队等小部队，得以集结兵力，负隅顽抗，并出动坦克，以强大火力，阻截我军。我各部战士，英勇奋战，前仆后继，逐室逐巷，浴血争夺。包头爱国居民纷纷送茶饭，指引道路。大部敌人均退至敌司令部大院内，城区大部分为我占领。

当我军攻进城内后，傅将军亲临黄草洼新编第三十一师攻城指挥部，了解突进城内部队的战斗进展情况，并告以东西两方面都有援敌出现。即指示孙兰峰师长，在必要时，要变“攻城打援”为“守城打援”，要求尽快调整和加强入城部队，扩大战果；同时要注视东西两方面增援之敌，务以有力部队予以消灭。当时命参谋人员通知新编第三十二师和第一〇一师火速前进增援。

当我师第三〇二团进至昆独仑召时，与固阳援敌之一部，伪蒙军于振瀛一个团遭遇。第三〇二团居高临下，迅速将敌歼灭，俘敌团长于振瀛以下近三百人。

二十一日拂晓前，我师进至包头西北十余里之毛鬼神窑子村时，与大佘太和固阳开来的援敌相遇，即占领有利地形，予以阻击，猛烈攻打，歼其大部，一部窜至西北门附近，遭我宋海潮所率炮兵伏击，全部予以歼火。

我师在前进中，虽然全歼两处增援之敌，但也迟滞我向城边靠拢的速度。当我师抵达城边时，黄草洼已为敌攻占，孙兰峰的攻城指挥部撤至北山脚下，敌我双方在黄草洼展开争夺战，该地硝烟弥漫，成为一片火海。我师一部立即投入战斗，并与各部切实取得联络。此际新编第三十二师亦到达附近，彼此配合，展开攻击。黄草洼战斗，双方损失均为重大。

二十一日晚，傅作义将军知敌增援部队自归绥、大同和张家口等地陆续开来，看到我攻城及打援各部，已取得战果，认为奇袭包头，牵制华北日本侵略军的目的已经达到，如继续恋战，敌众我寡，敌强我弱，恐遭惨重损失，乃即下令转移。首先指示掩护攻城部队出城，再命新编第三十一师、第三十二师、马逢辰旅、徐子珍旅及其他部队按预定计划，沿包五南北两条大道，向五原转进。令我师为后卫。

当敌发觉时，我主力部队已西行多时。敌军以大量的战车、汽车尾追。我第一〇一师作为后卫部队，采取游击战术，利用大路两旁的丘陵、沙窝、红柳滩和芨芨草丛等有利地形，处处阻击。敌汽车队尾追不及，又沿途挨打，不敢深入，自行撤回。我军主力于二十四日晨已陆续到达中滩，并分散向五原一带转进。我后卫部队，完成阻击任务后，亦沿乌拉山南麓西撤。

包头战役经三天四夜鏖战，至此告一段落。

战斗中毙敌联队长小林一男大佐和小原一明大佐以下军官二十余人，歼灭日伪军三千余名，击毁汽车一百数十辆、坦克三辆，炸毁军火库一座，虏获各种武器、军需品甚多。俘伪团长一名及伪军数百名。更主要的是这次战役我军吸引住晋北、察南及华北大部日本侵略军，不能南下。在战略上看，包头战役的战果是巨大的。这次战役也锻炼了我军官兵，诸如爬城巷战，攻城打援，机动灵活，动作敏捷，在实战中取得不少有益的经验。特别是进城部队，严格军纪，秋毫无犯，军民亲如一家。受到包头居民热情欢迎，积极支援，送水送饭，送子弹，抬伤兵，主动领路，指引敌人驻地，对我军提供了有力的帮助。这次战役也使归绥包头父老兄弟知道我们没忘记收复失地，并且有力量打击入侵敌军，激励了他们的爱国热情。这应该说是战果中的重要内容之一。

这里补叙一下关于包头战役的两项重要情况：

一、我在日本防卫厅战史室著的《中国事变陆军作战史》（中华书局译稿）上读到的关于包头战役的记载。包头敌酋小岛吉藏为推卸他疏忽备战的罪责，谎说他事先已知道我将攻袭包头，特于十二月十九日一早亲自送出一支讨伐队迎击我军。小岛回到城里时，却发现他的司令部北面已发生战斗，说我军是化装成老百姓，趁他的讨伐队出城后混进城里去的。这恰恰证明，我确实是在敌人丝毫不曾察觉的情况下袭入包头的。二、当我军完成任务主动撤离时，敌即集结了近万人的步骑炮混合追击部队，但却迟迟未敢迅即追击，只是尾随在我军后面，用零星小部队向我袭扰，而大部队跟了一段路程后，就转头撤回去了。这说明我之奇袭确实打得敌人惊魂丧胆，对我产生畏惧之心。说来还算敌人有运气。原来，当我撤退时，傅将军除命我师担负后卫任务外，另命令几支部队在追兵必经之路两侧布置了口袋阵地以聚歼运动中的追敌。如果敌人不是畏惧而退，而是猛追过来，无疑必将遭受更大的失败。

三、绥西战役

绥西战役是傅将军预定将来犯之敌的主力歼灭于运动之中的计划未遂后，立即变为避开敌之主力，以游击战术，困扰消耗敌人，终于使敌主力不得不撤出绥西，而取得胜利的战例。

包头奇袭，把敌人打了个晕头转向。我撤离时，敌虽立即集结强大的追击部队，却未敢实行追击。回河套后，我官兵相当一部分人认为敌已丧胆，不敢再来攻城，产生轻敌情绪。傅将军认为这种情绪是极错误、危险的。他一面令各部队加强整训备战，一面亲临各部三番五次给官兵讲话，特别分析当面之敌的详情，断定敌军将趁冬季来犯，必须做好各项准备，随时迎歼来犯之敌。包头敌人之败，即败于骄傲自满，我万万不能蹈敌人的覆辙。

果然，敌人将包头之败，视为奇耻大辱。张家口的日本蒙疆驻屯军司令官冈部直三郎直急得暴跳，像一只受了重创的野兽，歇斯底里地咆哮："一定要扫平河套，全部消灭傅作义军。"他严惩了驻包头日军指挥官小岛等几个高级军官，亲自到归绥、包头布置进犯绥西的军事行动。从察南、晋北及归绥等地调集三万余日伪军、汽车千余辆、坦克数十辆以及大炮、飞机，由师团长黑田重德中将指挥，杀气腾腾，随时要向河套地区凶猛反扑。

自包头至后套，南有黄河，北有狼山，中有乌拉山。地理学上说这一地区是平原，但从军事观点来看，这里除了河渠纵横如网的田野外，到处都是高低起伏的沙丘和榛莽丛生的圪旦（丘陵、草滩）。自包头西来只有南北两条道路：一条走乌拉山前，由包头经五原至临河；一条走山后，经乌不浪口、五原至陕坝。全长七百余华里。

一九四〇年元月末，敌分三路犯我绥西：一路（左翼）由小岛率他的骑兵集团、第二混成旅团及王英的绥西联军，沿黄河两岸大部经西山嘴，小部过马七渡口入侵；一路（中路主力）由黑田重德率领其第二十六师团经固阳、大佘太，从乌不浪口进犯五原；一路（右翼）由伪蒙骑兵约三个师，经中公旗（今乌拉特中旗）分别进犯两狼山、太阳庙。三路敌军分头并进，企图将我军围歼于河套地区。

傅将军判断敌将采取寻求我主力进行速战速决之作战方针，对此做出的应战对策是：以我主力军于有利地区布置预设阵地，诱敌深入，两面夹击，一举将敌主力黑田部歼灭于运动之中，其他各部队将不打自退。万一不能得手，立即改变方式，将我主力隐蔽，以小部队采取游击战术，阻击困扰，使敌大量消耗，无法立足。具体的布置是：我骑兵第六军军长门炳岳指挥骑兵第七师、新编骑兵第四师在西山嘴、马七渡口阻击敌左翼小岛部队，截断其与入侵各路的会合；以第八十一军第三十五师坚决阻敌主力黑田部于乌不浪口之外，待我夹击部队布置就绪后，乘黄昏时后撤，以诱敌进入我既设阵地。我第三十五军为主力，第一〇一师埋伏在乌镇以东地区；新编第三十一师埋伏在万和长与乌不浪口之间，形成夹击之势，待敌闯入此袋形阵地内，南北两线同时全力猛烈夹击，将敌人歼灭于运动之中。当时我们完全相信这种布置是正确的，依计而行是完全可以达到预期的歼敌目的的。但没有预料的情况突然发生了。顷刻之间，形势全非！原来奉命在乌不浪口方面抵御敌人的马腾蛟部，一经敌军猛冲，未做坚强的抵抗，便纷纷撤退下来。此刻，我率第一〇一师、孙兰峰率新编第三十一师，正在按计划开向各指定地区设置夹击阵地的行军中，开进途中，先蓦然看见马腾蛟部乱哄哄地后撤，接着看到从乌不浪口方面攻入的敌人铺天盖地地压来。遇此突然情况，我向前开进各部，不明就里，有的脱离掌握，也在混乱中向后撤退。在此一发千钧之际，我即火速命令第一〇一师各部，改变任务，停止前进。一方面掩护友军安全转移，一方面各就所在位置，截击阻挠入侵之敌，但要避免与敌死拼，必要时，应相机转移至有利地区。

我师一部在乌镇以西沙梁地带，与敌先头部队相遇，即展开激战。以密集火力猛射，打退敌数次冲锋，毁敌汽车十余辆，敌尸枕藉，我军亦有伤亡。此际，敌后续部队源源开来，我命郭景云团长率第三〇二团一部掩护，我师主力主动撤出战斗，向五原以北梅令庙、折桂乡（今什把圪图乡）一线转移。此时，我获悉敌主力向五原突进，我令第三〇二团之一部，继续阻敌，亲率第三〇三团进入折桂乡圩堡内，依堡野战，阻击敌人。令第三〇一团在堡外占领有利地形，与堡内形成犄角之势，攻敌侧背，并掩护第三〇二团侧后安全。敌机飞旋上空，发现我军在堡内设防，即施展狂轰滥炸，同时指示炮兵以炮火轰击，妄图在此突破，夺路前进。反复猛攻多次，均为我击退。此时傅将军自电话中指示我要坚持到夜间，方可转移。我即调整部队，除第三〇三团仍以圩堡作为依托，从正面反击外，第三〇一团和第三〇二团在堡子外，分左右扇形展开，凭借沙丘地带，在敌坦克、汽车行驶困难的情况下，以密集火力，三面攻击。敌前进受阻，以步炮结合，向堡子疯狂冲击，一时堡子上空，沙尘飞扬，烟雾弥漫。我则待敌逼近时，以轻重机枪交叉火力，并杂以手榴弹，密集还击。堡子外两个团，又左右张弓，予以杀伤，威胁敌侧。敌猛扑几次，均被我打退，双方处于僵持状态。

冬天的太阳，很快就沉落到西方地平线下，黄昏时刻，我先命将伤兵输送后方。夜色渐浓，敌人枪声稀疏。我即通知堡子外两个团，除留小部机动兵力掩护外，与堡内第三〇三团，按预定序列，撤往百川堡一带，休整待命。折桂乡战斗比乌镇阻击战尤为激烈。堡子外开阔地上，横七竖八躺着敌人尸体。是役毙敌二百余人，我军亦付出不小代价。第三〇三团王赞臣团长受伤，连排长牺牲数人，士兵伤亡一百余人。敌人夜间不敢行动，将坦克、汽车围成一圈，猬集在圈内，汽车灯四下照射，以防袭击。翌晨，敌发现我军转移，即向五原方面搜索前进。因被我几次伏击，损失惨重，行动极为谨慎，走走停停，至下午方到五原。夜色沉沉，我监视敌人的小分队，折回追赶部队，归还建制。我第一〇一师在百川堡附近宿营一日，即越过冰冻的乌加河，进入狼山湾休整。

北线进犯的日本侵略军，侵占乌不浪口后，分兵两路，一路为我第一〇一师在乌镇、折桂乡阻击；另一路沿乌加河北岸进犯，行至黑石虎、三女店及刘存福圪旦之间，遭我预伏该地芨芨草滩中的新编第三十一师伏击。敌猝不及防，损失甚重，待其调整队伍反攻时，新编第三十一师在一人多高的芨芨草丛的隐蔽下，徐徐撤至万和长地区。二月二日下午，该敌搜索前进，到达万和长，新编第三十一师又与该敌展开激战，打了三个小时，敌在飞机坦克掩护下，向我方猛攻，均未得逞。暮色降临，新编第三十一师撤出战斗，进入狼山南麓。

南线进犯之敌，自包头出动，由前山行进，在蓿荄滩、马七渡口、杨高明圪旦等地，被我骑兵第六军之骑兵第七师连续阻击，战斗亦甚激烈，双方互有损失。骑兵第七师达到迟滞敌人前进的目的后，沿黄河南岸的库不齐沙漠边缘，向西转移。二月二日黄昏，沿包五公路前进之敌一部，在四头牛圪旦一带，为我隐伏该地的新编第三十二师伏击，敌仓促应战，遭我杀伤颇多。入夜，新编第三十二师袁庆荣师长下令脱离战斗西撤。

自一月底，日本侵略军从包头出发，分数路进犯，沿途连续遭我各部伏击、阻击，付出惨重代价，于二月三日侵入五原。

我各部按傅将军的部署，于阻击、伏袭战中，大量杀伤敌人，达到预期战果后，除骑兵第六军撤至伊克昭盟的桃力民、宁夏部队的第三十五师和马彦骑兵旅顺狼山脚下转撤宁夏外，其他各部均按计划分别转移至北面的乌加河北、狼山南麓地区，南面的黄河以南的沙丘地带和河套腹地，相机歼敌。

当时各部所在地，大致为：我第一〇一师于折桂乡之战后，转入狼山湾，嗣即移至临河东北丰济渠以西地区；新编第三十一师于万和长之战后，转到乌加河北岸柳树泉，又移至狼山乡左近；新编第三十二师于四头牛圪旦之战后，转到陕坝以北的贾来旺圪旦；王子修的新编第六旅移至万和长附近；五临警备旅在蛮会附近；绥远游击军在米仓头道桥左近地区。傅作义将军的指挥部在黄河南岸，伊克昭盟北缘的圣旦格尔庙，由刘春方的骑兵团随从警卫。以上为绥西战役第一阶段的作战简况。

二月三日，日军侵入五原后，企图捕捉消灭我主力，继续分南北两路，进犯临河、陕坝。上旬，侵入该两城镇。由于我方空室清野工作做得比较彻底，南北两条公路边渺无人烟，陕坝临河的人口牲畜做了疏散、隐蔽，埋藏了粮食、财物，填陷了水井。敌人连个问道路的人也找不到。在敌人长驱直入中，南北两路到处遇到我小部队阻截，未捕捉到我军主力，自以为得计。日本指挥官黑田中将大肆宣扬，“皇军”进占了五、临、陕坝、绥远全省完全为日军占领，傅作义军已全军覆没，傅作义已远逃重庆。绥远、张家口及平津的敌方报纸，亦交相吹捧“皇军”的“战绩”，五原的几个民族败类更是迎逢备至，伪称打探确实，傅作义残部已逃往宁夏。黑田乐不可支，在五原开会欢庆，并令田喜亭等组织汉奸维持会，委大汉奸王英为“绥西自治联军”总司令，负责维持绥西治安，巩固伪政权。

这时，傅将军向各部传达指示，大意为：敌军已深入，战线延长，补给困难。侵入河套日军均自察、绥、雁北各地调集而来，后方空虚，定不能久留绥西，敌意在速战速决，企图消灭我军主力，巩固其绥、包据点。据此，我军应采取灵活机动、分区游击的方式，以小部队监视敌人动向，袭扰其运输线，消灭其分散据点驻军，以消耗敌人，疲惫敌人，造成敌人补给困难，处处挨打被动，欲守不易，欲走难行。各部队应齐心协力，密切联系，避不利，找胜利，积小胜为大胜，坚定必胜信念，并为此必胜信念创造良好条件，保持旺盛斗志，想方设法打击敌人，保存实力，为驱逐入侵之敌、收复失地积蓄力量。各部接受指示后，大为鼓舞，先后在南北公路上、百川堡、头道桥、黄杨木头及临河、陕坝外围据点，进行袭击，给敌造成重大损失。

黑田以我主力已经溃败，虽有零星部队袭扰，不足为患，短期内绝对无力反攻。从平绥线、同蒲线调集的大量兵员，已无必要长此滞留，急需回防。二月中旬，黑田乃率主力逐次撤离绥西，分别回驻原防。仅留日军约两个联队，六个战斗力不强的伪蒙师，大汉奸王英的绥西自治联军、宪兵、警备队以及特务机关等，总兵力一万五六千人，据守后套。司令部及日军坐镇五原，汉奸队、伪蒙军分置于临河、陕坝及五原外围。同时组织伪政权、巩固其占领地区，企图长久盘踞。

傅将军侦知上述情况后，即令袁庆荣的新编第三十二师同时反攻临河、陕坝，令各部紧密配合。当时，估计进攻这两个城镇，总要费些力气的，然而事实确是出乎意料。新编第三十二师向该两城镇推进，临河守敌刚一接火，便全部撤出，伪蒙骑兵师沿五临公路向东逃窜。陕坝之敌孤悬后套最西部，见临河伪军撤离，更感孤立，当我新编第三十二师进抵陕坝以南园子渠口时，敌骑即向五原方向逸去。我军仅截断其尾部数十骑。临、陕守敌均为伪蒙军，除少数伪军头目外，绝大多数士兵均不愿为日本侵略军卖命，所以我新编第三十二师向临河、陕坝进军，守敌一触即逃，我军便收复了临河、陕坝两地。

日军为了避免挨打的局面，缩短战线，将六个伪蒙师分驻于丰济渠以东地区，巩固五原外围。我军于克复临、陕两城镇后，集结兵力于丰济渠以西地区，双方形成隔渠对峙态势。

这时，我率第一〇一师移驻丰济渠以西一带。新编第三十一师驻临河以东阿善附近地区。新编第三十二师进驻百川堡以南地区。绥远游击军驻三道桥附近。五临警备旅驻蛮会附近。新编第六旅驻狼山以北地区。傅将军的指挥部由圣旦格尔庙移驻临河东北之亚马来。

至此，绥西战役告一段落。绥西战役的全过程，是许多次中小型战斗的积累。我军在乌不浪口、乌镇、折桂乡、三女店、黑石虎、万和长、蓿荄滩、马七渡口、杨高明圪旦、铁匠圪旦、黄杨木头、临河、陕坝、阿善及南北公路线上，阻击伏击和袭扰敌人，发生上百次战斗。其中，有些战斗可以说是恶战或苦斗，每次战斗均予敌以杀伤，最后克复了临河县城和陕坝市，将敌逐至丰济渠以东。整个战役共毙伤敌二千一百余人，摧毁敌汽车百余辆，坦克五辆，战马三百余匹及各种武器若干。总地说来，这次战役是贯彻了傅将军“积小胜为大胜”“避不利，找胜利”的原则的。

绥西战役经过情况，略如上述。这里我觉得还有必要综合起来说几句。侵绥西之敌气势汹汹，扬言要“膺惩傅作义”，“彻底消灭傅作义军”。战争的结果表明，敌人绝没有达到目的，就是说他又吃了败仗。敌酋黑田等一再叫嚷：傅作义军已全军覆没，傅作义已逃往重庆。敌人公之于世的《战史》也记载下“傅作义指挥的军队……向宁夏、伊盟方向逃走了”。这说明敌人在自欺欺人，也说明他承认了跟他打过长期交道的对手确实是个很难对付的对手，是个可怕的对手。

四、五原战役

五原大捷是傅作义将军的抗战必胜信心的胜利；是他为了赶走日本侵略者不计任何艰难险阻，不计任何牺牲，一往无前的大无畏精神的胜利；是他唤起民众，军民合作，共同杀敌的胜利。

记述五原战役应该从亚马来会议开始。为了研讨攻取五原的策略，傅将军在亚马来——指挥部驻地，召集了团长以上的干部会议。参加会议的除指挥部的参谋长鲁英麟、张濯清、参谋处长张副元和几位作战参谋外，计有我、孙兰峰师长、袁庆荣师长、绥远游击军司令马秉仁、马逢辰旅长、五临警备旅徐子珍旅长、新编第六旅王子修旅长、各团长郭景云、王建业、宋海潮、安春山、刘景新、郁传义、李思温、曹子谦、黄纯烈、杨新钊、张世珍、刘春方、刘振蘅等人。

亚马来是临河县东北沙窝中的一个小村落，距我第一〇一师的驻地五六十里。二月二十五日我接到开会的通知后，即转告郭景云、王建业两团长。翌日上午，我同两团长及随行人员十余骑，向亚马来驰去。这时节令虽然过了雨水，但是祖国北疆，仍是寒风飒飒，气温一般还在零下十几度。我们越过黑褐色的田野、灰黄色的沙丘和仍然结着冰的渠道，这时我想若不是日本鬼子入侵，该是老乡们迎接大忙的春耕季节了。然而此时我们在马上极目四望，确是看不到炊烟，也看不到人影。我作为一个军人，身负守土保民之责，看到这种景象，心情是很沉重的。

我们奔驰了两个多小时，便到了亚马来，迎头碰上副官处长王子余，他告诉我傅将军刚吃过午饭，我便直接去见他。一个多月没见面，他消瘦了，但两眼仍炯炯有神，面色黑红，身穿着草绿色棉军装，袖头和膝盖打了补丁，连和士兵穿的一样的黑布棉鞋也缝了包头，但是衣着非常整洁。他双手握着腰间小皮带在屋中踱步，镇定自若，那种高层军事领导人的风度，一如往日。我向他敬礼问候，并提到在乌镇战斗中，未能使马腾蛟部顶住黑田，过早撤退，我师仓促应战，仗没有打好，请求处分的话。傅说："这些在会上谈吧！你们先去吃午饭。"我退出来找到王子余，他招待我们吃了糜米饭和羊肉煮山药蛋。在当时这真是一顿丰盛的美餐。

晚饭后，会议开始。傅将军首先做了总结并带有启示性的谈话。他说："包头和绥西两战都取得了胜利。在包头这一锤头，着着实实地揳疼了敌人。绥西战役，在夹击歼敌的计划未遂后，立即采取分区游击的办法，也消耗疲惫了敌人，打掉他那种气势汹汹的气焰，粉碎了他的速战速决的战略意图。我们对群众发动得好，这些都是成功的。但是我们也犯了不少错误。主要是有的不顾全局，只凭自己一小部分的一时一地的情况去行动，也有的敌情观念不强、消息不灵、行动迟缓、坐失战机等等。在总的指挥方面也有不少的失误。如在包头战役中令骑兵第七师破坏铁路坚决阻敌的任务未按计划完成而过早撤退，绥西战役中，令第八十一军第三十五师坚决阻击黑田部队，竟然一经与敌人接触即行后退，致使形势突变，一时陷于混乱被动。这都应说是总的指挥方面“知彼不知己”的错误。讲到这里，傅将军沉默了片刻，用深沉的目光巡视着与会的人，以沉重语调说：这里必须给大家讲明白，我们目前的困难相当严重，处境异常艰险复杂，与前两次战役大大不同。一、绥西初战，因未按计划执行，情势逆转，造成一时的混乱后退，大大挫伤了士气，个别指挥官竟然潜回后方，这是我部以前极少有的不良行径；二、包头战役，尤其绥西战役第一阶段损失很大，各部大大减员，未得到补充，而且一时又无得到补充的希望；三、攻包头前，虽然埋藏了一些粮秣弹药，但经不起长时间的消耗，而且近期没有得到后方补给的可能性；四、更令人伤心的是蒋委员长不知出于什么谋略，竟来电报让我们向后方撤退。接不接受这样的命令呢？这都使我们难以处理。其实，这些情况，我不讲，大家也是清楚的。今天开会主要是检查以往两战役的失败成功的经验，制订今后的行动计划。并认真考虑，对待以上讲的种种困难，如何战胜它。经过严肃缜密的分析后，再决定这仗还打不打，不打怎么办，打又怎么办。大家要从实际出发，认真想想，怎么想的怎么说，这是关系到咱们怎样生存下去的问题，是关系到如何战胜日本侵略者的问题。都要严肃负责好好想想。”

与会的人在摇曳的烛光下，静静地倾听傅将军的讲话，有一段时间，室内的气氛像是结成了冰块似的。但到傅将军话一说完，冰块融解了，气氛随之生动活跃起来，群情激昂展开争论。总地说来，意见大致归纳为三种：一个是立刻就打，一个是休整一个时候再打。前者的理由是黑田主动撤走，趁热打铁，与日本侵略军决一死战，一举攻克五原；后者的理由是两个战役以后，部队减员太大，损失很重，部队应有个喘息机会，进行休整补充，部队充实以后再打。第三，对撤退的电令决不执行。

大家的争论，丰富完善了傅将军胸有成竹的腹案，他很有信心地表示：“我是下定了决心要打的，就是剩下一兵一卒，我也决不离开绥西一步。我决不能离开这块土地和住在这块土地上的十几万民众。我们的部队有着世人尽知的抗日光荣历史，相信大家也都十分珍爱这个历史。我是军人，抗日救亡是我的神圣职责，我将不计任何牺牲，坚决完成我的职责。”他接着说，“仗一定要打，但不做好准备，立刻就打，是没有几成把握的，如休整时期过长，恐将失去战机，也不行。”傅将军做出决定：要利用短时间休整，在休整中进行技术练兵，补充弹药，充分发动群众做好战时配合。与此同时，做出妥善的反攻五原的作战方案，一个月内反攻五原。

为了整肃军纪，当时决定对作战不力的马秉仁和刘景新送交军法处处理。其他人也受到批评、处分，我也受到停职留任处分。

夜深了，在烛光闪映下，与会的人没有一个面有倦容的。最后，傅将军把技术练兵的要点做了详细的讲解。拂晓时分，会议结束，大家冒着清晨的寒风，分别赶回阵地。

亚马来会议后，士气振奋，各部以反攻五原为目标，积极展开技术练兵，进行夜战、巷战、爆破、防空等训练和演习。各部竭尽所能解决士兵生活问题，从米仓、杭锦旗等地购来大批猪羊菜蔬改善伙食，将埋藏在沙窝中的粮食弹药挖出来，从宁夏石嘴山仓库运来各种军需品和被服，补充各部需要。政工干部会同动员委员会人员，深入各乡动员群众，帮助做侦察敌情、运送弹药粮秣、抬运伤兵等工作。为了加强战斗力，减少层次，将各作战单位降低一级，将师编为团，团编为营……

经过整训，在作战方法和战斗本领上，都大为提高，官兵勇气倍增，斗志昂扬。在此期间，傅将军和指挥部的幕僚轮流到各部视察，亲到连队观看演习，具体指导。并在连队与士兵一起吃饭交谈，发现问题，立即作出指示，命各部队长及时纠正和办理。

三月初，傅将军找我和孙兰峰、袁庆荣几位师长到指挥部，由参谋长鲁英麟和参谋处长张副元将拟订的反攻五原的作战方案，拿出来共同研讨。参谋长对敌人兵力部署先作了介绍，他大致说：“据侦察五原城里的日本兵只有一个步兵联队和一个炮兵中队，另有日本驻五原特务机关长桑原中佐指挥的两个中队，再加上宪兵队、特务队、汽车队和警备队，这几部分战斗力较强，武器也好，是我们攻击的主要对手。此外，便是伪蒙军六个师、汉奸王英的伪绥西联军和由雁北、察南调来的守备队。日伪全部兵力约一万五六千人。敌人的指挥部和桑原特务机关设在城内原屯垦办事处和平市官钱局，周围许多院落打通连成一片，用铁丝网围成一个坚固的防御圈，沿周围构筑工事、碉堡，架设鹿寨，主力部队均在圈内，防守严密。伪蒙军除一个师在城内义和渠以西守备外，均分驻在五原以西、丰济渠以东、北起梅令庙、南至蛮可素一线的重要据点。王英的伪绥西联军在五原新城及其附近。义和渠穿五原城而过，日军主力在渠东，伪蒙军在渠西。参谋长又把我军兵力也交了底。他说：前两次战役，我军减员很大，目前我们的兵力，不算门炳岳、马腾蛟两部，数量上与敌人差不多，但是我们的官兵一经整训，战斗意志、精神力量胜敌十倍。所以从总的力量对比上看，这个仗有把握打赢，而且主动权操在我手。如果我们在作战计划上，多动些脑筋，想得周到些，可以说稳操胜券。问题是如何有效地阻止援兵。我们估计日军的援兵到来，快则两天，慢则三日，所以分兵阻援是个关键性的问题。”

傅将军插话说：“根据多年经验和历年资料，黄河在春分前后一两天内，一定开河解冻流凌，冰汛流凌期间，大约要七八天，船只不通，人马难行。我们利用这个时机，在五原东北乌拉壕，挖渠放水泛滥，淹没南北两条大路，到时泥泞翻浆，敌军人马汽车均无法行进，失去机械化的作用，使其逃窜无路，束手就歼，我们要设法利用春分开河这一时机，这是天时。利用乌加河天堑是地利，而且作战地区地理环境、地形地物，我们都了如指掌，这也是地利。再说，我军民团结，同仇敌忾，奋勇杀敌，特别是敌人是侵略者，我们是被侵略者，正义在我方，这是人和。天时、地利、人和均在我方，这都是克敌制胜的基本条件。所以，这个仗非打胜不可。”

参谋长将反攻五原的作战方针和部署加以简要说明。作战方针是：一、我以主力攻击盘踞五原城之日军主力，方法是编组突击队用掏心战术猛然插入敌心脏，我主力部队，随之蜂拥冲进城内，歼击敌人；二、其他部队各按其任务，对付五原外围各部敌人，里外一齐动手，全面开花，分头歼击各处之伪蒙军；三、在克复五原前，有效地阻止敌援军于乌加河之彼岸是制胜的先决条件，阻敌之部队，务必不计任何牺牲，完成任务。兵力布置是：暂规定三月二十日发起总攻。令退到伊克昭盟腹地桃力民的门炳岳骑兵第七师开回临河德和泉以南地区待命，开始总攻时，进攻五原以西新公中之伪蒙第八师，使该敌不能回援五原。令退到宁夏石嘴山之马腾蛟第三十五师，开回后套，接替丰济渠南北一线之第一〇一师和新编第三十二师防务，守备丰济渠以西地区；新编第三十一师的安春山团、绥远游击军的曹子谦团和五临警备旅的阎梦云营为主，从各部挑选勇敢精壮、有作战经验的官兵五百人，组成主攻突击队，确切侦察敌情，做好一切准备，三月二十日迂回五原东南方向，突进城内，猛攻敌指挥系统。孙兰峰率新编第三十一师另外两团，附五临警备旅及山炮营为主攻部队，自新城西关攻入城内，同突击队合力围攻敌指挥部；袁庆荣的新编第三十二师，进攻五原旧城及其附近据点；绥远游击军及游击部队安华亭新编第五旅进至西山嘴、马七渡口一带，阻止援敌逃窜。李作栋部在五原以南南茅庵一带潜伏，发动五原总攻时，即向蛮可素、郝镜桥伪蒙军进行攻击，歼敌后，转为追击部队。石玉山部进攻义和渠口以西南牛犋之敌，歼敌后，转为追击部队，堵截五原逃敌。第一〇一师为机动部队，负责于乌加河一线阻止敌援军的重要任务。该师先派一个团歼灭乌加河二财主圪旦守桥之伪蒙军，并破坏乌加河桥梁，于河岸监视援敌，在攻击五原开始后，全师开往乌加河一线力阻援敌。克复五原前不得放过敌援军。各部均于三月十五日开始隐蔽行动，十九日到达各自攻击准备位置，二十日开始总攻，届时总指挥部前移五原附近以西地区。

参谋长报告完，傅将军征询我们的意见。孙师长说："只要使来援之敌，三天过不了乌加河，我师和突击队保证歼灭五原之敌。"傅将军看看我，我说："三月二十三日前，我们师绝不让援敌一兵一卒渡过乌加河。"傅将军说："好吧！你们各自去做好准备吧，相信你们都不会辜负国家民族之重托。"

一九四○年三月十五日，各部分别行动，三月十九日各自到达预定地点。突击队于二十日秘密向五原运动，黄昏时，行至距城数里之十大股庙附近，尖兵排捕捉驻该地伪蒙军一名，得到敌人口令。突击排又分成若干小队，乘暮色苍茫时际，齐头并进。尖兵排到达五原东城门口时，见有两名日军、四名伪军站岗，敌人喊问口令，我尖兵答对口令走到跟前，飞起刺刀，刺死两名日兵，捉住伪军，当即占领城门。我各小队像一把把钢刀插入城内，有如神兵自天而降，勇猛袭击。顿时枪声大作，手榴弹轰鸣。酣睡中的敌人，仓皇应战，激战至深夜，天主堂、耶稣堂、五原小学、皮毛作坊、直鲁豫公馆以及敌人粮食库、弹药库等重要据点先后被我军占领。天破晓，敌机飞临上空，低空盘旋，因交战双方，犬牙交错，敌机分辨不清，未敢大量投弹，丢了一些炸弹却炸了敌守备队。至此，义和渠以东地区日伪军大部被歼，残敌纷纷逃集在日军指挥部所在地——原屯垦办事处及平市官钱局两据点，凭借其坚固工事和优势装备，负隅顽抗，死守待援。虽经我反复冲杀，由晨至午，迄未攻克。傅将军闻报后，即令新编第三十一师副师长王雷震，率师部预备队令狐理营驰援突击队，务期于敌援到达前，攻占敌司令部，并肃清残敌。王副师长奉命后，迅即率部驰往义和渠东，与我其他各部合力围攻。王副师长见敌司令部防御工事坚固，围墙高厚，四周建有碉堡，围墙与碉堡上下皆有观察孔及枪眼，火力配备严密。敌兵居高临下，我军一切行动，均难逃脱其视野，轻武器既难奏效，火药爆破又难接敌，以致屡攻不克。

王副师长遂与代营长令狐理、连长孙英年研究攻坚办法。孙英年建议用山炮平射，摧毁敌之墙堡工事，然后一举歼敌。王副师长采纳了这个建议。二十一日晚，孙英年会同炮兵连长杨跃康，乘夜幕笼罩，穿屋越脊，在距敌百十公尺的义和渠西岸，利用坝坡遮掩，安置炮位。王副师长命我已攻入之部队在围墙东南方向佯攻，以转移敌注意力。午夜，信号升空，立即开炮，炮弹连珠般轰击，敌司令部围圈，火光烛天，墙倒屋塌，敌兵大乱，四处逃避。此时，孙兰峰率领新编第三十一师主力亦赶到。炮火摧毁敌垒后，我各部乘势冲进围圈，敌人四散逃亡中，被我士兵用手榴弹、刺刀、机枪，大量杀伤。水川伊夫中将、特务机关长桑原中佐及伪绥西联军中将司令王英，在混乱中乘隙逃窜城外。敌司令部被彻底摧毁，敌军完全崩溃。各据点伪军，各自奔窜。三月二十二日，五原新城全部为我收复。

袁庆荣新编第三十二师在三月二十日深夜进攻五原旧城，前后补红及广盛西等处伪蒙军，遇到顽强抵御，一场恶战，双方伤亡均重。袁师长负伤，营长赵寿江及连长张步清阵亡，营长杨廷璧胳臂打断，赵寿江营仅余官兵七名，仍奋战到底，战况极为惨烈。我得报告，即派第三〇一团驰援广盛西，守敌见我援兵到来，接战不久，即行溃散。三月二十一日下午，五原旧城全部为我克复。

我师第三〇二团在乌加河畔力阻援敌，战况极为艰苦。攻城开始后，傅将军命我立刻率第三〇一团、第三〇三团增援第三〇二团，阻击援敌。来援之敌的主力为：驻包头之小岛骑兵集团，驻萨拉齐黑田第二十六师团之一部和固阳、安北等地之警备队。敌增援先头部队于二十一日下午乘汽车百余辆，由包头开至万和长，为我新编第六旅迎击，至夜，新编第六旅撤至北山。敌人到达乌加河，桥梁已毁，不能过河，企图强行架设浮桥。我担任沿河击敌的第三〇二团，立即向敌展开猛烈攻击，以炽盛火力，阻敌架桥，该敌不能过河救援五原之敌，焦急万分，于是集中炮火，轮番攻击。适于此时，我率第三〇一团、第三〇三团赶到，立即投入战斗。我命各团构成交叉火力网，并以炮火射击，该敌退至折桂乡乌拉壕以北地区，拉长阵地，与我隔河炮战。此时，敌援兵源源自东开来，麇集于乌加河及乌拉壕北岸窄长地区，为河所阻，不能前进。该敌像输红了眼的赌徒，不顾一切，以数十门炮火，疯狂轰击我第三〇一团阵地，天空有十余架飞机，配合轰炸，攻势猛烈异常，我方阵地，硝烟弥漫，弹雨如注。第三〇一团官兵浴血抗击，伤亡极重，团长王建业负伤，营长冯增波、连长郝宝瑞阵亡。但我军士气旺盛，继续还击。敌倾全力，凭借强烈炮火，掩护步兵以橡皮船渡河向第三〇三团侧背攻击，宋海潮团长身中三弹，重伤倒地。我师已与敌激烈战斗三昼夜，敌之攻势益加凶猛。此时，五原新旧两城已全部克复，傅将军认为我师阻援任务已经圆满完成，继续与增援之敌胶着血战，已无必要，遂下令我师撤离战斗，我主力部队即向西转移。

敌人慌慌张张重入五原时，伪维持会汉奸田喜亭、刘子俊、杜凤山等人，已为我处决，陈尸渠畔，居民逃避一空，五原新旧两城镇，均成一片废墟。该敌只寻得敌尸数百具，连夜泼洒汽油，堆积焚化。城外我游击部队各部，不断袭击，敌人惊恐万状，不敢继续停留，乃携敌骨灰，循原路退返包头。

自五原逃出之水川中将、日本特务机关桑原中佐及随行的警务官池田滨崎、特务人员内久保作等百余人，逃至乌梁素海之西岸，前有我游击部队阻截，后有我骑兵部队追剿，于刘家窑子附近，残敌大部为我捕杀，或淹死乌梁素海中，水川、桑原等日寇官佐，均于此就歼。汉奸王英逃至西山嘴，守备该地之新编第五旅安华亭，原为王英部下，一九三六年百灵庙大捷时，向我反正。安竟将王英放走。事后，傅将军将安华亭交军法处查办。

在战役过程中，绥西民众同仇敌忾，多方支援军队，在敌人溃逃时，纷纷捕捉逃敌，缴夺武器及各种物品，交给我军。有日兵十一人逃至五原城东三十余里的老乡王大老虎家中，王与其弟王二老虎杀鸡热酒，假意款待，乘日兵醉卧时，盗出枪支，协同邻人以菜刀铁锹，将日兵全部砍死，割下首级装入麻袋，连同枪支一并送到我师部。我接见了这两兄弟，表示钦佩和感谢，并将这一事迹呈报指挥部，傅将军对他们大为嘉奖。再有百川堡附近小脚老太太刘大娘，发动该乡妇女抬运伤兵，送水送饭。我第三〇三团团长宋海潮在乌加河畔阵地，连中三弹，大肠外露，流血过多，昏倒在地，以为已死，我师转移时，因情况紧急，亦未能掩埋。后为老乡刘大宽、郭四毛旦发现其未死，即抬回村里治疗护养，得以再生。在战斗的日日夜夜里，我绥西军民有着许许多多可歌可泣的英雄事迹，至今令我感动不已。

五原战役我军取得巨大胜利，全军振奋，举国欢欣，报刊称之为“五原大捷”。在这次五原歼灭战中，共击毙日酋水川伊夫中将、步兵联队长大桥大佐、特务机关长桑原荒一郎中佐，及其特务人员、伪蒙军顾问中岛少佐、警务指导官内久保作、特务官员池田滨崎以及尉官以上的警务官、到五原勘矿的技术官员等三百余人，日军一千一百余人。毙伤伪蒙军三千余人。生俘日军指挥官观行宽夫、警务指导官浅沼庆太郎、西田信一等五十余人，俘虏伪蒙军（包括邬青云部赵城壁团投诚伪军）共一千八百余人。缴获各种火炮三十余门、汽车五十余辆、轻重机枪五十余挺、步枪三千余支、毒气筒一千余个、电台一部、橡皮艇及其他军用物资，击坏焚毁敌之武器装备等尤不可胜数。

我方也付出重大代价。团长贾晏如，营长赵寿江、阎梦云、冯增波及连排长三十余人均为国捐躯。负伤者更多，仅我第一〇一师三个团长全部负伤，宋海潮团长重伤。此外，师长袁庆荣、团长安春山、营长杨廷璧等均中弹负伤。我官兵亦有重大伤亡。

我军自一九三九年十二月中旬至一九四〇年三月底，历经包头、绥西和五原三大战役，连续苦战一百多天，大量减员，伤亡之众，代价之大，为我军抗战以来所少见。但敌方损失较我更巨。日军在三个战役中伤亡四千六百余人，伪蒙军八个师中三个师被歼灭，五个师溃不成军。特别是日本皇族水川中将被击毙，这是继八路军于一九三九年十一月，在涞源击毙所谓“名将之花”的日酋阿部规秀中将后，仅仅四个月，被击毙的第二个中将，日本朝野为之哗然，敌华北驻屯军与关东军内部也引起互相攻讦。

战后复员工作大致就绪后，在陕坝隆重举行慰劳军民庆功大会。伤愈归来的官兵、作战有功官兵和抗日爱国民众的代表等参加了大会，为他们演戏，发给奖状、奖金、奖品。傅将军在会上讲了话，他高度赞扬了五原战役中爱国军民齐心协力，歼灭日军的英勇事迹。最后他说：“这次胜利。并不单单是绥西军民的胜利，而是全中国的胜利，全民族的胜利，我们要在这一胜利的基础上，整军经武，励精图治，以必胜信念，坚持抗日到底，保卫国家，收复失地，把日军全部逐出我国，争取抗日战争的最后胜利。”

五、几点认识

综述三战役简要经过如上。我从中得到如下的几点认识。

一、战胜日本侵略军的原动力是傅将军的抗日决心和爱国赤诚。我认为从五原大捷后，傅将军向国民政府最高军事当局恳辞勋奖的电文中即可得到充分的证明。五原收复后，国民政府特电嘉奖。认为五原之捷“不仅保障西北，而且奠定收复失土、驱逐敌寇之基础。在抗战全局上，尤为重要，功业彪炳，殊堪矜式。特颁给傅副长官作义最高荣誉之青天白日的勋章”。而傅将军驰电恳辞，以谦逊之词，表坚贞之志。陈所部杀敌制胜之由来，献争取最后胜利之良谋。其电文云：“委员长钧鉴：谨呈者，窃以五原于役猥蒙钧电特予优奖，感愧交萦。旋复奉到中央明令，特授青天白日勋章，军次闻命，益增惶悚，即拟电陈国民政府，恳请收回成命。又恐有违服从命令之大义，致未敢有所表白，夙夜彷徨，终难缄默，唯有披沥诚悃，陈请国民政府，准如所请。伏念国家赏勋，所以奖有功者，故有功者，始克当之，而作义自省，则徒多罪戾，并无寸功。计自神圣抗战以来，作义奉命转战千里，经时两三年，并未能规复失土，驱逐敌寇，上无以报国家，下无以对民众，徒以钧座之仁恕，不罪既往，而责以继续奋战。用是感激图报，不敢怠荒。固百死之不辞，仍寸功之未建。最近仅克五原一据点，而去收复归绥尚远。此而谓有功，则国家建军何用，而最后胜利之义更何解乎？此作义不敢领受者之一也。作义最悲痛者，即作义本职为绥远省政府主席，多年以来，仰赖国家之威灵，并蒙钧座之指导，汉蒙翕悦，全境谧安。几我各界同胞，无不拥护三民主义，愿为卫国守边而奋斗。然当归绥危急之时，作义方于役晋北，不能与绥民共其患难。及失陷以后，又无以速复失土，以出同胞于敌寇蹂躏之中。我忠勇官兵，牺牲流血，而未能成其志，我爱国民众，日望大军来归，而无以慰其心。每念及此，诚悲愤填膺，顷刻不能内安。今政府不罪其失绥省，反而赏其克五原，岂不愧死作义乎？此作义不敢领受者二也。抑作义近年训练官兵，尝标举一口号，凡作战荣誉，必归于全军，不容为个人所有，作义个人身兼文武要职，受国家之厚养，当此危急存亡之时，任何劳苦，岂足言功？一切牺牲，何非本分？故所部倘有微功，亦应以荣誉归属全体官兵，断不可为作义个人所有。伏察所部官兵，连年转战，实极辛劳，塞上荒漠，冬尤苦寒，运输给养，皆为不易。官兵全体既恪遵钧座伟大之训诲，踊跃奋发，甘受一切穷困劳苦，以与暴敌相周旋。战斗意志，愈久愈强；作战技术，愈穷愈进。士兵等在今日，已绝不畏敌人飞机坦克车等威胁，并可用各种方法，以摧毁敌人摩托化之工具。至于临难不苟之精神，勇敢杀敌之意气，则殊多可歌可泣之事实。作义忝系行列，必须为之表扬。近蒙钧座赏授五原战役之赵寿江营以荣誉旗，作义谨当领受，以宣达钧座之德意，更激劝全军为国效死之决心。然此荣誉之纪念，加诸全军官兵则甚公，施诸作义个人则可愧。况作义目下恤死救伤之不暇，又岂能恬然取全军官兵饥寒苦斗、血汗得来之荣誉，而佩戴胸间据为己有乎？此作义不敢领受者之三也。再就抗战全局而论，作义亦期期以为不可。作义自省，个人才识不够，现蒙钧座奖拔，畀以重寄，实已位过其才。其所竞惕自持，勉图效命者，不过竭尽愚悃，不畏困苦，服从天职，勤以奋扬。凡此区区，并无以副我钧座教诲期许之厚。而回顾三年以来，我国家动员数百万人，战斗区域延长数万余里，北起津沽，南尽琼崖，西连湘桂鄂豫，其间大小战役数千百次，我全国袍泽，皆在钧座指挥领导之下，为卫国而抗战。其中阵亡者几何人，伤废者几何人，此皆忠良有功，有待国家恤赏。而各地义民奋斗杀敌，各项抗战工作人员之勤劳助战，尚不计焉。而我国各高级将领，又皆殚精竭虑，为国宣劳，事多挫敌建功之记录。只以战局方在演进之中，故或即胜而不能竟其功，或即克而不久其守，然此皆长期抗战中，当然之现象。原不能以过渡之成败，为国家稽勋之根据。何况战役有大小，时地有参差，而各战区又互相关联，不能仅论一时一地之得失。往往有牺牲自己以救友军，或放弃甲地以全乙地。是以作义以为国家论功行赏，必在抗战胜利之后，至于中间作战过程中，唯望钧座严厉执行国家纪律，使各军勉尽其任务。对于一时一地之战功，片言奖励即足矣。至于国家最高荣誉，则必待失地尽复，抗战终了之日，从容稽核，以授全战役中之勋劳最大者。作义伏念所担负战区前线任务，固与各将领相等，但当前敌人则更非最大之部队，绥西在全国战局，亦非主要战场。作义率偏师以击局部之敌兵，虽克复据点，暂纾西北之忧，然究之何足为经大战而建奇功？此而竟加以最荣誉之勋章，更何以扬殉国先烈之英名？今作义若领受不应得之荣誉，在个人则自愧滥叨非分，亦无以劝真正建殊勋于国者之情。此作义不敢领受者四也。作义最后愿为钧座陈述者，作义连年塞上作战，孤陋寡闻，罔知大事。唯以其局部作战经验而论，已证实日寇力量日衰，我胜利日近，故望钧座更严赏罚之标准，励全军之士气，即乘此积极准备，求贯彻最后胜利，并确立国军不拔之基。回顾抗战初期，敌人攻势实极猛烈，其战斗意志亦强，故我攻据点难，得俘虏难，近时情形则大异矣。敌军作战已不必瞄准，唯浪费子弹以为恫吓。敌军官在初期不易说降，近则势穷作俘，甚感得惠。读此次五原所俘数十军官之供状，莫不痛陈彼邦人民之困苦，政治之紧迫。而于钧座此次电令以重奖抢救俘虏之大仁慈，则又莫不感我国家民族道德之崇高，因而更悟彼邦侵略之谬误。总之，敌军正在发生内溃之过程，我军官兵战斗意志之消长，其比例恰成相反。因此，最后胜利之到来，已成必然之趋势，自今以往，首在配备适当，兵力敷用之条件下，胜属当然，败则可耻。故我袍泽将以达到任务为免罪，更岂可目一时一地之小胜为有功？此作义不敢领受者五也。以上所述，全出于作义之至诚，而不敢径呈国民政府。且论军人，必须服从钧座命令，论党员必须请求钧座指导，故掬诚缕述，上凌钧听。敬祈钧座代请收回成命，尚待抗战胜利全国奏凯之日。果使彼时作义有微劳足录，则愿与全体袍泽共同领受我政府之恩赏。至于今日，则实不敢拜领。区区愚诚，伏希鉴察。临呈不胜悚惶待命之至。”电文殷切致意当局，要真心抗战，坚持抗战到底，不可有贰志他意。奖有功，罚有过，不论亲疏，不分畛域，乃可抗战必胜，建国必成。我每读此电文，深感必有此真精神，方有此大功业，唯有此真血性，方有此好文章。其文实如其人。

二、任何艰难险阻，动摇不了傅将军抵抗侵略救国救民的一片忠心。五原战役的经过，就是明证。五原之役和前两次战役的最大不同之处，是傅将军战胜内部出现的种种艰难险阻而取得胜利的。首先，在绥西战役第一阶段，我军未能按原定计划阻击，围歼来犯的敌之主力。情势的突然逆转，我军一时陷于混乱，相当一部分失去控制，个别的中级指挥官竟逃往后方，大大动摇了军心士气。其次，在第二阶段的战役中，运用傅将军制订的计划，无数次截击歼灭大量消灭敌人，消耗敌人的有生力量，我亦受到重大的损失。各部均大量减员，一个师的军力只能相当于一个团。在反攻五原时，能拿到第一线作战的主力只八千子弟了！再次，三战役前，虽经按傅将军指示，在黄河南岸沙丘地带和乌加河北岸、狼山南麓之间埋藏下粮秣军火，但数量不丰。经过两三个月的消耗，补给已感到颇大的困难，可举简单的一例：当敌狼奔豕突于河套地区时，总指挥部由黄河北向南转移中，正是大年除夕，夜间行军于沙滩中，上至总司令，下至士兵，只能用牛粪烤烧饼当作除夕的晚餐。更使人伤脑筋的是：军事最高当局可能误信了日寇的宣传，以为傅部已溃不成军，无力再战了。不知是出于什么动机，竟给傅先生打来电报，要傅先生去兰州代理第八战区司令长官的职务。部队另指派专人指挥，撤至宁夏境内补充整顿。这无疑是难中之难，险中之险。但是所有这些，都被傅将军的不计任何牺牲、坚决抗日救亡的大无畏精神战胜了。

三、三战役的军事成就实属辉煌，其政治意义尤为重大。三战役敌人都投上了最大的赌注。结果是，他们三战三败，败得很惨；我三战三胜，不但战果辉煌，而且打垮了敌人的精神意志。敌人宣扬的“皇军不可战胜”的神话破灭了。日本驻蒙疆司令官冈部直三郎无可奈何地说：“由于傅作义的善政”，想要“去占领和确保五原是不量力的”。日军投降后，在绥远地区的授降仪式上，日军根本博少将说了如下的一段话。他说：“傅作义将军是中国的一位英雄伟大人物，是一位杰出的军事家。他的部队是中国抗日部队中最好的部队。中国有句古语，撼山易，撼岳家军难，我们深感撼傅家军更难！如果中国的指挥官和军队，都像傅作义将军和他的部队那样，日本军就早被打出中国了。”这说明，冈部、根本博之类的侵华老手的“日本军人魂”都被傅先生打得魂飞天外了。

自一九三九年十一月，广西南宁被敌人占领。正是在这个时间里，傅作义先生领导我们在祖国的西北边陲，在风沙冰雪中浴血杀敌，和敌人恶战苦斗了一百多个昼夜，肃清了全部入侵河套之敌，收复了五原，敌人惊慌丧胆，我军中外扬威，大长了我们的志气，大灭敌人的威风。从而展示了日本法西斯侵华的非正义战争必败，而我们的反侵略正义战争必胜的前景，大大鼓舞了我们抗敌的斗志和必胜的信心。

四、功勋应归之于英勇的战士，英雄的人民。三战役中出现的许许多多英勇壮烈事迹、英雄人物是人们永远景仰歌颂的。在包头战役中，当我奇袭部队秘密运动至包头西城门外时，城上的伪蒙军哨兵发现我军，不但不开枪，却接应登城，引路歼敌，将城门大开，使我主力部队迅即冲入包头城。在包头城内的搏斗中，有的伪警察给我军引路，送情报，有的同胞给我军送茶、送饭、救护伤兵。特别是，当我军从包头城撤出时，应是娘娘庙有我七名战士未能及时撤出，他们孤军奋战，绝不降服，直到弹尽援绝，爆炸了最后一颗手榴弹，与包围他们的敌人同归于尽。由于这七位壮士的孤军死守，使敌人直至十二月二十三日上午未敢对我撤出的部队进行追击。

绥西战役时，大量日伪军在我河套地区到处冲撞，我主力隐蔽在有利地区，相机击敌。这使通信联系、粮秣供应发生了困难。当地的很多同胞们有的做通信联络，有的报告敌情，有的提供军粮。我新编第三十一师的约七个连的部队，驻在乌加河岸边的苗得雨圪旦。正值一九四〇年的春节，村民苗得雨老汉执意要请我全部官兵吃饺子过大年。苗老汉拿出三千多斤牛羊肉，几千斤白面。我们全部官兵美美地吃了三天。当我军向他表示谢意时，他说："我不给咱们的队伍吃了去打日本，留着等日本人吃了打中国人吗?"几句朴素的语言，包含着多么高贵的精神啊！战役后，傅将军指示按规定如数偿还苗老汉粮食和肉。在后来的庆功大会上给苗老汉戴上光荣的大红花。

在克复五原的战斗中，可歌可泣的事迹就更多了，兹略举数事。在反攻五原的战斗中，新编第三十一师的赵寿江营，攻敌据点，战况极其惨烈。赵营长及张步清连长壮烈牺牲，全营只剩下七名官兵，仍然坚持战斗，后援军赶到，终将守敌击溃。

我第一〇一师在乌加河桥坚强阻敌的战斗中，四个团长都受了伤，其中第三〇三团团长宋海潮重伤倒地为当地农民发现后，救护治疗，方得起死回生。所以，后来宋海潮更名"再生"。前面说过的农民王大老虎兄弟的英勇杀敌，小脚老太太刘大娘发动妇女，抬伤兵送茶饭，许多老乡捕杀散逃之敌，以及其他协助我军的事迹不胜枚举。

我于今天回顾四十五年前的这些英勇壮烈事迹，犹历历在目，敬仰追慕之情难已。长城抗战后，曾在大青山前修建抗日烈士陵园，五原战役后也在五原东郊建立抗日阵亡将士茔墓。前年，内蒙古自治区已将大青山前的陵园重行修复，并将辟为长城公园，以供人瞻仰。闻五原的抗日阵亡将士茔墓亦将重修，为人民做了好事的人，人们是永远不会忘记的。

英勇的将士，英雄的人民，你们的抗日功勋，永垂青史，千古流芳！

忆五原大捷

孙兰峰※

五原屏障西北，为塞上名城。它面黄河，背阴山，东襟绥包，西控宁陇，渠道纵横，沃野千里，是著名的河套粮仓，大西北的抗战前哨，战略地位十分重要。

一九三九年十二月中旬，第八战区副司令长官兼三十五军军长、绥远省政府主席傅作义将军，为了配合湘北战役，吸引日本侵略军主力于西北战场，以减轻敌人对湘北的压力，不顾塞上寒冬，主动请缨，亲率所部步骑三万余人，长途突袭，一举攻克日本侵略者占据的战略要地包头市，取得了吸引敌人的主力，击毁其汽车百辆，毙敌三百余人、联队长二名、伪军团长一名和歼灭伪蒙军一部的辉煌胜利。

日本侵略者不甘心在包头战役中的失败，调集了平绥、同蒲两线的日伪军三万余人，汽车千辆，坦克数十辆，并有空军的配合支援，在第二十六师团长黑田重德中将率领下，乘隆冬封河之际，分兵马七渡口、西山嘴、乌不浪口三路，于一九四〇年一月三十一日疯狂地向安北县、扒子补隆、五原县、临河县、陕坝镇等要地反扑，妄图进行报复。敌人所到之处，烧杀淫掠，庐舍为墟。傅作义将军以坚定的必胜信心，作了精密的运筹，针对当时敌强我弱的特点，制订了“找胜利，避不利”、“集小胜为大胜”的作战方针，缩回拳头，避其锋芒，诱敌深入，阻击伏击，分块围歼，叫敌人来不得好来，走不得好走。在五百里渠道纵横的河套平原上，全体官兵冒着零下三十度的塞北严寒，和敌人往返周旋达五十多天，著名的有第一〇一师在折桂乡、狼山湾的战斗，第三十一师

※ 作者当时系第三十五军新编第三十一师师长。

在乌拉壕、黑石虎的战斗，以及乌镇、马七渡口、蛮可素的战斗等。或攻其据点，或袭其汽车，或击其侧翼，或扰其后方，截其粮弹，使敌首尾难顾，疲于奔命，处于被动挨打的境地。尤其在以中国共产党党员为骨干的河套战地动员委员会各级组织的配合下，广泛发动群众，全力拥军支前，使我们情报灵，道路熟，军粮充足，士气旺盛，虽在冰天雪地中和敌人周旋，仍取得了累累战果。

但我军自反攻包头，转战绥西，已连续战斗近百天，由于作战伤亡，冻坏手脚，能参加战斗的兵员已不足万人，医药枪弹的补充也很困难。是坚持抗敌，收复失地，还是退缩后撤？对此，在将士们中间有着不同的看法。二月中旬，傅作义将军在亚马来村召开了军事会议。会上，傅将军分析了敌我形势，认为我方具有天时、地利、人和的有利条件，完全可以打败入侵绥西之敌。在经过与会人员热烈讨论之后，傅作义将军决定以“掏心”战术，里应外合，在近期攻克五原。

是时，我任新编第三十一师师长。亚马来会议后，我们积极开展技术练兵，进行夜战、爆破、防空等训练和演习，并给各部队补充了弹药、粮食、被服等军需品，士气大为振奋。我师并且特别抽出安春山的第九十三团，配合从其他部队中挑选出来的勇敢善战的官兵，共同组成了一支突击队，进行特殊训练，为反攻五原做好充分准备。三月初，傅作义将军把我们几个师长找来，请参谋长鲁英麟就反攻五原的作战方案做了说明，征询了我们的意见，并任我为攻城总指挥。我说：“只要敌人援军三天之内过不了乌加河，我们攻城部队保证歼灭五原之敌。”董其武师长斩钉截铁地说：“三月二十三日前，我们师绝不让援敌一兵一卒渡过乌加河。”董师长这样一说，我心中有了底，便愉快地接受了攻城总指挥的任务。

第八战区副司令长官部的部署是：三月二十日向五原之敌发起总攻。各部于三月十五日开始隐蔽行动，十九日到达各自攻击的准备位置。我率新编第三十一师、五临警备旅及小炮营为主攻部队，自五原新城西关攻入，同突击队会合并力围攻敌指挥部。袁庆荣的新编第三十二师进攻五原旧城及其附近据点。董其武的第一〇一师为机动部队，负责乌加河一线阻敌援军的任务，并先派一个团破坏乌加河桥。其余部攻打五原外围敌人各据点，歼敌后转为追击部队。

我师奉命后，先令由安春山团为主组成的突击队，秘密向五原运动，大部队随后跟进。二十日晚，我突击队尖兵排到达五原新城东门，乘暮色苍茫，敌人不备之际，端起刺刀，扎死两名站岗的日军，活捉四名伪军，当即占领城门。我突击队一拥而入，犹如神兵天降，像一把钢刀插入敌人心脏。顿时枪声大作，敌人晕头转向，仓皇应战。我突击队采用

“掏心战术”猛打猛冲，激战四小时，占领了敌人天主堂、耶稣堂、五原小学等七个据点，打乱了敌人的指挥系统。我率领新编第三十一师另外两团以及五临警备旅（欠第一团）、山炮营向五原新城及黑头圪旦之敌发起猛攻，从二十日夜至二十一日晨九时许，始将五原义和渠以西之敌肃清，支援突击队攻打敌人指挥部。

二十一日天明后，傅作义将军冒着敌十二架飞机狂轰滥炸，亲临前线指挥作战。此时五原城内残敌纷纷逃集原屯垦办事处及平市官钱局两个据点内，凭借高厚围墙，坚固防御工事，负隅顽抗，死守待援。我军虽经反复猛攻，由晨至晚，亦未攻下。当天午后，敌增援部队陆续到达乌加河畔。傅作义将军闻报后，当即命令我师派王雷震副师长，率师预备队驰援突击队，务于敌援到达前，攻占敌司令部，并肃清残敌。王副师长亲赴前线指挥所，采用部属建议，以山炮平射的方法，摧毁敌人墙堡工事。五原全城逐为我军收复。

在我攻打五原的同时，董其武将军指挥的第一〇一师在乌加河畔坚守阵地，阻击援军。我全体官兵浴血抗敌，战况极为艰苦。敌虽以陆空配合，数十门大炮猛烈轰击，亦未能在乌加河上架起浮桥。据守毛庵子渡口之我军，以血肉之躯，前赴后继，数次击退用橡皮船强渡乌加河之日伪军。我新编第六旅炸开乌加壕大堤，滔滔浊流，淹没了乡村土路。这些均迟滞了敌援军的行动，使我军得以顺利攻克五原。

在五原战役中，城内民众呐喊助威，或手持铁棒勇敢杀敌，或冒弹雨枪林救护伤员，运送给养。尤其在残敌逃出五原后，五原周围群众纷纷起来捕杀，为战役的胜利做出了很大的贡献。

五原大捷，名震中外，是我军用数千名官兵的鲜血和生命换来的一次胜利。在这次战役中，团长贾晏如、营长赵寿江英勇牺牲。赵营在攻击中仅存六人。李连举连几乎全部献出了生命。营长冯增波、阎梦云、王肖鹏，少校指导员周洪峰、翟文举，少校军医岳嵩山，少校副官曹大典，连长郝宝瑞、张殿生、杨茂耕、张步清、陈歧山、李广新、李英、石中美、张永杰、李云绍、常永来、范谦瑞、徐佩蔡、彭振旋、李文科、王鸿胜、朱六明等为反攻五原都流尽最后一滴血。此次战役牺牲的官兵，据档案记载共六百七十九人。新编第三十二师师长袁庆荣光荣负伤，团一级光荣负伤的，仅第一〇一师所辖的三个团就有四个团长负伤，即第三〇一团团长王建业、第三〇二团团长郭景云、第三〇三团团长王赞臣，继任团长宋海潮。其他负伤官兵已无法统计。他们在一百多天的包头、绥西、五原战役中，以自己的生命和鲜血，在抗日战争史上，写下了悲壮的一页！

乌加河桥阻击战

王达五※

一九四〇年三月中旬，气候渐暖，大地冰消，黄河解冻。傅作义将军认为在春汛灌田之际，引水阻援，可使敌人不能发挥机械化之优势，遂毅然决定反攻五原，并发布了作战命令：以第三十五军为主力攻击五原之敌，其他部队同时攻歼外围各据点之敌。新编第三十一师师长孙兰峰为攻城总指挥，率部攻歼新城之敌。新编第三十二师攻歼旧城之敌。第一〇一师为总预备队，并担负破坏乌加河桥并阻击敌之增援部队的任务。

乌加河桥位于五原以北二财主圪旦附近，是日军侵占五原后修建起的一座木质桥梁，可以通行坦克、汽车，是包头通五原的要道，桥头派有日军防守。乌加河桥的破坏与阻击敌援，对确保五原攻歼战的胜利关系极大。

第一〇一师第三〇二团郭景云团长接到破坏乌加河大桥的命令后，打破了营连建制，由全团抽调人员组成了突击队、炸桥队、火力支援队。突击队由那时唯一剩下的第二营营长段锦堂担任队长；我们连由排长贾光堂带领五六人参加；炸桥队由第四连连长胡祥云担任队长，我连排长史清廉带领一个战士参加。其余全团人员集中起来统由郭景云亲自指挥，集中全部机关枪，炮兵布置于桥南，形成一个袋形阵地，以火力支援攻击敌桥北碉堡之我军。我连其余八个人在连长杨榭勋（伤初愈归队）指挥下担负掩护团指挥所、电台、炮兵的任务。

在三月二十日夜两点钟左右，部队以急行军速度隐蔽接近到乌加河桥附近，这时大地一片寂静，除了隐约可以看见两个哨兵在桥头上来回走动外，其余敌人都在酣睡之中。突击队从河的上游绕过了河，利用沙

※ 作者当时系第三十五军第一〇一师第三〇二团第一营连长。

堆隐蔽接近敌人后，突然向敌发起猛攻，敌在睡梦中惊醒，仓皇应战。经过激烈战斗后，我爆破组爆炸了敌碉堡，突击队向敌发起了冲锋，敌纷纷逃到桥上，企图窜回五原。这时我布置在桥南严阵以待的火力支援队，以轻重机枪一阵猛射，桥上的六十多个敌人全部被我军打死。

这时，炸桥队下到河里，冒着刺骨的冰水在桥柱上绑炸药，一声巨响，木桥炸塌了，桥上敌人的尸体坠入河中。有一部分桥柱由于炸药沾水未引爆，后来就从附近村里的油坊借来大锤，把桥柱全部砸坏。

歼敌、炸桥任务完成后，团长重新布置了部队，全团分别占领河南阵地，积极构筑工事，准备阻止敌之增援。

二十一日下午，敌人几百辆汽车载兵并配有坦克、大炮来增援五原之敌。敌人远远地下了汽车，徒步来到桥北岸，桥梁已毁无法通过，于是在飞机轰炸、大炮轰击支援下，与我隔河激战，妄图在强大火力掩护下修桥通过，以解救五原之敌。疯狂的日军军官驱赶着士兵，不顾我军的坚强阻击，一批士兵抬着木料上来，被我军打死了，另一批又上来，又被我军打死了。经一昼夜的激烈战斗，敌人付出了极大的代价，乌加河大桥始终未能修复。后来又在炮火掩护下，乘橡皮船强行渡河，也被我将船打沉。总之，敌人增援五原的企图始终未能得逞。我团也遭受到很大的伤亡，团长郭景云负伤两处，仍坚持指挥战斗。其他官兵也有百余人伤亡。轻伤的官兵都坚持在自己的岗位上。最激烈的时候，把我连担任掩护电台、炮兵的八个人也增加到桥头阵地上阻击敌人。

后来，董其武师长带着第三〇一团、第三〇三团赶来了，都布置到乌加河南岸东西一线阻击敌人。敌人在桥头修桥、强渡均未得逞，于是改变方法，在桥的下游，以飞机炸开河两岸未融解的冰，在火力掩护下，用橡皮船强渡过了河。

敌人虽然过了乌加河，但这时困守五原的残敌已被我军全部歼灭。傅作义将军为了放敌进来，予以再歼，遂下令第一〇一师后撤二十里，到梅令庙一带地区待命。同时新编第六旅炸毁乌加河堤，放水灌田。五原以北地区，成了一片汪洋泽国。

敌援兵进了五原，发现已无一个日本人生存，且我们又放了水，于是仓皇收尸后撤。撤退中又遭我军阻击，一批日军又送命，我军又重新收复五原，敌人撤回包头。至此，连续一百多天的包头、绥西、五原三大战役，以我五原大捷而告终。

我军有团长贾晏如、营长赵寿江阵亡，其他官兵也有一两千人伤亡，赵寿江营则是全营壮烈殉国。后来在河套新设立了一个“晏江”县，就是以贾晏如、赵寿江名字中各取一字而命名的，以示纪念。

击毙水川伊夫中将亲历记

张汉三※

一九四〇年三月二十一日，傅作义部反攻五原，战役的经过已有其他同志专篇叙述。我仅就这次战役中击毙日军水川伊夫中将的亲身经历加以补叙。

当时我是傅部游击区第一支队第二团第一连的连长，原在高台梁（达茂旗、中后旗、固阳县交界处，离五原县城约三百里）驻防，因不同意团长乔占海等投降日军，便托故从高台梁转移到五原县城东五六十里的二驴子湾一带游击。当傅部攻克五原县城时，有一股日军狼狈逃出，到了离城二十多里的宴安和桥。因桥已被我军破坏，汽车不能通过，就毁弃汽车，绕道走至四柜村一带。那时乌加河结冰，他们侥幸过了河，但是无法渡过乌梁素海，就在四柜村对岸的义坑补隆停驻。义坑补隆北不远就是我们驻地二驴子湾。他们停在那里，被当地老乡发现，就火速报告我连，说有从五原逃出来的一群日军，约数十人，停留在义坑补隆，他们有骑毛驴的，有步行的，只有一个军官骑的是骆驼，并带有轻重机枪和步枪等武器。我即派人装成日本警察队前去与这伙日军接头，敌人也认为我们是他们的警察队，便叫带路到安北县，并要队长来见他们。我得知后，也装扮成伪警察队长去见，经翻译告知，他们因不能过桥，要经长五壕绕过乌梁素海到安北（当时敌伪的安北县城在乌梁素海东，乌拉山北的大佘太）。有个日军军官是短粗个子，长胡子，骑在骆驼上边说边看地图。我说："走这条路不行，因为那里驻兵很多，过不去。"他说："那么，怎么办？"我说："最好坐划子过乌梁素海。"他们不让我离

※ 作者当时系绥远游击军第一支队第二团第一连连长。

开，我说："我回去找划子来渡你们，我不回去怕我的部下误会而打枪，你们就在僻静地台圪台①休息一下，等我回来接你们。"这个地方芦苇丛生，四面是水，进去的路是用芦苇垫起来的，里边住有几家逃难户。当时我想，日军如果进去，我们把住出口，他们就出不来。可是他们过去一看说不行，仍坚持要绕过乌梁素海去安北。我回去后，他们又派两人来找我。这时我们已去掉伪装，我即说：我们是游击队，你们要想从我们这里过去，必须缴械。遂即下了这两个人的枪，令回去告诉敌人缴械。二人去后，我就集合大家商议如何歼灭这股敌人。大家都认为敌人的武器好，我们的武器差，要避开他们的火力，决定利用跟前的一条干渠，把队伍埋伏在渠堰下，等敌人接近时，一齐放手榴弹袭击。但必须听候我的命令，没有命令，绝对不准乱投。不久敌人过来了，但走到离我们还有二百多米远，不再前进停了下来，停留不久，又退走了。我们就跃出干渠，奋勇追击，同时我率领了十多人绕到敌人的后面。这个地方叫十份子，地处乌梁素海岸边，芦苇很多。我们包围了敌人，展开激战。因为我已认准了敌人的军官，就同一个枪法好的叫卜特老的战士，两人瞄准那个军官，一齐射击，一枪打中他的左臂，一枪从他的右脸皮擦过。他摇晃了一下没有跌倒，我们随即又一齐打了两枪都打中了他的胸膛，他立刻倒下去。指挥官一死，敌人惊慌失措，混乱一片。我们缩小包围圈，逼近敌人，并把正在抬上军官尸体要逃走的三个敌人打死，截留下尸体，又把机枪射手打死，于是敌人才举手投降。

这一战役中，敌人有被打死的，有在乌梁素海水里淹死的，只逃脱二十多人。我们俘虏了许多人，但是这些家伙顽固得很，死赖着不走，不得已将他们大部分打死，只生俘两人。打扫战场时，检查日军军官尸体，搜出个人图章一枚，得到他的手枪一支、战刀一把。根据他的肩章、图章，认出了他是侵占五原的日酋指挥官水川伊夫中将。后来我们把两个俘虏送到我游击区司令部，将那把锋利的战刀交给了第一〇一师师长董其武。

---

① 台圪台——较高处，绥西一带土语。

东滩之战

韩仲明※

一九四〇年夏季马鸿宾部移驻伊克昭盟时，我是随军成员之一。在包头东滩战役中，我担任马献文师第一团第三营第七连的上尉连长，经昭君坟之战后，晋升为第三十五师师部骑兵连的少校连长。据我所知，马鸿宾部移驻伊克昭盟到返回宁夏一段历史事实是：

一九四〇年二月，第三十五师在绥西遭日军围截后，马鸿宾部驻伊克昭盟，担任河防。在此，他重整旗鼓，积极防范日伪军继续向伊克昭盟的纵深侵扰，表现了一个爱国将领忠心保卫中华的热忱。当时日伪军陈某率领的一个团及其他杂牌部队，已侵占我包头东滩一带的新城、小脑、新民堡、五福社、史家营子、昭君坟、五乃召、多罗汉青和大树湾等地区，抢劫烧杀，蹂躏各族同胞。马鸿宾亲临前线，乘黄河解冻，日伪援军不能过河之机，指挥所部，向日伪军发起了猛烈的攻击，一举歼灭了陈团等日伪部队，除大树湾据点由日伪从包头重炮控制外，其他东滩领土全部收复。这次战役的胜利，打击了日伪军的嚣张气焰，振奋了我军士气，增强了绥西地区军民抗日必胜的信念。广大爱国将士，不怕牺牲、英勇杀敌的精神，在绥西草原各族人民中也留下了深刻的印象。当时，绥远报纸也报道了这一胜利消息，大意是：马鸿宾亲率三子（指马惇靖），横扫包头东滩，歼灭日伪军，战果辉煌。还有，该部所属第一〇三旅马维麟团，在团部及一部分队伍被重重包围的情况下，浴血奋战，直到最后剩下团长、副团长等寥寥数人。故当时流传着“马鸿宾骑兵与日军坦克打冲锋”的赞语。

※ 作者当时系第八十一军第三十五师师部骑兵连少校连长。

经过包头东滩战役后，部队损失相当严重，急需整训补充。其次，有些军官贪污、受贿、护送、贩运违禁品等，也急需整顿。所以，一九四一年冬，该部离开绥西，返回宁夏中宁等地进行整训。在整训中，马鸿宾将违反军纪严重的师长马献文、团长马惇德（心田）均予撤职处分。

附录一

太原会战大事记

（一九三七年八月下旬至十一月）

八月二十日

△　阎锡山被任命为第二战区司令长官。

二十二日

△　南京国民政府军事委员会将中国工农红军改编为国民革命军第八路军。

二十五日

△　中共中央军委发布《关于红军改编为国民革命军第八路军的命令》。

二十八日

△　阎锡山进驻雁门关内的岭口村指挥对日作战。

三十日

△　第八路军先头部队第一一五师一部在陕西省韩城县芝川镇渡过黄河，开赴抗日前线。

九月一日

△　第二战区司令长官阎锡山为迎击沿平绥路西进之敌，拟在大同以东的聚乐堡地区组织大同会战；命令第六十一军在天镇、阳高布防，拒止西进之敌；第十九军集结于聚乐堡以南地区；第三十五军集结大同以北德胜堡地区；第三十四军集结于浑源、东井集间；第三十三军布防于广灵、平型关、雁门关一带。

三日

△　日军混成第十五旅团侵入山西省天镇县永嘉堡。

四日

△　日军混成第二旅团集结于天镇以东边界的枳儿岭。

五日

△　日军向天镇中国军队开始大规模攻击。

六日

△　中国军队第六十一军第二〇〇旅第四〇〇团失守盘山阵地。

七日

△ 中国军队第六十一军第三九九团坚守天镇县城。

△ 中共中央军委副主席周恩来和彭德怀、徐向前等到代县太和岭口与阎锡山会晤。

△ 日军越过天镇县城西进。

九日

△ 日军占领阳高县城。

十一日

△ 第八路军改称为第十八集团军。

△ 日军占领天镇县城。

十二日

△ 日军第五师团第二十一旅团向广灵县火烧岭进犯。

十三日

△ 日军独立混成第一旅团占领大同。中国军队向内长城线转移。

△ 日军突击广灵洗马店中国军队第七十三师防线。

十四日

△ 日军第五师团第二十一旅团突破中国军队第七十三师洗马庄防线，师长刘奉滨受伤，广灵县城当日沦陷。第七十三师向平型关转进。

△ 由大同西进之日军独立第十五旅团占领怀仁。

十五日

△ 晋绥军独立第三旅章拯宇在广灵、灵丘交界处的白旷、苟庄子一带阻敌前进。

十九日

△ 第六集团军总司令杨爱源进驻繁峙县大营镇，在平型关附近部署中国军队，独立第八旅抢占平型关附近阵地。

△ 第八路军第一一五师挺进平型关东南地区。

△ 日军混成第一旅团侵占左云。

二十日

△ 日军第五师团第二十一旅团第四十二联队占领灵丘。

二十一日

△ 中国军队在平型关全部部署完毕；独立第八旅负责扼守平型关，第十七军自东泡池经团城口至西河口占领阵地，第十五军自浑源西河口至应县北楼口占领阵地，第七十三师自平型关至马跑泉占领阵地。

二十二日

△ 日军第二十一旅团向平型关、团城口猛烈攻击，遭到中国守军顽强抵抗。日军第二十一联队从浑源到达羊投崖，受到中国军队阻击。

二十三日

△ 日军第二十一联队由羊投崖转至棚子沟，企图抄袭平型关侧后。

△ 日军十川支队向浑源方向进犯，以策应平型关作战。

△ 中国军队第七十一师驰援平型关。

二十四日

△ 第七集团军总司令傅作义到达东山底村，协助杨爱源指挥平型关作战。

△ 杨爱源、傅作义与第八路军第一一五师高参商定，由第七十一师配合第一一五师攻击平型关之敌。

二十五日

△ 日军第二十一旅团在平型关前陷入中国军队包围圈。

△ 第八路军第一一五师在平型关前取得歼灭日军千余人的胜利。

△ 预备第二军郭宗汾部奉命从团城口出击。高桂滋第十七军撤离团城口，日军乘虚而入，郭军未能完成出击任务。

△ 日军混成第二旅团侵占浑源。混成第十五旅团侵占应县。

二十六日

△ 日军第二十一联队脱离棚子沟战场，向平型关转进，以支援在平型关正面未能取得进展的第二十一旅团。在蔚县的第四十二联队主力亦于当日到达平型关正面投入战斗。

△ 预备第二军郭宗汾部受到团城口、鹞子涧、东西泡池日军的压迫，退回速回、涧头北山。

△ 傅作义受命指挥平型关中国军队作战。

二十七日

△ 日军十川支队（第一联队及大泉支队）抵浑源东南洪水村，以策应平型关战斗。

△ 中国军队第六十一军进抵平型关内齐城村。

二十八日

△ 阎锡山行营由太和岭口移驻繁峙县童子崖村。

△ 日军第二十一联队加入平型关正面攻击部队。

△ 日军混成第十五旅团攻占茹越口，第二〇三旅旅长梁鉴堂力战殉国。独立第二旅驰援不及，日军进占铁角岭。

△ 日军混成第一旅团占领朔县。

△ 中国军队程继贤第四三四团在攻占鹞子涧的战斗中，全团自团长以下千余人壮烈殉国。

二十九日

△ 日军占领繁峙县城。

△ 阎锡山行营转移至五台山。

三十日

△ 日军混成第十五旅团占领代县。

△ 阎锡山令平型关及内长城线中国军队全线撤退，命令王靖国第十九军守崞县，姜玉贞第一九六旅守原平，以掩护中国军队在忻口布防。

△ 阎锡山行营转移至五台县。

十月一日

△ 阎锡山回到太原。

△ 日本统帅部以临参命第一百二十号，命令华北方面军“应以一部兵力在山西省北部作战占领太原”；命令关东军“以一部入列华北方面军指挥下”并应“为以上作战提供方便”。

△ 中国军队第十四集团军卫立煌部奉命驰援晋北。

二日

△ 日本关东军察哈尔派遣兵团混成第一旅团占领宁武，混成第二旅团与混成第十五旅团向原平进犯。

△ 中国军队独立第八旅奉命撤离平型关阵地转移五台山。

△ 团城口方面之第六十一军和第七十一师相互掩护撤往砂河，南入五台山。

五日

△ 日军对崞县和原平发起大规模攻击。

△ 中国军队第九军郝梦龄部（欠第四十七师）到达忻口。

八日

△ 日军攻占崞县，第十九军守城部队伤亡惨重，团长刘良相、石成文阵亡，余部转移至崞县东南山区。

十日

△ 日军侵占石家庄。

△ 日军攻占原平，守军第一九六旅大部壮烈牺牲。

△ 第二十七路军（第十四军团）总指挥冯钦哉率第二十七路军、第三军和第十七师教导团向娘子关预定阵地推进。

十一日

△ 日军侵占井陉。

△　第一九六旅旅长姜玉贞率残部五百余人由原平突围出城后，中弹殉国。

△　日军在忻口防线下王庄前进阵地与中国守军接触。

△　娘子关战役总指挥第二战区副司令长官黄绍兹到达娘子关前线。

十二日

△　日军板垣征四郎以混成第十五旅团和堤支队等为右翼队，第五师团为左翼队，部署对忻口的全面攻击。

△　日军第二十六师团长黑田重德指挥独立混成第一、第二和第十一旅团，决定攻占归绥。

△　原定增援晋北作战之第二十六路军（第一军团）孙连仲部回援娘子关。

△　日军川岸文三郎第二十师团向娘子关发起全面进攻。

十三日

△　日军对忻口守军展开全线攻击，在中央地区强渡云中河，占领南怀化，与第九军展开激战，左翼占领阎庄，与左翼第十四军在大白水村展开激战，右翼强渡滹沱河，与右翼第十五军在东西荣华展开争夺战。中国援军第三十五军、第六十一军相继到达忻口前线。

△　日军占领绥远武川县。

△　娘子关前线日军攻陷旧关，续攻雪花山。

十四日

△　日军混成第一旅团攻占归绥。

△　中国军队反击占领南怀化东北高地之敌，第二十一师师长李仙洲、新编独立第四旅旅长于镇河相继负伤。

△　第三十五军第二一八旅克复云中河北之弓家庄，旅长董其武负伤。第六十一军第二一七旅进抵下王庄。

△　独立第五旅旅长郑廷珍、第六一四团团长代理独立第五旅旅长李继程接连殉国。

十五日

△　中国军队第二一七旅与第二一八旅攻击中泥河、东泥河。

△　日军集中坦克三十余辆、炮百余门，在空军掩护下向忻口左翼大白水阵地猛攻，守军李默庵、刘戡两师奋勇迎击，战况激烈。

△　忻口以西之南怀化陷落。

十六日

△　忻口中国守军中央兵团对盘踞南怀化之敌发起总攻，中央兵团前敌总指挥第九军军长郝梦龄、第五十四师师长刘家麒壮烈殉国。第六

十一军军长陈长捷接替郝梦龄指挥中央兵团各部队。郭寄峤任第九军军长，孔繁瀛任第五十四师师长。

△ 第二一八旅攻克旧河北村，歼敌炮兵一部。

△ 抵达龙泉关第九十四师及第三十八军第五二九旅奉命驰援忻口。第九十四师部署于龙王堂，第五二九旅部署于忻口中央地区。

十七日

△ 日本华北方面军命令第一军以一部突破正太线中国守军阵地进入榆次，以便于第五师团攻占太原；命令第一〇九师团一部列入第一军指挥，协助攻占太原。

△ 日军攻占包头。

十八日

△ 日军在飞机、大炮掩护下争夺204高地，一昼夜阵地易手达十三次，经猛烈格斗，日军未能占领阵地。

十九日

△ 日军第二十师团川岸文三郎除以右纵队攻击娘子关外，以左纵队沿测鱼镇、石门口大道抄袭娘子关侧背。

△ 第八路军第一二九师第七六九团夜袭日军阳明堡机场，炸毁敌机二十四架。

二十日

△ 日军以第五师团第九旅团第四十一联队为主力，组成国崎支队调往上海。

二十二日

△ 日军萱岛支队到达忻口战场，增援第五师团。

△ 敌机轮番滥炸红沟、南怀化间中国守军阵地，并集中炮火轰击。

二十四日

△ 中国军队以第四十一军孙震部第一二二师经阳泉开赴马山、东四村一带。

二十五日

△ 日军第二十师团左纵队攻占平定县东四村，第四十一军在东四村、马山一带受创。

二十六日

△ 日军攻占娘子关。

二十七日

△ 日军第一〇九师团第一三六联队一个大队增援忻口。

△ 中国守军第四十一军第一二二师撤至白羊墅，第一二四师在平定西郊与敌遭遇。

二十九日

△ 日军侵占平定县城，由第一〇九师团组成之昔阳支队进占九龙关。

△ 日军独立混成第一旅团和机械化步兵联队与第一〇九师团第一三六联队另一个大队增援忻口。

△ 第二战区副司令长官黄绍竑移驻马首，第一军团长孙连仲撤至寿阳。

△ 日军昔阳支队（第一〇九师团第三十一旅一部组成）侵入昔阳九龙关。

△ 忻口红沟血战两旬，迫敌退南怀化东麓，敌我横尸遍野。

十一月二日

△ 中国军队奉命自忻口全线撤退。历时二十三天忻口战役，歼灭日军达三个联队。

三日

△ 日军华北方面军命令第五师团指挥攻取太原。

△ 日军越过忻口向南侵犯。

△ 黄绍竑命令娘子关前线中国军队向太原方向转移。

四日

△ 北路日军突破石岭关。

△ 阎锡山率第二战区司令长官部、山西省政府撤离太原。

五日

△ 北路日军包围太原，东路日军侵占榆次北上。

△ 阎锡山行营转移至交城。

六日

△ 日军开始围攻太原。

七日

△ 阎锡山行营转移至隰县大麦郊。

八日

△ 日军侵占太原，傅作义率第三十五军及其他守军突围向西山转移。

九日

△ 日军进占交城。

十日

△ 日军进占平遥。

二十三日

△ 阎锡山行营转移至临汾。

附录二

晋西诸役大事记

（一九三八年二月至一九四三年七月）

一九三八年

二月十五日

△ 日军占领介休县城。

△ 中国军队第七十一师魏振古营率部在文水县北徐一带与来犯日军激战后撤往西山。日军于当日下午占领文水县城。

十六日

△ 日军自平遥出发，在尚家庄一带遭到晋绥军的一个营坚强抵抗。

十七日

△ 卫立煌被任命为第二战区副司令长官。

△ 日军占领孝义、汾阳。

二十日

△ 日军进犯隰县，后中国军队第十九军第七十师第二〇五旅在川口抵抗，旅长赵锡章牺牲。

中旬

△ 日军占领隰县，旋退出，第六十八师第六二四团重新占领。

△ 为掩护第二战区司令长官部转移，第六十六师第二〇六旅第四三一团在吉县人祖山对日军进行阻击战。

二十二日

△ 日军占领神池。

二十四日

△ 中国军队第三十五军收复神池。

△ 日军占领中阳、离石。

二十六日

△ 日军占领隰县、赵城。

二十七日

△ 日军占领洪洞、灵石、霍县。

二十八日

△ 日军占领临汾、石楼。

三月一日

△ 日军占领河曲。

二日

△ 日军占领曲沃、汾城、五寨。

三日

△ 日军占领安邑。

七日

△ 中国军队第十九军第六十九师克复大宁，将大宁日军驱逐。

八日

△ 第七十二师第二一七旅进驻吉县。

十五日

△ 第三十五军第七十三师第四二二团反攻离石。

△ 日军由临汾向吉县进攻，驻在乡宁晋绥军教导第二师第四特务团于东岭进行阻击，使日军行动未得逞。

十八日

△ 中国军队第六十一军收复蒲县。

十九日

△ 日军占领吉县、乡宁。

下旬

△ 中国军队第六十一军在军长陈长捷指挥下收复隰县、吉县、乡宁和蒲县。

四月中旬

△ 中国军队第六十八师围攻中阳，第四〇六团在距中阳以北二十里金罗镇伏击从离石增援日军，颇有斩获。

五月上旬

△ 中国军队第一七七师在永济张营与日军发生激战。

十七日

△ 中国军队第一七七师收复虞乡。

二十二日

△ 第二一四旅第四二八团袭击离石东南李家山碉楼，全歼守敌。

二十三日

△ 中国军队第七十一师第二一四旅第四二八团第一和第二两连袭击日军离石县油房坪据点。

六月四日

△　日军四千余人及伪蒙军两个师分三路进攻偏关，中国军队第三十五军及何柱国骑兵军与日军激战。

五日

△　日军占领偏关。

秋末

△　中国军队第十九军第六十八师由柳林北上，第七十师埋伏于南山，第二一〇旅由临县向日军右翼迂回，在柳林东侧两山间消灭日军一千五百人，毙其联队长一人。

十二月

△　中国军队第二〇五旅旅长徐积璋牺牲于闻喜县将门台。

一九三九年

三月九日

△　中国军队第六十六师第二〇六旅第四三一团第三营第九连袭击吉县三堠镇日军据点。

十八日

△　日军进犯吉县，在人祖山中国军队第六十六师进行阻击，双方伤亡均重。

下旬

△　在汾阳（襄汾）县、古城一带，第六十一军第四一四团与日军发生激战。

九月上旬

△　第六十一军第六十八师第四一六团夜袭圪台头，守敌被歼。

十月上旬

△　日军分四路向吕梁山进攻。

下旬

△　日军井上联队由汾城经牛马庙西进陷乡宁，一部进抵吉县城郊。

△　日军第一〇五联队由临汾经黑龙关西进陷蒲县、午城镇、大宁，甘棠等地。

△　日军第一一七联队由汾西经勃香镇西进，陷克城镇、隰县、蓬门等地。

△　日军第三十二联队由灵石经双池镇进抵石楼以东地区。

十一月上旬

△　中国军队第六集团军第三十四军对乡宁、吉县之日军进行袭击，

另抽调中阳、离石、临县一带第七十、第七十三等师兼程南下，侧击进攻吕梁山日军，日军被击退。

十二日

△ 中国军队在吕梁山地区开始反攻，先后克复乡宁、大宁、午镇、蒲县、隰县、石口镇、牛王庙等地。

十八日

△ 进攻吕梁山日军被击退，中国军队乘胜向汾城、黑龙关、汾西一带日军攻击。

一九四〇年

一月

△ 中国军队第六十一军暂编第四十八师第三团袭击日军同蒲路霍县城南辛置车站成功，歼敌数十名。

五月

△ 日伪军三千人向稷山进犯，中国军队第三十四军暂编第四十五师第三团在稷山下王尹村南高地阻击，毙日军少佐一名。

六月中旬

△ 日伪军三千人，向乡宁、吉县进攻，中国军队第六十一军第六十九师第四一四团在牛马塘、峪口，第四一六团在腰里村与日军激战四天，用机枪击落敌机一架，日军退去。

一九四三年

六月八日

△ 日军数百人向襄汾县滑岭庙进攻，中国军队暂编第三十七师第三团第三营第八连连长彭永祥率士兵二十四人身系手榴弹冲入敌阵，拉响与敌人同归于尽。

月中

△ 第四十三军暂编第四十五师师长王凤山牺牲于万荣县西张瓮村。

七月十二日

△ 日军万余人向介休中街村与平遥净化村进攻，中国军队骑兵军第一师两个营，第二师的第四、第六两个团，第四师第十团抗击，第一师师长赵瑞、第四师师长被日军俘虏。

附录三

晋南诸役大事记

（一九三八年二月至一九四〇年十一月）

一九三八年

二月中旬

△　日军向黎城东阳关、长治进攻，中国军队第四十七军奋起抵抗，后撤至绛县、曲沃。

△　日军向晋城天井关进攻，中国军队第五十三军第一三〇师第三八八旅一个营在此坚强抵抗。

二十三日

△　日军在香月清司指挥下进攻平遥，中国军队第八十四师第二五一旅旅长高建白率部抵抗，后突围至王和镇。

三月下旬

△　日军第二十师团第十七联队占领沁源。

四月中旬

△　日军以三万兵力分九路向晋东南太行根据地进攻，第九十八军第一六九师扼守子洪口，阻止日军于团城铺以北地区，击毙日军联队长一名，歼敌数百。

二十二日

△　中国军队第十七军第八十四师第二五一旅收复沁源。

八月十二日

△　日军向中国军队第三十一军团永济国防阵地、姚温台等地进攻，中国军队坚强抵抗，后转进安邑以南地区。

二十日

△　中国军队第四集团军（第三十一军团）教导团从二十日起坚守风陵渡北韩阳镇南阵地二十余日，后退入中条山。

一九三九年

二月

△ 日军两万余向永济、虞乡一带中国军队第四集团军第四十六旅进攻，激战七昼夜，第四十六旅转进。

三月

△ 日军五千余沿张茅大道（张店至茅津）向第四集团军第十七师阵地进犯，守军逐步后退，主力埋伏于圣人涧一带，猛烈逆袭，日军溃退。

四月

△ 中国军队第四集团军一度攻克夏县、解县日军据点。

△ 中国军队第五集团军向闻喜、横岭关、绛县等地攻击。

△ 中国军队第十四集团军向翼城、浮山围攻，激战多日，杀伤日军三千余人。中国军队亦伤亡四千余人，遂留小部队监视日军，主力撤回中条山。

五月下旬

△ 日军第一军以第二十、第二十七师团主力由运城、解县及张店镇分路南犯，一度陷平陆、茅津渡，经中国军队迂回侧击，日军北撤。

△ 中国军队第三军两个团向稷王山、天井关日军袭击，以一部在禹王庙一带攻击，予日军重创。

六月

△ 中国军队第二十七军第四十六师攻克垣曲、沁水。

△ 第四十六师工兵营坚守垣曲团城，阻击进犯日军。

六日

△ 日军第二十师团、第二十七师团的一个旅团分九路向中国军队第四集团军平陆县旧城及太阳渡防线进犯，中国军队绕出敌后，又由侧翼压迫日军，恢复全部阵地。是役中国军队伤亡六千余人，日军伤亡亦众，骨灰罐就有一千七百多个。

七月

△ 中国军队第二十七军第四十六师攻占晋城。

△ 中国军队第二十七军第四十五师收复高平。

中旬

△ 日军调集第一一〇、第三十五、第一〇八、第三十六四个师团，分由邯郸至东阳关、沁阳至晋城、绛县至晋城、绛县至高平、浮山至高平、太谷至长治，向上党区中国军队根据地围攻，第十四集团军转移至

附近山地，放弃冀晋、博晋、洪屯、白晋各公路沿线市镇，发动侧击，切断日军联络线，日军被迫陆续回窜。

下旬

△ 中国军队收复屯留、襄垣、武乡、沁源、阳城、沁水。

八月中旬

△ 中国军队收复晋城、高平。

九月

△ 中国军队第二十七军第四十五师围攻长子，予日军重创后转入以西三十里山区。

△ 日军向中条山进犯，第三军第四十四团团长杨玉昆率所部驰援第四军团，占领毛家山日军侧背，造成日军重大伤亡。

十二月三日

△ 日军向闻喜、夏县一带进攻，血战九昼夜，中国军队将日军肃清，毙江岛大队长一员。

十三日至十四日

△ 中国军队第二十七军先后攻占长子、屯留城乡各据点。

十五日

△ 中国军队第十四集团军向翼城、绛县进攻，日军集结五千之众阻击。

十八日

△ 日军由翼城向西回窜，中国军队进占隆化镇。

二十日

△ 中国军队肃清一些小据点后，围攻横关岭、镇风塔、堰掌镇等处日军据点。

下旬

△ 日军二千余由堰掌、夏县向中国军队猛烈攻击。

一九四〇年

一月一日

△ 日军万余人借飞机掩护，向长子西南仙翁庙、杨鲁村、尽义村一带中国军队阵地猛攻，第二十七军第四十六师、预备第八师与日军反复争夺，双方伤亡均重。

三日

△ 中国军队以主力出击，激战入夜，日军腹背受敌，被迫回窜，

中国军队追击，迫近长子城郊。

初旬

△　日军两千余由堰掌、夏县向中国军队攻击。第九十八军和第七师向日军反复攻击，杀伤日、军数百人。

△　中国军队另一部向闻喜、安邑间同蒲铁路沿线袭击。

二十二日至二十三日

△　中国军队克复邯郸至长治公路线上之黎城、东阳关、涉县。

二十八日

△　中国军队攻占潞城，继续在潞城以东与日军接触。

四月中旬

△　日军以三个半师团向晋东南中国军队根据地围攻。

△　第三十七师团由安邑、运城向茅津渡进攻，第四十一师团由翼城、浮山向阳城、晋城进攻，第三十六师团由长治、壶关向高平、陵川进攻，第三十五师团一部由博爱向晋城进攻。

十四日

△　日军一个师团分两路由张茅路向中国军队阵地进攻，中国军队逐步后退，日军进至望原，中国军队凭已设阵地坚强抵抗，日军退去。

十七日

△　中国军队第四集团军在张店、从善一带阻击日军第三十七师团后，放弃张茅大道，以一部留置大道以西，主力转移大道以东。

△　中国军队第十四集团军在翼城、浮山以东阻击日军第四十一师团，留置一部敌后游击，主力第九十三、第十四军分别转移于沁县、端氏镇以北，阳城、董封镇以南地区。

二十一日

△　日军先后陷平陆、茅津渡、芮城等地。

△　翼城之日军陷张马、中村镇，另一部陷沁水，向阳城猛攻。

△　由壶关、长治南侵日军第三十六师团陷高平。

二十二日

△　日军第三十六师团陷陵川。

二十四日

△　中国军队第二十七军反攻、克复陵川。

△　高平之日军增援向中国军队第十七军反扑，并以一部由高平南犯，中国军队第四十七军阻击。

二十五日

△　中国军队第四十七师进占府城镇，续向晋城进袭。

△ 高平之日军五六千人与陵川向西之日军会合于晋城。

△ 博爱之日军第三十五师团一部北犯与阳城、晋城之日军会合于晋博公路间，中国军队以第九、第四十七军等各一部向晋博公路之日军攻击。

二十八日

△ 高平日军增至万人向中国军队反攻，端氏之日军向东北进犯，中国军队第十师在高平、端氏大道北侧协力截击日军。

五月一日

△ 由高平、端氏进犯之日军伤亡惨重，大部回窜。

十一日

△ 中国军队转移阳城东南地区整补。

二十日

△ 第一、第二两战区调整部署，开始总反攻。鏖战半月余，除晋城一、二据点外，中国军队恢复原态势。

八月

△ 日军攻占长治、高平，后经中国军队以第四十六师苦战十九昼夜克复。

十月

△ 中国军队第四十五师攻克安泽。

十一月

△ 中国军队第四十六师在陵川马家店伏击日军，歼敌三百余名，俘敌二百六十名。

附录四

晋南会战（中条山战役）大事记

（一九四一年五月上旬至九月下旬）

五月七日

△ 日军调集六个师团另三个独立旅团由东北西三面向晋南中条山中国军队进攻。

△ 西部日军第四十一师团和独立混成第九旅团发动进攻后，很快突破中国军队第十四军、第四十三军、第十五军防守阵地。

△ 东部日军在阳城第三十三师团，在沁阳第三十一师团，在温县第三十五师团一部对中国军队第十四集团军四个军又一个师发动进攻。

八日

△ 西部日军第三十六师团、第三十七师团及独立混成第六旅团在张店镇附近突破中国军队第三军与第八十军接合部后，分别从闻喜、解县及茅律渡附近向东发动进攻。

△ 西部日军第四十一师团及独立混成第九旅团，分别从翼城、侯马、绛县采取中间突破战术，向中条山北侧第四十三军阵地猛攻，至黄昏占领垣曲，隔断第五集团军与第十四集团军联系。

△ 东部日军占领孟县、济源。

△ 中国军队第九军退守王屋镇以东封门口山区，一部于封门口以南大岭头阻击日军，以掩护黄河关阳渡口。

△ 第九军奉命从速撤至黄河南岸，日军已将渡口封锁，仅第五十四师受到重大伤亡后渡至黄河以南官水磨，第四十七师、新编第二十四师撤至王屋、邵原公路以北，进行游击。

九日

△ 西部日军第三十六师团、第三十七师团对中国军队第五集团军进行了双重包围后，展开进攻。第三军、第八十军进行了英勇抵抗，损失严重。

△ 东部董封东西线的中国军队第九十八军顽强抗击进犯日军，在董封东南雪山围歼日军一个大队。

十日

△ 日军对封门口中国守军阵地施放毒气，守军中毒者高达三分之一。

△ 中国军队第十四军第八十五师两个团撤至黄河南岸。

△ 中国军队因无囤粮，断炊已三日，官兵空腹血战。

十一日

△ 西部日军独立混成第十六旅团先攻占五福涧，后与东部日军第三十五师团在邵源会师，至此，控制黄河北岸各渡口。中国军队第五、第十四两个集团军的南方后方全部被截断。

△ 中国军队第八十军从平陆以东经历苦战，渡过黄河。该军新编第二十七师师长王竣、副师长梁希贤、参谋长陈文杞均在战斗中殉国。

十二日

△ 日军攻占董封一线，封锁黄河各渡口，并向山区反复“扫荡”。

△ 中国军队第三军无法渡过黄河，军长唐淮源在极端困难情况下指挥作战，弹尽粮绝，自戕殉国。

△ 董封失守，中国军队转移至横河镇东南地区。

十三日

△ 被日军包围的中国军队各个军开始突围。

十四日

△ 南部日军第三十五师团、第二十一师团在济源至邵源公路向北作横向进攻，与阳城日军第三十三师团夹击第十四集团军，第十四集团军陷于混乱。

十五日

△ 中国军队第三军第十二师被日军包围后，师长寸性奇率部突围，胸部中弹仍坚持督战，后腿部又被炸断，遂举枪自戕殉国。

十八日至二十日

△ 中国军队第四十三军转至太岳山区，从浮山、翼城而进渡过汾河。

△ 中国军队第九十八军突出重围到达太岳山区沁水以北地区。

△ 第五集团军总司令曾万钟率第三军及第九十四师（属第十四军）突出重围，越过同蒲路，渡汾河、黄河、转至陕西，然后至洛阳、新安。

△ 第九十三军、第十七军转至稷山、乡宁，退入太岳区部队统由第九十三军军长刘戡指挥，转战旬日，在万荣渡过黄河，至陕西韩城返回第一战区。

二十七日

△ 双方战斗始告结束。

六月

△ 第十四集团军总司令刘茂恩率第十四集团军余部及第十五军等

部退回黄河南岸。

△　中条山会战结束，第一战区所属中国军队第五、第十四两个集团军和两个军被击溃，损失兵员七万。军长唐淮源，师长王竣、寸性奇以身殉国。八名将官被俘。

九月六日

△　中国军队第四十三军第七十师官兵在绛县东北的丁家窪与日军血战，师长石作衡以身殉国。

下旬

△　日军两万余向沁水东峪、西峪合围“扫荡”。

△　中国军队第九十八军在军长武士敏指挥下与日军苦战。

二十九日

△　中国军队第九十八军自沁水西峪突围，军长武士敏在与日军激战中，不幸头部中弹，壮烈殉国。

附录五

绥远作战大事记

（一九三七年九月至一九四〇年三月）

一九三七年

七七事变后，绥远省政府主席、第七集团军总司令傅作义率部东进抗日，转战察绥，绥远军事由民政厅长兼国民兵司令袁庆曾负责。

九月二十二日

△ 日军进攻绥东丰镇县城，区防司令张成义指挥国民兵马逢辰团顽强抵抗，进行激烈巷战，官兵伤亡甚重，张成义牺牲，马逢辰率部突围。

二十六日

△ 日军猛攻集宁，第三十五军第四三五团、国民兵第二团，炮兵第二十九团依据工事进行抵抗，后转移。

十月十四日

△ 日军进犯归绥，东北挺进军、蒙旗独立旅、国民兵等部在城南大黑河与敌隔河炮战，后向西转移。

十七日

△ 日军西犯包头，骑兵第六师等部在磴口阻击，后向河套转移。至此，包头以东地区悉为日军占领。

一九三八年

三月下旬

△ 傅作义率第三十五军由晋西临县三交镇附近驻地出发，经过兴县、五寨、偏关向绥南挺进。

四月中旬

△ 马占山部配合傅作义部挺进绥远，其骑兵第六师师长刘桂五率部进至安北县黄油杆子，时马占山指挥部被日军包围，刘桂五师长不顾一切奋勇解围，不幸壮烈牺牲。

△　第三十五军收复清水河县。

二十六日

△　傅部收复和林格尔县城，第三十五军司令部进驻和林格尔。

二十七日

△　董其武率第一〇一师由和林北上进攻归绥。

△　王雷震率第四二二团两个营附山炮一门，经凉城西沟门、五道洼向旗下营挺进。

二十八日

△　董其武率第一〇一师进至归绥南六十里一间房村，与日军第二十六师团遭遇，展开激战，呈胶着状态，后向清水河转移。

△　日军骑兵一个团，从托克托迂回，企图袭击和林第三十五军司令部，进至厂圪洞村将第四二二团安春山营包围，第二一一旅旅长孙兰峰令第四二一团张进修营增援，战斗两天一夜，歼敌一部，缴获战马三百九十六匹。

五月三日

△　王雷震第四二二团在旗下营破坏铁路桥梁后，向清水河转进。

一九三九年

一月

△　傅作义将军率部由山西河曲转进绥西河套地区，就任第八战区副司令长官。

六月至八月

△　傅作义将军在百川堡（现临河新华镇）组织并主持“抗战建国讨论会”，统一军政干部的思想认识，坚定抗战必胜信念，整训军队，严肃军纪，为坚持绥西抗战奠定了基础。

十二月

△　傅作义将军为配合华中湘北作战，牵制华北日军，决定进攻包头。

十三日

△　傅作义将军率指挥部人员，由陕坝抵五原，召开各部队长参加的军事会议，下达袭击包头的作战命令。

十五日

△　第三十五军和其他各部队从西山嘴和扒子补隆（今乌拉特前旗新安镇）地区开拔东进。

十八日

△ 骑兵第七师由马七渡口渡河，经伊盟二圪旦湾、柴磴召等地到萨拉齐南再渡黄河，在东西老藏营子一带破坏归包铁路之一段。

△ 傅作义任命新编第三十一师师长孙兰峰为攻城指挥官，炮兵第二十五团团长刘振衡为副指挥官，决定十九日夜间向包头发起总攻。孙兰峰师长从黄草洼指挥部下达攻城命令。

二十日

△ 新编第三十一师安春山第九十三团先从西北门攻入包头城内，第九十一团一部、五临警备旅于霖瑞团，均由西北门攻进，与敌展开激烈巷战，至午，已控制西北面大半城市。

△ 傅作义将军到黄草洼孙兰峰师长指挥所指示机宜，将“攻城打援”改为“守城打援”。

△ 第一〇一师第三〇二团在昆独仑召歼灭伪蒙军一个团，俘团长于振瀛及以下人员三百余人。

△ 新编第三十一师第九十一团及第九十二团在三和号伏击由固阳援救包头之敌，将其歼灭，击毙骑兵第十三联队长小原一明。

十一日

△ 日军增援两万余人，猛烈攻击，战斗极为激烈，双方伤亡均重。

△ 第一〇一师在包头西北毛鬼神窑子消灭由大佘太援救包头日军，击毙骑兵第十四联队长小林一男。

△ 傅作义将军以牵制日军任务完成，遂命令各部队于二十一日夜向中滩转移，返回河套。

二十四日

△ 中国军队主力到达中滩。

一九四〇年

一月

△ 日军于包头失败后，以“膺惩傅作义”为目标，从平绥、同蒲两路沿线集结兵力三万余人，汽车千余辆，并附有飞机、坦克，统归第二十六师团长黑田重德指挥，准备进犯绥西。

十六日

△ 傅作义将军在五原召开部队长会议，决定在战略上避不利，找胜利，对敌节节阻击、伏击，广泛展开机动游击战，困扰消耗敌人，保存自己主力，相机反攻歼敌。

三十一日

△ 日军大举进犯河套地区。沿乌拉山南麓包五公路西犯之敌，在蓿荄滩、马七渡口等地遭骑兵第七师阻击，迟滞一日。

二月一日

△ 日军一股由乌拉山后山进犯，向乌镇、乌不浪口的马腾蛟师进攻，马部不支溃退。董其武第一〇一师增援，激战至日暮，沿狼山向西转移。

△ 埋伏在乌拉壕芦苇内新编第三十一师第九十三团，集中火力攻击正在行进中的敌人，歼敌甚多。

二日

△ 第一〇一师阻击由乌镇经折桂乡向五原进犯之敌，战斗激烈，双方伤亡均重，午夜中国军队转移。

△ 新编第三十二师对沿包五公路进犯之敌，在四头牛圪旦，予以痛击，后向西转移。

四日

△ 日军已全部侵入河套，占领五原、临河、陕坝等地。中国军队退守狼山南麓及黄河以南沙漠地带，相机歼敌。

六日

△ 傅作义通令各部队，严密监视敌军活动，采取机动游击战，消耗敌人有生力量。

十五日

△ 日军黑田主力部队开始撤离河套，放弃陕坝、临河，由水川伊夫指挥在丰济渠以东，于五原周围布防，企图长期固守。

二十六日

△ 傅作义将军在临河东北三十华里的亚马来召开参谋人员和部队团长以上人员会议，总结经验，整饬军纪，研究作战部署，决定反攻五原，收复绥西失地，要求各部队加紧整训，迎接新的战斗。

三月十八日

△ 黄河及河套各大渠渐次解冻，傅作义借此有利时机，下达反攻五原的命令。

二十日

△ 由新编第三十一师安春山团及游击军、五临警备旅各一部组成的掏心突击队，首先攻入五原城内，占领据点多处。

△ 新编第三十一师师长孙兰峰指挥攻城部队，由城西发起猛攻，收复五原西关和黑头圪旦。

二十一日

△ 新编第三十二师向前后补红、广盛西之敌展开猛攻，激战一昼夜，收复五原旧城，营长赵寿江阵亡，师长袁庆荣受伤。

△ 日军增援部队在乌拉壕遭到新编第六旅阻击，该旅掘开乌加河，淹没万和长至五原公路，日军机械化部队无法行动。

二十二日

△ 新编第三十一师对五原城内平市官钱局和屯垦办事处负隅顽抗之敌，以炮兵协同，发起猛攻，守敌大部被歼，五原即告克复。

二十四日

△ 日军增援部队强渡乌加河，第一〇一师与敌接触后，主动放弃阵地。日军再次占领五原。

二十五日

△ 日军向包头方向撤退。中国军队进驻五原。绥西河套地区全部收复。